长江产经智库中国经济发展系列著作

建设现代化经济体系的关键问题与对策

刘志彪　陈东　等著

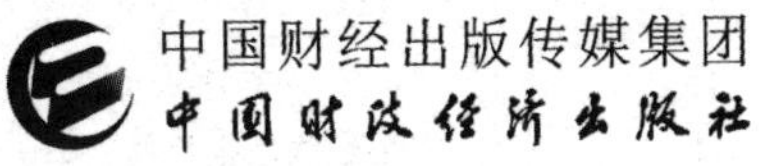

图书在版编目（CIP）数据

建设现代化经济体系的关键问题与对策/ 刘志彪等著. --北京：中国财政经济出版社，2019.12

ISBN 978-7-5095-9508-4

Ⅰ.①建… Ⅱ.①刘… Ⅲ.①中国经济-经济体系-研究 Ⅳ.①F123

中国版本图书馆 CIP 数据核字（2019）第 291112 号

责任编辑：吕小军　李筱文　　　　责任校对：胡永立

封面设计：思梵星尚

中国财政经济出版社 出版

URL：http：//www. cfeph. cn

E-mail：cfeph @ cfeph. cn

社址：北京市海淀区阜成路甲 28 号　邮政编码：100142

营销中心电话：010-88191537

北京富生印刷厂印刷　各地新华书店经销

710×1000 毫米　16 开　28 印张　478 000 字

2019 年 12 月第 1 版　2019 年 12 月北京第 1 次印刷

定价：92.00 元

ISBN 978-7-5095-9508-4

（图书出现印装问题，本社负责调换）

本社质量投诉电话：010-88190744

打击盗版举报热线：010-88191661　QQ：2242791300

参与本书写作的作者（按章节顺序排序）

刘志彪　南京大学长江产业经济研究院

程俊杰　江苏省社会科学院区域现代化研究院

谭蓉娟　黄家燎　广东工业大学经济与贸易学院

林学军　暨南大学国际商学院

朱丽萍　山西财经大学国际贸易学院

杨宏翔　浙江省绍兴市委党校

包　卿　江苏省江阴市发展和改革委员会、江南大学金融研究所

于明超　南京师范大学商学院

高传胜　南京大学政府管理学院

陈志龙　专栏作家、高级记者

柯　杰　正善资本

徐　鸣　江苏省政协理论研究会

赵　建　西泽研究院、济南大学商学院

查婷俊　广东外语外贸大学国际战略研究院

鞠昌华　生态环境部南京环境科学研究所

张建华　上海对外经贸大学国际经贸研究所

叶茂升　武汉纺织大学经济学院

仝文涛、韩孟孟　南京大学商学院

宋常铁　中国电力改革发展 30 人论坛（华东）组委会

张建忠　国家开发银行江苏省分行

沈晓杰　政经专栏作家、《新华日报》资深记者

杜宇玮　江苏省社会科学院区域现代化研究院

唐　龙　重庆科技学院

陈爱贞　厦门大学经济学院

陈东、洪功翔、邢霂　安徽工业大学商学院、安徽创新驱动发展研究院

刘昊、李孟浩、杨平宇　温州商学院

黄　端　福建省政府发展研究中心

杜运苏　南京财经大学国际经贸学院

王修志　广西师范大学经济管理学院

汤秀平　上海钧智律师事务所

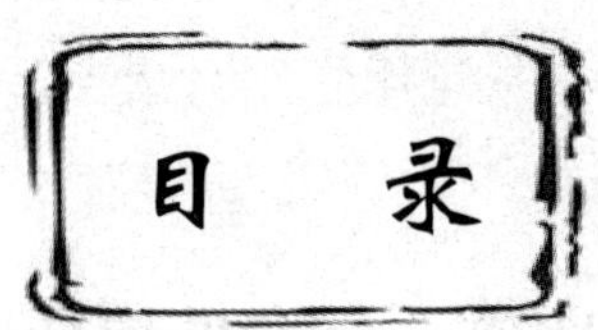

总　论

第一篇　产业体系

第二篇　市场体系

第三篇 分配体系

第四篇 区域发展体系

第五篇 绿色发展体系

第六篇 对外开放体系

第七篇　经济体制

总　论

现代化经济体系建设中的重要瓶颈和政策重点[①]

习近平同志指出："建设现代化经济体系是一篇大文章，既是一个重大理论命题，更是一个重大实践课题，需要从理论和实践的结合上进行深入探讨。"[②] 经过40年的改革开放，中国综合国力得到了迅猛增长，建设现代化经济体系具备了必要的基础条件，如制造业规模、国内市场规模越来越大，由此支撑了现代化经济体系建设的质量变革、效率变革和动力变革；再如新时期进入高质量发展阶段，中国社会基本矛盾发生了深刻变化，人民群众对美好生活的追求势不可挡，"五大新发展理念"深入人心；又如进一步深化改革开放成为社会的基本意愿和共识，经济体制现代化的呼声越来越高等。但是我们也要看到，完成这个新时期社会主义经济建设的总纲领所描述的宏伟目标，任务是十分艰巨的，需要克服许多可能遇到的新问题和新困难，同时需要弥补一些客观存在的短板。

本文重点探讨建设现代化经济体系的重要瓶颈和政策重点问题。需要明确的是，有些可能遇到的重要瓶颈，从一个视角看是困难和问题，换一个角度看也可能是有利的发展条件。例如，中国地区间发展不均衡应该说是建设现代化区域发展体系的障碍，但也是中国未来发展有选择空间和主动作为的优势所在。同理，对内开放不足，也是我们可以扩大内需、进一步挖掘发展潜力的优势所在。基于这一考虑，我们在分析现代化经济体系建设中的重要瓶颈和政策重点时，要采取辩证的思维看待本文提出的具体困难和现实问题。

---

① 本文作者刘志彪，南京大学长江产业经济研究院。

② 近年来我们的研究涉及这些问题，如刘志彪："建设现代化经济体系：基本框架、关键问题与理论创新"，《南京大学学报（哲学·人文科学·社会科学）》2018 年第 3 期；刘志彪："建设现代化经济体系：新时代经济建设的总纲领"，《山东大学学报（哲学社会科学版）》2018 年第 1 期；刘志彪："理解高质量发展：基本特征、支撑要素与当前重点问题"，《学术月刊》2018 年第 7 期；刘志彪："建设实体经济与要素投入协同发展的产业体系"，《天津社会科学》2018 年第 2 期，等等。

一、产业体系：核心问题是破除产业进退管制

产业体系是现代化经济体系建设的物质基础，因此其重要性无论如何强调都不为过。党的十九大报告指出，要“着力加快建设实体经济、科技创新、现代金融、人力资源协同发展的产业体系”。这是从要素协同的角度，提出了建设现代产业体系的目标和要求，有利于从各要素及其相互关系的角度分析它们与实体经济的关系，也便于分析产业体系内部发展不均衡的原因，为更好地实施产业政策指明方向。

我国现阶段产业体系发展上的重要弱项，主要是产业部门间存在着严重的失衡。2016 年底召开的中央经济工作会议就指出，我国经济运行面临的突出矛盾和问题，根源是重大结构性失衡，导致经济循环不畅，必须从供给侧结构性改革上想办法，努力实现供求关系新的动态均衡。这种重大结构性失衡，一是表现为滞存与短缺并存，一方面很多初级原材料和中低端制造业部门产能严重过剩，另一方面很多知识技术密集型的投入品部门又供给短缺甚至主要仰仗进口。二是实体经济与金融之间发展不对称，金融发展脱离实体经济，为后者的服务能力不足。三是实体经济与房地产之间不对称，房地产发展过度抢占和挤压了实体经济发展的资源，提高了实体经济的营运成本和机会成本。从表面上看，造成后两者之间不对称的直接原因，在于各产业部门资本收益率存在巨大悬殊，由此扭曲了企业按市场信号进行的决策。如从 2009—2018 年的情况看，房地产、金融业、工业的毛利率差距一直较大，其中，工业的平均毛利率一直维持在 12%—15%，房地产业在 30%—40%，金融业 2009—2014 年在 18%—25%，但是从 2014 年之后，其毛利率得到了迅速拉升，从 22% 左右上升到 2017 年夸张的 60% 左右，2017 年中期以来开始有所降低，目前也在 50% 左右。当前很多从事实业的上市公司，其盈利能力也十分微弱甚至亏损。这样资本自然不可能顺畅流入，相反还要斩仓出局；而盈利丰厚的虚拟经济部门自然要素会流入踊跃。结果必然会造成产业部门间的发展严重失衡。

资本收益率为什么在产业部门间存在着如此严重的差别？这是建设现代产业体系时不得不深追的问题。在短期内，由于各种需求供给因素的影响，这种收益率的波动和差距的存在是可以理解的，但是如果这种收益率差距长期存在，不能趋于均等化，那么我们可以断言，市场竞争中一定存在着严重的阻碍要素流动的因素，导致供给不足或供给过度。如牌照管制成为金融进入的高障

碍；或者存在资本退出产业的壁垒，如很多国有企业云集的煤炭、钢铁、水泥、电力等部门，因企业无法在供给过度的市场中正常退出而出现严重的产能过剩问题。

因此，缓解产业部门间存在的严重的非均衡状态，建设协同发展的产业体系，政策的重点就是：一是要打破行政权力通过国有资本进行的各种形式的行政垄断行为，取消所有制分类管理，让国有、民营、外资企业等市场主体平等竞争，从而促进利润率尽快出现平均化趋势，给投资主体正确的市场信号；二是要强化企业的预算约束，尤其要强化资本的盈利属性，让其既能按照盈利信号主动进入需求有前景的产业，也能根据市场信号进行投资战线的收缩，实现退出市场的自由选择，以此缓解可能发生的投资失误和产能过剩；三是在进入资产短缺时代后，要特别注重强化资产管理，把总供给与总需求的均衡概念，扩展到包含资产需求和资产供给的管理方面，通过加大资产供应，平抑社会对资产的旺盛需求。否则以房地产、金融为代表的虚拟经济活动，在资产短缺的时代很容易导致价格过高的泡沫经济状态。

二、市场体系：核心问题是要素市场化改革的滞后

市场体系是现代化经济体系建设的运行机制。作为由商品、服务市场及要素市场构成的有机整体，市场体系是经济体制的重要组成部分，是其有效运转的微观基础。

中国的改革开放，总体上是从对市场的放手、放开和放活开始的，改革开放的广度和深度，也与市场体系的发育和发展紧密联系在一起。因此市场体系的建立和建设程度，可以作为衡量经济体制改革深化程度的重要标准之一。改革开放 40 多年来，中国政府对资源配置的直接命令已大幅度减少，市场在资源配置中日益起着决定性作用。表现为市场主体数量从不足 50 万户增加到 1 亿户以上，增长了 200 多倍，多元化的市场主体已经形成；竞争性领域价格也基本放开，97% 的商品及居民服务的价格由市场决定。[①] 对中国市场体系发育和发展的评价，理论上可以总结为三点：一是商品市场得到了彻底和充分的发展，但是要素市场还受到比较严厉的管制，要素市场与商品市场之间存在着严

① 李伟：“改革开放 40 年，市场体系的建立和发展发挥了基础性作用”，《中国经济时报》2019 年 1 月 8 日。

重的发展不对称。二是货币市场发展充分有效，但是资本市场功能仍然存在严重不足，如目前中国人民银行公布的社会融资总量中，只有6%左右的股本资金，剩下的94%左右都是银行贷款，货币市场与资本市场之间发展高度不对称。三是与物质类市场的发展相比较，人力资源市场发展相对滞后，如户籍制度还严重影响一系列重要的经济变量和经济主体的决策，商品服务类市场与劳动力市场之间发展不对称。

目前市场体系中需要进一步深化发展的是要素市场。这个市场并没有完全根据市场原则进行充分的竞争、配置和定价，政府还比较严厉地控制或影响着某些关键要素的配置和价格形成。例如，政府通过控制对农村土地的征用权和城市土地的分配权，决定土地使用的时机、目的、使用者、使用价格、使用期限和使用范围等一系列问题；再如，城乡劳动力流动、劳动者就业、就学、就医等仍然受户籍制度、单位制度等的严格限制；又如，政府对金融资本的控制更加突出，除了五大商业银行均为国有外，在商业银行进入、经营管理等方面，都有严格的控制措施。要素市场发展中尤其要提到的是资本市场。目前中国企业股本融资比例过低，已经直接引起了高速增长中的杠杆率过高的问题，导致了严重的、潜在的金融危机的威胁。

政府对要素市场严格的行政控制，扭曲了资源配置的效率，是经济结构出现严重失衡的内在的根本原因。进入全面深化改革时代，当务之急必须要以要素市场化配置为重点，加快经济体制改革，促进高质量发展。主要的改革重点有：一是全面实施负面清单制度，实施市场准入自由化改革。二是逐步放开户籍控制，实现劳动力流动市场化改革，户籍、居住、身份的三证合一。三是破除金融部门行政垄断，推进资金配置和利率的市场化改革。四是减少政府产业政策的运用规模和力度，大幅度削减对企业生产活动的直接补贴。五是减少和合并政府各部门主导的各类产业基金，让政府公共资金集中投资公益性的基础设施建设。六是加快放开土地、资金、房地产、电力、石油、天然气等价格。七是深化企业上市和退市制度改革。①

三、分配体系：核心问题是要承认人力资本的价值

分配体系是现代化经济体系建设的成果分享机制和动力机制。与过去快速

---

① 杨伟民："解读十九大报告经济体制改革"，《现代国企研究》2018年第1期。

增长时期相比，过去剩余索取权主要是由物质资本掌控，发展动力主要是由物质投资者驱动，而在高质量发展的现代化经济体系建设中，发展成果的分享或共享机制，将成为调动社会各方面力量投身发展的主要驱动力。中国在从温饱走向全面小康社会的过程中，分配机制出现的一个重大问题，是收入分配差距的持续扩大。据研究，我国居民收入的基尼系数2000年就超过警戒线0.4。2003年至今，该系数从未低于0.46，2015—2017年，由0.462升至0.467。[①]

分配差距持续扩大，不利于建设和谐包容的社会，当然也不是现代化经济体系所需要的分配结构。造成收入分配差距持续扩大的原因很多也很复杂，往往有多种综合性因素的交互作用，但是财产性收入与工资性收入的不对称，是其中的基础原因。

居民财产性收入与工资性收入不对称，也导致了建设现代化经济体系的助推动力严重不足。中国消费不足的主要原因在于中国居民部门的财产性收入低下。以中美两国为例。中美居民工资性收入占GDP的比重其实大致相当，都在50%以上。但明显不同之处在于，中国居民的财产性收入占中国GDP的比重仅有3%，远低于美国25%的比重。财产性收入的低下，使中国居民总收入占GDP比重偏低，因而消费在整个经济中的比重不高。[②]

我国居民消费占GDP比例一直较低，而且长期处于下降通道，国家统计局资料显示，2000年为46.9%，到了2017年只有38.4%。而发达国家这一指标普遍在60%上下，如2016年美国为68.8%，日本为55.7%，加拿大2017年为57.8%，法国54.1%，德国53.1%。在高速度发展阶段，我国的内需增长量主要来自投资。由于长期受房地产泡沫、高杠杆以及产能过剩三大因素的影响，我国在增加房地产投资、增加政府支出和增加制造业投资等传统的政策工具方面，其潜力已非常有限，因此进入高质量发展阶段，消费尤其是居民的消费，应该成为拉动经济发展的新动能，中国现代化的消费驱动和消费结构，是替代投资驱动成为新内需的主要力量。

因此，将中国从出口大国和投资大国转变为消费大国，中国消费占比的提升，就有可能为制造业转型升级打开新的空间。认识到这个原理并不难，难的是如何通过提高居民收入占国民收入的比重，来提升居民消费在整个GDP中的比重。分配关系调整就直接是利益关系调整，结构性改革的主要议题是调整

① 付一夫：数据告诉你中国人的收入差距有多大？2018年1月12日下载：http://finance.jrj.com.cn/2018/07/30154424879307.shtml。

② 徐高："理想与现实之间的中国经济"，《新金融》2017年第5期。

原有僵化的利益关系，给经济发展以新动能。针对中国经济的特殊性，调整分配关系、扩大内需的政策关键，在于如何提高居民的财产性收入。为此，一是迫切需要在产权理论上承认人力资本在价值创造方面的贡献，明确不能仅仅是物质资本拥有剩余索取权，而人力资本也要适当参与剩余的分配。只有如此，才能真正缓解日益扩大的收入分配差距，使分享利润的资本所有者与仅拿取工资的劳动者之间实现利益均衡。二是确立分享经济和共享经济的政策体系。不仅生产要讲效率，分配也要讲公平，现阶段尤其要以公平促效率。具体来说就是不仅再分配要讲公平，在初次分配阶段，就要讲公平，尤其要在初次分配阶段形成平等竞争的条件。三是在市场体系建设上，要重点建设资本市场强国，让人们分享中国经济发展的巨大成果，健全和完善资本市场的财富增值功能，而不是成为人民财富的“绞肉机”。为此要尽快扭转资本市场为企业尤其是国有企业解困、圈钱的功能，以为人民为中心、以增加人民的财产收入为中心改革其法治管理和行政管理。

四、区域发展体系：核心问题是要在“胡焕庸线”上有所作为

区域发展体系是现代化经济体系建设的空间载体、存在方式和方位。一个既符合现代化经济体系要求、又符合基本国情的区域发展体系，至少具有五个基本特征：一是国土资源效率得到充分的利用；二是要素密集程度较大，投资强度大、土地亩均产出高；三是严格按照主体功能区的划分进行开发，因而生态容量适度；四是以大和特大城市为核心，形成连绵的城市群落；五是区域发展相对均衡，发展差距较小。

从总体上看，长期以来中国的区域发展体系都一直具有地理上的“胡焕庸线”的结构特征，即“胡焕庸线”的左上方与其右下方两端严重不对称。如在人口、GDP 等经济指标的对比上，在“胡焕庸线”的西北侧，贡献了全中国的不到 5% 的份额，而东南一侧贡献了 95% 以上。我们理解中国经济的现实问题，完成建设现代化区域发展体系的宏伟目标，都要从这条具有岿然不动的地理特征出发。比如，这就可以让我们理解，为什么中国对外开放要从沿海地区开始，为什么长期以来中国在处理产业政策与区域政策的关系时，一直都是效率型的产业政策主导区域政策，优先把资源按效率原则投入东南一侧的产业部门，而不是公平性的地区政策主导产业政策，优先把资源按公平原则投入西北侧的产业部门？同样，据此也不难理解长江经济带发展战略、长三角区域

一体化战略、粤港澳大湾区国家战略等对中西部开放的战略意义和重大价值。

进入高质量发展阶段，区域发展体系的建设目标，能不能改变“胡焕庸线”的结构特征呢？根据过往历史经验判断，这显然是不可行的。但是进入新时代，为了加快实现基本现代化，要求我们在“胡焕庸线”的上下左右方有所作为，以达到区域发展体系的上述五个现代化特征。为此一方面，要让相对发达的东南侧，全面进入“压缩时空、提高密度、减少分割”的经济地理重塑阶段，进一步挖掘提高国土资源效率的空间，建设连绵世界级城市群。其实到目前为止，即使是中国东部最发达的地区，也存在着比较严重的二元结构，如山东沿海与鲁西北地区，江苏苏南与苏北地区，浙江杭嘉湖平原与浙西南地区，珠三角地区与粤西北地区等，发展的差距也悬殊，发展的空间还是很大的，也需要进一步深化发展水平。另一方面，要在现代科学技术尤其是在交通技术的支持下，进一步深入研究和推动中西部地区大开发战略，采用积极有效的措施协调日益扩大的东中西发展差距。中国没有像美国那样拥有广阔、连绵的西海岸，中西部地区发展开放型经济自然受制于地理位置的影响。但是如果我们可以做好长江经济带开发这篇大文章，把“胡焕庸线”以西的长江上中游地区发展起来，就是十分了不起的成就。如果不是用东中西联动的战略来发展中西部，而仅仅依靠中央政府投资砸钱来发展中西部，这是高投入低产出，是没有效率的折腾。因此，与沿海地区和长三角地区的发展结合起来，鼓励沿海地区和长江下游的制造业沿长江流域转移，而不是鼓励向外转移，就是建设现代化区域发展体系的重要抉择。

在“胡焕庸线”的上下左右方有所作为，总体上是指要在区域协调发展有所作为。围绕“胡焕庸线”，中国未来至少需要具体解决两个不对称问题：一是沿海与内地的发展不均衡；二是长江以北与长江以南的不均衡。第一个不均衡是开放不均衡带来的，因而解决的办法是加速开放，尤其是要把向东开放与沿着“一带一路”开放结合起来，实现全方位立体开放。第二个不均衡现象近些年来比较显著，应该引起高度重视。现在长江以北的经济发展问题是，中国北方除北京外，绝大多数地区呈现出加速“铁锈化”的趋势，而且十分严重。这一重要现象无论是从 GDP 总量、财税收入、用电量、人口流动、资金流向，还是从科技创新、注册企业数量、高铁线路、产业结构形态特别是战略性新兴产业等指标进行追踪，都可以发现非常明显的痕迹。现在北方广大地区，尤其是东北地区，往往把人口与资源输送到南方，把经济负担和社会矛盾留在了本地。南北方发展差距的拉大，或者北方经济的沉沦，是不是一个长期趋势，这个需要进行进一步深入研究。

从改革开放以来国家发展重心的设定等因素看，经济发展一直呈现为“南强北弱”的地域特征。但是数据显示，中国北方地区与南方发展差距拉大，以及某些地区加速“铁锈化”的趋势，是2012年以后出现的问题。具体原因还需要深入全面分析，但是有几点是无疑的，如偏重化工业的产业形态，产业结构没有得到及时调整，政策一直把某些省份定位为重化能源基地。再如所有制结构调整缓慢，国企一统天下格局没有打破，外资企业、民营企业发展环境差，等等。至于应对北方经济“铁锈化”趋势的对策建议，自然应该针对引起问题的原因来设计。如应在提高开放度中促进北方地区产业转型升级；充分利用京津冀协同发展战略、“一带一路”倡议等政策优势，促进北方营商环境优化；引进南方民营资本进行混合所有制改革，加大对民营企业的开放，等等。

五、绿色发展体系：核心问题是把外部成本内部化为财富

绿色发展体系是建设现代化经济体系的生态环境基础。现代化的绿色发展体系，标准是资源节约、环境友好，能够实现绿色循环低碳发展，以及人与自然和谐共生。习近平总书记这些年多次要求牢固树立和践行“绿水青山就是金山银山”的理念，形成人与自然和谐发展现代化建设新格局。

在过去的工业化中，我国走过了一条先污染后治理、先破坏后修复的高环境成本的道路。一是很多决策者认为在贫困和温饱发展阶段，环境破坏是必须先付的代价，要“金山银山”就不能要“绿水青山”，民间也有“宁可毒死、不要饿死”的说法。二是干部考核和晋升制度变相支持追求GDP增长速度，追求财政收入扩大，诱导政府官员有时甚至不惜以牺牲环境为代价，来发展那些价高税大的工业污染项目。三是生态环境的协同保护机制不健全。如没有建立各种市场化、多元化的生态补偿机制。另外，生态环境保护的法治建设进程滞后，而且往往“按高要求立法，普遍存在违法，选择性执法”等不良现象。

在上述发展环境下，“绿水青山”与“金山银山”的理念是冲突的，后果和教训也是十分惨痛的。以长江经济带生态环境形势的严峻性为例，习近平总书记2018年在武汉召开的座谈会上，曾经这样痛心地描述了长江流域触目惊心的生态污染：“洞庭湖、鄱阳湖频频干旱见底，接近30%的重要湖库仍处于富营养化状态，长江生物完整性指数到了最差的无鱼等级。沿江……废水、化

学需氧量、氨氮排放量分别占全国的43%、37%、43%。……长江经济带内30%的环境风险企业位于饮用水源地周边5公里范围内，生产储运区交替分布。干线港口危险化学品年吞吐量达1.7亿吨、超过250种，运输量仍以年均近10%的速度增长。”①

概括来看，中国工业化进程与生态环境保护之间的不均衡，主要有两个：一是物质导向的财富观与美好生活导向的财富观的冲突。前者认为生态环境是投入，是成本而不是国民财富，会对环境保护和治理的投资支出产生内在的抵制，从而恶化已经糟糕的环境。二是制度创新供给不足条件下，成本与收益不匹配的冲突，即经济主体既不承担损害环境的社会成本，也不享受保护环境投资支出的收益。这是典型的外部不经济或外部经济不能内部化的表现。即使认识到环境对可持续发展的重要性，但是如果没有环保制度的创新，也无法克服市场经济下固有的环保外部性问题。建设现代化绿色生态环境体系，在环保制度供给方面，主要需要进行三个方面的创新：

第一，要建立和完善经济评价和干部业绩考核制度。传统的经济评价体系，不仅是割裂了经济发展与生态保护的关系，更是把这两者之间的关系摆到了对立和冲突的地位，致使经常出现以牺牲生态环境换取经济效益的现象。因此，构建反映绿色发展要求的评价体系，就是要摆脱单一的“国民生产总值”概念，构建“国民生态产值”概念，把经济发展带来的生态环境改善效应，纳入每年增加的国民财富流量当中；把经济发展对生态环境的破坏效应，作为每年生产的国民财富的扣除项。以这种思路统计、评价、考核干部业绩，并作为晋升的主要依据之一，自然会产生保护环境的内在动力。

第二，要建立和完善生态环境保护的操作制度。要把环保工作的倒逼机制，尽快提升到政策层面，并把其可操作化。如现在可以探索推行实施两类交易制度：一是以单位GDP能耗为基础的节能交易制度。在这样一种节能交易平台上，单位GDP能耗低于全省平均水平的地区，可以卖出相应的节能量；而单位GDP能耗高于全省平均水平的地区，则必须买进相应的额度。显然实行这一交易制度，有利于促进各地区能耗量的下降。二是以水环境质量为基础的流域生态环境补偿机制。具体是对水质达到一类水标准的地区，达到程度越高、比例越高则奖励越多，而对三、四类水质比例高的地区，实施惩罚性倒

① 习近平：“在深入推动长江经济带发展座谈会上的讲话”，《当代党员》2018年第13期。

扣。这种制度安排适用于具有上下游关系的区域生态补偿机制的建设。[①]

第三，要建立和完善生态环保的法治体系。要把那些在实践中证明行之有效的、符合规律和趋势的治理生态环境的经验，上升到法律形态固定下来，以更好地调节经济与生态、人和自然的关系。要把绿色发展的制度纳入法治之中，在防污治污、绿色循环、补偿、税收等方面加快法治建设。

六、开放体系：核心问题是对内开放

开放体系是建设现代化经济体系的能量交换和补偿机制。开放才能吸收和交换内外的发展要素和增长能量，才能实现内外的统一竞争，才能在竞争中定位好自己的产业分工角色，才能实现更高的发展目标。改革开放 40 年来的实践证明，中国经济越开放，发展水平越高，增长越持续、越平稳；中国经济不怕开放和竞争，怕的是封闭和闭关自守。建设现代化的开放型经济体系，就是要建设深度融入全球产业分工、与全球经济有着高水平双向循环的经济，既可以引进来，也可以走出去、走进去和走上去；不仅可以输出商品和要素，也可以吸收商品和要素；不仅要对东开放，而且沿“一带一路”向西向南开放。总之，要实现高水平立体的双向开放格局。

纵观过去中国开放发展的历史，不难发现其存在的几个严重的不对称问题：一是对内开放与对外开放不对称；二是出口导向与内需导向之间不对称；三是引进来与走出去不对称；四是商品市场开放与要素市场开放不对称；五是向东开放与向西南方向开放不对称。所有这些开放的不对称，核心问题是对内开放不足，对企业和个人尤其对民营企业限制较多。习近平同志总结指出，中国民营企业在实践中客观存在着“市场的冰山、融资的高山、转型的火山”这“三座大山”。地方和部门政府的政策针对民营企业的“卷帘门”“玻璃门”“弹簧门”等，以及针对个人选择的户籍、学籍等限制，等等，都是对内开放不足的主要表现。对内开放不足，影响对外开放的步伐和水平，如造就了国内市场外资与本土企业直接严重的不平等竞争态势，抑制了民营企业发展。这将影响民营企业走出去、走上去的能力；限制了国内市场需求的扩大，从而抑制了利用内需持续虹吸外国先进生产要素尤其是科技人才、技术和可能性；压制

---

① 刘志彪：“政府的制度供给和创新：供给侧结构性改革的关键”，《学习与探索》2017 年第 2 期。

了要素市场的发育成熟，以及要素市场深度开放的可能性。

对内开放不足说到底是对内改革不足、改革滞后于开放和发展的状况造成的。加快推进全面深化改革，重点是加快国内开放，尤其是加快对民营企业和个人的开放，不断塑造强市场主体，让其拥有更多的决策权力，独立自主承担更多的决策责任，分享更多的利益。

七、经济体制：核心问题是转向横向改革

经济体制是建设现代化经济体系的支撑和保障的决定性基础条件。中国经济不缺人，也不缺技术，缺的是好的机制。这方面最主要的问题，是政府力量与市场力量之间不对称，政府过于强势，而市场力量微弱和萎靡。限于篇幅，这方面的探索省略[①]。从纵向改革为主转向横向改革为主，是形成政府与市场“双强”体制机制的关键。转向横向改革，最重要的是要充分相信市场主体、企业家、社会成员、民间机构、家庭和个人的自组织能力，以及它们作为主体性对政府在市场中作用的替代。说到底，是要充分相信人民群众的觉悟和自我管理的竞争能力。

① 具体可以参见刘志彪：“造就边界清晰的‘双强体制’”，《经济参考报》2018 年 12 月 19 日。

第一篇

产业体系

以人力资源与实体经济协同构建现代产业体系[①]

党的十九大报告提出，要着力建设实体经济、科技创新、现代金融、人力资源协同发展的现代产业体系。这是解决我国产业体系发展中内在矛盾和冲突的根本途径。在这四个变量中，实体经济是目标，科技创新、现代金融、人力资源是投入要素（刘志彪，2018）。需要通过深入分析理顺科技创新与实体经济、现代金融与实体经济、人力资源与实体经济、科技创新与现代金融、科技创新与人力资源、现代金融与人力资源六对关系。在这六对关系中，前三对关系最为重要。本文将着重以科技创新与实体经济、现代金融与实体经济、人力资源与实体经济三对关系为对象，剖析四位协同的实现机制，进而提出构建现代产业体系的对策建议。

一、构建现代产业体系与转变产业发展思路

（一）产业政策：我国产业发展的关键变量

目前，世界各国均广泛使用产业政策促进产业发展，比如美国的“先进制造业国家战略计划”、日本的“产业重生战略”、德国的“工业 4.0 战略”等。改革开放以来，为了迅速脱贫、实现经济赶超，我国自上而下采用产业政策通过集中有限资源促进少数关键产业领域的突破和崛起，在较短的时间内实现了从经济起飞到高速增长。目前我国已经建立规模宏大、门类齐全的产业体系，这成为从高速增长转向高质量发展的重要物质基础。该产业发展模式主要有两大基本特征：其一，遵循了非均衡的发展思想。由于要素、资源的有限性，非均衡发展成为当时情境下的合理选择。其二，地方政府是产业政策供给的最重要主体，地方政府间的锦标赛竞争成为产业发展的主要外生动力。

---

① 本文作者为程俊杰，江苏省社会科学院区域现代化研究院。

产业政策在各国的实践中形成了许多正面案例，但理论界对其有效性仍存在争议。一种观点认为产业政策在经济发展过程中的作用并不显著，它无法克服政府失灵。另一种观点得到越来越多的认同，即产业政策的有效性是有限的，受政策类型、制度环境、企业异质性等因素影响。进一步的研究表明，产业政策存在最优实施空间（黄先海等，2015），应在发挥现有比较优势和培育新比较优势之间求得平衡（张其仔、李颢，2013）。

不可否认的是，产业政策虽然在我国取得了巨大的成功，但亦带来了一些弊端，最为突出的就是近些年日益加大的环境保护压力、产能过剩矛盾等。例如，根据 IMF 的数据，2008—2016 年我国平均产能利用率呈现逐年下降态势。之所以很多发达国家（地区）以及如巴西、印度、俄罗斯等新兴市场国家没有出现产能利用率的长期单边下降，除了产业政策的实施力度在各国间存在差异外，更多的源自我国实施的是偏向性产业政策，政府选择“赢家”和“输家”，从而产生显著的单向循环累积效应。因此，近年来呼吁我国产业政策转型的声音逐渐增多，但产业政策仍然是影响产业发展的关键变量。

（二）理念转变：从产业结构调整到构建现代产业体系

我们从产业政策的演变中可以归纳出我国产业发展的基本思路。基于重大事件的时间节点，我国产业政策的演进主要划分为四个阶段：

第一阶段（1978—1993 年）。这一阶段的主要特征是有计划的商品经济或计划经济向市场经济转轨，由于该时期农业、轻工业、第三产业等的发展严重滞后，国家提出了“集中力量发展农业、能源、交通和原材料等基础产业；控制一般加工工业的发展，使它们同基础产业的发展相协调”的产业政策。

第二阶段（1994—2001 年）。十四届三中全会的召开标志着我国已经逐步走上了市场化的改革发展之路。针对产业发展中出现的新问题，国家制定了《90 年代国家产业政策纲要》，加快发展支柱产业，支持短线产业和产品发展，抑制长线产业与产品发展。

第三阶段（2002—2012 年）。随着我国加入世界贸易组织（WTO），产业发展的内外部环境发生了重大变化，国际竞争日益激烈，产业政策的重点转向提升制造业核心竞争力，发展战略性新兴产业和现代服务业，抑制部分产业的产能过剩。

第四阶段（2013 年至今）。党的十八大以来，我国产业政策也进行了重大调整，从鼓励、限制具体产业发展转向构建全国统一市场，营造公平竞争市场环境，促进创新驱动发展。党的十九大进一步提出要着力构建实体经济、科技创新、现代金融与人力资源协同发展的产业体系。

党的十八大以前，不论产业政策的内容如何演变，调整产业结构都是其主要目标。我们利用文本分析法，对“六五”到“十二五”国民经济和社会发展规划进行梳理，产业结构在各次规划中均多次出现，成为重要关键词。因此，我国经济起飞、高速增长阶段所采用的产业政策实际上是产业结构政策。产业结构政策的本质是政府主导产业发展，并将具体产业单独看待，政策干预产业内企业行为。支撑其有效的要素至少有三：一是政府理性。政府能够掌握足够多的知识和信息理性把握产业发展。二是政府垄断资源。政府能够占有并配置影响产业发展的关键资源。三是企业主动或被动依赖政府决策。主要表现为国有企业作为政府职能的延伸，在国民经济中占有较高比例，民营、外资企业的政治关联现象突出等。随着科技的日新月异，市场信息不对称的存在，政府职能的转变，社会经济结构的多元化，影响产业结构政策有效性的关键因素发生重大变化，政策弊端日益显现。另外，从学理上讲，一方面产业结构是一个中性、长期、动态概念，并不存在绝对意义上好的或坏的产业结构，只有合理或不合理的产业结构，且与经济发展阶段、要素资源禀赋、动态比较优势密切相关；另一方面产业结构是发展的结果而非手段，具有内生性特征。因此，以产业结构为导向的产业发展理念亟须转变。党的十九大提出构建现代产业体系，是对原先产业发展思路的继承、批判和拓展（贺俊、吕铁，2015）。构建现代产业体系要求市场主导、政府引导，从系统角度看待产业发展，聚焦要素之间的协同而非要素在产业部门的具体配置，因此，政策主要干预产业间和宏观环境，工具选择越来越强调对知识、劳动力以及全球生产体系和市场的影响。

二、人力资源与实体经济协同：内涵、评价与机制

人力资源与实体经济的协同，实际上指的是人力资源与实体经济相互支持共同驱动经济高质量发展。具体来说，人力资源的数量、质量，以及人力资源的空间分布、部门配置等能够满足实体经济结构演变、转型升级的需求，同时实体经济的发展也能够为人力资源提供匹配的就业岗位，促进其技能提升。一方面当前我国已经进入人口老龄化阶段，面临刘易斯拐点；另一方面优秀人才通常不愿意去实体部门就业，因此，中国情境下人力资源与实体经济协同的含

义，更多地强调要发挥人力资源对实体经济的支撑作用。

理论界对于协同的评价通常有两种思路：一种是基于协同学原理构建指标体系，计算多元系统之间的耦合度。这种方法较依赖于指标体系的构建逻辑以及具体指标、样本区间等的选择，不同系统的评价得分越接近，协同耦合度就越高，因此容易陷入“低水准、高耦合”的迷境。还有一种是基于目标导向来评价是否协同。例如，用全要素生产率是否得到提升、产业竞争力是否得到改善、全球价值链地位是否实现攀升、产业结构是否得到优化等目标性且显性易观察测度的指标，来衡量人力资源与实体经济之间的协同程度有没有提高。这种评价思路只能得出相对结果，无法了解具体的协同程度，但结论相对可靠。

人力资源的本质是人力资本。目前有研究认为，人力资本积累促进了全要素生产率（TFP）的提升和经济持续增长，但也有一些学者研究发现，该影响为负或不显著。产生分歧的根本原因，在于忽视了对人力资源与实体经济协同的考量。长期以来，我国人力资源与实体经济总体上表现出低协同度特征（逯进和周惠民，2013），因此，越来越多的证据发现，人力资本对 TFP 和经济增长的影响存在时空差异和门槛效应。

为了实现人力资源与实体经济的数量协同、质量协同以及结构协同，需要构建三大机制：

一是有效劳动供给机制。有效劳动体现了劳动力异质性特征，有效劳动供给的内涵主要有二：一方面从全国范围来看，总体劳动力规模要能够满足产业发展产生的劳动力需求；另一方面不同的产业部门有足够数量的相匹配劳动力支撑其发展。目前，我国已进入人口老龄化社会，各地普遍出现一定程度的劳动力短缺，工资持续提高，标志着“刘易斯拐点”的到来和人口红利的消失。一些产业部门对劳动力的需求无法得到有效满足，不仅是低技能劳动力的需求难以满足，如近年来国内很多劳动密集型行业中频繁出现“民工荒”；而且高技能劳动力的需求也很难匹配，企业中技术工人特别是中级、高级技术工人严重短缺，部分战略性新兴产业中的高端人才也极为稀缺，如根据《中国集成电路产业人才白皮书（2017—2018）》资料显示，我国集成电路产业人才缺口达 32 万人，年均人才需求数约 10 万人。因此，要实现人力资源与实体经济的数量协同需要从四个方面构筑起有效劳动供给机制。其一，认真贯彻落实全面“二孩”政策。虽然全面“二孩”政策出台以来一直争议不断，对其效果和影响的讨论也层出不穷，但仍有证据表明该政策总体上能够改善劳动力供给结构，缓解人口老龄化（张鹏飞，2019）。其二，利用人工智能等先进技术推动“机器替代人”。以人工智能为代表的新一代信息技术对于就业具有深远影响，基于经济史的分析，技术进步对于就业总量具有显著的扩张作用，人工智能的广泛运用可能会增加有效劳动供给。但另一方面人工智能对就业又同时具有替代效应和生产力效应，中间层岗位最容易被替代（蔡跃洲、陈楠，2019），从而促进劳动力技能结构的变化，这在一定程度上也有利于缓解一些产业部门的劳动力需求矛盾。其三，加强职业教育和职业培训。技术工人和具备一定技能的低端劳动密集型岗位，如家政等的劳动力短缺主要可以通过加强正式的职业教育和非正式的职业培训改善。职业教育的加强除了加大资金投入外，更为重要的要抓好两个关键，一个是通过制定相关政策、规划重点打造一支优质的职业教育师资队伍，吸引社会上兼具丰富实践经验和一定理论功底的优秀人才投身职业教育；另一个是建立双轨制高等教育体系，努力改善现有的社会文化，给予技术工人较好的物质待遇和较高的社会地位，吸引更多优秀学子主动而非被动选择进入职业教育。其四，广泛“虹吸”全球高端人才为我所用。我国有世界上最为庞大的国内市场，这也成为很多产业，尤其是新兴产业发展壮大的重要土壤，然后受制于我国现有的教育条件、科研水平等，很多领域的高端人才非常缺乏，除了要加强自身培养外，还要充分利用庞大内需“虹吸”利用全球先进要素，打造高端人才“洼地”。

二是人力资本积累机制。根据经济合作与发展组织（OECD）的定义，人力资本是个人拥有的能给个人、社会乃至整个经济体带来福祉的能力、素养、知识和技能，因此，人力资源本质上是通过人力资本对实体经济发展施加影响。人力资本具有显著的异质性，受年龄、性别、健康状况、受教育年限、工作年限等因素影响。在转向高质量发展阶段，新旧动能转换对人力资本提出了新的要求，过去支撑旧动能发展的低技能同质化的人力资本，无法满足新动能产业部门的发展需求，要实现人力资源与实体经济的质量协同，就必须积累起足够的与新动能产业部门发展需求相匹配的高技能异质化的人力资本。这意味着我国要从逐渐消失的人口红利转向培育利用人才红利，即提升高技能异质化的人力资本存量积累和利用效率。一般来讲，人力资本积累的渠道主要有二：学历教育和非学历教育。这里没有考虑健康人力资本的主要原因，是大量研究表明健康人力资本对于经济增长的积极作用并不显著，甚至为负。目前，我国人力资本积累方面最大的缺陷就是全社会更看重学历教育，而忽视非学历教育，以及学历教育，特别是高等教育的针对性不够。实际上，非学历教育相比学历教育几乎贯穿了劳动者的整个生命周期，更贴近实践，更偏向应用，可以不断提升劳动者的技能质量。随着科学技术的日新月异，技术变革、产业革命对劳动者的技能提出了新的更高要求，及时响应并相对适应这种要求只能更多依靠非学历教育，因此，从高技能异质化人力资本积累的角度来说，非学历教育比学历教育更为重要。另外，我国学历教育，特别是高等教育没有体现出学生就业的差异性，不仅不太注重知识的应用性，而且也不注重基于职业导向设计教育方式、内容等。所以，很多学生毕业后发现学校教授的书本知识在现实中很难用到，有人甚至发出“过度教育”的质疑，但同时现有的教育对于真正想要从事学术科研的学生来说又显得训练不够。未来的政策导向是显而易见的，一方面要通过各种政策举措在全社会、各行业建立起非学历教育的长效机制，另一方面可借鉴欧美发达国家先进教育制度安排的经验，不断改进教育内容和方式，提高教育的精准度、针对性。

三是劳动力合理流动机制。为了防止劳动力在产业部门之间的错配，实现人力资源与实体经济的结构协同，就必须减少配置扭曲，形成劳动力的合理流动机制，让高技能劳动力流向前景更好、薪资更高的优质岗位，让中低技能劳动力流向普通岗位。目前，由于户籍制度、土地制度等大量的制度性约束，以及实体经济发展本身的结构性问题，我国人力资源分布与实体经济部门之间仍存在不同程度的劳动力错配现象。例如，劳动力跨地区流动仍存在较大障碍；由于金融部门的薪资水平畸高，吸引了很多专业不对口的劳动力集中涌入；劳动力择业偏向选择国有企业等。因此，劳动力合理流动机制至少应该包括以下三个方面：其一，降低劳动力与企业岗位匹配的搜寻成本。当前，我国“招工难”和“就业难”现象并存，其原因除了劳动力供给调整速度相对缓慢，不适应新的需求变化外，劳动力市场分割、信息不对称造成劳动力和企业双方搜寻成本过高也是重要根源。应进行劳动力统一市场建设，利用大数据、互联网等先进技术手段搭建招用工基础平台，加强就业辅导，并从区域开始逐步推广至全国。其二，引导改善劳动力择业偏好。劳动力择业偏好是非线性的，收入、前景、社会地位等是影响劳动力择业的重要因素，劳动力也往往倾向于选择收入更优、前景更好、社会地位更高的部门和岗位。要通过营造实体经济部门之间的良好生态，降低银行等金融部门利用不合理体制垄断地位带来的过高利润率，提高制造业部门的盈利水平，让制造业核心环节和关键岗位也能匹配得起高技能劳动力期望的工资水平、发展前景以及社会地位，引导劳动力，尤其是高技能劳动力向制造业技术智力密集型岗位流动。其三，减少劳动力流动障碍。目前，我国劳动力流动难主要体现在地区间、体制间、部门间、城乡间。造成劳动力流动难的障碍主要包括社保、住房、医疗、子女教育等民生服务方面，为此，应加强一体化、均衡化发展，打破地区间、体制间、部门间、城乡间劳动力流动的诸多障碍，深入推进“放管服”改革，减少行政力量对劳动力流动的干预。

三、人力资源与实体经济：“四位协同”的解码关键

构建现代产业体系，要素协同以及其与实体经济之间的协同是“因”，是工作重点，产业转型升级是“果”，是外在表征。因此，如何形成科技创新与实体经济、现代金融与实体经济、人力资源与实体经济的协同机制就显得尤为关键，而三对关系中实现人力资源与实体经济的协同具有纲举目张的作用。

（一）人力资源与实体经济协同的要素升级效应

人力资源与实体经济的协同，主要表现为人力资本的积累升级，人力资源在实体经济各部门之间的动态优化配置，以及实体经济的发展壮大。从理论上讲，人力资源与实体经济的协同可以有效促进科技创新和现代金融的发展。

1. 人力资本的积累升级可以促进要素升级。大量的国内外研究均表明，人力资本对于科技创新具有显著的促进作用。从人力资本结构来看，通过教育积累的技能型人力资本是影响科技创新的最主要因素。人力资本积累升级促进科技创新的内在机制主要有二：一是提升人力资本异质性。人力资本积累升级的本质是提高人力资本的异质性，而科技创新的发生是通过集成、扩散个体所拥有的异质性知识或技能实现的，异质性人力资本为科技创新提供了复杂知识与技能来源。二是提升消化、吸收及创新能力。理论研究表明，人力资本存量决定了一国引进和使用新技术的能力。人力资本存量积累越多，国家对新技术的吸收、消化能力就越强，进而会提升自主创新能力，加速科技创新进程。

人力资本积累对现代金融的积极作用主要体现在两个方面：一是人力资本支撑。现代金融最重要的两大特征分别是支撑科技创新和提高直接融资比例，这必然带来金融要素市场化、金融主体多元化、金融产品快速迭代，特别是移动化、云计算、大数据等先进技术手段的出现和运用极大改变了金融的底层架构，只有人力资本进行很好的积累升级才能有效应对这些变化。二是提高市场参与度。金融市场参与深度对现代金融的发展至关重要。当前，我国间接融资

比例过高，一方面是供给侧资产短缺的缘故，另一方面也与需求侧家庭金融市场参与深度较低有关。研究表明，人力资本积累升级对提高家庭金融市场参与几率有着显著的正面影响。

2. 人力资源的优化配置可以促进要素升级。Baumol（1990）认为，人力资源配置是影响创新的重要因素。当前，我国存在严重的部门间人力资源错配，竞争性部门的人力资本匮乏和政府公共部门、垄断部门的人力资本冗余并存（纪雯雯、赖德胜，2018），这严重影响了我国的科技创新效率和创新绩效。人力资源的动态优化配置可以有效促进科技创新效率和绩效的提升，其内在机制主要有二：一是消除要素扭曲。人力资源的优化配置本质上是消除人力要素价格扭曲，让创新者得到应有的垄断溢价，从而激发劳动力的创新意愿，促进科技创新。二是发挥集聚溢出效应。人力资源的优化配置可以让各种类型人力资本更好地集聚、组合，通过信息、技术、知识的传播学习、劳动力市场共享以及较高的就业匹配，劳动者与周围人可以很好地进行交流、学习，从而产生集聚溢出效应，带动整体人力资本的升级和技术扩散，最终有利于促进科技创新。

人力资源优化配置促进现代金融发展的渠道同样主要有二：一是支持现代金融部门发展。当前，我国金融体系中银行集中了绝大多数的优质人力资本，这也是造成国内间接融资比例居高不下的重要原因。通过人力资源的优化配置，吸引更多高技能人力资本配置到新兴金融部门，有利于支撑促进现代金融的发展。二是增加更多现代金融产品需求。人力资源的优化配置让更多的高技能劳动力进入到实体经济部门的关键环节和重要岗位，给实体经济部门注入了更强的发展活力，从而引致现代金融的发展。

3. 实体经济的发展壮大可以促进要素升级。实体经济发展对科技创新的促进作用主要体现在三个方面：一是一些实体经济部门发展壮大的过程就是科技创新的过程。随着科学技术的发展，产业部门也发生着重大变革，一些产业，特别是部分现代服务业的出现本身就是科技创新的产物，科技创新已经深深改变了一些产业的特性并驱动其发展。二是对外开放。在当今全球化背景下，实体经济的发展离不开高水平对外开放，这意味着我们可以通过发展服务外包，加强国际研发合作，统筹全球智力资源为我所用，进而促进科技创新。三是竞争。实体经济的发展带来了更为激烈的市场竞争，竞争迫使企业更多地投入创新、开展创新，以此来保证在市场上较长时间的竞争优势。

实体经济的发展壮大意味着不仅新兴产业部门得到快速崛起，而且传统产业部门实现转型升级，全要素生产率有效提升。原先的传统金融支持方式可能已经不太适合高质量发展阶段实体经济部门的发展需求了。例如，原先由于没有较好的征信审查、信贷跟踪监测等手段，银行为规避风险往往只能将信贷配给到政府融资平台企业、国有企业、大型企业等，造成民营企业“贷款难、贷款贵”的困境难以破解。但随着大数据、人工智能等先进技术的广泛运用，比如可以通过机器中的芯片，更为客观、全面地掌握企业生产经营情况，从而为银行授信提供强有力的依据，信贷配给现象可能就会消除。实体经济发展带来的对金融支持新要求将会改变金融部门的发展方式，重塑金融体系的基本格局。

（二）人力资源与实体经济协同的共振效应

作为人力资源与实体经济协同的主要方面，人力资本的积累升级、人力资源的优化配置以及实体经济的发展壮大对于科技创新与实体经济的协同、现代金融与实体经济的协同具有共振效应。

1. 人力资本积累升级的协同共振效应。自熊彼特开创性贡献之后，科技创新对实体经济发展具有积极作用已经形成共识。其影响路径主要包括生产效率、产业组织、就业结构等。进一步的研究表明，科技创新促进实体经济发展并不是绝对的，而是受到科技创新与实体经济是否协同的约束，著名经济学家阿西莫格鲁等人就曾经指出，应重点研究怎样把稀缺创新资源在模仿创新与自主创新间优化配置。当前，我国科技创新与实体经济协同中最大的问题是科研成果产业转化率不高。从理论上讲，科技创新包括两个阶段，第一阶段是知识生产，其突出特征是将钱变成知识；第二阶段是产品生产，其突出特征是将知识变成钱。两个阶段对人力资本的要求是明显不同的，第一阶段需要投入更多的科学家型人力资本，而第二阶段需要投入更多的科技企业家型人力资本。目前，科技企业家在我国非常稀缺，人力资本的积累升级可能会有助于弥补这一短板，让科技创新的两阶段紧密串联起来，从而实现科技创新与实体经济的协同发展。

虽然金融发展对经济增长的影响仍存在一定的争议，但金融发展能够促进经济增长仍是主流观点。进一步的研究发现，金融发展对经济增长的促进作用依赖于信贷是否流向了实体经济部门（Ductor 和 Grechyna，2015）。由此可见，现代金融与实体经济的协同就显得非常重要。当前，我国现代金融与实体经济协同中最大的问题是金融资源的错配现象非常突出，大量的优质金融资源无法进入实体经济，造成以产能过剩严重、僵尸企业横行等典型的实体经济不实日益凸显。其产生的根源至少有二：一是实体经济部门发展质量不高，风险较高；二是金融部门对实体经济部门运营的真实情况难以准确把握，信息不对称。人力资本积累升级可以有效缓解这一问题，一方面实体经济部门中人力资本的积累升级可以有助于提高实体经济的发展质量，降低金融支持的风险，提高金融支持的回报率；另一方面金融部门中人力资本的积累升级，特别是对大数据、云计算、人工智能等先进技术的掌握将有助于准确把握、客观评价目标企业的真实运营情况，减少金融市场上的信息不对称，降低金融资源错配几率。

2. 人力资源优化配置的协同共振效应。从理论上讲，科技创新与实体经济的协同机制主要有二：一是技术扩散。研究表明，技术扩散对欠发达地区或相对落后产业部门的增长、发展具有积极作用。二是企业动态。科技创新会通过竞争、管制等渠道影响企业生命周期、进入和退出，经过优胜劣汰使实体经济部门得到发展壮大。技术扩散有很多种途径，比如产品贸易、技术转让、文献发表、研讨会等，其中，最为重要的途径就是人员流动。人力资源的优化配置也可以促进企业健康有效地动态演化，从而提升全要素生产率水平。因此，人力资源的优化配置对于科技创新与实体经济的协同具有明显的积极作用。

现代金融与实体经济协同的本质是加大现代金融对实体经济的支持力度，这就需要对现有金融结构、金融效率、金融杠杆等方面进行优化调整，大力发展普惠金融、科技金融、绿色金融，适应这些变化趋势需要相应的人力资本支撑。因此，人力资源在金融部门间、部门内的优化配置将有利于金融更好地服务实体经济，促进两者之间的协同。

3. 实体经济发展壮大的协同共振效应。实体经济的发展壮大意味着新兴部门的崛起以及传统部门的转型升级，全社会全要素生产率得到提高，这一过程实际上是通过竞争机制来实现的，表现为企业动态和产业生命周期演进。企业保持市场竞争力的重要途径就是开展科技创新。因此，实体经济发展壮大有利于科技创新与实体经济的协同，主要体现在两个方面：一是企业内和企业间为避免被市场淘汰大规模实施科技创新行为，加强技术扩散；二是以企业为核心的产学研不同创新主体间的协同合作日益增强，创新两阶段的链接机制被打通。

实体经济发展壮大对于现代金融与实体经济的协同具有一定的促进作用，主要体现在三个方面：一是提高金融支持实体经济发展的意愿。实体经济发展壮大势必带来实体部门盈利能力增强，优质资产增多，这一方面会降低金融部门支持实体经济的违约风险，提高投资回报率，另一方面也给金融产品、金融资产的创新供给提供了良好基础。二是增强现代金融与实体经济的结构适配度。研究表明，只有当金融结构与产业结构互相适应时才能促进产业发展。实体经济发展壮大在一定程度上扭转了实体经济部门与金融部门在谈判中主动、被动地位，从而引导金融部门通过自身改革、结构优化更好地服务实体经济部门，实现双赢结果。三是改善现代金融与实体经济的发展循环。实体经济发展壮大将不同程度提高企业员工的工资待遇，从而有力改善家庭的消费预期，提高家庭参与金融市场的深度，从需求侧为实体经济部门和金融部门的发展奠定了厚实基础，另一方面，实体经济部门和金融部门的预期也得到改善，现代金融与实体经济的正向发展循环得到积累加强。

四、以人力资源与实体经济协同构建现代产业体系的关键举措

从协同机制入手加快构建现代产业体系，一方面要推动人力资源与实体经济的协同发展；另一方面要以人力资源与实体经济的协同，推动科技创新与实体经济、现代金融与实体经济的协同共振。具体举措主要有以下四点：

（一）提高教育的差异化、精准度和终身性

大量的研究表明，教育型人力资本对于实体经济的发展具有明显的促进作用，教育是获得人力资本积累升级的最主要途径之一。目前，我国在教育方面的投入并不少，据统计，我国教育经费总投入高达 4.25 万亿元人民币，总量规模高于日本（1 万亿元人民币左右），低于美国（6.2 万亿元人民币左右），而且我国自古以来就有重视教育的文化基因，近年来每年教育投入增长超过 8%，与欧美发达国家在人均教育经费上的差距也在不断缩小。我们教育方面影响人力资本积累升级的主要问题是教育方式的不合理。其一，国民没有终身学习的理念和习惯。全社会往往更关注的是学校教育，更多探讨的是学校教育中存在的问题，比如高考地域差别、中小学教育资源分布不均、学区房价格畸高等，而一旦脱离了学校很少有人能够主动地坚持不懈地学习。通过学校教育之外积累的人力资本对人力资源与实体经济协同尤为重要。应在全社会掀起终身学习的热潮，培育全民终身学习的习惯，促进理念的养成。其二，增强优化对高等教育的考核和约束。与欧美教育发达国家相比，我国学生在初等教育、

中等教育、高等教育三大阶段的学习强度是倒置的，即初等教育、中等教育强度高于高等教育，这样的缺陷就是学生的学习欲望、创新意愿从小就被扼制了。其三，以就业导向设置高等教育内容。义务教育阶段是基础教育，应着重培养学生好的学习习惯、学习方法，进行适当的知识储备。而到了高等教育阶段应以就业为导向进行差异化培养，适当开展职业教育，做好学校与工作岗位之间的衔接。

（二）加快推进混合所有制改革

根据相关理论，要素错配的原因主要有制度因素、贸易因素、金融因素以及信息摩擦因素等，其中，造成我国当前人力资源错配的最主要原因还是制度因素。出于规避就业风险和享受体制福利的考虑，劳动力往往倾向于流向有政府信用背书的部门，比如国有企业、公共事业部门、行政机关等。政府应通过机制设计纠偏公共部门人力资本配置最优比例，将大量优质人力资本配置到生产性部门。由于国有企业在公共部门中吸收的人力资源最多，首当其冲要引导国有企业中的优秀人才优化配置到边际效益更大的部门或岗位。因此，要加快推进混合所有制改革。当前，混合所有制改革面临诸多问题，导致各方审慎观望态度渐浓，实质推进不及社会预期，主要是对外部经营环境、国有资产流失、职工安置、产权保护等的担忧。关键在于没有以竞争中性为方向引导、驱动改革。领悟、运用竞争中性原则是扫除混合所有制改革过程中障碍的基本逻辑。以竞争中性深化混合所有制改革应做到：其一，进一步开展国有企业的精准、精细分类。突出企业的主营业务，使分类和定位趋于纯净化。其二，塑造推崇竞争中性的社会文化。进一步解放思想，在全社会掀起一场关于竞争中性的文化大讨论，深入剖析制约竞争中性生根发芽的根本原因，加快塑造崇尚竞争中性的社会文化。其三，严格平等保护不同类型所有制产权。以混合所有制改革中面临的问题为导向，系统、科学地制定混合所有制改革的推进思路与路径、实施方案。从混合所有制企业的公司章程、治理结构、经营决策及议事流程等制度层面完善机制设计，防止逆向选择和道德风险的发生，力争实现激励相容，切实保障少数股东的权益。其四，改革创新国有资本的监管模式。应以“管资本”为核心要义，即追求国有资本的保值增值，减少对国有企业日常运营的干预，对企业高管才能、经营状况等的评价更多依靠市场、股东以及行业协会。

（三）鼓励创新溢价

人力资本的积累优化、人力资源的优化配置并不会自动实现科技创新与实体经济的协同，从本质上看，人力资源与实体经济的协同只是从能力上为科技创新与实体经济的协同扫除了障碍，仍需要进一步激发后两者的协同意愿。故要鼓励创新溢价，换句话说就是要用财富效应驱动科技创新与实体经济的协同。在过去的高速增长阶段，创新要素主要集中在大学、科研机构、国有企业、政府部门等非市场性部门，不仅实体经济部门对其需求增长较为缓慢，而且要素收益溢价较低。因此，其一，通过创新溢价将优质创新资源推向创新强度高、创新效率高的实体经济部门，促使其开展面向产业链的关键技术环节研发和转化。其二，充分发挥资本市场的财富效应。财富驱动效应的主要实现机制是资本市场，资本市场可以化解创新者的市场风险并为其迅速积累财富，以此才能形成一个真正的市场化的、全方位的、可持续的、健康的科技创新与实体经济协同发展态势。其三，实施严格的知识产权保护制度。利用人类本性，引导和激励通过创新打破垄断而形成新的垄断，建立动态的垄断制度来鼓励科技创新与实体经济的协同发展。

（四）围绕支持企业家的创新活动改善金融体系

人力资本的积累优化、人力资源的优化配置同样也不会推动现代金融与实体经济协同的自我实施，以人力资源与实体经济的协同推动现代金融与实体经济协同的关键在于以支持企业家的创新活动为导向改善甚至重构金融体系。之所以要以支持企业家的创新活动为导向，是因为大量的理论研究表明，这样能够强化市场竞争，有利于创造更多的企业；能够促进技术进步、知识溢出以及全要素生产率的提高；有利于打破依靠资本或关系获得财富的格局，有利于形成合理的社会结构；有助于抑制腐败并避免金融危机的爆发（江春、苏志伟，2013）。以支持企业家的创新活动为导向改善金融体系需要从两个方面入手：其一，开展制度创新，完善资本市场建设。提高直接融资比例的关键是要建设多层次的开放、透明、有活力、有韧性的资本市场体系，提升资本市场对企业创新的服务能力。应根据科创企业的特点大力完善注册制，发展壮大科创板，提高风险资本参与科创投资的意愿。其二，以先进技术手段改造金融服务方式和内容。要将移动互联网、大数据分析、人工智能、区块链等新一代信息技术与传统金融服务的需求结合，不仅可以降低交易成本，而且还可以改善市场上的信息不对称。

参考文献

[1] 刘志彪："建设实体经济与要素投入协同发展的产业体系"，《天津社会科学》2018 年第 2 期。

[2] 黄先海、宋学印、诸竹君："中国产业政策的最优实施空间界定——补贴效应、竞争兼容与过剩破解"，《中国工业经济》2015 年第 4 期。

[3] 张其仔、李颢："产业政策是应遵循还是违背比较优势?"，《经济管理》2013 年第 10 期。

[4] 贺俊、吕铁："从产业结构到现代产业体系：继承、批判与拓展"，《中国人民大学学报》2015 年第 2 期。

[5] 逯进、周惠民："中国省域人力资本与经济增长耦合关系的实证分析"，《数量经济技术经济研究》2013 年第 9 期。

[6] 张鹏飞："全面二孩政策、人口老龄化与劳动力供给"，《经济经纬》2019 年第 3 期。

[7] 蔡跃洲、陈楠："新技术革命下人工智能与高质量增长、高质量就业"，《数量经济技术经济研究》2019 年第 5 期。

[8] Baumol. Entrepreneurship: Productive, Unproductive and Destructive. Journal of Political Economy, 1990, 98, 893 - 921.

[9] 纪雯雯、赖德胜："人力资本配置与中国创新绩效"，《经济学动态》2018 年第 11 期。

[10] Ductor, Grechyna. Financial Development, Real Sector and Economic Growth. International Review of Economics and Finance, 2015, 37, 393 - 405.

构建自主可控的先进制造业体系[①]

当前我国制造业正处于产业转型升级滚石上山、攻坚克难的关键阶段，大而不强、结构不优、发展粗放等“传统”短板仍然十分突出，大量核心技术壁垒仍未突破，主要产业仍处于全球价值链低端，仍然面临自主创新能力弱和高端人才缺乏等问题。因此，先进制造业体系的进一步构建和发展，要把丰富的产业、科技、人才资源整合起来，把着力点放在增强控制力和竞争力上，充分发挥科技创新的强引擎作用，构建自主可控、在国际社会有控制力和竞争力的现代产业体系。特别是要打造自主可控的制造业体系，着力增强关键技术的控制力和主导力。

自主可控，内涵是独立自主且安全可控。习近平总书记在 2018 年“两院”院士大会上强调，要努力实现关键核心技术自主可控，把创新主动权、发展主动权牢牢掌握在自己手中。自主可控的实质是拥有一批具有主导话语权的自主知识产权，从而支撑相关产业在全球价值链中掌握主导权。建设自主可控的先进制造业体系，就是要努力实现在关键领域、核心技术不再受制于人，拥有相对独立性，建设核心环节由我们自己独立做主决策、把控的制造业体系。

因此，作为产业链上附加值、利润率最高的领域，同时也作为制造业中最具创新活力、复杂度最高和成果最丰富的领域，先进制造业对各国经济发展和国家安全至关重要。建设自主可控的先进制造业体系，不仅是积极应对世界经济形势变化的迫切需要，也是抢占全球制造业竞争话语权和制高点的迫切需要。

一、先进制造业的内涵和特征

先进制造业的内涵是相对传统制造业概念而言。从词组组成看，先进制造

① 本文作者谭蓉娟、黄家燎，广东工业大学经济与贸易学院；林学军，暨南大学国际商学院。

业包括“先进”和“制造业”两个词。从制造业出发，制造业指的是对设备、能源、物料等制造资源按照需求端进行加工，将原材料转换为供人们消费的产品的行业。其次是先进，先进有别于传统，突出的是制造业的先进性，通常理解为产业的先进性、技术的先进性、管理的先进性。

先进制造业在产业层次、技术、管理、模式等多方面区别于传统制造业，区别在产业高端性、技术先进性、管理现代性和模式创新性四个方面。

（一）产业高端性

由于大量使用前沿先进的信息技术、生物技术、新材料技术、新能源技术，使得先进制造业从传统产业中区别出来，在产业层次上体现为更高的附加值和更高的技术含量，是当今社会经济发展中的高新产业，是国家、地区和企业制定未来发展政策时应着重考虑的新产业形态；在产业工人素质方面，先进制造业所属的产业工人要具备较高的制造技能，管理和心理等其他方面的综合素质要求要高于传统制造业行业，因而知识型、技术型工人占比更高；在资本投入方面，先进制造业属于技术密集型、资本密集型产业，产业资本规模相对传统制造业行业更高，因此，先进制造业的进入门槛更高。

（二）技术先进性

先进制造业在市场调研、研究开发、产品设计、生产制造、售后保障和用户使用反馈等价值创造和价值增值过程中，大量采用新材料技术、新一代信息技术、新能源技术、生物技术和现代管理技术，通过技术孵化创新和应用从而驱动企业和所在产业的快速发展。

（三）管理现代性

先进制造业的管理现代性着重体现在以下两方面：一是采用持续创新的现代管理理念管理产业和企业价值链，如将运筹学思想、环保理念、行为科学理论等运用于企业和产业价值创造、增值的整个过程；二是采用先进的管理方法和管理技术管理价值链，如办公自动化系统、管理信息系统等。

（四）模式创新性

先进制造业的模式创新性主要包括采用创新的制造模式和发展模式。对于制造模式，如采用精益生产模式、计算机集成制造系统、柔性制造系统、虚拟制造模式和数字制造化模式等；在发展模式上，采用资源节约型、绿色环保型的发展模式，倡导走可持续发展道路。

二、中国先进制造业发展历程（见表1）

表1 中国先进制造业发展历程

时间	发展历程	要点
2003年	浙江省出台《浙江省先进制造业基地建设规划纲要》	我国首部先进制造业发展规划纲要，规定了先进制造业的重点发展领域，进一步深化了产业结构战略性调整的方向
2005年	“十一五”规划	明确加快发展先进制造业，要“加快发展高技术产业发展的方向”，提出“必须提升电子信息制造业、培育生物产业、推进航空航天产业、发展新材料产业”
2009年	国务院制订十大产业调整振兴规划	针对装备制造业、汽车、船舶、钢铁、电子信息等十大产业制订产业振兴规划
2010年	国务院出台《关于培育和发展战略性新兴产业的决定》	部署战略性新兴产业发展目标、重点、途径和政策措施，明确要在2030年前使生物、新能源、高端装备制造、节能环保、新能源汽车、新一代信息技术、新材料七大产业达世界领先水平
2011年	“十二五”规划	提出“培育发展战略性新兴产业”，明确要大力发展节能环保、新材料、新能源汽车、新一代信息技术、新能源、生物、高端装备制造等战略性新兴产业
2012年	《“十二五”国家战略性新兴产业发展规划》	明确了“十二五”规划中提到的七大战略性新兴产业的重点发展方向、主要任务和发展时间节点
2014年	“中国制造2025”	首次提出“中国制造2025”
2015年	《政府工作报告》	首次提出“中国制造2025”规划，并明确重点发展的十大领域
2016年	“十三五”规划	明确要进一步推动工业化和信息化融合发展，加快发展先进制造业和战略性新兴产业，推进新产业、新业态不断成长
2019年	《政府工作报告》	加快建设制造强国，推动制造业高质量发展，强化工业基础和技术创新能力，促进先进制造业和现代服务业融合发展

通过将近20年的大力发展，目前，我国先进制造业最发达省市以广东、上海、江苏、山东为代表，基本形成了"珠三角""京津唐""长三角"三大先进制造业基地，三大基地以生产性服务业为抓手，辐射我国制造业体系，促进我国先进制造业的发展。

目前，我国先进制造业发展的内部和外部环境正发生长期持续性的深刻变化，这不仅为我国加快缩小与美、日等老牌先进制造业强国的差距、实现历史性的赶超创造了机遇，也为我国利用全球制造要素、加快培育制造业国际竞争新优势创造了有利条件。因此，面对国内外发展新形势，我国先进制造业必须肩负起支撑我国制造业跨越发展、支持国民经济转型升级的重大历史使命。

三、中国先进制造业发展现状

中国要全面提升制造业发展质量和水平，实现制造强国目标，必须加快推进先进制造业体系的发展，只有先进制造业发展起来，才能彻底地扭转中国制造业大而不强的现状。近年来，我国加强了对先进制造业相关行业的投入力度，取得了一定的成效。

从企业市值角度看（以2018年中国、美国、日本、德国和英国全球GDP总量排名前五国家的二级市场中市值超过千亿美元的企业为研究对象，见表2)，中、美、日、德、英五国分别有12家、68家、10家、10家、35家企业市值超1000亿美元。将上述企业按所属行业归类，如表2所示，我国市值超过1000亿美元的上市企业所属行业分别是：金融、互联网、消费品、能源和通信。我国市值超过1000亿美元的12家上市企业没有1家是制造业企业。与之形成鲜明对比的是，美国、日本、德国、英国分别有17家、5家、7家、12家制造业上市企业上榜，分别占对应国家上榜企业数量的25%、50%、70%和34%。近年来，我国各行业大企业取得了长足进步。但在先进制造业领域，与传统欧美强国相比，我国的发展依然缓慢，差距十分明显，要在制造业技术水平、运营能力、组织管理上追赶国外先进水平仍需要付出巨大的努力。

表2　世界五大经济体股票市场超千亿美元市值公司行业分布

类别	中国（A股+港股）	美国	日本	德国	英国
互联网	1家	8家	0家	0家	1家
金融	7家	16家	1家	2家	5家

续表

类别	中国（A股+港股）	美国	日本	德国	英国
消费品	1家	7家	0家	0家	9家
能源	2家	13家	0家	1家	8家
制造业	0家	17家	5家	7家	11家
零售	0家	3家	0家	0家	0家
通讯	1家	4家	4家	0家	1家
总数	12家	68家	10家	10家	35家

以“中国制造2025”提及的先进制造业十大领域中规模前十位、合计100家上市企业为研究对象（见附录表A），我国先进制造业代表性企业总资产从2008年约14957亿元增长至2017年的66891亿元，年均增长率达19%（见图1）。先进制造业发展势态良好，总资产指标逐年增加，且除了2012年外，其余年份代表性企业的资产增长率均高于全国企业资产增长率（见图2），该指标表明，先进制造业规模扩张速度远高于全国工业企业规模扩张的平均水平，先进制造业在中国工业经济体系中占据了越来越重要的地位。我国先进制造业相对其他传统工业发展速度较快，究其原因主要有二：一是党的十八大以来我国推进三去一降一补成果显著，低端无效的落后制造业供给加快破除；二是创新驱动发展战略下，国家工业发展聚焦在技术密集型和知识密集型的新兴产业。在两方面原因的合力下，我国工业产业优化升级初显成效，符合我国消费者需求的高端制造业发展势头迅猛，发展规模领跑制造业的改革和发展。

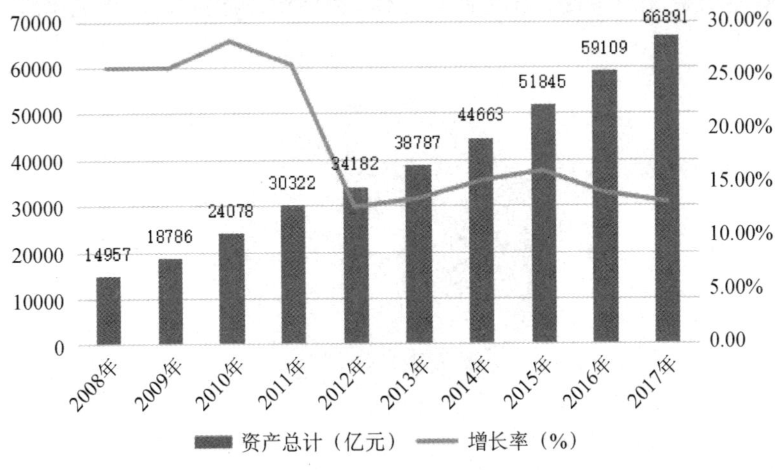

图1　2008—2017年中国先进制造业规模情况

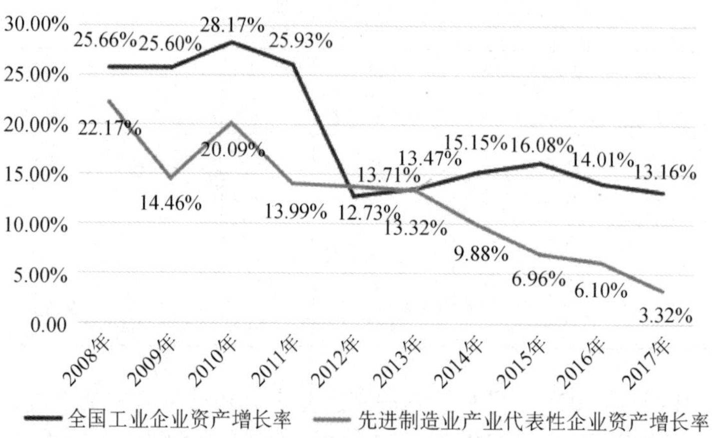

图 2　2008—2017 年全国工业企业和先进制造业资产增长情况

从先进制造业体系的自身结构来看（以 2017 年营业收入作为衡量指标，见图 3），先进轨道交通装备、节能与新能源汽车为比重最大的两个行业，所占比重分别为 35.59%、32.41%，两者之和超过了 65%。其次分别是新一代信息技术产业、生物医药及高性能医疗器械、电力装备、海洋工程装备及高技术船舶、航空航天装备、新材料、农机装备、高档数控机床和机器人。可见，我国先进制造业行业门类齐全，特色鲜明，切合我国现阶段对高端产品的市场需求。以先进轨道交通装备行业、节能与新能源汽车行业为代表的重工业发展挺起了先进制造业发展的脊梁，相比而言，高档数控机床与机器人行业、生物医药及高性能医疗器械行业等发展底子薄弱、研发周期更长、市场需求更为迫切的轻工业发展相对缓慢，先进制造业体系内部结构仍需进一步优化。

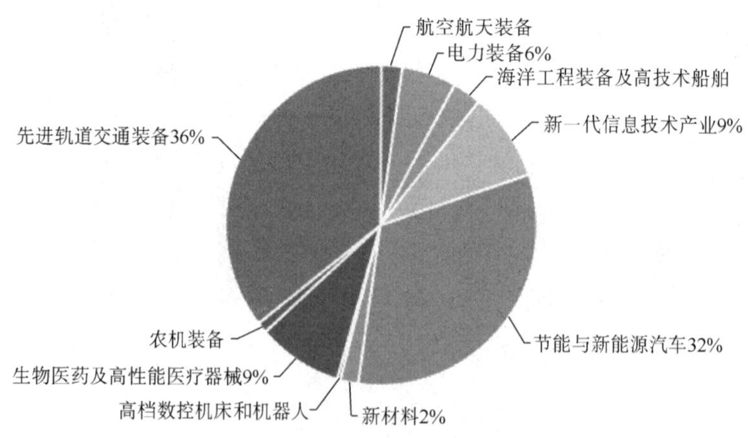

图 3　2017 年中国先进制造业内部结构

从发展效益分析，2008—2017 年我国先进制造业效益有一定增长（见附录表 B），其中 2017 年全国先进制造业代表性企业利润总额为 2975 亿元，是 2008 年的 6 倍，从行业效益来看节能与新能源汽车与先进轨道交通设备最高，2017 年利润分别为 1242.02 亿元、702.54 亿元。生产效益最差的行业为高档数控机床和机器人，其在 2008—2017 年的 10 年，有 5 年营业利润为负。这是因为我国先进制造业的发展仍在起步阶段，一方面大量的技术过分依赖对外引进，造成制造成本居高不下，另一方面先进制造业发展前期需要大量研究开发投入，这进一步降低了企业的发展效益。

对比 2008—2017 年先进制造业的资产、营业收入和营业利润数据（见图 4），我国先进制造业整体利润增长超过了资产的增长水平。其间，资产规模从 14957 亿元增长至 66891 亿元，增长 4.47 倍，而营业利润从 494 亿元增长至 2975 亿元，增长 6 倍，即我国先进制造业效益的增长超过了其在规模上的扩张，这也说明我国制造业整体产业结构转型初见成效。

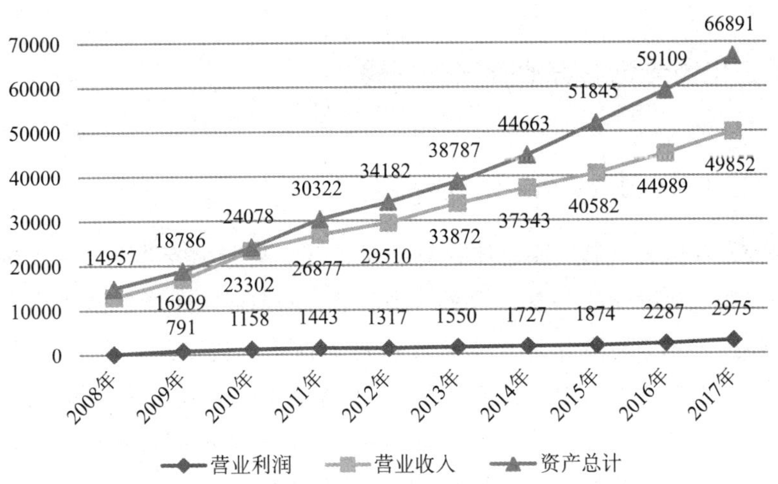

图 4　2008—2017 年中国先进制造业实现利润情况

虽然我国先进制造业生产效益取得了一定增长，但是整体生产效益仍然较低。2008—2017 年我国先进制造业营业利润率（见图 5）有一定的增长，从 2008 年的 3.86% 增长至 2017 年的 5.97%，但平均营业利润率不到 5%，对比美、日、德等制造业强国，整体营业利润率仍有差距。

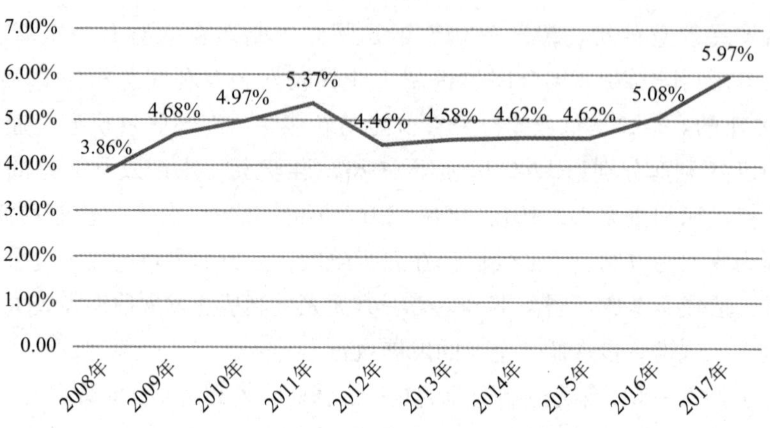

图 5　2008—2017 年我国先进制造业营业利润率情况

经过 40 多年的高速发展，中国已从一个工业基础薄弱的国家发展成为制造业大国，先进制造业取得了长足的发展和进步，但是整体大而不强、效益不高、结构不合理现象依然存在，对比世界先进水平仍存在较大的差距。

四、中国先进制造业存在的问题

（一）中国先进制造业总体效益较低

目前，我国先进制造业总体效益相对较低，制造业劳动生产率大约是美、日、德等制造业强国的 1/20，另外，中国装备制造业工业增加值率约为 25%，对比发达国家相应行业超过 40% 的工业增加值率，我国制造业工业增加值率差距明显，直接反映出中国与美日等发达国家在制造业技术水平与知识产权拥有量、企业管理水平及产品营销能力等方面存在较大的综合差距。究其原因，是由于我国高技术产品大部分都依赖国外关键零部件，部分高档产品至今仍只能由外资企业制造。对核心关键技术，我国无自主知识产权，直接导致制造业自主可控程度低，造成我国制造业企业、产业的发展被“卡脖子”。总的来说，先进制造业企业利润不高，效益低下，一方面先进制造业转型升级前期投入巨大；另一方面在转型升级阶段，关键性技术、产品仍然需要向外国大量进口。

以代表性企业大唐电信为例。从近 10 年财报数据可以明显看出，大唐电信利润低微，整体效益低下，尤其是 2015 年以来，大唐电信业绩大幅下滑。

2014年，我国移动通信行业开始转向发展4G网络，导致大唐电信营收进一步减少，盈利空间不断被压缩。2015年，大唐电信净利润仅剩下2800万元，销售净利率跌至0.52%，并在随后两年出现大额亏损。在2016年，大唐电信净亏损高达17.76亿元，而2017年净亏损再度扩大至26.49亿元，两年亏损总额超过44亿元。究其原因有两点。第一，入不敷出。大唐电信在移动终端芯片研发方面投入了大量经费，而收入暂无法覆盖前期的研究开发投入。第二，行业竞争激烈。面对日益严峻的外部环境，大唐电信放弃低毛利业务，继续推进企业转型升级，受此影响近年的营业收入出现下滑，致使毛利总额不能支持其实现盈利，从而未能实现扭亏（见图6）。

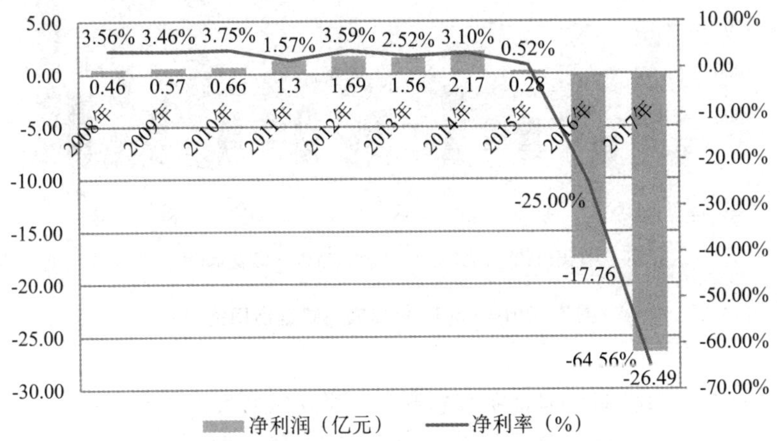

图6　2008—2017年大唐电信利润情况

（二）先进制造业总体技术水平不高

通用型、中低档产品占据先进制造业产品结构的绝大部分，但是，我国高技术产品的自主开发能力差、空白领域多，绝大多数是由外资企业生产。目前，我国制造业关键高技术装备和零部件技术与先进水平差距较大，机械基础件的制造及相应的共性技术的研发滞后严重，高新技术、微细加工等尖端加工设备几乎全部依赖进口，技术含量较高的配套部件大部分依靠国外，国内企业的工艺装备水平较低。另一方面，设备嵌套的系统集成与工程技术能力十分薄弱，缺乏总承包企业。

以集成电路行业为例。目前，我国已发展成为全球最大的集成电路消费市场。2018年，我国集成电路需求规模逼近1.5万亿元，占全球市场需求比重超过54%。但是，虽然市场巨大，但我国集成电路产业大而不强，集成电路国产化率还很低，特别是在存储器、高端处理器、基础材料等方面基本完全依赖进口。集成电路产品进出口额逆差逐年扩大（见图7），逆差额从2010年1277.4亿美元扩大到2018年的2274.2亿美元，主流产品仍集中在中低端，高端产品对外依存度逐年攀高，行业自主可控程度不升反降。

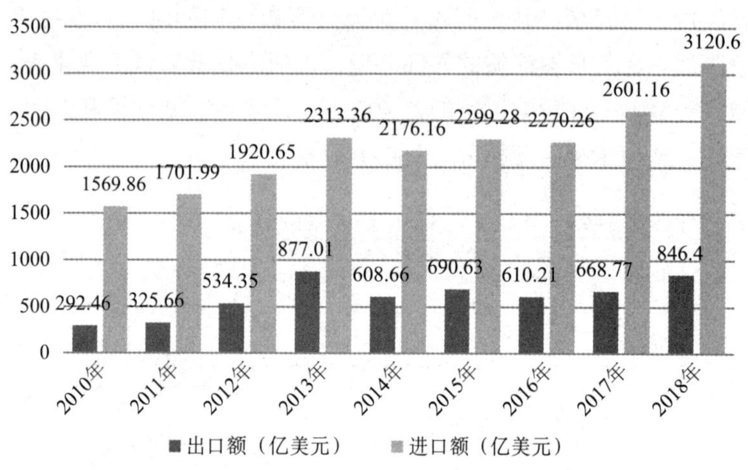

图7 2010—2018年集成电路进出口情况

（三）我国先进制造业创新意识薄弱，整体创新能力不强

在过去一个相当长的阶段，我国制造业一直处在制造业产业链条的低端，凭借人力成本优势，依靠代加工、组装赚取微薄利润，制造业企业缺乏创新动力，创新意识不强，导致企业创新投入长期不足。目前，我国制造业，尤其是技术密集型制造业、知识密集型制造业，相关企业创新能力支撑不足，企业主体薄弱，能够对外引进，便不考虑自主研发，甚至存在放弃原有的自主研发的舍本逐末现象。随着我国人口红利的逐渐消失，制造业人力成本攀升，技术引进、廉价加工的老路已经是穷途末路。

五、中国先进制造业发展的机遇与挑战

在当前和未来较长的一个时期内，全球制造业格局正进行重大而深刻的调整，我国制造业的发展，尤其是先进制造业的发展，必须牢牢抓住历史给予的有利机遇，以积极稳妥的步伐面对来自内外部多方的挑战。

（一）制造业总体创新投入明显增加

在创新驱动发展的国家战略背景下，我国的创新要素正不断向工业部门集聚，工业企业研究开发投入快速增长，制造业领域自主创新控制力和领导力显著增强。知识产权方面，2017 年，我国规模以上工业企业专利申请量达 817037 件，比 2008 年专利申请量的 173573 件增加 4.71 倍。研究开发方面，2017 年我国规模以上工业企业新产品开发经费支出 13497.83 亿元，是 2008 年新产品开发经费 3676.06 万元的 3.67 倍；另一方面，2017 年，我国全社会研究开发经费投入达 17606.1 亿元，占 GDP 比重 2.15%，比 2008 年的全社会研究开发经费 4616 亿元增长 3.81 倍。在人才投入方面，2017 年，我国规模以上工业企业办研究与试验发展机构人员数 82667 万人，是 2008 年工业企业办研究与试验发展机构人员数 26177 万人的 3.15 倍。

通过多年的技术积累，我国制造业领域的创新要素投入已经逐步接近世界前列，我国折算汇率下的研究开发经费投入总量居世界第三，与美、日等传统制造业强国的差距正迅速降低，制造业创新投入显著增加，正拉动中国制造业从跟随式吸收创新向领跑式自主创新跨越。

（二）新一代信息技术与制造技术高度融合

当前，新一代信息技术、新能源、生物技术、新材料等重要制造业领域和科技前沿方向正发生深度融合和革命性突破，很可能带来下一轮全球产业变革，同时对全球制造业生产方式产生颠覆性的影响，并深刻影响着全球制造业的发展方向，给我国的制造业转型发展带来重要的有利机遇。尤其是新一代信息技术与传统制造业的深度融合，正推动产业形态、制造模式和生产组织方式产生深刻变革，人工智能、机器学习等领域成为制造业发展的新趋势，虚拟化技术、大数据、物联网、5G 技术、3D 打印、工业互联网等信息技术将重构制造业体系，如 3D 打印技术将新材料、数字技术和智能技术植入产品，极大地拓展了产品的功能边界，颠覆了产品原有的性能。同时，在互联网、物联网、云计算、大数据等泛信息的有力支撑下，制造商同供应链上下游多方在开放共用的互动平台上交互，定制化小批量设计生产将逐步取代流水线大批量生产；基于信息物理系统的智能工厂也将成为未来智能制造的主要场所，重复性的一般技能劳动将必然被智能装备所替代。随着产业价值链重心从生产制造端向研究开发、设计、产品营销、售前售后服务等方向转移，产业形态将必然同时从生产型制造向服务型制造转型。

（三）改革红利、内需潜力拓展了先进制造业的发展空间

党的十八大以来，一方面城乡一体化的推进为制造业内需增长提供了强大的动力，未来每年都会有超过100万人的农村人口变为城镇人口，而城镇化每提高一个百分点会带来超过1000多亿元的消费需求和5万亿元的固定资产投资；另一方面，农业现代化也极大地促进了先进制造业的发展，我国在改善农业生产、生活条件、普及农业机械化规模化生产的同时，必将为先进制造业拓展出巨大的市场需求。同时，“一带一路”、粤港澳大湾区、长江经济带、京津冀协同发展、“长三角”一体化等国家重大战略部署必将带来基础设施的建设，这也为推动先进制造业发展提供强劲动力。总之，巨大的消费需求、战略发展需求必将对制造装备技术提出更高的技术需求和更高的品质消费需求，13亿人口的巨大发展需求必将是我国制造业最大红利。

（四）我国现阶段先进制造业发展的外部形势严峻

纵观当前全球先进制造业发展形势，一是美、日等制造业强国正不断进行高端制造回流部署；二是具有较高人力成本优势的发展中国家争夺中低端制造领域，两者同时发生，对中国制造业的发展形成双向挤压，中国先进制造业发展面临着严峻的外部形势。

一方面，先进制造业领域正出现向发达国家回流的趋势，正重塑国际产业分工体系，先进制造业俨然重新成为全球经济，甚至是综合国力竞争的制高点，美、日等主要制造业强国为重振本国制造业，纷纷提出“再工业化”战略：美国先后提出《制造业创新网络计划》《先进制造业国家战略计划》《先进制造业伙伴关系计划》，日本发布《制造业白皮书》，英国发布《工业2050战略》，欧盟发布《欧盟2020战略》，德国发布《工业4.0》。目前，许多高技术制造业企业在本国政府的号召下回流本国。如苹果公司在美国本地设立笔记本电脑工厂；日本TDK公司把在中国的集成电路等产品的生产转移回日本国内，夏普公司计划将液晶电视、冰箱等产品生产线回流本土。

另一方面，东南亚国家也依靠更廉价的劳动力不断承接我国中低端制造业的转移。除此之外，不少跨国资本直接到这些新兴国家投资开设制造业工厂，有的甚至将原设在中国的工厂迁至其他新兴国家。如微软公司计划将诺基亚东莞工厂部分生产线转移至越南河内；富士康、耐克、三星等知名企业也纷纷效

仿，在东南亚和印度开设新厂。

（五）我国资源约束日益趋紧，经济发展环境发生重大变化

当前，促进我国制造业转型发展的资源能源、生态环境、要素成本等条件正持续变化，原有的传统人力成本竞争优势正日益趋紧，我国制造业发展已经在粗放式的道路越走越窄。我国步入了原有比较优势逐渐削弱、新的竞争优势尚未孵化形成的新旧交替期。

从资源能源角度看，我国人均资源相对不足。我国人均耕地、森林面积、草地面积、淡水资源分别为世界平均水平的40%、20%、50%和25%，尤其是发展制造业所必要的矿产资源人均占有量仅为世界平均水平的58%，其中石油、铁矿、铝土矿分别只有世界人均占有量的11%、44%、10%。从人力成本角度看，随着我国人口红利的消失以及要素成本的持续上升，我国正在逐渐失去原有的制造业比较优势。如自2012年至今的7年间，我国劳动年龄人口数量锐减2600余万人，连续7年不断下降，劳动力供给呈较快缩减趋势，直接导致了制造业人力成本上升。目前，我国制造业工人工资已经普遍达3500—5000元，远远高于东南亚等新兴国家。据波士顿咨询公司报告，我国制造业对美国的人力成本优势已经从2004年的14%下降至2014年仅有的4%，说明同一产品在美国生产人力成本上只比在中国生产多4%。

在这一历史性交汇的战略机遇期，我国要把握好新一轮科技、产业变革，坚持创新驱动发展，坚定不移地推进先进制造业跨越式发展，形成我国经济发展的新的增长点，率先抢占先进制造业发展的制高点，全面提升我国先进制造业在全球的话语权。

六、建立自主可控的中国先进制造业体系

没有自主可控的技术支撑，就不可能有高质量的发展，也不可能在全球价值链中拥有产业核心竞争力。因此，我国应加快突破一批核心技术（装备），提升关键技术控制力，掌握产业发展主动权，构建自主可控的先进制造业体系。

（一）厚织产业集聚网络，推动先进制造业产业集群化

要实现先进制造业的自主可控，必然要厚织产业集聚网络，推动我国先进

制造业产业集群化的发展。发挥产业群的集聚效应是推动技术密集型、知识密集型产业向价值链高端发展的自然规律，也是实现先进制造业产业自主可控的必然路径。推动先进制造业集群化，一是要聚焦打造世界级自主可控产业集群，以产业集群促进创新集群。要聚焦优势产业重点方向，因地制宜，精准制导，要通盘考虑产业基础、发展规模、发展潜力等因素，优先培育有利于产业转型的支柱产业，以点带面，支撑先进制造业体系的整体构建。二是要推动生产性服务业企业向先进制造业产业群集聚。随着工业服务化进程的深化和推进，产业价值链中制造环节的附加值比重日益攀升，制造环节的利润受到微笑曲线两端，即研究开发和品牌升级两端转移的双向挤压，不断向两端转移。另外，服务业，尤其是技术含量较高的知识密集型服务业，在与制造业互动中能催化知识的创造、传播和整合，从而实现服务业本身和制造业在技术和管理等多层面的交互创新，推动服务型制造。因此，不论是从经济效益还是促进创新角度，加大力度促进生产性服务业企业向先进制造业企业集聚都是必要的。政府要加快生产性服务业发展的政策出台，完善相关制度环境，降低相关行业的进入壁垒，提高服务业对外开放度，加强服务业与关联的制造业政策融通。三是要加大产业社会组织的培育力度，打造产业和政府、社会集聚共治模式。通过培育产业社会化主体，推进相关方共联共治，促进政府对市场的联系，提高产业政策决策分析的敏感度，促进以产业需求为主导的治理模式，营造良好的产业发展环境。

（二）重构产业创新链条，攀升先进制造业产业高端链

先进制造业体系自主可控的构建，本质就是先进制造业通过自主创新，实现从制造业价值链的低端向高端跃升的过程。实现产业创新链条的重构，要在传统低端制造环节的改造上发力，通过培育新兴产业形成新的产业链结构，挤压产业链中的落后环节，实现强链、固链，倒逼制造业产业链的高端化。重构产业链条，一是要做大优势产业龙头企业，要以培育世界一流企业为目标，通过发挥规模优势，增强龙头企业对产业链条的整合能力，以行业龙头企业带动行业发展，带动产业聚集，以优势产业的产业链条，带动产业链条向高端化发展，增强目标产业在全球市场的竞争力和主导力。二是巩固产业上下游的配套协作，其实质是要增强产业链的上下游咬合力，进一步提高供应链的稳定性和技术链的可控性，实现关键技术和核心零部件在资源配置上的可控。构建完备的上下游产业链，在提高产业链短板和全链条整合能力上下功夫，重点通过扶

持相关产业的中小企业发展，支持产业上下游的并购重组，从而实现产业链的强链、固链。三是建立落后产业的企业退出机制。要重构产业创新链条，必然要淘汰产业链中的落后环节，因此要建立落后产业中的企业退出机制。可以通过设立相关补助、补偿，降低企业退出成本和退出门槛。总之，产业创新链条的重构，要坚持扶优汰劣的原则，强化优势、淘汰劣势，从而促进产业的高端化。

（三）深化产业互联融合，聚焦先进制造业产业信息化

现阶段，全球正步入以新一代信息技术为引领的数据经济发展阶段，数据经济对实体经济具有聚合、倍增效应，因此，推进新一代信息技术与先进制造业的融合发展，构造以信息为驱动的先进制造业体系势在必行。要深化产业化信息化的融合，把握下一轮产业革命的历史性机遇，实现先进制造业和经济转型的跳跃式发展。一是要加强制造业产业与信息服务业的跨界融合。要从增强产业信息化的转型合力方面着手，通过搭建工业互联网平台，鼓励制造业企业上云，引导制造业企业信息化改造，提高信息化平台的使用率和生产率，加快推进实体经济数字化、信息化进程，构建“制造业＋信息化产业”融合体系。二是要鼓励信息产业基础理论和技术前沿的研究探索。加强对信息化产业的扶持和投资力度，加强信息行业的基础设施建设，鼓励重点领域信息技术的研发和试点应用，为推动信息经济的发展提供有效的技术支持。三是要构建自主可控的信息安全链条。在信息化、产业化“两化”融合的背景下，构建自主可控的先进制造业体系首先必须构建自主可控的信息安全链条，从某种意义上讲，信息安全的自主可控决定了制造业产业的自主可控。要通过搭建信息安全体系，从技术和体制两方面双向发力，技术上要可靠，要有相匹配的监控检测预警和应急处理能力；体制上要完善，加强对信息储存流转的监管。

（四）参与产业标准构建，增强先进制造业产业话语权

产业的话语权实质上是技术的话语权，深究是对标准的话语权。具备行业控制能力的国家必然是相关标准指定的国家。因此，要加快产业升级转型步伐，提高技术话语权，早日在关键领域上参与国际标准的构建，进而把握我国对相关行业的标准话语权，从而把握住我国在先进制造业上的控制权。一是实施标准领航工程，构建标准制定体系。对标国际先进水平的标准制定，强化标准立项与市场需求的对接，围绕重点发展的新兴产业完善标准制定体制，加快

科技成果向标准转化，增强高质量标准的供给。二是引导企业树立标准思维和标准意识。企业的国际竞争，往往体现在标准的竞争上。掌握了标准，意味着企业利润的可持续性和企业的行业领先地位。因此，要积极引导企业树立标准思维和标准意识，鼓励企业参与国家标准、国际标准的构建，加快国际标准中国化进程。

（五）加强产业品牌管理，培植先进制造业产业品牌群

同款技术含量较低、成本较低的产品，由国内企业生产利润微薄，但是贴上外国品牌，价格便可以翻几倍甚至十几倍，这是因为品牌的增值作用。品牌增强了人们对产品认知和认可。目前，我国制造业品牌相比美、日等制造业强国竞争力较弱，认可度较低，在世界品牌 500 强中，我国仅占 31 席，只有 7 个企业挤入百强世界品牌。因此，我国先进制造业企业必须加快落实名牌战略，加强自主品牌的建设。一是要在产品设计包装、公司注册和宣传等全环节全面发力，提高我国自主品牌的国际知名度和在相关行业的竞争力，提高产品附加值和增加值，提高产品在全球市场的占有率，加快推进产品标准化的进程，争创国际知名制造业品牌，促使我国先进制造业加快步入快车道。二是加大对品牌生产运营服务企业机构的支持力度，培育与我国先进制造业产业发展相匹配的品牌服务体系，引导企业树立品牌塑造和消费意识，重视产品质量和企业信誉。同时要加强对品牌、商标的保护力度，塑造中国良好的品牌形象。

（六）推进产业队伍建设，完善先进制造业人才生态圈

先进制造业是知识密集型制造业，要推动先进制造业的跳跃发展，必须培养出一批能够支撑其发展的产业人才队伍，完善人才生态圈。一是要实现产业与高校的开环，促进校企联合办学，将市场需求引进高校教育，创新人才培养模式，为重点行业重点领域有针对性地培育高素质人才，实现企业所需人才的定向培养。同时，要加大与产业深度融合的一流高校的引进，积极推动人才培养与产业的深度交融。二是要完善人才引进制度。立足区域发展定位，统筹资源，实现多元投入，探索设立人才引进基金，撬动各方资本设立符合区域产业发展要求的高端人才项目。三是要完善人才考核激励机制。坚持以成绩为导向，建立健全多元人才工作考核激励体系，实现人才的保值增值。

附录

表 A　“中国制造”2025 年先进制造业十大领域规模前十企业列表

航空航天装备		电力装备		海洋工程装备及高技术船舶		新一代信息技术		农机装备	
600893	航发动力	601727	上海电气	601890	亚星锚链	000063	中兴通讯	300022	吉峰科技
000768	中航飞机	600089	特变电工	600150	中国船舶	000725	京东方 A	000570	苏常柴 A
600118	中国卫星	600875	东方电气	300008	天海防务	300226	上海钢联	603766	隆鑫通用
600372	中航电子	601877	正泰电器	300123	亚光科技	002415	海康威视	000157	中联重科
000738	航发控制	002202	金风科技	601989	中国重工	000829	天音控股	601038	一拖股份
600038	中直股份	600973	宝胜股份	600072	中船科技	000938	紫光股份	600805	悦达投资
002013	中航机电	600869	智慧能源	600685	中船防务	002456	欧菲光	002046	轴研科技
600879	航天电子	002506	协鑫集成	002608	江苏国信	600703	三安光电	300159	新研科技
600343	航天动力	601012	隆基股份	600320	振华重工	002230	科大讯飞	000816	慧业
600316	洪都航空	601179	中国西电	600685	中船防务	002558	巨人网络	000816	江淮动力
节能与新能源汽车		**新材料**		**高档数控机床和机器人**		**生物医药及高性能医疗器械**		**先进轨道交通装备**	
600104	上汽集团	600143	金发科技	000410	沈阳机床	601607	上海医药	601186	中国铁建
000651	格力电器	002600	领益智造	600806	昆机	600998	九州通	601390	中国中铁
601238	广汽集团	002450	康得新	600243	青海华鼎	000028	国药一致	601766	中国中车
600741	华域汽车	600516	方大炭素	002520	日发精机	600511	国药股份	601727	上海电气
601633	长城汽车	002340	格林美	002248	华东数控	600056	中国医药	600820	隧道股份
000625	长安汽车	002056	横店东磁	002559	亚威股份	000963	华东医药	600406	国电南瑞
002594	比亚迪	601137	博威合金	600862	中航高科	600713	南京医药	601333	广深铁路
002091	江苏国泰	000969	安泰科技	000837	秦川机床	600518	康美药业	600528	中铁工业
600699	均胜电子	002182	云海金属	002270	华明装备	000078	海王生物	600125	铁龙物流
600335	国机汽车	000511	烯碳退	300161	华中数控	000538	云南白药	600458	时代新材

表 B　　中国先进制造业各行业盈利情况

单位：亿元

行业 \ 年份	2008 年	2009 年	2010 年	2011 年	2012 年	2013 年	2014 年	2015 年	2016 年	2017 年
航空航天装备	8.56	15.55	17.80	17.82	25.40	31.67	37.59	40.24	40.52	51.83
电力装备	98.13	107.47	135.30	110.64	83.10	67.31	144.29	151.48	150.29	210.16
海洋工程装备及高技术船舶	108.79	64.42	59.03	85.79	15.94	21.68	-12.89	-85.32	23.60	6.73
新一代信息技术产业	11.98	22.28	23.66	29.61	-26.67	55.66	91.44	84.07	137.65	367.66
节能与新能源汽车	53.70	236.66	475.77	626.33	629.00	768.93	839.51	919.43	1127.44	1242.02
新材料	17.40	11.31	22.41	29.89	20.60	23.60	21.12	29.65	42.51	119.34
高档数控机床和机器人	4.12	6.45	6.72	6.54	-1.38	-4.80	-5.12	-11.94	-20.68	3.15
生物医药及高性能医疗器械	22.39	33.80	58.94	73.06	90.11	113.18	130.40	156.51	190.16	249.10
农机装备	20.85	45.57	79.47	121.30	116.89	70.07	20.46	5.64	-4.64	22.47
先进轨道交通装备	148.25	247.69	279.25	341.64	364.02	402.68	460.30	584.74	600.13	702.54
全国先进制造业利润总额	494.16	791.20	1158.36	1442.62	1317.00	1550.00	1727.10	1874.50	2286.97	2975.00

产业基础高级化：动态比较优势运用与产业政策①

经过40多年的改革开放，中国的制造业规模已经雄居全球首位，是全世界唯一拥有联合国工业分类中全部工业门类的国家。但是，工业规模巨大和工业门类的齐全，并不代表中国现在就是工业强国。这一次中美经贸摩擦中中兴通讯、华为等中国高科技公司遭遇的案例表明，只有拥有强大的基础产业和现代化的产业链，才能够扛得住国际风云变幻，才能真正算是现代工业强国。建设现代产业体系，最重要的是要打好产业基础高级化和产业链现代化的攻坚战。日韩近年来的贸易战也给我们重大启示：在全球经济竞争中，来自终端产品的上游产业部门的技术实力和底气，决定了一个国家产业的国际竞争力，越是处于上游的产业，越缺少替代厂商，一旦发生贸易制裁现象，其对下游厂家的杀伤力是巨大的。

这样，中国未来嵌入全球价值链（GVC）分工的方式，可能就不能像过去那样忽视产业的自主可控性，而需要对自己在GVC中的分工和位置进行战略性移动和调整。经济全球化不仅有基于双方利益和共赢的战略合作，更有基于单方利益考虑的零和博弈，甚至是双输的战略竞争和对抗关系。尤其是要高度警惕那些拥有核心技术、关键部件和特殊材料的中间投入品供应商，在关键时刻对我国产业安全发出的可置信的威胁。为此，我们应该未雨绸缪，及早规划和盘算，重点选择某些GVC中最重要的战略性技术、工艺环节、关键部件和特殊材料等，沿着纵向的GVC联系逐步向上延伸产业链，使自己专注于链上的技术知识密集环节，把技术一层一层地往上做，自主可控地掌握链的这些不易被竞争者替代的重要价值环节和经济活动。

2019年8月，中央财经委五次会议提出除了要打好产业基础高级化、产业链现代化的攻坚战的要求，指出了实现这一目标的基本手段和途径是要充分发挥集中力量办大事的制度优势和超大规模的市场优势，基本原则是以夯实产

① 本文作者刘志彪，南京大学长江产业经济研究院。

业基础能力为根本，以自主可控、安全高效为目标，以企业和企业家为主体，以政策协同为保障，坚持应用牵引、问题导向，坚持政府引导和市场机制相结合，坚持独立自主和开放合作相促进。为此需要理论界认真分析研究的问题至少有：产业基础高级化这个范畴的内涵和特征是什么？推进产业基础高级化进程的指导性理论是什么？我们如何利用制度优势和市场优势来推进产业基础高级化进程？如何设计出科学有效的产业政策去推进基础产业高级化？

一、理解产业基础高级化：内涵、特征和衡量标准

产业基础高级化，也可以称为基础产业高级化，是产业经济学中研究工业结构演进时运用到的一个重要概念，它指的是在一个完整的产业链的上下游关系中，那些处于上游的产业部门通过技术创新和管理强化，使其技术、产品、工艺和供给能力得到巨大的进步，可以为下游生产、加工、制造、装配的产业部门提供更高质量的产品和供应保证，从而在整体上实现国民经济高质量发展。显然，这个范畴表征的是一个进步的过程。

应该指出的是，基础产业或产业的基础部门是一个相对的概念，与此相对应的是加工组装产业。在一个产业链中究竟谁是基础产业部门，一是要看它所处的产业链位置，二是看其在产业链中的重要性。前者如，粮食生产相对于食品加工部门来说是基础产业部门；芯片相对手机来说，就是最重要的基础产业部门；软件工具 CAD（电脑辅助设计）和 CAE（电脑辅助分析仿真）相对于数字化设计、数字化工厂和数字营运服务来说，就是基础产业部门。后者表明，如果一个产业产出作为其他产业的投入品，在产业链中可以轻易地被替代，就说明其在经济循环中不具有“基础”性地位。

众所周知的是，从原材料生产一直到终端产品制造乃至流通和消费，各产业部门间会形成一个完整的链条。产业链向上游延伸，经济活动就进入基础产业环节（如延伸到原材料、零部件和技术研发环节，也称为前向联系）。对任何一个产业部门来说，处于上游环节的供应商所产出的产品的技术水平的提升、供应能力的强化，就体现为产业基础的高级化。产业的上中下游之间形成连接紧密、技术先进、质量过硬、附加值率高的现代技术联系，就是现代产业链。在产业经济学中，我们一般用“加工组装工业产值/基础工业部门产值”来反映产业链中工业结构的高级化进程和水平。这个比值说明加工组装工业的发展是建立在基础工业发达的前提下的，基础产业水平差，加工组装产业就走

不远，就是建立在沙滩上的工业化；基础产业产出质量越高，性价比越高，供应越及时，这个经济体的加工组装能力就可能越强，工业产业链条就容易被拉长，“迂回化”生产的程度就可能越深入，产业的附加价值就越高。

产业基础高级化，作为工业强国战略的一个重要内容，与“重化工业化”“高加工度化”“技术知识密集化”等特点一起，构成工业化进程中的重要特性。对产业基础高级化的进程来说，它往往具有以下几个特点：

其一，公共显示度较低。基础产业一般处于产业链的上游或中间投入品的生产环节，它们往往隐藏在最终产品耀眼的光环下，成为其背后的“无名英雄”或“隐形冠军”。因它们并不直接与位于终端的消费市场和消费者发生什么经济技术联系，所以知名度往往不能与世界著名的消费类品牌相比，但却因其掌控着这个行业的关键知识和技能，享有其他企业无法替代的竞争优势地位，所以是具体产业命运的真正决定者。

其二，显著的报酬递增性。基础产业中的企业如芯片、基础性系统软件等生产商，具有高固定成本、低边际成本的投入性质，如第一张芯片或软件的生产成本，可能是前期投入的全部固定成本，但是后续批量化生产仅仅是复制而已，因此其边际成本就几乎趋向于零；一些跟原材料有关的基础产业，虽然不具备这个明显的成本特征，但是它们往往具有固定成本投资规模要求大、投入周期长、风险高等特征，如某些新材料等。由此这些产业的生产往往随着规模的增大，会出现报酬递增的现象。

其三，产业进入门槛高。相对于加工组装产业，基础产业部门的发展对技术、知识和人力资本投入的依赖度大，这构成了中间投入品产业最大的进入障碍。因为技术、知识和人力资本的差异体现的是国家间教育水平的差异，所以一个国家的教育水平是基础产业发达与否的终极决定因素。在国际竞争中，中国如果没有长期的、持续不断的、大规模的教育和研发投入，没有历史的耐心和坚守，没有精益求精的工匠精神，没有在 GVC 上进行国际代工的经验和深刻理解，要在 GVC 上使这些产业“走上去”，是根本不可能完成的产业升级任务。

其四，发展的外部性强。基础产业发展具有强烈的正外部性，一方面是因为这个部门的技术改进等供给方的进步（或停滞），会极其显著地影响下游用户的产品质量和产出状态；另一方面，由于它具有上述的二、三特征，即投资规模大、投入周期长、风险高、进入障碍高等特征，使市场主体对其投资往往达不到社会意愿的规模和水平，容易产生投资不足、补偿不足的市场失败。这是在基础产业领域适当引入新型举国体制干预的重要的理论基础。

一个经济体中产业基础高级化的程度，可以从产业链现代化的视角来审视。一般我们可以用这些标准来具体衡量：

一是基础产业技术上的自主可控性。自主可控性是自主性和可控性的叠加，是指依靠自身研发设计，全面掌握产品核心技术，实现系统从硬件到软件的自主研发、生产、升级、维护的全程可控，简单地说就是核心技术、关键零部件、主要环节全都国产化，不受制于人。基础产业部门能不能实现自主可控性，有四个维度的评价：知识产权的自主可控、技术能力的自主可控、国产替代能力以及发展持续性的自主可控。应该强调的是，追求产业发展的自主可控性，不是提倡自力更生，更不是闭门造车，而是指要对基础产业中运用的技术、知识和诀窍拥有一定的知识产权，它们要在我们自己能够控制技术发展目标、技术轨道和技术过程下进行研发和生产。

二是产业关联上的协调性。产业关联上的协调，不仅指产业基础要对其下游的加工、制造、装配产业在供给上具有及时性和保障性，而且能够在技术、质量等参数方面满足这些下游产业发展的要求，即对产业部门具有前向推动力。这种推动力也可以称之为基础部门发展的“正外部性”，它是某些时期需要政府外力介入基础产业发展环境问题的理论依据。另一方面，某个产业在产业链的某个位置处于基础地位，但是有可能它又是上个生产环节的需求者或加工制造者，这样，产业关联上的协调性还包括它对上游产业的后向联系的影响，主要是指稳定的需求信号、买方适度竞争的市场结构、对卖家质量的挑剔等市场行为和结构对上游产业的影响。

三是产业的高增值性。高增值性是现代产业竞争和发展的结果。产业的增值性大小主要取决于要素投入以什么为主导。在知识经济时代，基础产业内含着对知识、技能和技术的大量的、密集的投入，其高质量发展的过程就是现代生产性服务业不断嵌入、产业结构不断“软化”的过程，因此其市场竞争力、附加价值不断增强。知识和技术对基础产业的不断嵌入，是通过物化于机器设备和制造标准等中介来实现的。中国战略性技术、工艺环节、关键部件和特殊材料供给长期依赖于发达国家，不能自主可控安全高效发展的根本原因，在于知识和技术投入不足，循环不畅，尤其是现代高级生产性服务发展不足。

四是产业进入退出的自由性。这个标准衡量的是产业基础高级化的实现机制和制度保障情况，对产业基础高级化进程具有极其重要的实践意义。按照机制现代化的要求，产业链某个环节的过剩和短缺，可以灵敏地通过价格机制反映出来，并由这种价格变动体现的盈亏机制，自动诱导企业自主决策，通过投资的自由进退达到各产业利润率的基本均衡和协调发展。如果这种价格机制不发生作用了，就会出现严重的短缺或过剩现象，或者两者并存的格局。在当今国际竞争中，由贸易战、科技战引发某些重要的关键投入品“断供”的现象，意味着市场机制发生失灵，意味着需要新的协调机制介入。

中国过去长期处在 GVC 的底部，承担加工制造装配等生产的最终环节，所从事的产业性质，基本上可以归结为是高技术产业的低端环节。虽然目前中国已经是世界第一制造大国，全球第二大经济体，但很多规模领先的产业往往大而不强，其核心技术、关键部件和材料大都垄断在国外厂商手中，它们才真正掌握着这些知识技术密集型的中间投入品生产。大到精密机床、半导体加工设备、飞机发动机，中到碳纤维等新材料、药品中间体、化工原料，小到圆珠笔上笔头的球珠、高铁列车上的螺丝钉、电子产业的高档芯片、微电子链接用的导电金球等，都是我们在 GVC 上的产业软肋。从上述我们提出的产业基础高级化的衡量标准看，中国基础产业高级化的进程远没有真正完成。

二、以动态比较优势为指导推进产业基础高级化

完成基础产业高级化、产业链现代化的任务，是中国进入现代化国家的基础。这个进程是不是可以在全球化、市场化中自然演进，由市场机制自我调节和自我推动？对这个问题的回答，直接关系到如何打赢产业基础高级化、产业链现代化攻坚战的机制选择。新古典主义经济学认为，在开放型经济中，比较优势（comparative advantage）是各国进行产业分工和国际贸易的基本原则，倘若各国专门生产和出口其生产成本相对较低的产品和服务，就会扬长避短从而能够从国际贸易中获益。[①] 据此生产要素价格相对较低的中国，只能长期定位于 GVC 上的相对成本较低的生产环节，专注于劳动密集型的初级产品生产，或者复杂产品的加工组装工作。这样中国所具有的比较优势，就会使自己的产出增加并使其出口具有竞争力；同时会使缺少比较优势的中间品和资本品进口增加。对本国比较优势偏离度越小，其产出就越有国际竞争力，出口就越多；同时不具有比较优势的中间品和资本品产业产出会减少，相应地对其进口会增加。但是由于有竞争力的出口会带来更多的收入，使该国有条件实现这种

① 保罗·萨缪尔森、威廉·诺德豪斯：《经济学》，萧琛等译，人民邮电出版社 2004 年版。

进口。

这个理论反映了在上一轮经济全球化中的全球产业分工基本秩序，也反映了我国东部沿海地区劳动密集型产业的出口贸易量和资本技术密集型产业进口量迅速增长的历史轨迹。但是如果联系中国赶超战略的现实看，该理论却在动态竞争中不容易被决策者长期接纳，对基于赶超发达国家和基本实现现代化的目标来说，对产业政策的实际指导作用存在着很大的不确定性和不稳定性，普遍会认为其存在着难以克服的内在冲突和缺陷：

第一，如果根据比较优势理论继续实施所谓的“扬长避短”策略，放弃对 GVC 上游的某些知识技术密集型的基础产业的追赶，那么在中国的赶超发展中，就完全有可能成为被上游的发达国家的供应商讹诈。这次中美贸易战和科技战的实践证明，对方封杀后起国家的最好的武器，是拒绝供应这类中间品和资本品，意味着后行者只能束手待毙或跪地求饶。因此，当静态比较优势与国家产业自主可控、安全高效的原则之间产生冲突时，选择必然是以动态竞争优势理论为指导，即短期看自己在某产业的竞争上可能没有优势，但是可以通过政府的扶持和适当的补贴，全力扶植原本属于幼稚状态的这些产业部门，奋力拓宽发展瓶颈，实施“扬长补短”策略，而不会是固守“扬长避短”的理论教条。

第二，当按照比较优势理论把自己定位于劳动密集产品的生产商时，其实我们并不可能排斥其他发展中的经济体也以初级要素密集者的身份加入全球产业竞争。当这些可能具有更强竞争优势的劳动密集型经济体进入全球化市场，而我们的商务成本却因发展原因而不断上升、产业升级出现一定的滞后时，这时我们可能正处于向上升级的空间被封杀、而向下竞争的优势已经丧失的窘境。这种被“夹在中间”的竞争地位和态势是最可怕的。因为如果不能向上突破，就看不到任何的发展前景，非但不可能继续维持出口收入的持续增加，反而可能会陷入日益严重的增长陷阱。

第三，当我们把自己定位于专业化生产劳动密集型产品时，很容易在全球价值链的分工网络中，被全球价值链“链主”即发达国家的跨国公司所俘获，很容易在市场势力非对称、资源能力非均衡的这种价值链分工结构中，被长期锁定在产品内分工的低端环节，其产业升级的任何努力，都容易遭到来自价值链“链主”的有效干扰和奋力阻击，因而陷入比较优势的陷阱，难以成功迈向产业链中高端，只能长期维持粗放型增长模式。

尤其是当前，随着全球化和信息经济的不断发展，一个国家拥有的要素禀赋和技术变化的特征日趋明显，这两个方面导致了决定该国参与国际分工比较优势的变化。因此，用静态比较优势理论对当前产业发展与贸易行为的理论指导和分析能力逐步降低，而从动态的眼光来看待比较优势理论，并用以指导发展中国家进行产业和贸易升级，成为研究和实践的重大课题。动态比较优势理论主要研究的是在中长期中，比较优势变化的决定因素及其对社会福利的影响等问题。这方面的研究主要有两类：一是基于要素变化的动态比较优势理论；二是基于技术进步的动态比较优势理论。其中，前者主要是研究一国要素禀赋结构变化，以及某类产品的要素密集度的变化对本国竞争优势变化的影响。①

第二次世界大战以后世界经济发展的现实，也在不断地动摇着以比较优势理论为基础的自由贸易理论。众所周知，“二战”之后的德国、日本、韩国等国家的政府继承李斯特理论的传统，认为一个国家的比较优势会在政府的扶持下发生动态变化，只要政府积极扶植其本来缺乏比较优势的战略性新兴产业，其幼稚产业就会取得争先进位上的成功。实践证明它们的做法也是基本成功的。国际经验告诉我们，一般后起的追赶国家，往往比较愿意接受动态竞争优势理论，而先行的国家则更容易坚持比较优势理论为基础的自由贸易，反对政府干预和产业扶持政策。这是进攻与防御、开拓与守成、静态与动态的区别。

在德国、日本、韩国等国家的赶超下，美国学界在动态竞争基础上提出了“新贸易理论”以及“战略性贸易政策”。他们认为，政府其实并不知道“该如何识别战略部门”，但是却坚持战略性贸易政策能够被用来扶持一些面临外国企业激烈竞争的特定产业，从而使本国企业获益。这就给了美国政府转向“更积极的贸易政策”提供了理论依据。② 当代美国政府运用各种政策干预战略性新兴产业的发展，虽然很多情况下并不冠以产业政策的名号，但是却与产业政策的主要内容和实际效果等同。

在实践中，中国产业政策有时偏离静态比较优势，运用动态比较优势发展一些战略性新兴产业部门，在绝大部分情况下并不完全是一种短期的经济行为选择，而往往是在复杂的国际政治经济甚至军事斗争条件下的长期的、综合因素的选择。例如，在遇到诸如国外禁运、“断供”或产业技术封锁；国内军事工业急需；虽可以从国外进口但要价太高；无贸易机会的技术难题是国内产业升级的瓶颈等等问题的情况下，追赶型产业政策自然会不约而同地走到台前发

---

① 徐姗：“西方动态比较优势理论的演进——发展中国家和‘比较优势陷阱’”，《国际社会科学杂志（中文版）》2009 年第 2 期。

② 严鹏：“战略性工业化：一个新李斯特主义工业化理论”，《清华大学学报》2015 年第 2 期。

挥作用。虽然，政府在发展这些战略性产业部门方面的能力并不见得要比企业家来的高明，但是，如果缺乏政府的扶持和支持，很多企业关于这方面的项目是无法完成的，甚至根本就不可能启动。政府对这些战略性产业项目的支持，相当于暂时用扭曲市场利益的方式，激励进入这些战略性产业的企业。

三、推进产业基础高级化进程要巧用制度优势和市场优势

中央财经委五次会议提出，要充分发挥集中力量办大事的制度优势和超大规模的市场优势，打好产业基础高级化、产业链现代化的攻坚战。

集中力量办大事是中国的制度优势和政治优势，在新形势下这称之为新型举国体制。在解决产业基础高级化、产业链现代化问题上，这个体制的新，主要体现在：一是适用的产业范围小，主要限于某些市场自调节机制失灵的领域和活动。如基础产业因技术水平国内不能突破、国外又出现“断供”等严重障碍的情况下，可能就需要发挥国家动员科技力量和资源的优势，集中攻关和突破。二是要以市场机制为基础或为补充。表现在对某些基础产业的集中攻关，首先要建立在市场需求的基础上，看不到市场需求或没有市场需求的项目，要非常谨慎。另外在集中研发攻关的过程中，要注重以市场化手段激励人才要素，等等。三是动员的市场主体更加广泛。除了可以让国有大中型企业承担攻坚克难的任务外，也可以放手让民营企业、科研机构、大专院校齐心协力参与。四是集中力量办大事的手段和方法更多、更加灵活。如对生产者的补贴可以转化为对消费者补贴，从而抑制产能过剩、扩大有效市场需求，再如可以从政府补贴转化为利用资本市场的鼓励创新创业功能。

因此在新形势下，我们不能一说要集中力量办大事，就断言要恢复旧的举国体制，要实行“新计划经济”了。新型举国体制运用在产业发展上，是在发挥市场机制对资源配置的决定性作用的基础上，更好地发挥政府作用的具体体现，是解决市场取向改革不足与市场取向过度矛盾的具体体现，是发挥“强市场”作用与“强政府”作用双强机制的具体体现。

另一个方面，在应对中美贸易战的基本背景下，分析和研究如何培育和利用我国超大规模的市场优势问题，具有十分重要的战略转换和政策选择意义。超大规模市场是中国继生产要素价格优势逐步消失后，未来参与国际产业竞争的巨大的比较优势，甚至可能是绝对的优势，也是我们在新时代可以充分有效利用的重大的战略资源：

一是超大规模市场可以在开放条件下更好地体现发展的自主性，如可以据此建立门类齐全、竞争力较强产业门类，再如可以依托其取得产业和企业的规模经济，增强国际竞争力。中国制造业不仅规模大，而且体系全，这与中国市场需求大、内容多样化有直接的关系。联合国对现代工业体系的分类包括 39 个工业大类、191 个中类、525 个小类。按照工业体系完整度来算，中国成为迄今为止全世界唯一拥有全部工业门类的国家。14 亿人口的巨大国内市场，使中国制造企业的生产规模高于其他任何国家。由于技术先进性和规模经济性有不可分割的联系，两者形成良性循环，推动中国成为大规模经济体。

二是超大规模市场还可以用来促进基础产业的创新发展。这方面的主要机理是：首先，超大规模市场的优势可以为研究开发企业提供巨大的需求刺激条件，从而保证研究开发企业即使在不能达到规模经济的前提下也能有一定的盈利。[①] 市场需求是拉动技术创新的最主要力量，需要是发明之母，可以对产品和技术提出明确或潜在的要求，通过发明和创新活动，创造出适合这一需求倾向的适销产品。其次，利用好这种超大规模市场优势，可以据此建立各种虹吸全球先进生产要素的平台，为全球先进技术和人才提供成功几率高得多的机会，从而吸引它们到中国来从事科技产业创新创业活动，为中国产业链的技术突破服务。最后，中国企业可以基于超大规模市场优势，利用国际市场垄断竞争的格局，主动向西方技术先进企业发出外包订单，尤其是各种人力资本、技术资本、知识资本密集逆向外包订单，充分利用外国的先进生产要素。[②]

三是超大规模市场可以培育本土企业的自主技术和自主品牌。中国过去的经济全球化战略和经济增长，是在依靠发达国家市场的基础上实现的，也即是说中国改革开放以来的经济增长，主要利用的是别人的市场而不是自己的市场。但是这种发展模式的根本弊端在于：在依靠别国市场出口导向的情况下，本国企业做的都是外国公司早已研发和设计好的订单，这种国际代工虽然可以让本国企业回避研发与开发这种高风险的活动和环节，但是从长期看，它却会从本质上抑制本国企业从事研发的动能。在主要基于内需而发展的条件下，本土企业必须主动去竞争国内市场订单，这时自有品牌和自主技术就成为抢占市场份额、取得高额附加价值的决定性因素。从世界经济强国崛起的历史看，我

① 高小珣："技术创新动因的'技术推动'与'需求拉动'争论"，《技术与创新管理》2011 年第 6 期。

② 刘志彪："在新一轮高水平对外开放中实施创新驱动战略"，《南京大学学报（哲学·人文科学·社会科学）》2015 年第 2 期。

们可以发现，几乎没有任何一种可以称得上是世界著名品牌的高科技产品，是在长期的出口导向中培育出来的，经常可以看到的是：它们首先依据于本土文化，在本国市场被逐步培育起来，发展成为本地著名品牌后，再进行大规模市场扩张和国际市场的开拓，从而逐步成长为世界著名品牌。

四是超大规模市场优势还表现为新经济地理理论所说的“母市场效应”（Home Market Effect，又称为本地市场效应），指的是在一个存在报酬递增和贸易成本的世界中，那些拥有相对较大国内市场需求的国家将成为净出口国。[①] 因此利用和培育超大规模市场优势问题，不是回归内向型经济，更不是自力更生，反而有利于更好地发展出口导向型经济。

五是超大规模市场还可以激励国内外竞争者提供替代性供给，打破单一技术垄断格局，甚至吸引它们通过 FDI 提供产业和技术转移的激励。

因此，如果我们在利用和培育超大规模市场优势的基础上，再把新型举国体制的政治优势发挥出来，就可以为打好产业基础高级化的攻坚战提供宏观条件。利用和培育好我国国内市场问题，前提条件是要推进深层次的结构性改革，需要撬动存量利益，需要调整收入分配关系，如不断推进区域经济发展一体化、改革资本主导的收入分配制度以及平等各类所有制企业的竞争条件，等等。

四、推进基础产业高级化的产业政策设计

在实践中，如何发挥超大规模市场优势和新型举国体制的优势，沿 GVC 向上延伸产业链，培育更多的知识密集型基础投入品企业？根据后起的德国、日本和韩国的经验，产业政策可以按动态比较优势选择少数特定的目标产业进行战略性扶持。之所以只能选择少数目标产业进行扶持，既是由集中力量办大事的新型举国体制的特征决定的，也是由产业政策实施中政府能力和可控资源的有限性决定的。在具体操作中，我们可以列出许多办法，如在国家层面规划实施产业基础再造工程，明确工程重点，分类组织实施；再如可以通过鼓励企业间、企业与科研院所之间的垂直联合或纵向兼并，以支持上下游企业加强产业协同和技术合作攻关；还可以鼓励建立各种共性技术平台，解决跨行业、跨

---

① 钱学锋、梁琦：“本地市场效应：理论和经验研究的新近进展”，《经济学（季刊）》2007 年第 3 期。

领域的关键共性技术问题，等等。

就产业政策面临的基本问题来看，我们可以重点抓住实施扶持政策的三个主要因素：一是该类产业中企业的行为及行为目标；二是产业扶持政策及其手段对这些行为的影响；三是产业扶持政策的福利效应评价。①

一是关于企业行为激励和产业政策的目标。竞争性市场中对企业利润最大化目标追求的设定，并不适用于需要扶持的战略性产业。合适的目标是让企业按照获取最大的成长率和拥有最高市场份额的目标行事。只有迅速扩张设备和生产能力，才能在扶持政策逐步淡出之后，使企业在已经形成的寡头垄断型市场结构基础上，有足够的能力可以与外国同类企业竞争。那些生产能力巨大又具有科技优势的企业，将成为行业中的领导者。这些企业的竞争力越高，在产业开放后，其他企业进入的可能性就越小。因此，为了抢占全球竞争中企业领导者的地位，企业要制订长期的竞争战略，产业政策也要鼓励企业不能采取短视性的利润最大化策略，而应采取增强竞争能力、提高市场占有率策略，以拥有巨大生产能力或超水平科技能力为目标，扶持政策的设计必须既有利于企业进行设备投资和扩张生产能力，又有利于本国企业建立领导者地位。

二是关于产业政策的手段选择。实现技术追赶和市场追赶，是产业政策手段选择要达到的双重追赶目标。只有实现了技术追赶，市场追赶才具有现实的基础；只有实现市场追赶，才能为技术追赶提供持续不断的资金来源。由于两者的关系是互为条件的，因此关于产业政策的手段设计就要促进两者正向循环。进口限制（较高的进口税或进口配额）或限制外国直接投资，虽然可以直接保护本国市场，实现产业政策的扶持目标，但是不符合当今 WTO 的基本原则。对生产者提供直接补贴的方式，虽然可以为其提供研发资金和降低成本，但是也容易助长产能过剩以及企业的寻租腐败行为。比较合适的产业政策扶持方式，是对使用者或者消费者进行补贴。这一方面可以刺激新兴产业的市场规模扩大，另一方面也可以在生产者竞争消费者的过程中，遴选出消费者心目中真正优秀的企业，同时也有利于铲除这方面的腐败土壤。另外，在资本市场日益成长的今天，还可以考虑通过强化“科创板”的功能，让真正的高科技企业上市发行股票，以体现产业政策对风险型科技企业投资者和科技创新行为的特殊支持。这种政策支持因为有市场作为支撑，不仅激励力度大，而且符

① 刘志彪：“以动态比较优势培育知识密集型中间投入品产业”，《清华金融评论》2018 年第 7 期。

合国际通行规范。

三是关于对产业扶持政策的福利效应评价。最大限度地取得本国利益，是评价产业政策得失的基本标准。一国国民从某产业发展中所享有的利益，主要包括两方面：（1）消费者使用该产品后所获得的消费效用；（2）通过工资、利润等方式所获得的附加价值增值。前一种利益既可以从本国产业中得到，也可以从外国同产业的贡献中得到。在外国产品竞争力更强时，从其中得到的国民福利往往要高于前者。第二种形态的国民福利，则以本国企业的贡献为主，它是评估开放条件下的贸易利益以及寡头垄断型市场结构得失的重要因素。培育本国企业对外国垄断企业的竞争力，还可以给本国第三种国民福利，即竞争性对抗对垄断势力的抑制，以及由此带来的社会福利效应。这一点通常被一些贸易理论所忽视。一个著名的例子是关于日本胶卷企业。20 世纪 60 年代美日贸易战期间，日本在调查时意外发现，占世界市场很大份额的柯达彩卷，在澳大利亚的售价要比在德国和日本高出许多。原因是澳大利亚当时没有可与柯达公司相抗衡的竞争对手，因此柯达公司可以利用其垄断地位任意提高售价，而在日本却因有富士、樱花等日产企业竞争，柯达公司无法肆意妄为。所以，日本及德国的消费者因为有本国的抗衡企业支撑，取得同等的消费效用不必付出更大的消费代价，这对本国国民福利提高具有很大的意义。其实，这第三种福利效应也可以用竞争性引进多家外资企业的原则来达到，不过这个办法局限于技术诀窍非独占的行业。

推动互联网、大数据、人工智能和实体经济深度融合[①]

一、实体经济与互联网、大数据、人工智能融合现状

信息时代下数字经济迅速发展，互联网技术创新与实体经济的融合成为新一轮工业革命的重要特征。到 2018 年第四季度止，我国固定宽带和移动宽带普及率分别达到 86.1% 和 93.6%，宽带普及率的提升，为互联网与实体经济的融合创造了基本条件。在国家政策的支持下，我国已在物联网、云计算、移动互联网等领域组织了 300 余项重大示范应用项目，突出强化引导带动作用。

（一）国家推动实体经济与互联网、大数据、人工智能融合的举措

1. 国家推动实体经济与互联网融合的顶层设计。为了实施强国战略，推动信息技术与经济社会深度融合，国家“十三五”规划纲要（2016—2020 年）中提出了拓展网络经济空间这一主题，从构建泛在高效的信息网络、发展现代互联网产业体系、实施国家大数据战略、强化信息安全保障 4 个方面，部署了相关重点任务和措施。除此之外，国家发展改革委、工信部等部门积极加强宏观层面的顶层设计，主动构建信息经济系统性总体布局。围绕宽带、物联网、云计算、“互联网 +”、大数据、电子商务等领域，牵头制定并实施一系列重大政策，初步构成了支持信息经济发展的政策体系。

2. 夯实信息经济发展基础。一是在网络基础设施建设层面，通过“宽带中国”战略实施，持续推进信息网络重大工程和宽带建设专项行动；加快完善电信普遍服务机制，缩小“数字鸿沟”，实施“宽带乡村”示范工程。二是在技术和产品供给层面，以集成电路、平板显示、新型智能终端、操作系统、通信设备等领域为中心，重点推动“高精尖”核心技术研发和产业化，推动

① 本文作者朱丽萍，山西财经大学国际贸易学院。

智能手机、智能电视、智能机器人、可穿戴设备等的发展；充分发挥政府引导作用，在IMT-2020（5G）推进组的支撑和组织作用下，有序推进5G技术研究；积极布局前瞻性领域，推动人工智能、自动驾驶、量子通信、数据深度挖掘等新技术试点应用。三是在信息资源利用共享层面，实施国家大数据战略，大力推进政府信息资源的开放共建共享，推动人口库、法人库、国家电子政务内网和外网、社会信用、安全生产等重大基础信息资源建设。

3. 加强信息经济建设示范应用。国家发展改革委、工信部等部门组织实施云计算、物联网、移动互联网、信息惠民、信息安全等300余个重大应用示范项目，推进重点领域核心技术产业化。不仅如此，国家对云计算示范城市、国家下一代互联网示范城市、信息惠民国家试点城市和国家电子商务示范城市以及物联网应用示范区域试点给予支持，积极推动信息经济重点领域与经济社会的融合创新应用，促进社交网络、移动出行、互联网金融等创新性产品和服务的产生与发展，加快提升经济社会发展水平。研究出台"互联网+"政策文件和相关实施方案，强化引导示范带动效应。

目前示范工作有：7个云计算国家城市有北京、上海、杭州、深圳、无锡、哈尔滨、西安；16个下一代互联网国家城市（群）为北京、上海、南京、苏州、无锡、杭州、郑州、武汉、广州、成都、西安、克拉玛依、厦门、青岛、深圳以及长沙、株洲、湘潭组成的城市群；80个信息惠民国家试点城市有深圳、佛山、苏州等；21个国家电子商务示范城市为北京、天津、上海、重庆等。这些示范工程为实体经济与互联网、物联网、大数据、人工智能的融合发挥了很好的试点与示范作用，为全国其他地区的发展提供了很好的经验。

（二）实体经济与互联网、大数据、人工智能融合的成效

1. 中国大数据产业发展已成规模。据中国大数据产业发展水平评估报告，到2018年全国大数据发展已经形成了以8个国家大数据综合试验区为引领，多地域集聚发展，第一梯队领先优势明显的格局。大数据产业发展迅猛，与实体经济的互动也在逐步增强，已经从早期的电商、金融、电信领域渗透至农业、医疗、工业等方方面面。

中国信息通信研究院发布的《大数据白皮书（2018）》显示，2017年，我国大数据产业规模达4700亿元，大数据与实体经济融合提速。在国家的支持下成立了工业大数据应用技术国家工程实验室，不断加速工业大数据核心技术

突破及应用推广。当前工业大数据应用逐步向制造业延伸。运用大数据进行设备预测性维护，及时监控机器运行状况，在机器受损之前及时进行维护，可极大地提高运营效率。而且运用大数据发展产品远程服务，可以不断优化产品生产线，必要时可以根据消费者需求进行个性化产品定制。经过这几年的发展，支撑工业大数据的核心技术也在不断成熟，先进的计算和储存技术加快了企业进行数据分析的进程，提高了工作效率。贵州省作为中国首个大数据综合试验区，大数据企业从2013年的不足1000家增长至2017年的8900多家，产业规模超过1100亿元，极大地带动了经济的发展。在企业运作方面，菜鸟网络利用大数据开展物流服务，整合物流公司、电商企业、仓储企业、供应链服务商、第三方物流服务等建立开放、透明、共享的数据应用平台，为相关企业服务，获得了快速发展。

2. 实体经济与人工智能初步融合。当前我国正处于实体经济与人工智能初步融合的阶段，2018年中国人工智能发展报告显示，在科技产出与人才投入方面，我国人工智能论文总量和高被引论文数量都是世界第一，而且是全球人工智能专利布局最多的国家，领先于美国和日本。除此之外，截至2018年，中国的人工智能企业数量位居全球第二，人工智能领域的投融资占到了全球的60%，堪称全球最“吸金”的国家。顺应实体经济与人工智能的融合潮流，江苏启动了“江苏脑计划”，筹划建立国家级人工智能产业创新基地；浙江启动人工智能小镇建设计划，打造了之江实验室；上海依托雄厚的技术创新资源，构建了“类脑智能技术及应用国家工程实验室”；深圳以智能制造引领产业转型升级，成为迎接人工智能等高科技挑战的前沿窗口等。

3. 三大产业在互联网、大数据、人工智能的支持下智能化发展。

（1）农业与互联网、大数据、人工智能融合的成效。截至2018年12月，中国农村网民规模达到2.22亿人，占整体网民的26.7%，较2017年年底增加了1291万人，增长率为6.2%；农村互联网普及率达38.4%，较2017年年底增长了3%，在这样的背景下，互联网、大数据、人工智能与农业的融合得到了极大发展，并且带来了巨大的经济效益。

在信息技术的推动下，农业智能化、精准化、定制化发展是当今世界农业发展的趋势。中国农业在互联网、物联网、大数据、人工智能的技术支持下，在农业生产（智慧生产）、农产品运输（农业物联网）、农产品销售（互联网销售）、农业互联网金融四个方面取得了巨大成效。

在智慧生产方面，截至2018年7月，全国21个省市开展了8种主要农产品大数据的试点，运用大数据进行数据的收集、分析，并且在实际生产过程中，实现用数据管理服务，引导产销。例如，山东寿光的蔬菜种植业充分运用自动化设备，通过物联网技术进行管理，使工人可以利用手机等设备进行远程操作，播种、施肥、移栽、采收、分级、包装等生产环节全部实现机械化，切实做到农业生产的工业化、科技化。2014 年由商务部牵头开始实施电子商务进农村综合示范，截至 2017 年年底已经支持了包含 499 个国家级贫困县的 756 个县，加快了电商企业扶贫进程。2017 年农村网络零售额达到了 1.25 万亿元，农产品电商将逐步突破 3000 亿元。农业物联网充分运用在生产环节，农业农村部在全国 9 个省市开展农业物联网工程区域试点，形成了 426 项节本增效农业物联网产品技术和应用模式。2017 年启动实施数字农业建设项目试点。2018 年成功发射了首颗农业高分卫星，为农业监测安上了“天眼”。农业作物环境信息传感器、多回路智能控制器、节水灌溉控制器、水肥一体化等自主研发的技术产品，对提高我国温室智能化管理水平发挥了重要作用。我国精准农业关键技术取得重要突破，建立了天空地一体化的作物氮素快速信息获取技术体系，可实现省域、县域、农场、田块不同空间尺度和作物不同生育时期时间尺度的作物氮素营养监测；研究出精准施肥的技术，极大地提高了农药的使用效率；打破国外垄断的现状，研究出了农机北斗自动导航与测控技术，提高了农业作业质量；研制的农机深松作业监测系统解决了作业面积和质量人工核查难的问题，得到大面积应用。

在冷链物流方面，生鲜电商成为冷链物流的主导者。近几年，以盒马鲜生、永辉超市、每日优鲜等为代表的 O2O（Online To Offline）生鲜门店不断涌现，推动了国内生鲜电商市场的快速成长，成为冷链物流领域的重要推动力量。截至 2017 年中国冷链物流市场规模增长至 2686 亿元，2018 年中国冷链物流市场规模突破 3000 亿元，中国冷链物流市场前景广阔，未来市场规模将保持增长趋势。

在农产品互联网销售领域，逐渐形成以互联网渠道为销售主体，线上线下相结合的销售形势，以天猫、京东为代表的电子商务平台，优菜网、顺丰优选为代表的垂直 B2C（农产品生产商和消费者直接沟通的销售模式），优植选、天天果园为代表的社区 O2O（相当于预售模式）销售模式逐渐成熟。

在农业互联网金融方面，中国农村互联网金融发展速度较快，势头良好。根据中国科学院 2016 年发布的中国互联网金融报告数据显示，2015 年年底中国农村互联网金融市场规模达到 125 亿元，预计在“十三五”结束后，农村互联网金融市场规模可增长25倍，达到3200亿元，发展劲头十足。根据中国银保监会的报告，2011年至2016年我国涉农贷款增长速率逐步放缓，其中2016年的涉农贷款增长率首次下降到10%以下，农村互联网金融的市场在不断扩大，业务总量也有了很大提升。在促进农村互联网金融发展政策方面，国家也采取了一系列措施，具体而言：2015年，政府政策以推广和落实农村互联网金融发展为主，出台了如《“互联网+流通”行动计划》《“互联网+”行动指导意见》等政策；2016年政府政策以监管为主，出台了《互联网金融信息披露规范（初稿）》《网络借贷资金存管业务指引（征求意见稿）》等政策；2017年，政府监管进一步加强，出台了《关于进一步做好互联网金融风险专项整治清理整顿工作的通知》《网络借贷信息中介备案登记管理指引》等政策。

在农业发展中，互联网的加入改变了传统的生产模式，推动农业向农业3.0发展。

（2）工业与互联网、大数据、人工智能的融合发展。信息技术背景下的工业是各国发展的重点。德国工业4.0计划、美国未来工业发展规划、英国工业2050计划、日本的超智能社会“社会5.0”计划，各国都在进行信息技术下工业新一轮的革命。中国也在积极推动互联网、物联网、大数据、人工智能与工业的融合。

首先，中国注重产业生态构建。工业互联网产业联盟已成为推动我国工业互联网发展的重要载体，联盟会员从成立之初的143名发展到现在的507名，联盟规模迅速壮大，进入加速发展期。

在平台构建方面，我国工业互联网平台创新活跃，自动化、装备、工业软件、信息技术和制造企业从不同领域积极推动平台发展，目前已经形成超过30个工业互联网平台，部分平台企业能够在航空航天、装备制造、信息电子、冶金、石化等行业精耕细作，在质量优化、工艺优化、设备预测性维护、供应链协同等方面形成一系列创新应用，并逐步培育起一个工业应用的创新生态；依托工业转型升级资金，在工业互联网网络、标识解析、平台、安全4个方向支持了91个工业互联网创新发展工程项目；推动制造业、互联网、信息通信、能源等领域的龙头企业加快布局工业互联网平台，已形成50余家具有一定区域、行业影响力的平台。目前，重点工业互联网平台平均设备连接数近60万台，平均工业APP数量突破1500个，并在钢铁、石化、工程机械、电子信息、轻工等领域涌现出一批新模式，有力带动了企业数字化转型升级。

在应用方面，我国工业互联网已经形成“三条路径”：一是面向企业内部的生产效率提升；二是面向企业外部的价值链延伸；三是面向开放生态的平台运营。

（3）服务业与互联网、大数据、人工智能的融合发展。中国目前已经是世界上互联网技术运用的先进国家之一，尤其是在服务业领域的应用。服务业已经借助互联网形成了新的服务业模式。信息服务、线上线下融合是服务业发展的主要模式。

首先，互联网行业本身属于信息服务业。根据工信部的统计，2018 年，我国互联网和相关服务业保持平稳较快增长。在物联网、大数据、云计算等信息技术和资本力量共同催化作用下，互联网行业业务不断创新拓展，共享经济、数字支付、跨界电商等新业态不断孕育并发展壮大，激发居民消费需求加快升级，对经济社会发展的支撑作用不断增强。2018 年，我国规模以上互联网和相关服务企业（以下简称互联网企业）完成业务收入 9562 亿元，比上年增长 20.3%。主要省份保持良好增长态势，互联网业务收入总量居前 3 位的广东省、上海市、北京市互联网业务收入分别增长 26.5%、20% 和 25.2%。互联网和相关服务业企业完成信息服务收入达到 8594 亿元，比上年增长 20.7%，占互联网业务收入比重为 89.4%。其中，电子商务平台收入 3667 亿元，比上年增长 13.1%；网络游戏（包括客户端游戏、手机游戏、网页游戏等）业务收入 1948 亿元，比上年增长 17.8%。移动互联网应用程序数量缓步增长。2018 年，我国市场上监测到的 APP 数量净增 42 万款，总量达到 449 万款。其中我国本土第三方应用商店的 APP 超过 268 万款，苹果商店（中国区）移动应用数约 181 万款。截至 2018 年 12 月底，我国第三方应用商店分发累计数量超过 1.8 万亿次。游戏类、系统工具类、影音播放类、社交通讯类应用下载量均突破 2000 亿次，分别达到 3099 亿次、3037 亿次、2358 亿次和 2012 亿次。日常工具类、生活服务类、互联网金融类、电子商务类应用下载量超过千亿次，分别为 1301 亿次、1189 亿次、1067 亿次和 1019 亿次，下载总量超过 500 亿次的应用还有资讯阅读类应用（958 亿次）和主题壁纸类（801 亿次）等。

近 10 年来，中国网络零售发展迅速，已经改变了居民的生活和购物方式。“新零售”“智慧零售”“无界零售”等概念的出现说明中国零售业已经进入了新一轮的业态革命阶段。国家统计局数据显示，2018 年中国实物商品网上零售额达到70198亿元，比上年增长25.4%，占社会消费品零售总额的比重为18.4%，已经接近20%，超过了连锁百强占社会消费品零售总额的比重。根据电子商务研究中心发布的《2018年度中国B2B电商市场数据监测报告》显示，2018年中国B2B（Business To Business）电商交易规模为22.5万亿元，同比增长9.7%。在营业收入规模上，按净额确认收入方法统计，2018年中国B2B电商营业收入规模达600亿元，同比增长71.4%。

互联网改变着生活服务业的发展。生活服务业分为到店服务与到家服务。2017年中国生活服务业O2O市场规模达到9992亿元，其中在线餐饮外卖业务占到87%。在线旅游、在线出行已经成为我国居民旅游、出行的主要信息服务来源。

互联网金融业发展迅速，并改变着银行业的服务模式，银行网点逐渐缩小人工服务柜台，手机银行业务改变着银行的服务模式。第三方支付、P2P（Peer To Peer）网贷、众筹等互联网金融等新模式也不断涌现，并进一步规范发展。据艾瑞统计数据显示，2019年第一季度，中国第三方移动支付交易规模达到55.4万亿元，同比增长24.7%。众筹作为一种新的股权融资方式，2011年开始在中国兴起，截至2016年，平台数量从29家增加至427家，融资额也从最初的3.35亿元上升至224.78亿元，发展迅猛。

二、实体经济与互联网、大数据、人工智能融合中亟须解决的关键问题

（一）实体经济与互联网、大数据、人工智能融合的技术短板

当前，在互联网与农业的融合中，存在地区发展不平衡、基础支撑不完善、实用人才缺乏、信息数据资源共享机制不健全等问题，融合进程较慢。在互联网与工业的融合中，高端工业软件、工业控制系统等产业基础薄弱，平台数据采集、开发工具、应用服务等核心技术缺失。平台应用领域单一，未能与市场实际需求紧密匹配。因此，加快实体经济与互联网、大数据、人工智能的融合，首先应该解决核心技术、高端复合型人才等方面的短板问题。

1. 我国缺乏互联网、大数据、人工智能的核心技术及关键部件的生产能力。我国当前的实体经济仍然以劳动密集型为主，技术和自动化程度不足，盈利能力较弱，加上互联网的出现，实体经济的发展受到了很大冲击。

为改变这种现状，需要加快实体经济与互联网的融合发展。邬贺铨（2017）研究发现，互联网在促进与实体经济的发展中存在技术上的问题，资金力量雄厚的大企业进行了一些信息化改造，而中小企业大多还处于观望状态，这源于当前还没有通用的软件和设备适用于所有行业，企业在应用这些软件和设备时需要根据需求做出相应的调整，这就增加了实体经济与互联网融合的成本。虽然在过去的20多年中，我国在大数据、物联网领域已经取得了巨大的成就，但是网络技术中最核心的技术长期被西方国家所垄断，制约了与实体经济的深度融合。

2. 实体经济缺乏推动互联网、大数据、人工智能融合的技术人才。实体经济与互联网产业不同，对技术有实体经济本身的需求，如何达到技术互通对新型的技术性人才提出了更高的要求。传统的实体企业在运用互联网、大数据、人工智能进行转型升级过程中，最稀缺是领军的经营人才和互联网技术研发人才。这种复合型人才是当前实体经济转型升级中最缺乏的资源。以智慧农业为例，农业产业基础设备落后、人力匮乏、产出效益较低，只有加快数字化农业的发展，才能不断促进信息技术与农业生产、经营、管理等方面的深度融合。在大数据与工业的融合过程中，为了更好地发展人工智能、集成电路、军民融合装备、民用无人机等发展势头良好的新兴产业，一方面需要引进高层次科技人才和科研院校团队来推动建设一批拥有核心关键技术的重大项目，另一方面也要不断改进工业智能化生产中存在的技术短板。

3. 我国缺乏系统的互联网、大数据、人工智能技术人才培养体系。不管是从学前教育到大学教育的纵向角度，还是各学科、专业与大数据专业进行学科交叉来培养复合型人才的横向角度，我国当前还未形成一个完整的教育体系。《中国新一代人工智能发展报告（2019）》指出，为了加快人才培养步伐，建设覆盖高层次人才、专业技术人才、中小学、行业技能人才等多层次人才培养体系以适应经济社会发展对人工智能领域人才的迫切需要，目前全国已有31所高校成立了人工智能学院，24所高校成立了人工智能研究院，75所高校自主设置了89个人工智能相关二级学科或交叉学科，全国共有35所高校获得人工智能专业首批建设资格。这些举措为培养人工智能领域的人才提供了平台，能够进一步推进实体经济与人工智能的融合进程。就目前我国大数据产业的发展来说，技术人才总量供给存在很大的缺口，2017年人工智能市场上对技术人才的需求是2016年的2倍，2015年的5.3倍，总量缺口高达500万人，对人才培养提出了很大的挑战。

（二）实体经济与互联网、大数据、人工智能融合中高质量发展程度低

在实体经济与人工智能的融合中，技术主要运用在传统的生产、服务环节，主要解决了生产环节的信息化、智能化等问题，但是，互联网、大数据、人工智能在推动产品的质量以及产业的高质量发展方面还没有发挥出应有的作用。不论是农产品、工业品还是服务类产品，实体经济应该充分利用与互联网、大数据、人工智能融合中实现的技术优势、信息优势，为满足居民对美好生活的向往，对高质量产品需要加快升级，真正完成供给侧改革的任务。

1. 重视互联网、大数据、人工智能在实体经济中的运用价值。信息化社会，实体经济与互联网、大数据、人工智能融合是必然的趋势，也是人类社会发展的规律。先进的技术是推动人类社会从原始社会步入现代化社会的最重要的力量。信息技术为人类社会里人与人之间、组织与组织之间、设备与设备之间提供了快速、准确的沟通技术，提高了人类社会的协作能力，这正是人类社会不断发展的关键。因此，实体经济与互联网、大数据、人工智能融合将极大地改变人类社会的生产、生活方式。

2. 推动融合发展能有效提升供给体系质量。制造业是实体经济的主心骨，虽然我国是世界第一大制造业国家，但却并不是制造业强国，这就迫切地需要加快推动互联网、大数据和人工智能与实体经济的融合进程，在这一融合过程中带动创新设计、科研开发等生产性服务业的出现，有利于创造高附加值，从而推动产业的高质量发展。在融合过程中不断增强企业转变生产方式的能力，强化技术创新管理和全面质量管理能力，在实践中优化经济结构，加快发展制造业的信息化、智能化进程，为制造业的发展创造新动能，提升实体经济供给质量。

3. 推动融合发展有助于提高企业信息获取能力，助力供求合理匹配。在经济体系不断发展变化的过程中，高新技术企业的发展在一定程度上影响传统制造业的发展，造成传统制造业需求不足，产能过剩的状况。因为传统制造业长期以来只进行标准化和批量化的生产，忽略了消费者的需求。随着智能时代的发展，消费者的需求差异也越来越大，人工智能技术的诞生对获取消费者需求数据和消费者的消费行为习惯等做出了重大贡献，有助于企业根据消费者需求进行生产，最大限度地消除产品积压的问题。同时，互联网的发展实现了人、数据和设备之间自由联通的全球化网络。到 2018 年，网络基础设施建设的扎实推进，宽带普及率的稳步提升，5G 技术运营测试的全面展开，IPv6 规

模部署的落地，为实现万物互联创造了条件。在这样的背景下，通过运用互联网、大数据和人工智能等新兴技术可以对目标产品的市场前景进行预测，将分析结果运用到实际生产过程中，实现供给和需求的衔接，有针对性、有计划地安排生产活动，不断提高供给质量。

4. 推动融合发展有助于促进技术进步，提高企业发展效率。随着互联网的不断普及，其在国民经济中也占据着重要地位，对实体经济产生了深远影响。企业可以利用数字技术使互联网产业不断向传统产业延伸，推动传统产业的技术进步和效率提升。在生产方面，互联网通过收集数据将其汇聚在云端，将现实的物理空间和物理时间聚合到平台上进行数据的集中储存、管理和计算，提高了资源的配置效率。人工智能依托大数据对庞大的数据进行处理并分析得到有效数据，最大程度上避免出现经济决策失误，实现经济的高效率发展，同时将相关分析作为企业生产过程中的参考依据，实现对生产制造流程进行把控，降低生产、供应、配送环节的成本，提高企业的运营效率；在管理方面，企业以互联网为脉络，将业务进行横向、纵向整合，形成开放、协同、扁平化的现代化组织管理结构，对提高管理效率起到积极的作用；在交易方式方面，运用互联网能够及时、便捷地实现消费方与供给方的信息交流，减少了中间的交易环节，提高交易效率。

5. 推动融合发展有助于新业态的发展。互联网的发展带动全球信息化发展，实现信息共享，促进创新思维的发展，具有带动性强、涉及面广等特点，为产业新模式、新业态的出现创造了条件。2018 年，在国务院《关于深化“互联网 + 先进制造业”发展工业互联网的指导意见》的指导下，各地政府纷纷出台政策进一步推动工业互联网企业带动企业加快数字化、网络化、智能化转型，这是新一代信息通信技术与工业领域深度融合所形成的新兴应用模式，更是一种全新的工业生态发展体系。近年来，共享经济得到了巨大的发展，以共享经济为商业模式的产业覆盖了人们衣食住行的方方面面，深刻改变了人们的生活方式。诚然，共享经济产业在发展过程中也面临着基础设施不配套、资金链不稳定、消费者维权通道不畅通等问题，应通过运用大数据、人工智能等技术，实时把握平台运营情况，提升企业处理问题的能力，实现企业的高效运营。2018 年，信息消费市场规模持续扩大，成为创新能力强、增长速度猛、应用范围广的新兴消费领域之一。2018 年，我国信息消费规模达 5 万亿元，同比增长 11%，占 GDP 比例提升至 6%。在这样的大环境下，消费群体的不断扩大，消费能力的不断提升，促进了消费市场各细分领域与新技术持续深度融合，新业态不断涌现，为经济增长提供了发展动力。

（三）实体经济与互联网、大数据、人工智能融合的资本短板

传统实体经济，尤其是传统农业、中小制造企业，在产业升级过程中，缺乏资本的投入。虽然看到了未来互联网、大数据、人工智能对产业的影响，但是由于缺乏资本投入，难以获得技术与人才的支持。目前，一些大型互联网企业积极投入农业、工业与服务业，成为实体经济与互联网、大数据、人工智能融合的重要推动力量。

1. 农业领域资本缺乏。国家统计局最新消息显示，2018 年上半年，全国固定资产投资（不含农户）为 297316 亿元，同比增长 6.0%，增速比一季度回落 1.5 个百分点。其中，第一产业投资 9872 亿元，投资增长 13.5%，第二产业投资增长 3.8%，第三产业投资增长 6.8%。农业投资远远高于其他产业。在农业的投资中，互联网、大数据、人工智能领域的企业占据了很大的份额。阿里、京东、腾讯等大型企业都采取了相关举措推进农业与互联网的融合。2018 年 6 月 7 日在上海举行的 2018 年云栖大会上，阿里正式发布 ET 农业大脑，首创以 AI 技术养猪，并且将此技术应用于苹果及甜瓜的种植。袁隆平“海水稻”团队也加入农村淘宝发起的“亩产一千美金”计划（每亩地的产值超过 1000 美元），双方共同致力于中国稻米食味与品质研究，将在电商脱贫领域展开全面合作。截至 2016 年年底，“京东帮服务店”在全国就已经超过了 1700 家，覆盖了全国 45 万个行政村，销售额占京东大家电业务的 30%。2017 年又推出“跑步鸡”定向扶贫项目，向农户提供贷款、鸡苗和鸡的计步装置，“靠品牌实现农民的溢价”。不仅如此，京东更是在镇江成立了无人机农场，与日本三菱化学控股集团在植物工厂领域开展了都市农业业务合作，为推动农业与互联网的融合做出了重大贡献。

2. 资本区域分布不均衡。在人工智能产业技术与应用取得突破的同时，人工智能领域逐步获得资本的青睐，成为当前的热门产业，进入了高速发展时期。统计数据显示，2018 年人工智能领域融资额高达 1311 亿元，增长 677 亿元，增长率为 107%。但是人工智能领域存在地区发展严重失衡的问题，北京、上海、深圳等一线城市发展速度较快，但是考虑我国的传统制造业，它们大多集中在二、三线城市，在与人工智能融合过程中同一地区制造业与人工智能的发展速度差距较大，导致两者融合进程减速。针对这样的现象，国家应该对传统制造业发展较好的地区增加人工智能的投入，争取两者同步发展，将人

工智能更好地运用到传统制造业中，促进两者的融合。

三、实体经济与互联网、大数据、人工智能融合的前景预判

（一）实体经济与互联网、大数据、人工智能融合的商业前景

1. 传统农业将升级为智慧农业。在农业互联网领域，农业与互联网、大数据、人工智能的融合，将改变农业的作业方式。

首先，我国农业在各地区的发展水平存在很大的差异，国家为推广互联网等智能设备在农业中的应用，采取统一的模式不能很好地与地区发展特色相匹配，这就需要建立全国范围内的农业信息数据库，根据各地区的数据特点选择相应的发展模式。互联网的使用，将农业生产过程中的信息进行储存，例如气象、土地、水利等等，通过专业的数据分析从中获得有效信息，为政府、企业的决策提供支持，同时也为国家建立农业信息数据库提供支撑。科学化的种植将能够解决千年以来农民种植与需求信息不对称的问题。

其次，智慧农业将提升农产品品质。在农业的生产过程中，化肥、农药的滥用会对环境造成最直接的污染，影响农作物的品质，进而对农产品的销售产生阻碍。在互联网技术的应用下，对传统农作物的生产模式进行改造，促进新技术、新品种的普及和推广，对农业生产的各个环节进行精准控制，减少化学物质的产生，降低对大气、环境的污染，这些对农业的创收具有重要意义。

除此以外，农业与互联网、大数据、人工智能的融合，能够降低销售成本，提高盈利能力。互联网的应用使得农产品供给者针对消费者的需求进行针对性营销，减少营销成本，运用互联网将产品销售至各地，突破地域限制，增加销量，而且不断完善的售后解决了消费者的后顾之忧，交易效率更高，能够不断提高企业的盈利能力。

2. 智慧工业形成新的工业生态布局。在工业互联网领域，作为新一代信息技术与工业系统深度融合形成的产业和应用生态，工业互联网以信息化、自动化、智能化为技术手段激发生产力，构建新的工业产业布局。首先，工业互联网平台产业呈现向聚焦核心能力方向发展的趋势。随着工业互联网的发展，平台间的分工也在不断细化，各类平台将自身产业向优势业务方向聚集，有重点的进行生产活动，而且平台间的互动也在增多，通过多方合作，发挥各自的优势，实现共同发展。其次，各类计算平台逐步靠拢，呈现集聚发展的态势。

云计算、数据采集与集成、数据管理、数据分析、边缘计算的发展，用于对消费需求的预估和生产过程中工业设备的实时监控与分析，更好地实现了生产管控一体化。最后，云服务和通用 PaaS 平台（Platform - as - a - Service）形成 IT 巨头主导的产业格局。建设形成工业互联网平台需要大量的资金投入，对于单个的企业来说，发展独立的互联网体系将会造成成本过高的问题，因此通过专门的云服务平台市场获得所需信息将是企业最好的选择。而且绝大多数通用 PaaS 平台都是 IT 巨头主导建设，发展速度快、品质高，能够满足大部分企业的需求。IT 行业的主力军将云服务与通用 PaaS 平台作为通用平台不断提升其技术服务能力，为其他企业的发展创造了便利。

3. 服务业向智慧化、数字化、绿色化发展。互联网作为服务业的一部分，它的发展本身就在不断地推动服务业其他行业的智慧化、数字化、绿色化发展。在零售业领域，互联网的普及，使网上零售业得到了极大发展，改变了传统的零售业发展模式，终端消费者由过去的刚性购物需求转变为以购物和娱乐为一体的多样化需求，这一转变通过大数据分析为企业所用，促使企业不断优化其产品创造，更好地满足消费者的需求，也增加了企业的盈利。在生活服务业领域，越来越多的商家同时进行线上线下服务，不断扩大销售领域，利用互联网平台使商家获得更多的宣传和展示机会，吸引更多的新客户，更便捷地拉动新产品的销售，提高营业额。在互联网金融领域，除第三方支付领域、P2P 借贷平台、大数据金融模式、众筹模式得到快速发展以外，金融服务平台等模式也获得了极大发展，其采用信息技术，对传统运营流程进行改造或重构，将有借款需求的个人和有放款需要的中小银行和小额贷款机构放在一个平台上进行对接以满足双方的需求。

（二）实体经济与互联网、大数据、人工智能融合的技术前景

1. 5G 技术发展。5G 是第五代移动通信技术的简称，是 4G 通信技术的延伸，应用场景十分广泛，因此它的发展也备受瞩目。2018 年 5G 国内测试进入第三阶段关键时期，中国移动、中国电信、中国联通分别于试点城市进行了 5G 规模预商用实验，设立开放实验室并开展垂直领域研究，涵盖了工业互联网、智慧城市建设、智慧冬奥、智慧医疗、智慧安防、5G 车联网、智能制造、智慧教育等众多 5G 创新领域。

2018 年 12 月 10 日，工信部向中国电信、中国移动、中国联通发放 5G 系统中低频段试验频率使用许可，有力地保障了各基础电信运营企业开展 5G 系

统试验所必需的频率资源。各基础电信运营企业将进行5G系统试验的基站部署，开展5G系统基站与同频段、邻频段卫星地球站等其他无线电台站的干扰协调工作，确保各类无线电业务兼容共存，促进我国5G产业的健康快速发展。

2. 芯片技术发展。我国芯片设计产业持续维持快速增长。2016年中国芯片设计业全行业销售额达1644.3亿元，比2015年增长24.1%，并首次超越封测业，成为我国集成电路产业链中比重最大的产业。2016年，中国大陆IC设计公司共有1362家，其中中国十大设计企业的销售总额达到700.15亿元，占全行业销售总和的比例从2014年的23.8%提升至2016年的46.1%，但相比美国近90%的占比，我国集中度明显偏低，还有很大的提升空间。但部分国内企业已拥有较强的国际竞争力。中国大陆IC设计公司从2015年的736家大幅增加到2016年的1362家。在纯IC设计企业方面，2009年中国大陆仅有深圳海思半导体一家进入全球前50纯IC设计业者之列，而2016年已有海思、展讯、中兴微电子等11家企业进入。我国纯IC设计业者合计销售额占全球的比例已从2010年的5%提升至2016年的10%。

3. 大数据技术的发展。大数据技术的发展我们将从数据分析技术、事务处理技术、数据流通技术三个角度进行阐述。数据分析技术包含数据采集与传输、数据储存与管理、计算处理、查询与分析、可视化展现。随着大数据技术在各个方向的发展，形成发展速度更快、流处理加强、硬件的变化和硬件能力的充分挖掘、SQL的支持等特点。例如，Spark已经替代MapReduce成为大数据生态的计算框架，以内存计算带来计算性能的大幅提高，尤其是Spark2.0增加了更多的优化器，计算性能进一步增强。而且Spark提供一套底层计算引擎来支持批量、SQL分析、机器学习、实时和图处理等多种能力。芯片技术的发展也在不断地促进大数据技术提高充分兼容和利用这些先进芯片技术的能力。在事务处理技术方面，大数据分析系统经过10多年的实践，积累了丰富的分布式架构的经验，Paxos、Raft等一致性协议的诞生为事务系统的分布铺平了道路，更好地适应了智能终端数量的爆炸式增长。在数据流通方面，安全多方计算和区块链成为近几年常用的技术框架，其在保障原始数据安全的前提下完成对数据的分析，具有很高的效率。

4. 人工智能技术的发展。2016年，代号为Thinker的可重构混合神经网络计算芯片问世，极大地便利了人工智能与实体经济的融合发展。此款芯片不仅可以动态地调整计算和内存需求，使芯片能够支持人脸识别和语音识别等功能，而且具有体积小、功耗低的特点，可以很方便地嵌入许多智能设备中，为其在实体经济中的应用提供便利。

人工智能技术在机器学习领域得到了很大发展。2017 年围棋界的“人机大战”使人们对人工智能在机器领域的成就叹为观止。除此以外，自然语言处理技术也在不断发展，苹果、华为等智能手机都配置了相应的语音助手，在语音识别方面已经成熟，最典型的就是微信语音的翻译功能，在语义功能方面尚处于初级阶段，未来发展值得期待。语音合成的发展也趋于成熟，科大讯飞的在线语音合成软件已经可以合成超越人声的语音，功能日益强大。

四、促进实体经济与互联网、大数据、人工智能融合的政策建议

（一）加大互联网、大数据、人工智能的人才培养

1. 重视基础教育思维能力培养。以数字技术为核心的当代信息技术主要是软件技术、芯片技术、计算机技术等，而这些技术的基础都是以算法为基础，因此，数学、物理的基础教育在培养数字信息技术人才方面是最基本的知识体系。中国应该在现有基础教育体系的基础上，强化数学、物理等基础教育的思维能力、创新能力、应用能力，构建以创新思维为导向、基础知识体系为核心的基础教育体系。

2. 重视高等教育的复合人才培养。在高等人才培养方面，重视高等教育创新型、复合型人才的培养，加强新工科、新医科、新农科、新文科的建设，重视工科、文科、商科复合人才的培养，重视大学生自然科学与社会科学知识体系的构建。

3. 重视高级技工人才的培养。高级技工是未来智能工业发展的人力资本基础，高品质的产品以及技术密集型产品需要具备专业能力与实操能力的高级技工进行研发与生产。未来智能化设备、自动化设备、数控设备需要高级技工操作和维修。中国制造的产品质量取决于中国技术工人的知识储备与能力。

（二）加大知识产权保护力度

近几年来，中国加大了知识产权的保护力度，发挥了专利、商标、版权等知识产权的引领作用，打通了知识产权创造、运用、保护、管理、服务全链条，建立了高效的知识产权综合管理体制，但是，与国外相比，中国在知识产

权保护措施和对侵犯知识产权的惩罚力度方面明显不够，导致企业在研发出新产品后非常容易被模仿，企业缺乏核心技术研发的动力。实体经济与互联网、大数据、人工智能的融合，离不开生产、加工制造等环节的创新升级。供给侧改革与高质量发展，离不开新产品、新技术、新工艺的研发。为了鼓励创新与研发，中国应该加大知识产权保护力度，加大对侵犯知识产权的惩罚，可以延伸到使用侵权产品的中端对知识产权进行保护，从源头和市场切实保护企业知识产权，让企业能够真正享受到研发创新的收益。

（三）加快互联网产业、大数据产业、人工智能产业核心技术的发展

中国在互联网、大数据、人工智能领域的运用在世界上属于先进国家，但是核心技术还是有短板。在全球价值链体系下，虽然一个国家构建完整的产业链条不是一件理性的行为，但是，掌握核心的技术，是中国制造业从低端制造向高端制造发展的关键。因此，实体经济与互联网、大数据、人工智能的深度融合，提高生产效率，需要中国企业掌握核心的技术。

1. 加快推进5G网络运用和产业化。目前，国家应充分利用中国5G技术的先进优势，加快5G网络的建设与优化，重视5G网络在互联网、物联网、大数据、人工智能发展方面的基础设施作用，并做好网络提速降费工作；进一步开展网络化改造、平台体系、安全体系、IPv6等集成创新应用；应设立国家工业互联网标识解析管理机构，打造安全可控的农业互联网、工业互联网标识解析体系。

2. 加快“互联网+”的行动。应围绕加快新旧动能转换、培育中国强大市场、开拓高质量发展重要动力源，实施“互联网+”行动，降低云计算、人工智能的运用成本，加快智慧农业、智慧工业、智慧能源、智慧服务业的发展。

3. 优化互联网产业、大数据产业、人工智能产业在全球价值链的布局。国家应加快研发云计算操作系统、桌面云操作系统、分布式系统软件、虚拟化软件等基础软件，推动低能耗芯片、高性能服务器、海量存储设备网络大容量交换机等核心云基础设备的研发和产业化。进一步开展核心芯片、人工智能软件及算法领域的关键核心技术攻关和产业化，研发应用一批具备复杂环境感知、智能人机交互、灵活精准控制、群体实时协同等特征的智能化终端设备和产品，布局全球价值链中的先导型产业。

（四）加大财税金融支持力度

对优先发展产业且用地集约的数字经济项目，可以降低土地出让底价，奖

励智能科技重点企业，支持工业企业上云，支持工业互联网发展，培育智能制造和工业互联网系统、农业互联网系统、商业互联网系统解决方案供应商和服务商。支持工业互联网平台建设，推动企业向“互联网+智能制造”“互联网+智能生产”“互联网+服务”转型升级，对国家示范城市和上云工业企业给予资助。充分发挥政府出资的引导作用，鼓励金融机构、产业资本和其他社会资本设立市场化运作的物联网、大数据、人工智能以及其他数字经济细分领域的母基金。

参考文献

［1］范学军：“工业大数据发展现状及前景展望”，《现代电信科技》2017年第4期。

［2］赵春江：“智慧农业发展现状及战略目标研究”，《中国农业文摘——农业工程》2019年第3期。

［3］任传华：“‘互联网+’时代中国农业3.0发展成效评估——基于产业链角度”，《世界农业》2018年第5期。

［4］黄子龙：“‘互联网+’时代我国农业3.0的内涵、特征与成效评估”，《农村金融研究》2018年第7期。

［5］杨惠娟：“我国工业互联网战略发展现状及对策分析”，《信息系统工程》2018年第3期。

［6］王小兵：“对‘互联网+’现代农业的再认识”，《农业经济问题》2018年第10期。

［7］邬贺铨：“互联网与实体经济融合的五大关键”，《中国城市报》2017年7月24日。

［8］彭剑锋：“互联网时代的人力资源管理新思维”，《中国人力资源开发》2014年第12期。

［9］王磊：“互联网+在农业技术推广中的作用与发展前景”，《农业与技术》2019年第39期。

［10］中国互联网协会：《中国互联网产业发展报告（2018）》。

［11］中国信息通信研究院：《大数据白皮书（2018）》。

［12］工业和信息化部网站 http://www.miit.gov.cn。

基于区域经济主体变迁视角的现代产业体系研究[①]

——以绍兴市为例

绍兴制造业具有悠久的历史，以“酒缸酱缸染缸”的“三缸”手工业闻名天下。“绍酒行天下，酱园满全国”“小店名气大，老酒醉人多”“日出华舍万丈绸”等都是对绍兴“三缸”历史悠久的描述。[②]新中国成立后，绍兴制造业在传承的基础上加快发展，取得了举世瞩目的成就。

一、绍兴制造业发展的前30年和后40年

（一）前30年，制造业基础奠定及产业体系曲折发展

大致可以分为三个阶段。[②] 第一阶段：1950—1957年经济恢复发展时期，经济改造和新的生产关系的建立，各类经济主体的生产积极性得到激发，1957年第一个五年计划结束时，工业比新中国成立初期年均增长13.5%，农业增长7.6%。第二阶段：1958—1965年，经济发展曲折时期，受“左”的思想影响，“大跃进”等的冲击，1960年、1961年、1962年连续3年工业总产值分别比上年下降6.4%、28.7%和2.4%。1963—1965年，提出“调整、充实、巩固、提高”方针，经济好转，1963—1965年，全市工农业总产值年均递增11.9%。其中，农业、工业分别增长14.5%和6.6%。第三阶段：1966—1976年“文革”时期，工农业生产出现严重停滞，10年中，有5年工业总产值低于1960年。

---

① 本文作者杨宏翔，浙江省绍兴市委党校；包卿，江苏省江阴市发展和改革委员会，江南大学金融研究所。

② 绍兴市统计局、国家统计局绍兴调查队：《绍兴辉煌60年》记载，新中国成立初期绍兴制造业均是个体手工作坊，以“三缸”为代表，黄酒产量1.26万吨，棉布43.6万米，绸缎54.29千米。

（二）后40年，市场深化与制造业发展

这一时期，绍兴制造业发展可分为四个阶段。

第一阶段：党的十一届三中全会到20世纪90年代初期，民营经济起步和工业化奠基。抢抓短缺经济机遇和国家取消化纤原料限制的历史机遇，区域经济突破原有“三缸”格局，从农村工业起步，用“戴红帽”[①] 办法创办家庭工厂，一大批以化纤面料为主的乡镇纺织企业崛起，实现了纺织工业巨大进步，这阶段，农民或乡村企业家是最早的市场经济主体。与此同时，政府积极推动体制外创新，制定个私企业“四不限政策”（不限比例、速度、规模、类型），发展非公有制经济。这一阶段，民营化或非公有化趋向明显，一个庞大的非国有制造业群体诞生了，“一乡一品”“一镇一品”的“块状经济”初具雏形。

第二阶段：1992年“南方谈话”到1998年，民营企业市场主体下制造业快速发展。邓小平同志“南方谈话”后，绍兴民营经济发展进入黄金期。首先是“转制”激活力，1994年开始，用了3年多时间对“戴红帽子”的镇与村办企业进行“转制”，摘掉了几乎所有“戴红帽子”的企业。主要包括三类企业的制度转型：产权模糊的集体企业；“戴红帽子”的私营企业；地方国有中小企业。其次是“四放”“新四不限”政策促发展。党的十五大后，绍兴市提出“放心、放手、放开、放胆”的“四放”要求和“不限经营人员、不限经营范围、不限经营方式、不限经营条件”的“新四不限”原则，使民营经济发展进入了快车道，一些规模较大的民营制造业企业开始进行股份制改革试点，建立现代企业制度，成为上市公司，在地方块状经济中的地位凸显。

第三阶段：1998—2008年，民营制造业独特优势形成和现代阶段。这一阶段绍兴市从三方面推动民营制造业发展：一是对国有企业实行“改制”，从竞争性行业中退出，增大民营经济发展空间；二是大力推进具有一定实力的民营企业上市。到2008年8月，绍兴的上市公司数量和筹资额居全省地级市首位，全国第二位。三是大力推进“个转企”“企升规”，推进民营制造企业做大做强。规模以上工业企业数量从1998年的1631家，增加到2008年的5213

---

① “戴红帽子”是中国民营经济发展过程中的一种特殊现象。是改革开放初期，存在所有制歧视情况下被迫采取的一种做法。具体包括三种类型：一是挂靠型。挂靠在某一集体企业或单位名下，实质仍然是个体私营经营。二是出租转让营业执照型。主管部门办好集体营业执照，然后将经营执照出租或发包给个人经营。三是“假合作型”。在政府推动下，以“合作制”等名义，按集体企业登记领取营业执照，但实质仍是私营企业，不按集体企业制度进行管理，不需要提取公共积累。

家，增长了220%。这一时期，形成特色优势和知名度较高的产业集群，比如化纤、纺织机械、印染、袜业、领带、精细化工、机电、医药、珍珠、轴承等产业集群，塑造了区域经济发展特色。与之相对应，“纺织之乡”“领带之乡”“袜业之乡”“衬衫之乡”“伞件之乡”“五金之乡”“明胶之乡”“轴承之乡”和“贡缎之乡”等声誉鹊起。

第四阶段：2008—2018 年，产业转型升级阶段。这一阶段，制造业转型升级成为主旋律，逐步形成现代产业体系。受金融危机和地方担保链的影响，民营企业出现了分化，一些优秀的民营企业倒下了，比如，纵横、远东石化、越红控股、江龙控股等；一些民营企业陷入债务危机，比如盾安、金盾、天乐等。一些民营企业抓住机遇积极并购和上市，从全球吸纳高端要素，谋求发展动能转化，比如卧龙、万丰奥特、龙盛、海亮、三花等成为名副其实的“跨国公司”。一批优秀的成长型企业和转型升级成效显著的传统制造业企业陆续上市，比如万安科技、露笑科技、向日葵、盛洋科技、创新医疗、金海环境、五洲新春、昂利康制药、新光药业和迪贝电气等。这一阶段绍兴市民营经济风雷激荡，浴火重生。政府大力推进“四换三名”工程[①]，积极推动产业创新、技术创新、商业模式创新和要素配置方式创新，重点打造行业龙头企业和领军企业。这一阶段企业数字化、智能化启动并快速推进，新兴产业加快形成和发展，集成电路小镇、航空小镇、e游小镇、智造小镇、蓝印小镇初见成效，印染大脑、康立科技等高智力服务业开始成长，生产性服务业得到提升，现代产业体系得以发展提升。

（三）绍兴制造业前30年和后40年关系

绍兴制造业前30年和后40年的关系可归纳为两个主要方面：（1）产业的连续性与扩展性、创造性的关系。2018 年绍兴市规上工业增加值 1235 亿元，总量前10位行业增加值948 亿元，占规模以上工业比重 76.7%，其中，化纤织造占 18.1%，排在第一位，化学染料和化学制品制造业占 11.4%，居第四位，这两大制造业增加值占规上工业增加值的 39.5%。可见，70 年来，绍兴制造业具有很强的历史延续性，历史悠久底蕴深厚的传统制造业一直是绍兴的支柱产业、基础产业。但同时，前 30 年的传统制造业与后 40 年的传统制造业

① “四换三名”是浙江推进产业转型升级的举措，包括腾笼换鸟、机器换人、空间换地、电商换市和培育名企、名品、名家。

已经大相径庭了，现在的传统制造业是与现代技术不断融合的制造业。历史证明，传统制造业具有持续生命力。（2）70 年绍兴产业发展历程是从手工传统制造业到智能化、数字化、服务化、全球化的现代产业嬗变过程，从单一传统产业到传统与新兴产业并存、融合的过程，是经济主体从单一国有企业、集体企业到国企与民企并存，民企从家族性、地方性、传统性企业向现代企业、上市股份制公司和跨国公司的变迁过程。

二、70 年经济主体变迁与产业现代化：四个视角的分析

“有效率的经济组织是经济增长的关键。”创造绍兴市 70 年制造业辉煌成就的主体是企业。制造业的现代化从主体视角看，体现在企业数量、结构、规模、产值、治理结构、创新能力、配置资源范围、主体之间的分工合作关系等。根据统计数据的可获得性，下面从四个方面分析经济主体与制造业的现代化变迁。

（一）企业数量增长、结构优化与制造业规模扩大

表 1　　1949—2018 年工业企业数量与产值

年份	国有企业和集体企业（家）	私营企业（家）	工业总产值（万元）	工业增加值（亿元）
1949	2		8.24	
1952	59		12648	
1957	952		22102	
1965	842		24980	
1970	1087		38411	
1975	1527		57687	
1978	1996		101221	3.19
1980	2860		173836	5.81
1985	4356		638701	18.7
1990	4087		1902647	39.66
1995	3522	7107	9390460	212.28
1998	2381	8295	17634065	
2000	1776	11246	20241880	376

续表

年份	国有企业和集体企业（家）	私营企业（家）	工业总产值（万元）	工业增加值（亿元）
2005	3676	30449	42909738	777.99
2008	5212	44317	68320858	1191
2010		54614		1386.82
2015		111182		2253.4
2018		173123		2612.1

说明：表1数据来源于历年绍兴统计年鉴、《绍兴经济60年》及2018年绍兴国民经济社会统计公报。

从表1可以看出：（1）前30年，绍兴工业虽然受“大跃进”和“文革”的影响，发展受到抑制，但也取得了巨大成就，产值从8.24万元，增长到101221万元，30年增长了12284倍。经济主体从统计年鉴看主要是国有企业和集体企业，数量从2家增长到1996家，增长了998倍，这期间制造业的增长主要是国有企业和集体企业创造的。（2）1978年以后，工业总产值出现了跨越式增长，1975—1990年每五年增长3倍多，1990—1995年增长了5倍，1995—2005年，每五年“翻一番”。工业总产值从1978年到2008年增长了674倍。工业增加值从1978年到2018年增长了818.8倍。私营企业数量从1993年的1752家（因统计年鉴最早到1993年）到2018年173123家，增长了98倍，多元经济主体共同促进了制造业的高速增长。（4）70年来，制度变迁、市场深化、经济主体结构变化与数量增长与制造业产值增长，是绍兴制造业发展的一体两面。

（二）企业数量增长、实力增强与三次产业结构演进

表2　　制造业企业数量与三次产业结构变化

年份	企业数量（家）	三次产业结构		
		一产	二产	三产
1949	2	一二产业之比为①：1:1695		
1952	59	一二产业之比为：1:1.63		
1957	952	一二产业之比为：1:1.12		
1965	842	一二产业之比为：1:1.57		

① 这里一产与二产之比是指农林牧渔总产值与工业总产值之比，因为1998年之前没有统计增加值。

续表

年份	企业数量（家）	三次产业结构		
		一产	二产	三产
1970	1087	一二产业之比：1:1.28		
1975	1527	一二产业之比：0.9:1		
1978	1996	14.7	58.4	26.7
1980	2860	6.9	67.9	27.7
1985	4356	4.8	64.6	27.3
1990	4087	4.1	57.9	34.1
1995	10629	3.7	48.8	37.7
1998	10670	3.9	49.9	48.1
2000	13022	6.5	45.4	48.1
2005	34125	2.4	52.4	45.2
2008	49529	1.8	50.8	47.4
2010	59657	1.6	46.4	52.0
2015	116272	4.5	50.4	45.1
2018	176146	3.6	48.2	48.2

说明：表2数据来源于历年绍兴统计年鉴、《绍兴经济60年》。

绍兴市入围中国民营企业500强数量长期居浙江省第二位，而入围企业全部为制造业。制造业500强入围数量不如民营企业500强，绍兴制造业企业95%以上是民营企业。

表3　　中国民企500强及制造业500强绍兴入围数量及其变化

年份	民企500强入围数	全省排名	年份	民企500强入围数	全省排名
2006	45	第二	2013	25	第二
2007	39	第二	2014	22	第二
2008	33	第二	2015	26	第二
2009	33	第二	2016	25	第二
2010	26	第二	2017	20	第二
2012	19	第二	2018	11	第三

从表2和表3可以看出：（1）新中国成立以来，尤其改革开放以来，绍兴制造业企业数量高速增长，形成了比较庞大的企业群体，平均每30人中间就

有一家制造业企业，百人拥有的制造业企业数量是世界罕见的，2018 年仅工业增加值就达到了 2612.1 亿元，人均 5.8 亿元，可见，人均制造业增加值水平之高全国少有。（2）改革开放 40 年中第二产业占比有 26 年在 50% 以上，巨大的制造业规模使得第三产业占比提高很缓慢。（3）制造业领域企业数量多、实力企业多是绍兴制造业产值占比高，服务业占比提升缓慢的主要原因。

（三）企业上市、全球并购与制造业在全球产业链地位提升

随着制造业的发展，企业“小升规、规上市”步伐加快，股份有限公司成为制造业主体，上市公司成为引领区域制造业发展的龙头。从 1994 年绍兴第一家企业上市，到 2018 年绍兴已有 75 家上市企业，其中制造业企业 71 家，企业上市数量居全国地级市第 4 位，“新三板”挂牌企业 95 家，居全省地级市首位。企业上市不仅是绍兴经济现象中最引人瞩目的风景，也是市场主体实力提升和创新能力提升的成功路径。不断壮大的上市企业队伍，通过进军新兴产业、海外并购、贷款担保、自主研发、技术外溢、采购本地中小企业零部件等对本地产业结构优化、技术创新、小微企业成长、区域经济稳定等方面发挥了重要的带动作用，在区域产业转型升级、新旧动能加快转换方面发挥了引领作用。

表 4　　上市公司海外并购推进转型升级典型案例

上市公司	并购对象	资金额	效果
卧龙电气	奥地利 ATB	24 亿元	弥补了卧龙特大电机的空白；开拓了欧洲市场
浙江龙盛	德国德斯达	2200 万欧元	5 年营业收入翻倍（2010 年 66.8 亿元，2015 年 148 亿元），利润 5 年翻 3 倍（8 亿元到 25.4 亿元）
三花控股	美国英维思集团旗下兰柯公司	1600 万美元	实现了成本领先向技术领先跨越，全球四通阀领域中品种最全、专利最多、生产线自动化程度最高、检测能力最强企业的市场网络、技术人才和品牌价值，全为“三花”所有
日发精机	意大利 MCM 公司（航空设备制造商）	3.5 亿元	进入新兴行业，成为具有飞机总装及零部件生产能力企业
万丰奥特	加拿大镁瑞定（镁合金研发制造领军企业）	13.5 亿元	进入高端市场和新材料领域，产品向轻型化的镁合金轮毂发展；镁瑞定北美 65% 的市场归入万丰奥威

续表

上市公司	并购对象	资金额	效果
浙江龙盛	美国埃默瑞德公司（食品添加剂巨头）	8.8 亿元	进军特殊化学品相关领域，优化产品结构
海亮控股	美国 JMF	3000 万美元	有效改变海亮生产基地国际化进程快、市场国际化进程慢的状况
万丰科技	美国派斯林	3 亿美元	成为全球焊接机器人领导者

从表 4 可以看出，龙头企业的全球并购对绍兴制造业的现代化起到了积极作用，并购不仅加速了资本集中、技术提升、创新能力增强、市场拓展，而且实现了从地方性企业、区域性企业成长为跨国公司，市场势力显著提升，品牌为主的信号发送机制加速形成，产权结构外部化，治理的现代化水平进一步提升。2018 年浙江省民营跨国公司 30 强绍兴有 6 家。

（四）集群式组织与市场势力提升

迈克波特在著作《国家竞争优势》中指出，一国或区域竞争优势，就是企业、行业的竞争优势。一个国家或地区的产业竞争力，与这个国家或地区以集聚形态呈现的产业的强弱成正比。著名咨询专家钟鹏荣在绍兴调研后写了《绍兴产业集群对县域经济的启示》一文，把绍兴产业集群优势归纳为高效的产业组织形式、深度分工提升产业竞争力、节省交易成本等 18 个方面。表 5 和表 6 是绍兴传统制造业和新兴制造业集群一览表。

表 5　　绍兴传统制造业主要产业集群及 2017 年经济指标

产业	企业数（家）	产值（亿元）	占全市规模以上工业产值比重（%）	利润（亿元）	占全市规模以上工业利润比重（%）	就业人数（人）	占全市规模以上工业就业人数比重（%）
纺织	1920	3673.52	36.60	180.45	31.36	315593	42.60
化工	350	1296.95	12.92	91.97	15.98	54827	7.40
金属加工	330	1136.39	11.32	47.48	8.25	46011	6.21
黄酒	15	44.39	0.44	3.70	0.64	6532	0.88
珍珠	17	30.73	0.31	2.96	0.51	2197	0.30
轴承	80	64.87	0.65	3.75	0.65	13650	1.84

续表

产业	企业数（家）	产值（亿元）	占全市规模以上工业产值比重（%）	利润（亿元）	占全市规模以上工业利润比重（%）	就业人数（人）	占全市规模以上工业就业人数比重（%）
厨具	17	50.83	0.50	6.10	1.06	6332	0.85
电机	61	219.57	2.19	15.28	2.66	17662	2.38
总计	2880	6517.25	64.94	351.71	61.11	462804	62.48

表6 绍兴新兴制造业产业及2018年主要经济指标

产业	规模以上企业数	上市公司数	产值（亿元）	占全市规模以上工业产值比重（%）
高端装备	561	22	979.0	11.4
现代医药	81	6	290.1	3.4
电子信息	196		466.9	5.4
新材料	294	4	1561.5	18.1
合计	1132	32	3297.4	38%

从表5和表6及相关信息可以得出以下结论：（1）绍兴制造业的现代化不仅体现在企业数量和产值规模上，还体现在新兴产业的发展以及传统产业与新兴产业的融合发展。（2）产业集群组织形式是绍兴制造业的显著特征，也是竞争优势。比如，纺织业是绍兴的传统特色制造业，形成了涵盖上游的PTA、聚酯、纺丝，中游的织造、染整，下游的服装、服饰、家纺等较为完整的产业链，带动了以中国轻纺城、钱清轻纺原料市场等为代表的纺织品专业市场，搭建起中国纺织科学院江南分院、浙江现代纺织工业研究院等为代表的公共服务平台，形成国内最为完整、最具特色的纺织产业集群。目前，全市共有大小纺织企业及家庭工业单位近7万家，其中规模以上纺织企业1920家，其中，超100亿元企业1家、超50亿元企业4家，从业人员28.3万人，规模以上企业年产化纤315万吨、布41亿米、印染布182亿米、服装2亿件、领带1.46亿条、袜子104亿双，是亚洲最大的化纤面料生产基地、印染加工基地，强大的产业支撑起了2018年交易额2200亿元的世界最大的纺织品面料市场。（3）集群式发展使得长期从事某一产品生产的企业成长为隐形冠军企业，2018年制造业隐形冠军企业118家。

三、绍兴制造业70年发展累积的问题

绍兴制造业发展积累的问题主要有以下几个方面：

（一）结构固化与低端锁定

绍兴制造业始终是传统制造业比重占绝对优势，传统制造业中纺织业比重又占绝对优势，纺织业中，又始终是织造和印染比重占绝对优势，“恨布不成衣”“恨衣不成名”长期未得到改变。中国轻纺城70%面料属于中低端产品，附加值低。历史经典产业黄酒，年产量60多万吨，价值只有50多亿元，平均每公斤只有8.3元左右。印染长期收费平均每米2—3元，与宁波申洲集团、江苏盛宏集团的价格差距较大，后者是绍兴的2倍多。

（二）旗舰型民营企业数量减少

主要体现在中国民营企业500强和中国制造业500强入围数量下降和一些集群中的明星企业因债务危机而衰落。绍兴入围中国民营企业500强数量逐年下降，2018年下降较快，从2016年的25家下降到2018年的11家，降幅超过50%，“制造业500强”中，入围企业从2016年的21家下降到2018年的13家，虽然排名也同样仍居全省第3，但降幅达44%。入围“制造业500强”企业户均营业收入，从2016年低于全省平均14亿元，到2018年较全省平均仍相差13亿元。入围“两张榜单”的企业梯队断层现象较为明显，除海亮集团营业收入在千亿以上（1625.96亿元），其余10家入围企业营业收入均在500亿元以下（排名第2的中成控股也只有407亿元），缺少营业收入在500亿—1000亿元的中坚企业。纵横、越红、金盾、盾安、精工、五洋等明星企业陷入债务危机走向破产或陷入困境。

（三）传统制造业转移与新兴产业培育缓慢

因劳动力等约束逐渐增强推动制造业成本上升，绍兴传统制造业近年出现了向中西部地区转移、资本“抱团”流动等现象，开启了产业集群跨省复制，比如嵊州领带产业集群、诸暨袜业产业集群和绍兴县纺织产业集群等全国百强产业集群纷纷在新疆、西安等地建立原材料基地，在江西、安徽、辽源等地建立生产加工基地。一些传统产业的龙头企业将总部迁到杭州、上海等人力资本

和科技资源丰富的大城市。在生产环节转移的同时，设计、研发、信息服务、品牌营销等附加值高的核心战略环节优势还未形成。战略性新兴产业企业数量不多，处于价值链核心企业少，十多年发展，产值占规上工业产值比重只有32%。

（四）新的动态比较优势未建立起来

现代经济增长理论认为，经济增长动力随经济发展阶段的推进，存在着核心动力不断转化、不断升级的过程，即从劳动、资本驱动向技术驱动再到制度技术结构等全要素驱动过程。驱动力的转化是经济发展阶段提升的重要标志，从企业行业利润率提升、利率的稳定性可以体现。以2018年为例，全年若剔除化学原料和化学制品制造业、医药制造业、化学纤维制造业3个利润高增长行业后，绍兴全市规上企业亏损面达15.5%。36个行业大类中有18个行业工业利润下降1.3%。2018年全市4583家规模以上工业企业，亏损企业有711家，同比增加52家，亏损面达15.5%。走访中，企业普遍对原材料成本、经营成本、用工成本上涨挤占利润空间的反响比较大。可见，技术还没有成为驱动力，成本优势丧失后，新的动态比较优势还未建立起来。

以上问题累积与长期人力资本供给、本地院校人才培养规模、毕业生留在本地就业比例（17%）、本地院校学科结构等与产业发展需求长期失衡有紧密关系。

四、经验与反思

绍兴制造业70年发展变迁历程可以归纳出以下几条有价值的经验：

（一）发展初期市场机制利用充分

改革开放初期，一些地方还在观察、在左顾右盼时，绍兴就抓住短缺经济的机遇，用“戴红帽子”的办法发展家庭工业，在乡镇工业急速崛起之时，又及时两次先后出台“四不限”政策，使得各种创造价值的源泉充分涌流，形成了“一乡一品”“一镇一品”的产业集群雏形。并及时顺应企业家诉求，进行改制，明晰产权，成就了区域经济发展的“绍兴模式”，诞生了一批优秀的小巨人企业和隐形冠军企业。

（二）围绕不断降低经济主体交易成本进行公共服务创新

多年来，绍兴市获全国政府创新奖的“强镇扩权”案例、全国第一家便民服务中心、政府投资建第一个专业市场（第一代中国轻纺城）、“老乡管老乡”的外来务工者管理机制、最多跑一次改革、驻企指导员等，都为企业提供了有效的公共产品，不断降低企业的交易费用和经营成本，使“中国投资金牌城市”熠熠生辉，吸引中芯国际、紫光集团等优秀企业投资。

（三）中小民营企业为主体和主导的区域技术创新模式

绍兴制造业产业集群中95%属于中小民营企业，但企业技术创新却走在全国前列，6个区、县、市全部为省科技强县，诸暨和新昌为全国科技进步示范县。尤其新昌县，在资源劣势、区位劣势和交通劣势多重约束下，却产生了“小县大科技”支撑制造业高质量发展的“新昌现象”，其经验最根本的就是把研究院建在企业，通过有效的人才激励相容机制，集聚高端创新要素和异质创新要素，形成了中小企业为主体和主导、大学研究院所专家团队参加的多元主体协同创新模式。围绕做强产业链，在上市公司大量布局建设重点企业研究院，通过研究院集聚人才，由企业主持重大瓶颈技术攻关，吸引省内外高校、科研院所青年科技人员到研究院工作，帮助企业扩大科技资源利用半径，支持引导大专院校研究机构和专家个人与企业建立研发项目的风险共担、利益共享机制，以此破解经济和科研两张皮现象。2018年，新昌全县新兴产业产值占比达52%，高新技术企业数量达58家，尤其在一些高新技术细分领域，在全国乃至全球都具有较强的市场势力，如维生素E、家用空调核心部件“四通换向阀”和铝合金轮毂的产量分别占全球市场的60%、65%和30%，均居全球第一。

（四）有效的传统制造业改造提升路径

2009年绍兴确定为浙江省工业转型升级试点以来，政府推进传统制造业升级的路径可以概括为八个方面：“五水共治”倒逼企业转型升级；技术创新驱动产业品质提升；上市公司海外并购吸纳高端要素；特色小镇建设构筑转型升级新平台；专业市场创新引领产业转型升级；文化植入推进传统产业时尚化；数字化、智能化提升产业发展力；园区有机更新优化产业和企业结构。多路径多举措推进传统制造业改造提升取得了显著成效，2018年五大传统制造业利润增长 24.7%，行业素质明显提升。

绍兴制造业 70 年的发展，既积累了宝贵的经验，也有一些值得反思的方面。我们着重于讨论以下两个方面：

一是对传统制造业与新兴制造业关系一度认识和定位模糊，使得一些企业在本地推力和外地拉力作用下，提前转移，一些企业投资新的领域，失败后歇业，一些投资新产业不成功又重回传统制造业，但已失去了一些原有的优势。关于传统产业与战略型新兴产业的关系，学界主要有三种观点："坚守—慢步论""放弃—跨越论""协调—发展论"。"坚守—慢步论"认为，传统产业依然是区域经济发展的核心，在处理传统产业和战略性新兴产业的关系上应该坚守传统产业，慢步发展战略性新兴产业；"放弃—跨越论"则认为，战略性新兴产业是国家未来发展的希望，应该重点发展，因此，可放弃传统产业，力求在新兴高科技产业领域实现全方位的跨越；"协调—发展论"认为，传统产业是基础，战略性新兴产业是导向，两者应相互交融、协调发展。一度绍兴认识是模糊的，一些部门领导倾向于"放弃—跨越论"，政策支持的重点几乎全部集中在新兴产业领域，提出重点发展的新兴产业门类很多，有八大、十大重点新兴产业的提法，而一些传统制造业与新兴制造业融合发展，利用传统制造业基础和优势发展新兴产业的建议和呼声重视不够。①

二是对传统制造业"低小散"的整治市场化手段应用不够。近年来，大量关停搬迁低小散企业，污染等负外部性问题明显改善了，但也留下一些后遗症和值得思考的问题，如：一些环保标准超欧美，是否是科学合理？环保标准应该与制造业发展阶段相适应，制造业发展阶段是一个自然演进的过程，不能揠苗助长；产业集群共同面临的环保需求，属于一定范围的准公共产品，由政府组织提供企业付费，这样总成本最低，企业成本也大大降低，企业家可以集中精力组织生产，实施创新；经济主体是否适合运动式的治理？如果早做战略谋划，提出分阶段的达标要求，通过协议或文件等明确到时达不到就要关闭，这样关闭达不到标准的企业既不会对生产力造成破坏，也能倒逼企业改造提升和转型升级；改造提升或转型升级不一定要搬迁，就地提升更科学，强制性的把在原注册地生存了几十年的企业搬迁到园区，不仅增加了企业成本，而且会造成企业资产损耗和人才流失，集聚存在适度规模问题，过分集聚不仅加大环

① 绍兴市委党校课题组 2009 年承担浙江省哲学社会科学规划重点课题《传统产业与战略性新兴产业融合发展研究》，成果相关建议得到市领导肯定批示，但没有在实际工作中采纳实施和推进。

境承载力，而且对政府公共服务提出了更高要求。行政手段治理经济对企业家信心造成了一定的影响。

参考文献

[1] 道格拉斯·诺斯：《西方世界的兴起》，华夏出版社 2009 年版。

[2] 金祥荣："问策浙江制造业转型升级——浙江省制造业转型升级的成效、问题和对策建议"，《浙江经济》2011 年第 7 期。

[3] 陈耀、冯超："贸易成本、本地关联与产业集群迁移"，《中国工业经济》2008 年第 3 期。

[4] 于斌斌："基于进化博弈模型的产业集群产业链与创新链对接研究"，《科学学与科学技术管理》2011 年第 11 期。

[5] 胡希宁：《当代西方经济学概论》，中央党校出版社 2015 年版。

[6] 郑宇民：《看浙江民企》，人民出版社 2004 年版。

[7] 陆立军、于斌斌："传统产业与战略性新兴产业的融合演化及政府行为：理论与实证"，《软科学》2012 年第 5 期。

第二篇

市场体系

市场准入自由化与全面实施负面清单制度[①]

党的十八届三中全会决议指出，“实行统一的市场准入制度，在制定负面清单基础上，各类市场主体可依法平等进入清单之外领域”。十九大报告中又进一步指出，要“全面实施市场准入负面清单制度，清理废除妨碍统一市场和公平竞争的各种规定和做法”。

长期以来，中国实行的是以正面清单为主的混合清单管理模式，通过实行严格的审批制来规定不同类别资本可以进入的产业，同时对希望发展的行业给予政策上的倾斜。如为了鼓励高新技术产业发展，国家发改委等部门联合发布了《当前优先发展的高技术产业化重点领域指南》；集中体现产业政策的《产业结构调整指导目录》将产业分为鼓励类、限制类和淘汰类，对产业结构加以调整；为引导外资外商投资，国家发改委和商务部自1995年起发布《外商投资产业指导目录》，将产业分为鼓励类、限制类和禁止类，每隔几年进行修正。[②] 也有更具体地针对特定产业的政策，如为应对2008年爆发的国际金融危机的冲击，针对钢铁、汽车纺织工业和装备制造业等出台的十大产业振兴规划等。

市场准入负面清单制度，是指国务院以清单方式明确列出在中华人民共和国境内禁止和限制投资经营的行业、领域、业务等，市场准入负面清单以外的行业、领域、业务等，各类市场主体皆可依法平等进入。[③] 2018年12月《市场准入负面清单（2018年版）》的颁布，将负面清单制度从外资扩展到内外资、从自贸试验区扩展到全国，是政府、市场和社会关系的一次重新调整和定位，是构建公平开放透明的市场规则的重要制度性变革。负面清单制度在我国

---

① 本文作者于明超，南京师范大学商学院。

② 2019年版鼓励外商投资产业目录中积极鼓励外商投资更多投向现代农业、先进制造、高新技术、现代服务业等领域，充分发挥外资在传统产业转型升级、新兴产业发展中的作用，促进经济高质量发展。

③ 参见《国务院关于实行市场准入负面清单制度的意见》（国发〔2015〕55号）。

仍是一个新生事物，未来还需要不断根据实践对清单内容进行动态调整和优化。鉴于此，我们需要了解负面清单管理模式形成的过程，全面深入地理解负面清单管理模式的意义。

一、负面清单制度是“制度型开放”的重大举措

2019 年政府工作报告指出，要继续推动商品和要素流动型开放，更加注重规则等制度型开放，以高水平开放带动改革全面深化。当前逆全球化思潮兴起，主要经济体之间贸易摩擦加剧，全球化的总体环境趋于严峻和复杂，负面清单制度正是在此背景下落实“加快推进与国际接轨的法律、法规、政策的制定”的制度型开放。从自贸试验区试点到全国推广，负面清单制度的出台是渐进性的、逐步实现的，体现了这样几个特征：

（一）负面清单管理模式是双边投资协定谈判中常用的方式

准入前国民待遇和负面清单的外资管理模式，已成为国际投资规则发展的新趋势。一般认为，1994 年生效的北美自由贸易区（NAFTA）是最早采用负面清单的 FTA 之一，新加坡和日本是亚洲地区推行负面清单模式的先行者。实际上在 2003 年颁布的《中华人民共和国行政许可法》第十三条中就有规定，“公民、法人或者其他组织能够自主决定的，市场竞争机制能够有效调节的，可以不设行政许可”。[①]双边贸易谈判让中国在市场准入规则上开始与国际接轨，真正朝向“准入前国民待遇基础”加负面清单方式转变源于 2013 年第五轮中美战略经济对话，当时商务部宣布“中方同意以准入前国民待遇和负面清单为基础与美方进行投资协定实质性谈判”。[②] 2013 年中欧投资协定谈判，欧盟方提出“负面清单方式 + 国民待遇原则”的方式，就投资保护和市场准入两方面与中国谈判双边投资协定（BIT）。2018 年，我国正式推出负面清单制度后，2019 年 4 月中韩自贸协定第二阶段第四轮谈判中首次引入进行服务贸易和投资等方面的谈判。[③] 在自贸协定谈判中引入负面清单制度意味着我国负面清单制度进一步与国际衔接，既能推动未来我国与其他国家自贸协定的谈

---

① http://www.gov.cn/flfg/2005-06/27/content_9899.htm.

② “中美负面清单 9 轮谈判破局投资准入开放堪比入世”，《经济参考报》2013 年 7 月 13 日。

③ “中韩自贸协定谈判稳步推进我国首次引入负面清单进行服贸和投资谈判”，新华社 2019 年 4 月 2 日，http://www.gov.cn/xinwen/2019-04/03/content_5379204.htm。

判，也将进一步促进我国负面清单制度建设。

（二）自贸试验区的设立让负面清单制度落地生根

2013 年 9 月上海自贸区率先成立，同时公布了《中国（上海）自由贸易试验区外商投资准入特别管理措施（负面清单）（2013）》，开始了负面清单试行。2015 年，在自贸区扩围之际，该清单减至 122 项，同时扩展到上海、广东、天津、福建四个自贸区。2017 年版自贸区负面清单进一步缩减为 95 项，并覆盖当时的 11 个自贸试验区。2018 年版在全国负面清单开放措施基础上，在更多领域试点取消或放宽外资准入限制，修订后，自由贸易试验区负面清单减至 45 项。2019 年的修订进一步缩减了负面清单长度，新推出一批开放措施，自贸试验区外资准入负面清单条目减至 37 项。

自贸区是我国进行制度型开放改革的试验田，只适用于自贸试验区的负面清单，开放度比全国统一的市场准入负面清单和外商投资负面清单要高。从 2013 年版的 190 项缩减到 2019 年的 37 项，自贸试验区外商投资准入负面清单持续“瘦身”。正是自贸试验区负面清单制度的有效试验，使这项制度趋于成熟，并有条件在全国复制推广，彰显了自贸试验区的制度创新绩效和改革开放试验田效应。

（三）负面清单制度是推动新一轮高水平对外开发的着力点

经过 40 多年的发展，我国利用外资规模已跃居世界第二位。同时，近年来保护主义抬头影响跨国公司全球产业布局，国际引资竞争日趋激烈，不少国家要素成本更低、政策优惠力度更大，我国利用外资面临发达国家和新兴市场国家的双重竞争。在自贸试验区负面清单的基础上，外商投资负面清单适用于境外投资者在华投资经营行为，是针对外商投资准入的特别管理措施。之前，外资政策主要参照《外商投资产业指导目录》，将外资准入行业分为“鼓励类”“限制类”或“禁止类”。自 1995 年首次颁布至 2017 年版目录已经过 7 次修订，自 2017 年版目录开始，我国外资准入施行“准入前国民待遇 + 负面清单管理”制度，但相关政策文件仍然以《外商投资产业指导目录》的形式出台。2018 年 7 月《外商投资准入特别管理措施（负面清单）（2018 年版）》以表格的形式单独出台，标志着全方位、高水平对外开放的决心。

总体上，外资负面清单扩大提高了我国多行业领域对外资开放的范围和程度。在第一、二、三次产业共涉及 22 项开放措施，全面放宽市场准入；特别管理措施由之前的63条减至48条，2019年版又进一步缩减到40条。清单列出了汽车、金融领域等对外开放路线图时间表，基本形成了全行业开放。① 在金融领域取消银行业外资股比限制，将证券公司、基金管理公司、期货公司、寿险公司的外资股比放宽至51%。

外商投资实行科学规范的负面清单管理模式，符合国际同行规则，有利于提升我国的投资自由化水平及对外开放水平。负面清单对部分领域设置了取消或放宽准入限制的过渡期，这种安排增强了放宽外资准入的可预期性，又顾及放开外资准入的可操作性和现实影响。

（四）面向全国复制推广清除市场准入壁垒

全国市场准入负面清单制度的推出，遵循了一直以来渐进性改革的传统，即由自贸试验区先行探索，为推向全国提供成功经验，从而对各类市场主体投资和市场进入行为做出统一要求。2016年3月国家发改委、商务部印发了《市场准入负面清单草案（试点版）》，在天津、上海、福建、广东四个省市试点，2017年试点范围扩大到15个省市。在认真总结试点经验基础上，2018年12月正式发布了全国范围的《市场准入负面清单（2018年版）》，标志着我国开始全面实施市场准入负面清单制度。

市场准入负面清单包括禁止准入类和限制准入类。2018年版清单共151个事项，其中禁止准入类事项4项，分别是法律法规明确设立的与市场准入相关的禁止性规定，《产业结构调整指导目录》中禁止投资和禁止新建的项目，以及“禁止违规开展金融相关经营活动”“禁止违规开展互联网相关经营活动”。许可准入类147项。对于许可准入类事项，由市场主体提出申请，行政机关依法依规做出是否予以准入的决定，或由市场主体依照政府规定的准入条件和准入方式合规进入。负面清单以外的行业、领域、业务等，各类市场主体皆可依法平等进入。

2018年版清单变化涉及多个领域，不仅在制造业上进一步实现开放，对服务业的清单也大幅缩减或放开，如在汽车、金融、交通运输等产业取消了中方控股的要求，对暂时未取消的限制，给出了明确的时间表。表1选取了个别行业不同版本内容加以对比。

---

① 2021年将取消金融领域所有外资股比限制，而且在制造业领域中的汽车行业取消专用车、新能源汽车外资股比限制，2020年取消商用车外资股比限制，2022年取消乘用车外资股比限制。

表 1　　不同文件中代表性行业限制性内容

文件名	汽车制造业	无人机	互联网和相关服务	金融业
2015 年《外商投资产业指导目录》	汽车整车以及新能源汽车关键零部件制造（中方控股）	地面、水面效应飞机制造及无人机、浮空器设计与制造（中方控股）	禁止外商投资新闻网站、网络出版服务、网络视听节目服务、互联网上网服务营业场所、互联网文化经营（音乐除外）	单个境外金融机构入股比例不得超过20%，多个境外机构持股不超过 25%；寿险公司外资比例不超过 50%；证券公司、证券投资基金管理公司外资比例不超过 49%；期货公司中方控股
2017 年《外商投资产业指导目录》	汽车整车、专用汽车制造：中方股比不低于50%，同一家外商可在国内建立两家及两家以下生产同类整车产品的合资企业	干线、支线飞机设计、制造与维修，3 吨级及以上直升机设计与制造，地面、水面效应航行器制造及无人机、浮空器设计与制造（中方控股）	在上一版基础上，禁止目录再增加一项“互联网公众发布信息服务”	同上
2018 年全国版负面清单	除专用车、新能源汽车外，汽车整车制造的中方股比不低于 50%，同一家外商可在国内建立两家及两家以下生产同类整车产品的合资企业（2020 年取消商用车制造外资股比限制。2022 年取消乘用车制造外资股比限制以及同一家外商可合资企业的限制）	删除了相关条款	禁止投资互联网新闻信息服务、网络出版服务、网络视听节目服务、互联网文化经营（音乐除外）、互联网公众发布信息服务（上述服务中，中国入世承诺中已开放的内容除外）	证券公司、证券投资基金管理公司期货公司、寿险公司的外资股比不超过 51%（2021 年取消外资股比限制）

二、市场准入自由化助推对内对外高水平开放

当前我国经济发展中的一个非常明显的特点，是对内开放与对外开放不对称，对外开放的程度和速度都要快于对内开放。但在对内开放上对民营企业限制较多，在市场准入、融资渠道等方面，仍有许多显性的或隐形的壁垒和政策歧视，或者在政策执行过程中被区别对待，“玻璃门”“旋转门”的问题仍然不同程度的存在。

（一）外资准入自由化推动更高水平对外开放

当前中国对外开放的程度有了本质的提高。但与世界主要经济体，尤其是与发达国家相比，仍然还有差距。为了测量不同国家对 FDI 投资的限制程度，经合组织（OECD）自 1997 年起公布投资限制性指数，从数值上看，2018 年与 1997 年相比，中国已经在放松外资限制上取得巨大进步，指数从 0.613 下降到 0.251，但在部分产业如汽车、金融、医疗、电信等产业仍然具有很高的进入限制。2018 年，中国对外资总限制程度在 68 个国家中排名第六位，如图 1 所示，仅低于菲律宾、沙特阿拉伯等国家。也表明中国部分行业仍存在很大的对内对外开放空间，实行市场准入负面清单和外商投资负面清单制度，是构建开放型经济新体制的必要措施。有利于加快建立与国际通行规则接轨的现代市场体系，有利于营造国际化、法治化、便利化的营商环境，促进国际、国内要素有序自由流动。

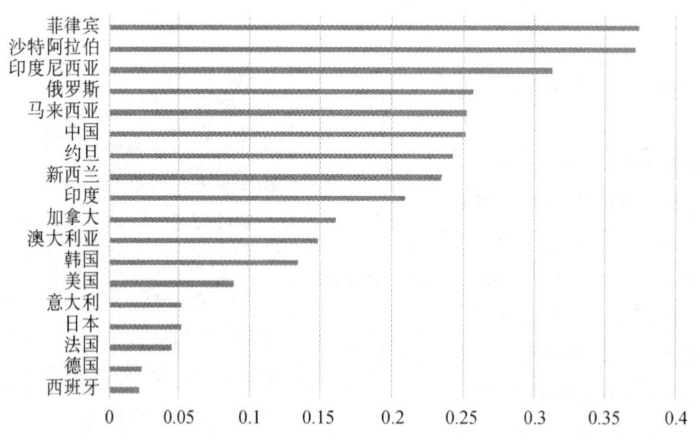

图 1 主要经济体 2018 年外商投资限制指数

资料来源：OECD FDI Regulatory Restrictiveness Index。

（二）加快对内开放是当前一项重要任务

对内开放不足说到底是对内改革不足、改革滞后于开放和发展的状况造成的。加快推进全面深化改革，重点是加快国内开放，尤其是加快对民营企业和个人的开放。在中国经济的转型过程中，由于政府的干预和市场的不完备，不同所有制的企业在市场中进行着不公平的竞争（文玫，2002）。实际上，政府已经多次发文从政策上加以引导。2001 年，当时的国家计委颁布的《关于促进和引导民间投资的若干意见》就指出，“除国家有特殊规定的以外，凡是鼓励和允许外商投资进入的领域，均鼓励和允许民间投资进入”。2010 年国务院颁布《关于鼓励和引导民间投资健康发展若干意见》，同样鼓励和引导民间资本进入法律法规未明确禁止进入的行业和领域。党的十九大报告指出，“凡是在中国境内注册的企业，在法律上要一视同仁，政策上要平等对待”。《市场准入负面清单》又明确，“对市场准入负面清单以外的行业、领域、业务等，各类市场主体皆可依法平等进入”。这些出台于不同时期的文件从侧面表明，让民营企业享有与国有企业、外资企业平等的市场准入权是一件困难重重的事情。

加快对内开放的步伐已是迫在眉睫。如果我们只强调对外开放，忽视对内开放，问题积累到一定程度会产生很大问题。由于对内开放的步伐跟不上发展的需要，导致民间投资近年来增速下滑已成为不争的事实。2016 年以来，民营企业投资出现了断崖式下跌，导致社会固定资产投资增速大幅下滑（见图 2）。另外，过去大部分时期，民间固定资产投资的增速均高于全国固定资产投资增速，一直到 2018 年初才重新位于其上。导致民间投资增速下滑的原因很多，有学者认为其中一个重要方面是“制度性缺口”造成的影响（刘立峰，2016），民营企业经营遇到的各种困难，相当大程度上是由于民营企业显性或隐性的区别对待造成的（刘志彪，2019）。

（三）高质量发展要求竞争中性的普惠制政策

迈向高质量发展的现代化，必须在市场竞争中推进具有公平正义取向的竞争政策，让带有“竞争中性”性质的普惠制政策，成为优化营商环境的目标取向。2018 年年底，习近平总书记在民营企业座谈会上表示，“让民营经济创造活力充分迸发”。实际上对处于激烈竞争市场的民企来讲，竞争本身是天然存在的，只要所处的市场环境是公平竞争的，并不会阻碍民营企业焕发活力。

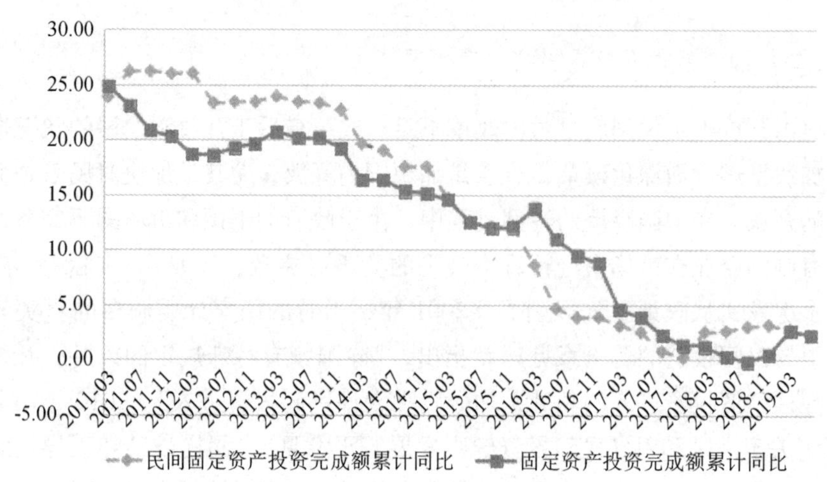

图 2 固定资产投资增速

资料来源：Wind 数据库。

“竞争中性”之所以关系到高质量发展，是因为有偏向的经济政策会把企业过度地诱导到政策指向的领域和产业，忽视社会真正的、潜在的重大需求，出现严重的结构失衡，导致增长失速和效率失态。过去我国在贫困迈向小康的追赶战略指导下，实施产业政策的宗旨是试图通过“非均衡”发展策略，在政府全力扶持的战略产业和主导产业的带动下，推动国民经济快速增长。这种有重大偏向的、非中性化的扭曲性产业政策，既容易导致结构的重大失衡，也容易形成非重点支持的行业、企业的不平等状态。如要素市场上由于地方政府决定土地供应，为鼓励企业发展给予优惠低价供地或协调配套贷款等，会扭曲企业投资行为，导致过度的产能投资、行业产能过剩（江飞涛等，2012）。

因此，对处于由高速发展转向高质量发展阶段的我国经济来说，需要针对人民群众追求美好生活中的需求结构变化，充分发挥市场而不是政策在资源配置中的决定性作用，逐步推动产业政策向竞争政策的过渡，形成从非均衡发展转向平等竞争的政策氛围。

三、市场准入自由化基础在于法治和制度创新

全面实施市场准入负面清单制度，一般理解为“法无禁止皆可为”。这句话体现了两点关键性的内容：市场准入自由化和法治化。对负面清单上没有禁止的领域，要依靠法治化的市场环境来保证各类型企业主体之间的公平竞争。

通过法治化保障各经济主体合法权益、营造平等竞争的市场环境。2018 年 3 月 15 日，第十三届全国人大二次会议表决通过了《中华人民共和国外商投资法》(以下简称《外商投资法》)，取代了以往的“三资企业法”①，同时意味着中国的外商投资逐案审批的管理模式将成为历史。确立了我国利用外资的基本制度框架，作为我国外商投资的基本法②，《外商投资法》以法的形式着力于投资促进和保护，为外企在华投资兴业创造透明、可预期的营商环境。同时，只要在境内经营的经济主体，自然受其他法律的约束，尤其是维护市场竞争的《中华人民共和国反垄断法》《中华人民共和国反不正当竞争法》等。

(一) 加快《外商投资法》的落地实施

《外商投资法》第四条明确对外商投资实行准入前国民待遇加负面清单管理制度，并从投资促进、投资保护、投资管理和法律责任几个方面予以保驾护航。从制度创新的角度来看，主要突出了这样几点：

首先，将公平竞争和平等放在了突出位置上。《外商投资法》第十六条规定，国家保障外商投资企业依法通过公平竞争参与政府采购活动。政府采购依法对外商投资企业在中国境内生产的产品、提供的服务平等对待。当然，外资企业也有对应的责任。第三十四条提到的国家建立外商投资信息报告制度与第三十五条规定的国家建立外商投资安全审查制度，都意味着外商在华投资所要遵守的规则。

其次，针对政府部门权力从制度上施加约束，保护外商直接投资合法权益。如《外商投资法》第二十二条对知识产权保护规定，“行政机关及其工作人员不得利用行政手段强制转让技术”；第二十六条规定，没有法律、行政法规依据的，不得减损外商投资企业的合法权益或者增加其义务，不得设置市场准入和退出条件，不得干预外商投资企业的正常生产经营活动。

再次，明确赋予各级政府拥有的权力。从投资管理方式上，界定了政府权力自由裁量权的范围。如《外商投资法》第十八条规定，县级以上地方人民政府可以根据法律、行政法规、地方性法规的规定，在法定权限内制定外商投资促进和便利化政策措施。

《外商投资法》的颁布标志着中国外商投资管理制度的长期改革的开始。

---

① 三资企业法为：《中外合资经营企业法》《中外合作经营企业法》和《外资企业法》。

② 《中华人民共和国外商投资法》，http：//www.gov.cn/xinwen/2019 - 03/20/content_5375360.htm。

然而，“外商投资法”仅规定了原则性且模糊的条款，相关实施细则及其他配套法规亟待明确。当前的重要任务是尽快出台更加细化的配套实施细则，保障《外商投资法》真正落地，这涉及对现行与准入前国民待遇不相符的法律法规进行清理，对大量地方性或部门性的法规进行调整，以切合《外商投资法》的要求。

（二）完善反垄断法破除行政垄断

营造权利平等、机会平等、规则平等的市场环境，一个关键的问题是坚决反对各种垄断尤其是行政垄断。党的十九大报告明确提出要“深化商事制度改革，打破行政性垄断”。行政垄断指政府及其所属部门滥用行政权力限制竞争的行为。其表现结果为垄断，而成因却是行政权力滥用，究其本质是违法行政行为。根据主体性质的不同，行政垄断表现形式不同，第一种是行政机关实施的垄断行为，主要表现为地区封锁、行业垄断、政府限定交易、政府强制联合等；第二种是政府授权或通过企业实施的垄断行为，主要是指国有企业、国家指定专营或给予具有独占地位的企业实施的垄断行为。

与一般的经济垄断相比，行政性垄断的危害更大。破除行政性垄断，本质上就是要处理好政府和市场的关系。相较于市场经营者，行政机关具有行政强制力，更容易实施垄断行为，既破坏统一开放、公平有序的市场体系，影响市场发挥在资源配置中的决定性作用；又不利于优化营商环境，阻碍经济主体在市场竞争中提质增效和转型升级。此外，行政性垄断还会造成行政效率的损失、政府公信力的下降，并可能为行政权力寻租提供温床。

我国《反垄断法》目前还存在一些重要的缺陷。如《反垄断法》第五章中，管辖滥用行政权力排除、限制竞争行为，只列举了限定经营商品、妨碍商品自由流通、限制招投标活动、限制投资或设立分支机构以及强制垄断等行为，没有将上述政府行政机关通过国有企业、专营、独占等实现的行政垄断也列入管辖范围。这导致实践中各类企业尤其是国有企业借助行政权力行使垄断行为的现象十分普遍。再如，目前的《反垄断法》第六章第五十一条规定，行政机关和管理公共事务的组织，如果滥用行政权力，实施排除、限制竞争行为的，只能由上级机关责令改正，而反垄断执法机构只能向有关上级机关提出依法处理的建议。这不仅难有比较严厉的处罚，而且变相等于“让自己的左手来管自己的右手”。为此，我国应该尽快在立法层面上推动反垄断法的修订。

参考文献

[1] 白明："全面理解与有效推进负面清单管理模式"，《杭州金融研修学院学报》2019 年第 5 期。

[2] 江飞涛、李晓萍："直接干预市场与限制竞争：中国产业政策的取向与根本缺陷"，《中国工业经济》2010 年第 9 期。

[3] 江飞涛、耿强、吕大国、李晓萍："地区竞争、体制扭曲与产能过剩的形成机理"，《中国工业经济》2012 年第 6 期。

[4] 刘立峰："民间投资增速下滑现象透视"，《宏观经济管理》2016 年第 8 期。

[5] 刘志彪："平等竞争：中国民营企业营商环境优化之本"，《社会科学战线》2019 年第 4 期。

[6] 文玫："民营化（私有化）的理论与实证分析"，载田国强主编的《现代经济学与金融学前沿发展》（论文集），商务印书馆 2002 年版。

[7] 余森杰、王宾骆："对外改革，对内开放，促进产业升级"，《国际经济评论》2014 年第 2 期。

劳动力市场化流动：体制障碍与改革取向[①]

建设统一开放、竞争有序的现代化劳动力市场体系，实现劳动力自由流动、公平竞争和充分就业，是建设现代化经济体系的内在要求和重要支撑，毕竟，劳动力是第一资源，是生产要素中最为活跃、也最具能动性的“活”要素。然而，目前我国还存在着一些阻碍劳动力市场化流动和合理配置的体制、机制障碍，直接影响现代化经济体系建设与经济社会高质量发展。为此，必须直面现实，剖析根源，深化改革，破除障碍，推进劳动力资源自由顺畅流动和合理高效配置，进而早日形成人尽其才、才尽其用、劳有所得的包容性发展与治理格局。

一、劳动力市场化流动：建设现代化经济体系的内在要求

现代化经济体系是相互联系的多方面、多环节、多领域构成的有机整体。建设现代化经济体系，对内可以促进经济社会高质量发展，对外则有助于赢得国际竞争的主动性。而现代化劳动力市场体系则是现代化经济体系不可或缺的重要方面，毕竟，劳动力是众多生产要素中最为活跃、同时也最具能动性的第一资源。劳动力资源得到合理配置、有效使用，不仅有助于人的全面发展与自我价值的充分实现，而且可以带动资本、技术等其他生产要素的市场化流动和有效配置。因此，建设统一开放、竞争有序的现代化劳动力市场体系，促进各层次劳动力自由顺畅流动与高效配置，是建设现代化经济体系的内在要求与重要支撑。

然而，现实中还存在一些影响劳动力市场化流动与高效合理配置的体制、机制障碍。这不仅会造成劳动力资源的闲置浪费，直接影响人的潜能与创造力的充分发挥，不利于他们早日脱贫致富进而过上美好幸福生活，而且制约着经济发达、社会进步、国家富强和民族振兴。进一步而言，目前以户籍制度为主

① 本文作者高传胜，南京大学政府管理学院。

要手段的画地为牢式人口管理模式、主要面向户籍人口的地方基本公共服务供给方式以及统筹层次较低、异地衔接不畅的社会保障体系，都是阻碍各层次劳动力自由流动、有效配置的主要障碍。尽管国家发改委 2019 年 3 月印发的《2019 年新型城镇化建设重点任务》，在中小城市和小城镇已经陆续取消落户限制的基础上，进一步要求Ⅱ型大城市全面取消落户限制，Ⅰ型大城市全面放开放宽落户条件，并全面取消重点群体落户限制，但这些任务要有效落实到地方不仅还需要时间，而且面临不少障碍，其中包括地方政府在推进基本公共服务均等化过程中面临的财政压力、大量人口流动带来的社会管理压力，以及农村户籍人口对失去土地保障的担心和对城市生活压力的担忧，等等。因此，全面放开落户本身就比较难，而且落户并不能解决户籍制度等人口管理方式存在的诸多问题。

此外，绝大多数地方主要面向本地户籍人口的基本公共服务供给方式，同样影响着劳动力市场化自由流动与合理配置。包括社会保险、社会救助、住房公积金等在内的现行社会保障体系还存在着统筹层次低、异地衔接不畅等诸多问题，都与劳动力市场化流动的趋势与要求不相适应。鉴于此，有必要深入研究影响劳动力自由顺畅流动的这些行政性障碍，并综合运用相关专业理论，积极借鉴国内外经验，提出有针对性的改革建议。

二、人口流动大背景下户籍制度等人口管理方式及其改革

（一）人口流动趋势及户籍制度改革的迫切性

尽管实现区域协调发展、城乡融合发展与全民共同富裕是我国追求的重要目标，但目前中国还是一个城乡、区域发展差距都比较大，且贫富悬殊较为严重的发展中人口大国。发展水平高的城市、经济发达地区，通常社会专业化分工更深更细也更广，因而提供的工作岗位和机会更多，劳动收入更高，生活环境也更好，由此成为各层次劳动力的主要流入地。这也正是伴随经济持续快速发展，我国人口流动规模与比例呈不断增长，现如今仍然维持在高位的重要原因。图 1 反映了 2000 年以来的部分年份我国人口流动规模及其占总人口百分比的变化情况。其中的人户分离人口，是居住地与户口登记地所在的乡镇街道不一致且离开户口登记地半年以上的人口；而流动人口，则是人户分离人口中不包括市辖区内人户分离的人口。从图 1 中的情况可以看出，2010 年以来我国人口流动规模和占比，

无论是人户分离的人口还是其中的流动人口，都处于较高水平，2014 年则是近些年人口流动规模与占比均最高的年份。最近几年，尽管人口流动规模与占比已经有所下降，但仍然处于较高水平，其中基于乡、镇、街道层级的人户分离人口仍然占到总人口的 20% 以上，而跨市辖区的流动人口则占到总人口的 17% 以上。如此高比例的人口流动规模与人户分离状况，足以说明现行以户籍制度为主要手段的人口管理方式已经严重不能适应经济社会发展形势了。

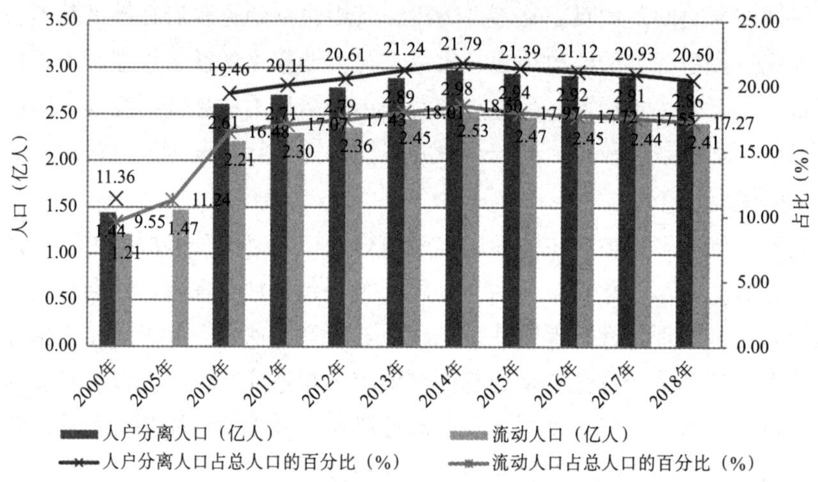

图 1　中国人户分离口、流动人口数量及占比

资料来源：《中国统计年鉴 2018》 和《2018 年国民经济与社会发展统计公报》。

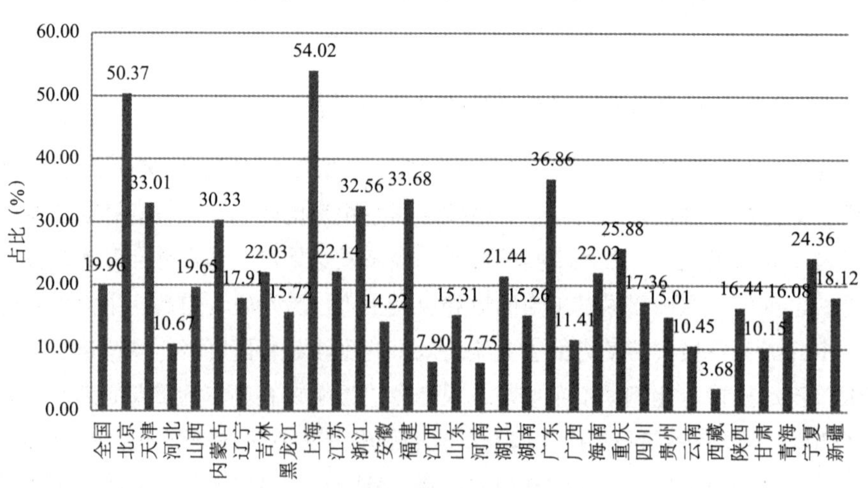

图 2　基于乡、镇、街道的中国人户分离人口占比

资料来源：《中国统计年鉴 2018》。

图2则进一步反映了基于抽样调查数据得出的2017年全国及各直辖市、各省级地区人户分离人口占总人口的百分比状况。在四个直辖市中，上海、北京的比例非常之高，都达到了50%以上，同时也是全国所有地区中最靠前的；而在省级地区中，广东则是最高，高达36.86%，福建、浙江位列第二、第三，都在33%左右，西藏则是全国最低，仅为3.68%。从图2中反映的各地情况综合来看，人户分离比例较高、超过全国平均水平的，大多数是经济相对发达、开放程度比较高的地区，欠发达地区则极少。这再次说明户籍管理制度改革明显滞后于经济社会发展与大量人口流动的客观趋势。如果进一步看我国常住人口与户籍人口城镇化率之间的巨大差异，同样可以得出这一基本判断。根据国家统计局公布的《2018年国民经济与社会发展统计公报》，2018年我国城镇常住人口为83137万人，占总人口的比重（即常住人口城镇化率）已经达到59.58%，再创历史新高，而同期的户籍人口城镇化率只有43.37%，两者相差超过16个百分点，换言之，即全国有22619万城镇非户籍常住人口，相当于目前城镇户籍人口的37.38%，占城镇常住人口的27.21%。可见，现行户籍管理制度存在的包容性不足问题确实非常突显。此外，具有很强中国特色的“农民工”数据同样反映出问题。根据国家统计局公布的《2018年农民工监测调查报告》显示，近5年我国农民工数量在不断增长，2018年已经增至28836万人，占农村户籍人口的36.49%；其中，外出农民工为17266万人，占农民工总人数的59.88%。而所谓“农民工”，就是户籍仍在农村、但在本地从事非农产业或外出从业6个月及以上的劳动者。如此高比例的农民工户籍与身份不相吻合的现象，同样说明计划经济时期遗留下来的户籍管理制度已经严重不合时宜了。

（二）户籍制度的不利影响及其未来改革方向

上面从不同角度反映的人口流动规模都是在现行户籍管理方式下形成的。实际上，改革严重滞后的户籍管理制度，不仅容易造成城乡分割、固化城乡二元结构，影响城乡一体化融合发展，而且也阻碍区域统筹协调发展，影响各层次劳动力在更大范围内按照市场化趋势进行自由顺畅流动与高效合理配置，因而不利于诸多经济社会问题的早日解决。国家正在积极推进户籍管理制度改革优化，无疑有这方面的综合考虑，尽管改革仍有待进一步深化甚至进行系统化全面改革。从学理上而言，如果没有户籍上的严重束缚，便可以让更多的人选择能够充分发挥其潜能与创造力的地方，而不必被户籍所在地过多地束缚。这样，不仅有助于解决劳动力资源供给与需求在空间上的失衡问题，更加高效地实现供需匹配，促进经济社会高质量发展，而且有利于人的全面发展与自我价值的充分实现，进而逐步趋近于人尽其才、才尽其用、劳有所得的理想状态。事实上，对于一些生活环境与生产条件都比较恶劣的贫困地区而言，让那里的劳动力能够自由顺畅地流向发展机会较多的地区去就业，就是实现脱贫攻坚的关键一步、惊险一跃。而让他们一直囿于缺乏有利发展条件的户籍所在地，不仅有限的劳动能力得不到充分发挥，而且眼界、思维等都会受到很大局限，不利于他们早日脱贫致富进而过上全面小康生活。因此，深化户籍管理制度改革，其效应将是广泛而又深远的。

自 2014 年开始国家开启了新一轮户籍制度改革，并已取得了一些进展，尽管还面临一些困境（陈鹏，2018），其中包括户籍制度上附着的公共福利的排他性带来的障碍（李铁，2019）。2019 年春，国家发改委又提出了进一步放开落户条件的改革任务与要求。实质上，这还远远不够，更需要推进户籍管理制度等人口管理方式的系统化全面改革，个中原因除了现行户籍管理制度与人口大量流动、经济社会发展的要求不相适应之外，还在于目前一方面存在着居民户口簿、居民身份证、居住证以及社会保障卡等多种管理手段并存的资源浪费状况，另一方面又存在管理效率有待提高、管理协同效应不够彰显等问题。多种人口管理手段并存，既增加了不必要的行政管理成本，又造成行政管理资源浪费，而且与信息网络技术不断进步、社会管理手段与方式更加丰富等带来的有利条件与客观趋势都不相称。在这方面，美国通过“社会安全号码”（Social Security Number，SSN）而实行的集成式人口管理方式值得我国借鉴学习，毕竟，现在的信息网络技术条件已经非常发达，电子账户、地理定位、电子监控、人脸识别等技术日趋成熟，人口管理手段与方法日益丰富，这些都为新时代人口管理方式的系统化全面改革提供了极为有利的条件。更何况，在此有利的技术条件下，积极探索人口管理方式的系统化全面改革，还有利于更好地实现劳动力资源市场化流动、合理配置与高效利用。这无论对于个人、社会还是国家、民族，都是大有裨益的。

三、主要面向户籍人口的基本公共服务供给方式及其改革

（一）地方基本公共服务供给方式及其对劳动力流动的影响

改革滞后的户籍管理制度本身不利于全国统一开放、公平竞争的劳动力市

场的形成，影响着劳动力市场化流动与人口迁移，容易固化城乡二元结构与区域发展不平衡状况，有违社会主义市场经济的本质要求，而大多数地方主要面向户籍人口的基本公共服务供给方式则进一步加剧了这些负面效应。经济学通常用成本—收益法（cost - benefit method）来分析劳动者如何做出是否要进行流动的决策。问题在于，一方面有些因素并不容易确定其具体价值是多少，另一方面有些因素的作用与影响并非是直接的、近期的，可能是间接的、远期的。实际上，美国心理学家赫茨伯格 1959 年提出的双因素理论（two - factor theory），亦称“激励—保健因素理论”（hygiene - motivational factors theory），可以对此做进一步的补充。

具体到代表性的劳动者，他要做出是否流动出去就业、创业，主要是看流动前后的净收入对比，只有净收入具有较强的激励性，他才可能选择流动出去就业、创业。而包括社会保障在内的基本公共服务是否能够真正惠及他，则要具体分析。其中，有的会直接影响他的净收入，比如住房保障便会影响其住房开支，因而具有激励因素的特征；有的则主要发挥保健因素的作用，比如医疗服务、社会保险，除非他流出本身就是为了获得某些方面的公共服务，比如为了获得优质教育服务、为了寻求高考政策“洼地”而发生的人口流动。毫无疑问，流入地的医疗卫生服务、义务教育、住房保障等方面做得比较好，并且能够充分惠及他们，有助于劳动者更加安心、舒畅甚至全身心地投入到工作中去，工作效率往往也会更高。从这个意义上而言，基本公共服务供给是否具有普惠性、可及性、可得性以及包容性，都可以影响劳动力资源的市场化自由流动，尽管其中有的影响程度未必如劳动收入因素那么直接、那么大。

客观而言，基本公共服务涉及的领域十分广泛，2017 年国家公布的《“十三五”推进基本公共服务均等化规划》涵盖了公共教育、就业创业、社会保险、医疗卫生、社会服务、住房保障、文化体育、残疾人服务等 8 个领域，而环境保护、公共安全等领域的基本公共服务内容则在其他相关规划中加以体现。江苏省在国家基本公共服务清单确定的 8 个领域的基础上，增加了环境保护、公共交通 2 个领域。从这些清单内容可以看出，绝大多数领域的基本公共服务供给都是要明确具体对象的，具有纯公共产品属性，可以免费使用的极少。加之基本公共服务供给通常都需要地方财政予以投入，因此，绝大多数地方的基本公共服务都是面向户籍人口而提供，尽管目前也有一些地方开始将部分领域的基本公共服务供给覆盖至非户籍常住人口，比如就业、创业培训服务等，但这并不是普遍现象。此外，近几年也有一些地方政府为了赢得“人才争夺大战”而采取在一些人才关注的基本公共服务方面给予优先保障的方式。这都是基本公共服务尚未实现普惠性、可及性、可得性而采取的权宜之计。

（二）地方基本公共服务供给方式的成因与进一步改革思路

要破解基本公共服务主要面向户籍人口供给而未能充分惠及非户籍常住人口、进而进一步影响劳动力市场化流动的难题，表面上似乎面临着“先有鸡，还是先有蛋”的经典悖论问题，但其背后实质上是地方政府的政策视野问题。从发展经济学常识来说，劳动力流入相当于人力资本增加，这不仅可以为地方经济社会发展提供更加充沛的人力资源，而且可以带动投资、消费增加，促进经济社会持续发展，进而带来税收和社会保险费等的不断增加。地方政府所做的，仅仅是基本公共服务领域的一些前期投入，这些前期投入相对于后续带来的一系列持续性收入流增量而言，其实是非常值得的。并且，大量的事实证明，大凡发展得比较好的地方，基本上都是劳动力流入比较多，能够实现基本公共服务与经济社会发展良性互动、协同共进的，否则，劳动力流入会因为基本公共服务可及性、包容性等方面的掣肘面临可持续挑战。遗憾的是，地方官员任用考核机制带来的任期不确定性与短政治周期性，既影响了地方政策的延续性，也限制了不少地方政府的政策视野。

为此，国家可以从多个层面着力来破解基本公共服务普惠性不足而影响劳动力流动的难题。一是自上至下，逐级建立基本公共服务全覆盖常住人口的考核问责机制，通过行政压力全面推行基本公共服务均等化，既保障民众享有基本公共服务的权利，又夯实政府承担基本公共服务供给的责任；二是贯彻落实中央与地方关于若干基本公共服务领域的财政事权与支出责任划分的政策文件，并进一步细化省级以下政府之间财政事权与支出责任划分，通过财政保障与激励约束双管齐下，确保基本公共服务均等化目标的全面落实；三是进一步改革优化地方官员任用考核机制，一方面改变地方官员任期的不确定性对地方经济社会发展可能带来的不利影响，另一方面防止较短的政治周期对地方政策延续性、地方政策视野可能带来的负面影响；四是将“放管服”综合改革进一步深化到地方政府层级，积极培育提供基本公共服务的市场组织、社会组织，让它们能够有公平机会、更强激励参与到基本公共服务的多层次、多样化供给中去，提高基本公共服务供给的充分性、有效性、可及性与包容性，在此基础上，地方政府在基本公共服务供给上才能更好地承担起兜底保障职能与行业治理作用。

四、统筹层次低、异地衔接困难的社会保障体系及其改革

包括社会救助、社会保险、住房公积金在内的现行社会保障体系，同样存在着诸多不利于劳动力市场化流动与配置的障碍。社会救助体系中的最低生活保障、医疗救助等，都是面向户籍人口的，流动到户籍所在地之外的劳动者，通常是不可能申请到当地的社会救助项目。与社会救助相关的扶贫资金，同样是按照户籍人口分配并申请使用的。鉴于市场化流动的人口绝大多数都是劳动力，通常不具备申请社会救助的条件，因而这里重点分析对他们流动影响比较大的社会保险与住房公积金制度，其中的医疗保险还直接影响到医疗服务的使用。对城镇职工来说，目前有“五险一金”制度（生育保险现已与基本医疗保险合并实施），尽管并非所有单位与职工都会参加全部项目。对城乡居民来说，目前只有基本养老保险与基本医疗保险两种社会保险，以及在基本医疗保险上延伸出来的城乡居民大病保险。这里仅选择涉及面最广、流动人口更为关注的基本养老保险、医疗保险与住房公积金制度进行探讨。

（一）基本养老保险制度的障碍与破解

以前农村居民实行的是新型农村养老保险（简称为“新农保”），2014 年国务院已经出台政策，要求建立统一的城乡居民基本养老保险制度，目前已经在全国范围推进。城乡居民基本养老保险针对的是非正规就业的农村居民与城镇居民，参保缴费与养老金领取都是由户籍所在地相关机构具体经办，而且目前政府补贴则在城乡居民基本养老保险基金总收入中占有比较大的比例，2015—2017 年都约为 70%。城镇职工基本养老保险，与城乡居民基本养老保险制度是分立运行的，其资金主要来源于单位与个人缴费。目前大多数地区的基本养老保险都还没有达到省级统筹层次，因此，如果劳动者跨统筹地区流动并成为异地的常住人口时，便可能会产生养老保险是否要进行异地转移接续等问题，这是实行社会统筹与个人账户相结合的基本养老保险制度在统筹层次较低时必然会遇到的问题。

具体地，个人账户实行完全积累制（fully funding system），基金产权清晰，归于个人，转移接续时没有法理性难题，只有程序是否烦琐问题。而社会统筹账户基金由于实行现收现付制（Pay - As - You - Go system，PAYG），按理是当年收、当年支，即便当年未用完，也属于公共产权基金，由此便产生了能否转

移以及具体转移多少的问题，在学理上、法理上和政策上，目前都还没有形成共识，更何况，其中还存在着地方利益分配问题，转移的难度可想而知，更不用说还有烦琐的行政程序了。国家已经在着手解决程序烦琐问题。2019 年 8 月国务院办公厅印发的《全国深化“放管服”改革中优化营商环境电视电话会议重点任务分工方案》，即提出要加快建成全国统一的社会保险公共服务平台，并明确要求在 2019 年底前养老保险转移接续可网上办理。实质上，积极借鉴欧盟经验，采取分段累积计费并分段承担养老金的做法，不仅可以更好地解决上述问题，而且还可以省去转移接续等手续繁杂的问题。

（二）基本医疗保险制度的障碍与改革

以前农村居民实行的是新型农村合作医疗（简称“新农合”），2016 年国务院发文要求整合城乡居民基本医疗保险制度，目前正在推进中。城乡居民基本医疗保险按户籍地参保，因而，在看病就医时会受到保险统筹层次与异地结算便捷程度等方面的影响。与基本养老保险类似，城镇职工基本医疗保险制度与城乡居民同样是分立的，而且基金收入主要来源于单位和个人缴费，不像城乡居民那样，主要来源于财政补贴，其中，2015—2017 年财政补贴占比分别为 77.94%、75.67% 和 71.93%。目前基本医疗保险制度的统筹层次更低，基本上还处于以县、市级统筹为主的状态。这就意味着，当劳动者跨统筹地区流动生病就医时，就要面临医疗费用能否即时结算与费用报销是否便捷的问题，毕竟，城乡居民大病保险是采取对基本医疗保险报销后的费用给予二次报销的方式，具体还有分次报销、累计报销等不同做法。

尽管国家正在推进异地就医费用即时结算，但目前异地即时结算的覆盖面仍然有限，主要局限于数量有限的定点医院，医疗费用报销也还存在程序不畅等诸多问题，更何况，还存在着地方医疗保险基金的本位利益等因素。此外，这里还牵涉到国家正在积极推行的分级诊疗制度与民众长期以来形成的就医习惯之间不一致的问题，因为前者希望实现“基层首诊”，而后者根据现行医疗资源分布状况往往会理性地选择到大医院去就医首诊。医疗保险基金支付方式要配合分级诊疗制度的推行，必然会给异地就医结算与报销医疗费用带来一定的难度。面向未来，要减轻医疗保险对劳动力流动的不利影响，可能的改革方向起码包括：一是进一步完善异地即时结算体制机制，扩大即时结算的覆盖面，而不能仅仅局限于数量有限的定点医院，毕竟，这也不符合分级诊疗的政策要求；二是深化基本医疗保险制度改革，将现行社会统筹与个人账户相结合的模式转为名义账户制（Notional Defined Contribution，NDC，郑秉文，2003、2015），甚至是基金可借贷融通的个人账户制（高传胜，2019），这样既有助于调动健康人群参保缴费的积极性，又保留并进一步增强了现收现付制的社会互助功能，而且这还有助于同时减少健康人群与非健康人群的道德风险动机。

（三）住房公积金制度的障碍与改革

住房公积金相当于住房社会保险，它只针对城镇职工，然而目前并非所有单位与职工都会参加住房公积金制度。不同于其他社会保险，住房公积金采取的是完全积累制的个人账户模式，缴费来自单位与个人。相对于现收现付制模式，个人账户制的便携性更高。但是，目前住房公积金制度的统筹层次太低，只统筹到县、市级，这便极大地限制了其便携性优势的充分发挥。另外，住房公积金制度还有申请住房贷款的新社会互助方式，这是其他社会保险制度都没有的。只是这一功能，目前同样受限于统筹层次低的实际运行状况。可见，现行住房公积金制度也是影响劳动力跨地区自由流动的障碍之一，因为目前它还无法实现城市之间的资金融通，这也正是2015年住房城乡建设部对《住房公积金管理条例》再次提出修订的重要原因之一，尽管最后没有修订成功。

从学理上而言，相对于养老保险、医疗保险制度，住房公积金制度的改革难度要相对小一些，难主要是难在操作层面。具体而言：一是简化基金提取与贷款申请程序与手续；二是实现地方政府之间的信息共享，并允许跨地区之间的资金融通。只不过，实现地方政府之间的信息共享，如果没有中央层面的统一部署，诸多地方政府之间分别去联系，操作起来工作量很大，而且面临各地的畏难情绪与能动性不足问题。实现跨地区之间的资金融通，不仅存在类似的问题，而且操作与监管的难度比较大，更何况，主管部门与工作人员也缺乏应有的激励机制与职责要求。因此，从便利劳动力跨地区流动角度看，住房公积金制度的改革要求与方向比较明确，只是需要自上而下的统一部署与积极推动。

五、进一步深化改革，破除障碍，促进劳动力市场化流动

进一步深化改革，破除体制、机制障碍，促进劳动力市场化自由顺畅流动，是新时代建设现代化经济体系、实现经济社会高质量发展的内在要求与重要支撑。然而，目前还存在不少影响劳动力市场化自由顺畅流动与合理有效配

置的体制、机制障碍，其中包括改革滞后的户籍制度等人口管理方式、主要面向户籍人口的地方基本公共服务供给方式以及统筹层次较低、异地衔接不畅的社会保障制度，等等。为此，必须直面问题，深化改革，破除障碍，促进劳动力资源按市场规则更加自由顺畅地流动，进而实现人尽其才、才尽其用、劳有所得的包容性发展与治理目标。

以户籍制度等为主要手段的人口管理方式，不仅容易造成城乡分割、固化城乡二元结构，影响城乡一体化融合发展，而且也在一定程度上阻碍着区域统筹协调发展，影响各层次劳动力在更大范围内按照市场规则进行自由顺畅流动与高效合理配置。数量和比例都比较高的人户分离现象、大量流动的农民工以及相差超过 16 个百分点的常住人口城镇化率与户籍人口城镇化，都足以说明现行户籍制度等人口管理方式已经严重不合时宜了。面向未来，除了需要全面放开城镇落户之外，还可以积极借鉴美国“社会安全号码”的做法，充分利用网络信息技术等科技进步带来的有利条件，整合居民户口簿、居民身份证、居住证以及社会保障卡等功能，探索更加系统化、更加便捷高效的人口管理方式。

在绝大多数地区实行的主要面向户籍人口的基本公共服务供给方式，不仅不利于劳动力自由顺畅流动，影响地方经济持续健康发展，同时也暴露了地方政府的政策短视问题。鉴于此，一是需要自上而下逐级建立起基本公共服务全覆盖常住人口的考核问责机制、财政事权与支出责任划分机制，通过激励约束、财政保障双管齐下，确保基本公共服务均等化目标的实现；二是进一步改革优化地方官员任用考核机制，减轻地方官员任期的不确定性对地方经济社会发展可能带来的不利影响，并防止较短的政治周期对地方政策延续性、地方政策视野可能带来的负面影响；三是将“放管服”改革深化到地方层面，积极培育提供基本公共服务的市场组织、社会组织，提高基本公共服务供给的充分性、有效性、可及性与包容性。

统筹层次较低、异地衔接不畅的基本养老保险、基本医疗保险和住房公积金制度，都是劳动力市场化自由流动的体制性障碍。尽管国家正在改革完善基本养老保险的转移接续机制，但积极借鉴欧盟经验，建立分段计费、分段承担养老金的机制则更为科学合理。扩大医疗保险异地即时结算范围，有助于促进医疗保险适应人口大量流动的趋势，但转而实行名义账户制医疗保险模式，或基金可借贷的个人账户制医疗保险模式，则是更优选择。对于住房公积金制度，未来的改革方向比较明确，一是简化基金提取与贷款申请程序与手续；二是通过国家层面的统一部署，积极推进地方政府之间的信息共享，并允许跨地区之间的资金融通。

参考文献

[1] 陈鹏："新一轮户籍制度改革：进展、问题及对策"，《行政管理改革》2018 年第 10 期。

[2] 李铁："户籍管理制度改革的难点：公共福利的排他性"，《经济观察报》2019 年第 1 期。

[3] 郑秉文："'名义账户'制：我国养老保障制度的一个理性选择"，《管理世界》2003 年第 8 期。

[4] 郑秉文："从做实账户到名义账户——可持续性与激励性"，《开发研究》2015 年第 3 期。

[5] 高传胜："基金可借贷融通的个人账户制：社会保险新模式"，《新疆师范大学学报（哲学社会科学版）》2019 年第 3 期。

防范金融风险　构建现代金融体系[①]

习近平总书记在中共中央政治局第四十次集体学习上的讲话时指出，维护金融安全，是关系我国经济社会发展全局的一件带有战略性、根本性、全局性的大事。金融活，经济活；金融稳，经济稳。金融安全和控制权在一切经济关系和国际关系中起决定性作用。

中国作为世界第二大经济体和世界重要金融大国，经济金融安全问题已成为国家总体安全的重要组成部分，作为大国经济的核心被提到更加重要的位置。特别是经历了2015年以来的资本市场、汇率市场异常波动的考验，决策层深刻认识到金融安全的极端重要性。基于国家总体安全观，构建现代金融体系和全面的、战略性的金融安全防护协同体系有重大的现实意义和长远的指向意义。

一、金融体系的比较及成因分析

金融体系是一个经济体中资金运行的综合架构，是金融资产、经济主体（参与者）、金融市场、交易规则、监管政策等各种金融要素构成的综合体。我们可以将金融体系划分为狭义的金融体系和广义的金融体系。

全球主要国家的学术界和实务界，均以融资方式作为区分金融体系的重要标准。此处的融资方式，主要分为间接融资和直接融资方式两大类。间接融资一般是指资金供给方与资金需求方不发生直接关系，而是分别与金融机构发生一笔独立的交易，实现资金融通的过程，主要表现为银行贷款、信托融资等；直接融资是指资金供求双方通过一定的金融工具直接形成债权债务关系的融资形式，主要表现为股票、债券等有价证券的发行和交易。

需要指出的是，直接融资和间接融资在计算维度上可分为增量法和存量

① 本文作者陈志龙，专栏作家、高级记者；柯杰，正善资本。

法。增量法即每年或一段时间内从资本市场和银行分别融通资金的总额；存量法更多的是指规模和存量，即一国的金融体系中，资本市场和银行的规模之比。存量法的维度，将直接融资和间接融资区分的金融体系对应为“市场主导型金融体系”和“银行主导型金融体系”，后文在具体对比时，会区分增量法和存量法。

狭义的金融体系重在探讨间接融资和直接融资的比重，进而分析证券（资本）市场在现代资源优化配置中的重要性，并未涉及金融调控体系、监管体系等一系列重大问题。本部分所指的广义的金融体系，包括金融调控体系（货币政策和财政政策调控工具）、金融企业体系（国有大型银行、股份制银行、中小地方城商行、证券、保险等金融企业）、金融监管体系（银保监会、证监会等）、金融市场体系（直接融资和间接融资，多层次资本市场体系）四个方面，通过分析当前中国经济在上述四个金融体系中存在的风险，提出构建现代金融体系的要点，助力我国金融业的健康发展。

截至2018年末，按照增量法计算，我国直接融资比重为15.9%，按存量法计算的直接融资比例，即股票市值加上债券融资金额相当于整个金融资产总额的43%。美国存量法直接融资比例高达86%，为我国的2倍；日本、德国分别为69.2%和74.4%，印度和巴西分别为70%和69%，均远远高于我国。

通过数据对比可以发现，我国作为发展中国家，尚处于现代工业化发展阶段，以传统制造业为主，以间接融资为代表的银行业融资（含信托、影子银行等）在全社会融资占据主导地位；德国、日本虽为发达国家，但其技术创新主要集中于尖端技术创新后带来的工业革新、精细制造领域，因此银行业融资是两国企业获取资金的重要渠道；而以美国为代表的以全球领先的尖端技术创新为特征的知识密集型经济，其证券（资本）市场的直接融资比重远远高于银行业的间接融资比重。

在传统的竞争性行业中，技术相对稳定，商业模式较为简单，企业历史形成的资产多为可估值、看得见的实物资产，企业研发费用投入较小，以实现短期盈利为目标，各项财务指标均为渐进式发展，上述特征均符合银行业等间接融资的风险控制标准，因此以间接融资为代表的银行业体系优于以直接融资为代表的资本市场；但在科技创新行业蓬勃发展的当代，为了在激烈技术竞争中脱颖而出，企业研发费用高企，长期处于亏损状态，企业形成的核心资产主要为难以估值、看不见的专利和人力，需要专业人士的研究和判断。同时，高新技术企业的发展处于突变中，很可能因为技术赛道的转换，产生断崖式的下跌，经营指标不连续，投资者之间分歧较大，众多投资者对企业信息的多重核实是必要的，因此资本市场的直接融资优于银行业为主的间接融资。

纵观全球科技领域的发展，其突出特征是“科技创新始于技术，成于资本”。近年来，我国经济由制造业大国向科技强国转变，相应的金融体系也要向符合我国国情的现代化金融体系转变。我国金融体系不缺短期资金，而短缺的是长期资本；相比欧美发达国家，我国社会融资规模不小，缺少有效引导资金流向的机制，缺推动科技创新企业从无到有、从小到大，真正服务于科技创新成果向现实生产力转化的产业资本。当前我国金融资源过度向房地产和地方政府融资平台集中，宏观杠杆率高企，资金在金融体系空转套利，小微企业融资难、融资贵，“僵尸”企业占用过多的金融资源等，都说明了我国以银行业为主导的狭义金融体系，在科技创新引领经济发展的今天，存在不可忽视的问题。

二、当前我国广义金融体系存在的风险

（一）全社会债务风险不断加大

金融危机本质是资产负债表的危机，很多国家的金融危机是由债务引起的。债务可分为三种，政府债务、企业债务和私人部门（居民个人债务）稳定于储蓄。近些年，我国金融体系的债务攀升，复杂性上升。

一是个人负债率上升很快，家庭部门的杠杆率快速上升。2015 年，我国个人负债为 GDP 的 30%，2016 年为 44%，总量达到了 74 万亿元。过去两年间，随着房地产持续高位放量，个人负债率继续走高，房地产的尾部风险和个人债务风险的过快上升应该引起我们的重视。

二是企业负债率明显偏高。其中主要是国有企业的负债率高，已经远远超过了警戒线。因此中央提出去杠杆的重中之重是国有企业。决策层降低国有企业杠杆率的决心是坚定的，有两个例子可以说明。一个是中国联通的混合所有制改革，在改制中，国家让出了绝对的控股权。另一个例子是东北特钢。过去我们是刚性兑付，购买国有企业的债券最后国家都给兜底了。但东北特钢是破产重组的，不再是刚性兑付。中国联通混改和东北特钢破产重组这两个例子告诉大家，必须通过资本市场的振兴和混合所有制改革，下决心把国有企业的负债率降下来，这个过程中可以给民营企业提供很多机会。

三是政府隐性债务增速较快。长期以来，中央政府的债务并不高，因为我们安排每年的财政预算时会坚持一个原则，即当年的赤字率不能超过当年 GDP 总量的 3%。现在的主要问题是地方政府负债率太高且不透明，特别是隐性负债难以估量，长期以来“几本账”的问题让地方主管是一头雾水。通过“村村冒烟”的政府平台累积了巨量的政府债务，从 10 万亿元到 20 万亿元。后来地方政府又多了两条增加债务的途径——PPP 项目和产业引导基金。首先，一些地方盲目扩大 PPP 项目，甚至是包装出 PPP 项目来，因为 PPP 项目都是要政府回购的，尽管表现为企业负债，实际本质上也是政府负债。2016—2017 年，我国 PPP 项目负债超过 4 万亿元。其次，地方政府产业引导基金应该动用财政支出，但地方财政往往通过银行借款和其他融资手段，表现为企业负债，实际上也是政府负债。PPP 项目和产业引导基金在过去几年中至少增加了 6 万亿元的地方性债务。

总体来讲，稳住债务要关注个人债务过快上升，解决好国有企业负债率过高的问题，解决好地方政府隐性债务上升的问题，以防止在经济下行过程中，全社会资产负债表衰退和共振的金融风险。

（二）资本市场风险加剧

经济下行压力加大，股市跌跌不休，一方面，数十万亿元的市值蒸发，对内需和国内市场开发形成巨大约束。另一方面，数万亿元计的股权质押有可能形成新的金融风险。在 2018 年 12 月中央经济工作会议上，关于资本市场建设和金融安全的论述引起市场广泛的关注，会议第一次提出“资本市场在金融运行中具有牵一发而动全身的作用”。在中国资本市场近年不平凡的发展历程中，党中央多次就市场基础制度完善等问题提出要求。在中央财经领导小组第十一次会议上，听取关于“十三五”规划建议的说明和对金融监管改革提出重要指导意见后，习近平总书记也对资本市场发展提出过要求，“要防范化解金融风险，加快形成融资功能完备、基础制度扎实、市场监管有效、投资者权益得到充分保护的股票市场”。总书记重要讲话的一个重要背景，是“近来频繁显露的局部风险，特别是资本市场的剧烈波动”。

无论是 2015 年以来资本市场的异常波动，还是回望中国资本市场 20 多年的风雨历程，都有太多值得深刻总结的历史经验教训。有统计表明，过去 20 多年间，中国至少经历了三轮跌幅超过 70% 的超级熊市，5 轮跌幅超过 60% 的大熊市，还有两轮跌幅超过 30% 的小熊市。普通投资者在资本市场难觅财富效应，“韭菜被一茬茬收割殆尽”，也使以消费为主导的国家转型战略的实施艰辛备尝，大量的社会财富在资本市场耗散。资本市场长期畸形发展对经济和社会全局的负面影响日益凸显。资本市场险相环生，投资者的资产性收入难以体现，这些必须通过深刻的制度变革来改善。

对照中央关于资本市场改革发展的要求，对于我们深化资本市场改革，“打造一个规范、透明、开放、有活力、有韧性的资本市场”，具有深远的历史意义和重大的现实意义。资本市场是现代金融体系的重要组成部分，也是重要的国内政策工具，它和银行体系、汇率市场一样，是大国经济运筹的协调中枢。它既是大国战略的核心，也是现代国家治理的关键。资本市场作为各种利益的交汇点，具有极强的政策性、全局性、渗透性和敏感性。中国资本市场成立20多年来，无论是投资者结构还是市场的基础制度建设，都带有新兴加转轨的特征，而在极端情况出现时，监管经验和危机应对经验不足，就会出现盲目无序和暴涨暴跌的“超调”属性。解决当前困扰经济和社会发展的诸多问题，必须发挥资本市场的作用。从最高决策层到管理者，已经深刻认识到资本市场的健康发展对经济全局的重大影响，抓住时机加快资本市场改革、有效化解资本市场的风险已成高度共识。

（三）金融秩序缺失导致金融乱象风险加剧

过去20多年，多起局部区域性金融危机或者全球性金融危机的经验教训反复证明，所有的危机都是市场失灵和监管失败共同作用的结果，这两者是一对密不可分的“连体儿”。在金融开放环境下，金融危机某种意义上是一次过度创新的危机。由于法制建设的滞后，信用体系不完善，监管的缺失、俘虏和放纵，经营者的道德风险，投资者人性的贪婪容易给金融消费者造成重大损失。2019年8月1日，中国证券投资基金业协会的一份已注销私募基金管理人信息的公告触目惊心，公告显示，截至当时，已注销私募基金管理人名单共计14295家，其中主动注销的私募管理人达到1596家，依公告注销的最多，高达12181家，协会注销类的私募管理人是518家。最新一份疑似失联的私募机构公告信息显示，深圳已持续成为私募失联的重灾区，公告的73家失联机构中，深圳占了51家，占比近七成，连续数月高居榜首。

最近，两起与互金大佬有关的信息震惊市场，一是涉及近49万名借款客户、累计涉案总额达到320亿元的上海证大老板戴志康和20余名犯罪团伙成员国庆前被公安机关逮捕。二是年仅48岁的先锋系掌舵人张振新客死他乡，这位名噪一时的大佬，是金融工场和网信普惠 P2P、先锋支付和即富支付、AA 租车的实际控制人，曾一度拥有“金融全牌照”，他撒手人寰后，同样留下了一个常人无法想象的高达700 亿元的巨大金融黑洞。当前，中国金融体系中类似的灰色地带和影子银行风险在不断酝酿累积，我们正经历前所未有的金融化过度带来的负效应，影子银行集中爆雷极易引发金融风险和社会风险。从历次金融危机来看，往往是金融监管的放松，导致了影子银行的泛滥和风险的积累。应该说，当下的金融风险超过历史上的任何时候。

一个社会，金融业的发展是有其合理边界的，过犹不及。金融深化、金融密集度必须与经济发展的需要相适应，金融必须服务和服从于实体经济，防止“金融高密集度”和“金融化过度”后的触发“自毁”机制。对于投资者而言，如果实体经济的“蛋糕”没有做大，所谓的金融创新不可能凭空创造出额外的收益。在整个金融体系层面，所有的交易、证券租赁、债权互换和融资活动唯有切实提高实体经济的资本配置效率，才有可能最终为投资者创造出额外收益。至于改善市场流动性、促进价格发现和风险转移，自然会带来额外收益的理论并不成立。随着经济金融进入收缩收敛阶段，轻微的“点刹式”的去杠杆都会引发要死要活的剧烈震荡。这也注定了多数交易业务必然是零和博弈，只有个别最高超的庞氏玩家能从中获利，但社会整体福利并没有任何改善，同时实体经济的资本、技术和人才资源大量消耗，最终由投资客户承担。不仅如此，一些交易活动看似收益较高，但风险黑洞尚不为人所知，以至出现类似证大、先锋、e 租宝、钱宝这样惊人的庞氏金融，给社会造成巨大的创伤。

SEC（the U. S. Securities and Exchange Commission，SEC，美国证券交易委员会）对庞氏金融给出的定义是：庞氏金融是一种把新投资者的资金伪装成现有投资者收益的投资欺诈行为。庞氏骗局的策划者通常以低风险甚至无风险、高收益的承诺吸引新投资者。在很多庞氏骗局中，骗子们最关心的就是如何挖掘新的资金来源，以兑现前期投资者的承诺和个人消费，而不是进行合法的投资。这也是庞氏骗局的基本特征。骗子信誓旦旦承诺为所有投资者提供极为可观的回报，但实际上并不存在可实现增值或者创造收入的资产。只有在骗局策划者从新投资者那里收取到资金，并返还前期投资者时，所谓的投资回报才能实现。骗子们一手搭建的“空中楼阁”倒塌时，投资者最终可能会发现他们陷入了一无所有的尴尬境地，击鼓传花的鼓点突然骤然停止。

（四）系统重要性金融机构和中小金融机构持续分化的风险

系统重要性金融机构包括系统重要性银行业机构、系统重要性证券业机构、系统重要性保险业机构，以及国务院金融稳定发展委员会（以下称金融委）认定的其他具有系统重要性、从事金融业务的机构。对系统重要性金融机构的这种“圈定”是补监管短板、防范“大而不倒”风险的一项重要工作和重要举措。次贷危机的重要教训，是很多金融机构用少量资本做海量业务，形成了很高的杠杆率，因此资本充足率、杠杆率、集中度比率和贷款拨备率是对银行最大的保护，一旦越过红线，就会面临各种风险。2019 年包商银行被接管，同业刚兑被打破，一些中小法人机构不顾自身条件、无视风险盲目做同业业务，就埋下了流动性风险和同业信用风险两颗“雷”，随时可能触发引爆。随着经济下行压力加大，商业银行不良贷款明显加大，消化处置能力不足，一些商业银行为了粉饰报表，以“代持”“互持”等形式假出表、假处置，也是在给商业银行的健康运行埋“地雷”。在全力加强系统重要性金融机构安全网建设的同时，监管当局加大了对“安邦系”“明天系”等畸形发展极度膨胀的不法分子控制的金融集团等“恶性肿瘤”的定点切割和清除。在 2018 年上海陆家嘴论坛上，银监会主席郭树清就斩钉截铁地表示要“毫不手软，及时实施‘外科手术’”，一批野蛮生长的灰色金融集团被及时清理。经济下行周期中，随着一些中小问题银行风险的暴露，监管当局在风险处置上统筹兼顾，突出重点，分类施策。2019 年 5 月 24 日，中国人民银行、银保监会联合宣布接管包商银行，委托建设银行进行托管。这是近 20 年来监管部门接管中小银行的首例。这家总资产近 5500 亿元、贷款近 2000 亿元的银行，因大股东和内部人控制，造成的“窟窿”上千亿元，出现严重的信用危机，而无力回天。

尼古拉斯·塔勒布在他的《黑天鹅》《反脆弱》等书中说，银行的崩溃就像蟑螂，出现一个后面会跟上来一群，每一家银行的崩溃都会提高下一家银行崩溃的概率。包商银行是近年来中小银行无视风控野蛮生长的经典案例，在包商银行被接管后，央行释放出该行负债端的部分对公和同业负债打折兑付的信号，于是市场又自发锁定了一些高风险问题银行——迟迟未能披露年报的锦州银行、重案缠身的恒丰银行首当其冲。可以看出，目前货币当局和监管当局对三家问题银行的处置，根据风险成因、风险大小等，处置的手法不同：包商银行是“收购＋承接”，锦州银行是引战重组，恒丰银行是省政府吸引战略投资者注资。这些做法力求在严肃市场纪律和维护金融稳定之间寻求平衡，也为后续高风险中小金融机构的有序处置探路。

金融体系内，大、中、小各类金融机构呈现齿轮状的咬合和传动，它们之间有密切连通的管道。如果说重要性金融机构是大齿轮、主管道的话，中小金融机构就是小齿轮和枝枝蔓蔓的小管道，但小齿轮小管道的风险如果持续累积和蔓延，也会影响到大齿轮和主通道，甚至会加大系统性风险。国家既要防止系统性金融机构“大而不倒”的风险，确保守住不发生系统性风险，又要统筹系统性重要金融机构和中小金融机构的发展和安全网建设。

（五）重视人民币币值稳定和外汇储备流失的风险

20 年前的亚洲金融危机爆发的一个重要原因，是这些国家的外汇储备出了大问题，恐慌加剧了资本外逃，形成恶性循环，因此各国对汇率问题都非常审慎。当前，经济下行压力加大，要实现经济的稳定，必须要稳定币值。因为保证一国经济金融市场的稳定，本币币值稳定是第一位的。币值稳定，才能让各类市场主体对本币有信心，这也是稳定经济化解风险和复杂问题的根本。如果贬值预期不断强化，通胀抬头，资金外逃，资产价格动荡，金融风险加大，各种矛盾碰撞叠加，就容易变得难以收拾。2015 年的“8·11”汇改以来，人民币进入持续贬值通道，几年来，外汇储备从 3.99 万亿元减少到 3 万亿元左右。人民币持续贬值和外汇储备持续减少容易诱发金融风险。因此，从 2016 年 10 月开始，为稳住外汇储备和人民币汇率，国家采取了一系列措施，对企业的海外并购（如安邦海外并购酒店，一些民企海外高价收购影院、体育俱乐部等行为）、居民个人的国外不动产购置、海外保险类投资进行了有针对性的限制，包括对出国旅游人员海外消费的每天刷卡金额都做了限制，并有严格的核查措施。对国家支持的“一带一路”项目，因为项目主导权在我方，原则上鼓励使用人民币投资。目前，已经有近百个国家和地区把人民币列入储备货币，其中包括欧洲央行。中国人民银行与多个国家建立货币互换机制，人民币和卢布也以金价为基础实现直接兑换，这些措施都会大幅度减少外汇储备的消耗，对稳住外汇储备的适度规模、进而稳定人民币汇率都有重要意义。今后，国家稳住外汇储备和汇率要继续坚持以上做法，对外汇改革中承诺放开的要继续坚持，对有利于进口替代和技术提升的并购用汇严格审查，继续支持，对“一带一路”项目尽量使用人民币。

币值稳定和外汇储备的稳定，可以用行为金融学的信心理论来解释，信心就是好的预期。人们有信心时就会投资和买进，没有信心时就会退缩卖出，袖手旁观，投资自然就断崖式下跌。当人们做重大投资决策时，他们必须依靠信心和预期判断。市场好的年景，人们预期普遍乐观，信心高涨，对市场有信任感，他们就愿意贷款，自发地追加投资，乐观地相信自己会取得成功，当大家都这么做时，资产价格就会升高，市场就繁荣。

币值稳定的信心及其乘数，隐含着极重要的反馈机制。不同时期，信心对收入和消费的影响是不同的。当经济下行时，信心变动对收入和消费的影响就特别大，并具有决定性意义。信心对乘数产生更深层次的影响，人们信心低落会导致信贷市场冻结，放款人不相信能收回贷款就会惜贷慎贷。在这种情况下，那些有消费意愿的人发现，他们难以得到所需的信贷，供货商发现他们难以获得所需的流动资金，整个经济体的流动性周转率就如沥青般凝滞，各种风险就会积累并触发。理解这背后的内在机理，对我们正确处理当前的各种复杂矛盾，稳定人民币汇率形成机制的改革不无启示。

（六）过剩产能和“僵尸企业”引发资产负债表衰退的风险

金融风险累积于顺周期中，在经济繁荣的年景，人们的预期普遍较好，积极投资、勇于加杠杆，容易盲目扩张、盲目举债，不知不觉间使得杠杆无限拉长，也为市场环境变化后爆发金融风险埋下了隐患。在顺周期中，全社会的经济行为呈现过度金融化和高度杠杆化。

而随着经济进入下行周期，长期高增长环境中累积的高杠杆企业，将面临着资产负债表恶化、产生债务违约风险，并向金融体系传导，危机的触发可能就是逆周期中一个微小事件，杠杆足够高、泡沫足够大，所谓“一根针捅破天”的极端情况就很容易出现。过去几年间，随着经济下行压力加大，连那些一向被金融业追捧并奉若上宾的上市公司板块，也频频爆雷。会计报表显示，在银行有百亿元存款的上市公司，日常几百万元的应付款都难以支付。一些高负债、高质押率的上市公司，大量的会计造假丑闻被掀开盖子：康美药业造假达到886亿元，康得新造假也以百亿元计，多名上市公司实际控制人在违法边缘徘徊，有的已经触犯法律，导致上市公司的不良贷款和债券违约多发。

对于面广量大的中小企业来说，受市场变化、资源环境约束、担保圈的互保问题、银行“五马分尸”式收贷等因素影响，不少企业经营陷入困境，导致债务纠纷扩大。

受地方保护主义影响，长期的信贷累积，“僵尸企业”和过剩产能的市场出清迟缓，大量金融信贷资源在低效甚至无效的过剩产能领域被消耗。所以，无效低效的信贷泡沫是当前必须高度重视的金融风险。

要充分认识到，商业银行自诞生以来就是一个“锦上添花”的顺周期的产物，这是经营货币企业的特征所决定的。商业银行特征所决定的风险管理模式会决定大家的进退，造成“共振”，高杠杆率容易脆断，形成资产价格的骤然下跌。全社会必须高度重视信贷泡沫背后的“僵尸企业”和高杠杆累积的债务爆雷问题，重视政府、实体部门和居民个人资产负债表衰退、经营性现金流枯竭的问题。

（七）资产泡沫极易引发金融风险

每一场超级繁荣中衍生的过度创新都会引发资产泡沫，特别是顺周期效应放大了市场的波动程度。特别是衍生品和高杠杆套利活动的监管真空，道德风险、人性贪婪、动物精神和羊群效应造成市场“涨过头”之后必然“跌过头”，给市场和投资者造成极大的伤害。过去近百年间，许多国家爆发金融危机都是由繁荣的周期转向衰退的周期，因为巨大的资产泡沫被刺破而引起的。20 世纪 20 年代美国铁路泡沫引发的大繁荣就是标志。1929 年底，随着股市暴跌，泡沫刺破，美国进入大萧条。同样，10 年前，美国爆发次贷危机，这次危机的一个重要原因是“9·11”以后，特别是科技股泡沫破灭后，美国政府对房地产市场的长期刺激政策和无限制的贷款担保。克林顿政府开始推行“居者有其屋”的美国梦，美国国会通过《社区再投资法》（Community Reinvestment Act），美联储实行持续的低利率政策，信贷扩张的洪峰扭曲了市场信号，违背了商业信贷的审慎可持续原则。原本不该借钱的人开始借钱，原本不该买房子的人开始买房子，导致了房地产泡沫和不可持续的消费透支。逾万亿级美元的次级贷款证券化后实际销售是动用了养老金、退伍军人退休基金，而这些都是百姓的养命钱，对金融消费者来说，众多的衍生品给他们造成了巨大的伤害。

泡沫泛滥的年代，社会的真实资源并没有增加，过度投资和过度借贷转变为严重的通货膨胀，当政府不得不踩下“刹车”，减少货币扩张，利率开始上升时，建立在沙滩上的大厦开始坍塌。伴随着房地产泡沫的破灭，原来大量沉淀在不可变现的固定资产中的资金突然消失，恐慌性的踩踏导致杠杆大的规模回撤和断裂，预期恶化让不少投资项目纷纷下马，银行贷款难以收回，信贷和影子银行体系大规模收敛，萧条就此发生。次贷危机的生成机制是一样的，就是在低利率和房地产泡沫的诱惑下，利率信号被完全扭曲，无论是金融资产还是实物资产，定价机制都失灵。比如股票的市盈率不再是判断股票价格合理与否的合适指标，房地产的租售比不再是判断房价合理与否的恰当指标。住房供给与实际有效需求完全脱节，房子异化为“不再是用来住的”而是“用来炒的”，中央银行货币政策的错乱，助长全社会的投机性需求过度膨胀，导致了利率的扭曲和房地产市场的扭曲，全社会都疯狂追逐离谱的高利润导致全社会经济行为的高度金融化和高杠杆化，这都为刺破房地产泡沫危机埋下了伏笔。

金融系统创造信用和货币乘数的能量是巨大的，正是这种无限的货币喷射和信用创造制造了“美国历史上最糟糕的投机狂潮”——美国住房价格的持续飙升具有经典的狂热泡沫的所有特征，但并未引起足够的重视。美国人在反省和检讨次贷危机时说：“美国式梦想绑架了房子，也绑架了金融体系和他们的决策者。”政治家与中央银行家一次次以驼鸟姿态不敢直面危机，他们犯错后不内省、不探究，听不得批评，坚决阻止经济的自我纠正，阻止市场进行自我救赎。最终直到金融海啸几乎把华尔街彻底埋藏，至暗时刻，他们才如梦初醒。其经典的逻辑和路径如下：低利率释放的宽松货币洪流把投机泡沫推向高潮后，必然出现买方对卖方的大量过剩，导致已经涨得离谱的资产价格继续攀升，“否则价格水平绝对达不到那样高的沸点”。正如《纽约时报》的一篇评论中的经典妙语：当危机爆发，格林斯潘惊讶于银行没有更好地管控风险时，我则惊讶于他的惊讶。

人类近百年的经济危机史一再警示我们，不动产泡沫是最凶险的泡沫，几乎所有的经济危机都祸起萧墙——房地产危机爆发并触发信贷危机。房地产诱发的经济金融危机以及其他大多数的金融失败都源于一种盲目的自信，参与者对既往经验所做出的“精确预测”屡试不爽，于是他们更加自信，更加自负，不断加码将赌注翻番危机的引信点烧，他们还信誓旦旦“这次与上次不一样，这次不会有问题”，最后发现没有什么不一样，因为人性都一样。史蒂芬·罗奇在他的《失衡——后危机时代的再平衡》一书中说，房地产迷幻了一代美国人，诱惑了许多国家，其中也包括中国。“美国的问题可能会发生在中国身上，没有谁能肯定地说中国是个特殊的例子。”他甚至一再说，中国房地产市场需要“坏故事”的警醒，否则，非理性繁荣持续得越久，其破坏力就会越大。如果等到泡沫破灭的一声巨响响起，就太晚了。最终，银行和高杠杆投机者都会成为“溺水者”，分散的个体风险会演变成系统性金融风险，甚至酿成国家风险。

过去30年间，中国资本市场经历了数轮“牛熊”转换，投资者深谙个中风险之惨烈。但房地产的黄金20年，似乎是永远的流金淌银，随着时间和财富日益向房地产市场集中，中国房地产的超级“池子”汇集了上百亿元计的银行信贷和数百亿规模的居民财富，10%左右的波动就可能使高位杠杆断裂酿成较大风险。诺贝尔经济学奖获得者、耶鲁大学教授罗伯特·席勒讲过2006年秋天的一件事。一次会议间隙，他问当时房地美的首席经济学家弗朗克·诺沙夫，是否进行过房价下跌的压力测试，弗朗克回答说做了，“我们甚至已经考虑到了全国房价下跌13%—14%时可能发生的情况”。席勒又问道：“下降超过这个幅度时又该怎么办呢?”回答说，这样的跌幅从来没有出现过，至少是1929年的大萧条以来从来就没有出现过。然而，一年后，这“大萧条以来从来没有出现过”的萧条出现了，并引爆一场百年不遇的金融危机。几年前，罗伯特·席勒访问中国时讲了这个故事，他说他想提醒的是，中国的房地产市场似乎缺乏一个类似美国大萧条或“08式风暴”的“坏故事”的警醒，否则，非理性繁荣持续得越久，其破坏力就会越大。如果等到泡沫破灭的一声巨响，就太晚了。最终，银行和高杠杆投机者都会成为“溺水者”，分散的个体风险会演变成系统性金融风险，甚至酿成国家风险。最近，龙头城市的房价出现高位回落，不少中小开发商处于破产边缘，包括银行、信托在内的金融体系对房地产贷款的全面收缩，一些在境内拿不到资金的开发企业，为防止项目资金链断裂，开始大胆尝试在境外发美元债，利率甚至高达15%。而8月5日，人民币汇率突然开启新一轮向下波动的趋势，显然加大了境外发美元债的风险。美元债短时间可能成为一些企业的救命稻草，而长期看，一不小心它会成为一根绞索。华尔街有句名言说得好：“小心那个向你投食的手，最终也是拧断你的脖子的手。”

鉴于房地产和金融体系的骨肉相连，一路高歌猛进的房地产潜在着巨大的金融风险。当年，日本和美国的教训告诉我们，房地产泡沫是最麻烦的泡沫，防范金融风险最核心、最重要的事是抑制房地产泡沫。现在，一些地区的房地产贷款以及以房地产为抵押的贷款占全部贷款中的占比偏高，有的占到接近50%，此外还有相当规模资金以影子银行形式进入房地产，实体经济和金融体系某种意义上被房地产“绑架”，房地产与金融体系骨肉相连，你中有我、我中有你，打断骨头连着筋，如果房地产市场出现大的波动，金融体系的风险也毋庸讳言。世界近百年的历次金融危机，无一不是绊倒在房地产这块又硬又臭的巨石上。

三、构建现代化金融体系的建议

党的十九大报告指出，要“深化金融体制改革，增强金融服务实体经济的能力，提高直接融资比重，促进多层次资本市场健康发展。健全货币政策和宏观审慎政策双支柱调控框架，深化利率和汇率市场化改革。健全金融监管体系，守住不发生系统性金融风险的底线”，这为建立完善的现代金融体系提供了根本遵循。

（一）金融体系由银行业主导向市场主导转变

坚持市场化是深化金融体制改革的基本方向，与银行间接融资相比，金融市场在完善公司治理、增强信息揭示和加强风险管理等方面具有比较优势，通过市场的资源配制，真正服务于以创新驱动为主的高科技企业，降低宏观杠杆率，出清“僵尸企业”等，符合当前我国的国情。目前，世界各主要发达国家的金融体制都建立在以资本市场为基础的现代金融体系之上，随着科技进步，大数据、人工智能对金融业的赋能，交易成本和信息不对称将急剧减少，为投资者直接对投资标的的判断提供了实质性帮助，为资本市场的发展奠定了技术基础（李苍舒，2015）。

强调金融市场尤其是资本市场的快速发展，一个不可忽视的问题是需要加大上市公司退市制度的建立。当前，我国退市制度存在明显缺陷，主体表象为上市公司退市标准单一，退市程序相对冗长，退市效率较低，退市难现象突出，对于存在内幕交易和财务造假的上市公司相关“董监高”，其处罚力度过轻，上述行为在一定程度上影响了市场的正常秩序，纵容部分机构和人员以身犯险，破坏了资本市场的健康发展，因此急需建立“能进快出”的退市制度，通过退出机制，发挥资本市场资源优化配置功能，提高上市公司整体质量，保护中小投资者合法权益。

（二）构建与综合经营发展趋势相适合的金融监管体制

长期以来，我国奉行金融业分业经营、分业监管的政策。然而随着经济全球化的不断深入，综合经营（混业经营）已成为必然趋势。首先从企业微观层面看，企业导入期需要 PE、VC 等产业资本的扶持，成熟壮大期银行间接融资纷纷介入，达到 IPO 条件时登录资本市场成为首选，当企业产品占有率稳居国内市场前列时，开展跨国并购，资本跨国流动需求增加，从企业发展路径看，其资金渠道涉及多个监管机构和多层次金融市场，单一市场的监管存在滞后性，缺乏协同性；从宏观层面来看，金融自由化、经济全球化、资本自由流动、放开外资管制是大势所趋，各种金融工具交叠使用，多个金融市场互相渗透，形成互补的联动机制，客观上要求综合经营、综合监管的金融体系，进而发挥金融市场的自发调节作用。需要指出，综合经营本身不会放大风险，监管不当是风险之源。

（三）加大推进银行业债转股的力度

金融业债权转股权，是我国现阶段降低宏观杠杆率的重要举措，是非金融企业转变融资模式，补充资本的重要途经，需要较快推进。我国融资结构以银行业间接融资为主导，银行是金融体系中规模最大的债权人，银行业债转股的落实即代表了金融业债转股的成效。另外从改善公司治理看，金融机构入股非金融企业，引进完善的内控管理制度、财务制度、用人制度，在公司法的框架下监督企业的正常运营，将对入股企业起到规范公司治理的积极作用。徐忠（2018）认为，根据我国实际情况，现阶段要降低杠杆率，为企业补充资本，仍需参考日韩模式和德国模式，允许银行适当持股并积极发挥股东作用，对银行持股企业的限制可给予审慎监管的考虑，银行持股比例与资本金挂钩。

（四）加快推进汇率和利率的市场化改革

发挥市场在资源配置中的决定性作用，核心是完善由市场决定价格的机制。利率和汇率是金融要素市场的核心变量，是有效配置金融资源的决定性因素。我国已于 2013 年全面放开了金融机构的贷款利率管制，近期央行公布新的贷款市场报价利率（LPR）形成机制，淡化贷款基准利率，促进贷款利率“两轨并一轨”。但商业银行在贷款利率的制定中，仍以前期中国人民银行公布的贷款基准利率为依据浮动调节；非金融企业及其从业人员更是将中国人民银行贷款基准利率作为比较的唯一参考，对 LPR 知之甚少，表明金融机构内部及非经济部门在贷款利率方面，仍处在计划经济时代，难以对金融资产合理定价，不利于金融资源的优化配置。存款利率方面，目前央行对存款利率保持 50% 的上限管理，应加快改革步伐（周小川，2014），早日出台存款利率的市场化政策。汇率方面，随着“一带一路”倡议的实施，人民币国际化的势头明显加快，应加大资本项目的可兑换力度（周小川，2015），以适应人民币国际化的需求。

（五）建立地方政府及地方政府融资平台破产清算制度

2009年中央政府4万亿元投入基础设施建设领域以来，地方政府债务快速增加，截至2018年年末，中国地方政府债务余额18.46万亿元，占GDP的比率约为37%，虽然该比例低于新兴市场国家债务风险水平，但若加上地方政府隐性债务，则我国地方政府债务高企，已经成为“灰犀牛”事件。究其原因，地方政府在经济建设中，以GDP作为政绩的首要考核标准，通过大量举债支持基建拉动GDP，形成的基建资产绝大部分不产生还款来源，而是以地方土地出让收入等政府性收入与债务匹配，一方面提前透支多年的政府性基金收入，另一方面客观上导致政府存在拉动地价上升的意愿，进而导致房价上涨，透支居民家庭的购买力，降低消费意愿。为切实遏制地方政府违规举债，应当建立地方政府和地方政府融资平台的破产机制，一方面要终身追责，严防政府违规举债；另一方面应彻底打消金融机构在信贷评审中，认为只要政府存在则地方融资平台均可足额偿还融资本息的理念，回归真正的风险评估和市场定价机制。需要指出的是，地方政府破产并非无政府状态，破产政府仍需承担责任，政府需要整合有效资产，提高资产使用效率和盈利能力，实现现金流的自我造血能力。

参考文献

[1] 徐忠：“新时代背景下中国金融体系与国家治理体系现代化”，《经济研究》2018年第7期。

[2] 李苍舒：“中国现代金融体系的结构、影响及前景”，《数量经济技术经济研究》2015年第2期。

[3] 周小川：“全面深化金融业改革开发，加快完善金融市场体系”，《中国金融家》2014年第1期。

[4] 周小川：“金融改革发展及其内在逻辑”，《中国金融》2015年第19期。

[5] 刘志彪、陈东等：《建设现代化经济体系研究》，中国财政经济出版社2018年版。

建设城乡统一的土地市场[①]

土地是基本的生产要素之一。我国的土地分为国有土地和集体土地两种产权性质。《宪法》"总纲"第十条规定："城市的土地属于国家所有。农村和城市郊区的土地，除由法律规定属于国家所有的以外，属于集体所有；宅基地和自留地、自留山，也属于集体所有。"集体所有土地又分为农业用地和非农业用地。农业用地主要为耕地，我国实行严格的耕地保护制度。非农业用地主要为集体建设用地、宅基地和未利用土地等。长期以来，我国两种不同所有权属性的土地在国民经济和社会事业建设中担当着不同的功能，采取不同的资源配置方式，造成城乡土地市场的割裂，严重影响了土地资源配置的效率与公平性。

2013 年 11 月，党的十八届三中全会明确提出要"建立城乡统一的建设用地市场。在符合规划和用途管制前提下，允许农村集体经营性建设用地出让、租赁、入股，实行与国有土地同等入市、同权同价。缩小征地范围，规范征地程序，完善对被征地农民合理、规范、多元保障机制。扩大国有土地有偿使用范围，减少非公益性用地划拨。建立兼顾国家、集体、个人的土地增值收益分配机制，合理提高个人收益。完善土地租赁、转让、抵押二级市场"。2015 年 1 月，中共中央办公厅和国务院办公厅联合印发了《关于农村土地征收、集体经营性建设用地入市、宅基地制度改革试点工作的意见》，原国土资源部随即在江苏省常州市武进区等 33 个县（市、区）部署开展农村土地征收、集体经营性建设用地入市、宅基地制度改革的试点。同年底，第十二届全国人大常委会第十八次会议授权试点地区可以暂时避开法律障碍，为改革试点顺利进行创造法律条件，由此拉开了我国实行土地制度重大改革的序幕。在土地制度改革过程中，试点地区坚持用市场化的方式配置土地资源，实现农村集体经营性建设用地与国有土地同等入市、同权同价，提升土地资源配置的效率和公平性，

① 本文作者徐鸣，江苏省政协理论研究会。

为建设城乡统一的土地市场进行探索。建设城乡统一的土地市场，既是构建现代市场体系的重要任务，也是完善现代化经济体系的整体要求。

一、建设城乡统一土地市场的必然选择

改革开放以来，我国在工业化、城镇化进程不断加快的进程中，消耗了大量的土地资源。因现行土地制度的限制，我国土地资源配置长期实行行政审批和市场交易的双轨制，而集体所有土地只有被征收为国有土地之后才能进入市场，行政管控导致土地征用指标紧张，大量的集体建设用地却仍闲置。许多地方政府为获取土地差价而产生对土地财政、土地金融的严重依赖，隐含着巨大的风险。集体所有土地是亿万农民最重要的资产，对集体所有土地的种种束缚，又使得农民的土地资产得不到合理的价值体现，农民的资产性收入长期增长缓慢。因此，推进土地制度的市场化改革，建设城乡统一的土地市场势在必行。

（一）建设城乡统一土地市场是提高土地利用效率的必然选择

土地作为一种自然资源，既不是劳动产品，没有生产费用，本身不具有价值，也没有劳动价值论意义上的价格；但土地具有特殊的使用价值，马克思曾经说过“土地是财富之母”，合理开发土地能给人们带来源源不断的收益，土地纯收益由土地使用者手中转移至土地所有者手中即为地租。西方经济学较早开展过地租理论的研究。英国重商主义经济学家威廉·配第在他的《赋税与捐赠论》中对地租理论做出了开拓性的贡献。英国古典经济学派代表人物亚当·斯密在《国富论》中系统地研究了地租理论。英国另一位古典经济学派代表人物大卫·李嘉图在《政治经济学与赋税原理》中创立了差额地租学说。美国当代著名经济学家保罗·萨缪尔森则表示，地租是为使用土地付出的代价等。革命导师马克思在他的经典著作《资本论》第三卷中，深刻揭示了资本主义地租形成的前提、条件和原因等，构建了马克思的地租理论，该理论也论述了市场经济条件下地租的一般规律。马克思认为：“不论地租有什么独特的形式，它的一切类型都有一个共同点，即地租的占有是土地所有者借以实现的经济形式。”人们要使用土地，就必须取得土地的有关权能，这就使得这部分权能很容易被当作 种商品进行交换。马克思进而认为，土地产权具有某种商品属性，土地产权的配置应该市场化。他表示，由于土地不能移动，土地市场

配置的实质是土地产权的市场配置，土地产权可以“借助于商品的各小部分的所有权证书，商品能够一部分一部分地投入流通”。马克思的土地产权理论为土地资源的市场化配置提供了重要的理论依据。

现代市场交易的原则是平等、公正、自愿，按市场化方式配置土地资源必须遵守市场交易的原则。按照市场交易平等的原则，无论国有或集体土地必须实行同等入市；按照市场公正的原则，凡是进场交易土地必须实行同权同价；按照市场自愿的原则，土地市场配置是否达成交易最终取决于双方的意愿。遵循市场原则配置土地资源，就是要通过竞争机制和价格杠杆，适应市场供求关系的变化，交由市场这只“无形的手”，把土地资源配置到经济效益最优的环节中去，从根本上提高土地资源配置的效率与公平性。

当然，我国属于发展中国家，工业化、城镇化仍在推进过程之中，一些国家重大基础设施项目和关系国计民生的纯公益项目用地需求还不能完全交由市场配置，而除此之外的所有经营性建设用地项目，都应该采用市场化方式配置土地资源，要消除对集体经营性建设用地的各种限制，使集体土地与国有土地一样在符合用途管制的前提下自由流动，让土地这个生产要素能够成为经济建设的重要促进因素。

（二）建设城乡统一土地市场是拓展国土利用空间的必然选择

我国国土辽阔，全国陆地总面积约963万平方公里，位居世界第三；但我国地形错综复杂，地貌类型多样。国家发改委宏观经济研究院的报告显示：我国“适宜人居住和发展的空间并不大，山地多，平原少，约60%的国土空间为山地和高原，适宜城市建设和工业及耕作的土地仅有180多万平方公里。今后可用于工业和城市建设的土地不到30万平方公里，约占全国陆地国土面积的3%。我国生态脆弱面积广大，中度以上生态脆弱区域占全国国土空间的一半以上。脆弱的生态环境，使大规模高强度的工业化、城镇化开发只能在有限的国土空间展开”。这就是我国国土状况的一个客观描述。

这些年来，我国工业化、城镇化突飞猛进，一度出现了比较粗放的国土开发利用状况。在工业发展上，缺乏投资强度和单位面积产出标准；在城市建设上，缺乏科学规划和严格的建设容积率控制；尤其是在城镇化过程中，本应在城镇建设用地增加的同时减少农村居住用地，但因进城农民的户籍和社会保障等没有得到很好解决，出现了“双重占地”的现象。在一些大中城市周围，大量的优质农地被工厂和城镇建设所日渐占用。我国的建设用地开发利用日益逼近18亿亩耕地保护的“红线”。我国现有将近14亿人口，守住18亿亩耕地是为了确保粮食安全。2018年5月，国家自然资源部发布的《2017中国土地矿产海洋资源统计公报》表明，2017年年末，全国耕地面积为13486.32万公顷（20.23亿亩），年内净减少耕地面积6.09万公顷（91.35万亩）。与此同时，2017年，供应国有建设用地60.31万公顷，同比增长13.5%。在未来若干年内，我国人口仍将增长，经济会保持一定的增速，建设与耕地保护的矛盾尤为突出，这些都对我国统筹开发利用国土空间提出了新的要求。

统筹开发利用国土空间必须协调城乡发展，进行国土空间全域规划，重点是把集体所有建设用地纳入整个国土开发利用中来。我国现行土地制度，凡建设用地的土地属性必须为国有土地。国家从保护耕地出发，对国有土地的征地规模进行严格的指标管理，这就造成了一方面国有土地开发空间十分有限，另一方面农村集体所有土地大量空闲。据统计，2017年年末，我国建设用地总面积为3958.65万公顷，新增建设用地53.44万公顷；而估算我国潜在的集体建设用地总面积约为现有建设用地总面积的3—5倍。因此，建设城乡统一的土地市场，把集体所有建设用地纳入正常的经济社会发展上来，可以大大优化我国的国土开发利用空间。

（三）建设城乡统一土地市场是增加农民土地收益的必然选择

提高农民收入，建设富裕乡村，这是我国实现全面小康目标的关键所在。按国家统计局数据，2018年，我国农村居民人均可支配收入实现14617元，与上年相比实际增长6.6%。据研究分析，在农村居民收入来源中，农民工资性收入对收入增长贡献率为42%，经营性收入贡献率为27.9%，转移性收入贡献率为26.8%，而财产性收入贡献率仅为3.3%。在当前农村劳动力转移增长缓慢、农产品价格高企、财政支农资金有限的大背景下，未来农村居民收入增长最大的潜力在于财产性收入的贡献。

自古以来，农民最重要的资产就是土地。在我国现阶段，农村土地为集体土地，而农民是集体组织成员，集体土地仍是农民的主要资产。集体土地分为两种类型，一种是农用土地，即耕地；一种是农村集体建设用地。农村第一次改革，实行联产承包责任制，给农民以生产经营自主权，调动了农民的生产积极性，使广大农民解决了温饱。这一次土地制度改革，允许集体经营性建设用地入市，盘活农村最大的不动产，将给农民集体带来财富的增值。按照马克思劳动价值论，土地价值包括土地资源价值和土地资本价值。土地资源是指构成土地的各种自然物的总和，土地资本则与人们投入土地的劳动价值有密切关系。人们改良耕地，提高土地产出；改善土地配套设施，提高土地附加值，都可以使土地由单纯的自然物变成土地资本。农村土地资源向土地资本转变的前提是承认农村土地的资产属性和准许农村土地流转。集体建设用地在入市流转的过程中，会自然获得价值增加。这种入市流转过程中的价值增加，体现在低效用地向高效用地的及时转换，体现在外部资本向土地的持续投入，体现在土地市场对土地需求的不断增长等。随着我国人口增长和经济社会的发展，土地价值将是一个长期增值的趋势。

允许集体经营性建设用地入市，盘活农村最大的不动产，将是改变中国农村经济面貌的一次伟大变革。大量农村闲置的宅基地和低效建设用地被市场有效置换，吸引了广大社会资本源源不断地投向广大农村，从而振兴乡村经济，改善村级集体经济状况，增加农民的资产性收入，有助于实现全面建成小康社会的宏伟目标。

二、建设城乡统一土地市场的遵循原则

我国经济体制改革明确要使市场在资源配置中起决定性作用，建设城乡统一土地市场是改革的题中应有之意。但是，我国传统的土地制度采取行政配置与市场配置“双轨制”，国有土地与集体土地“同地不同权”，在体制、机制上形成了一整套僵化的模式。深化土地制度的改革，必须从土地制度、法律体系到城乡统一规划等都有所变革、有所创新，为土地制度改革的顺利推进确定必须遵循的基本原则。

（一）建设城乡统一土地市场需遵循市场原则

建设城乡统一的土地市场，从本质上讲，就是采取市场的方式配置土地资源。但是，我国是一个发展中国家，大规模的基础设施和公共项目建设仍在推进之中，现阶段不可能完全避免采用行政手段配置土地资源。因此，党的十八届三中全会通过的《关于全面深化改革若干重大问题的决定》提出：要“缩小征地范围，规范征地程序”。只有规范国有土地征收，最大限度地缩小征地范围，才能更好发挥市场作用，维护农民合法权益，顺利推进城乡统一土地市场的建设。

2015年，原国土资源部在全国33个县（市、区）部署土地制度改革试

点，试点确定的三项土地制度改革任务之一就是农村土地征收。中共中央办公厅、国务院办公厅《关于农村土地征收、集体经营性建设用地入市、宅基地制度改革试点工作的意见》明确要求，试点单位要探索制定土地征收目录，严格界定公共利益范围。2017 年 2 月，江苏省常州市武进区在土地制度改革试点中制定了《常州市武进区土地征收范围（试行）》的文件，文件以“正面清单”方式，规定 6 大类 21 个具体类别的建设项目才可以征收土地。这 6 个大类的建设项目主要包括国防和外交方面的工程建设、由政府组织实施的基础设施建设、各类公共事业项目建设、保障性安居工程建设、为实施城市规划而进行的成片开发建设、综合保税区建设等。从 2018 年开始，武进区全部按照征地目录实施土地的征收。对于未列入征收范围的项目，鼓励通过集体经营性建设用地入市解决建设用地，以缩小征地范围。自试点开展以来，全区 2016 年征地 156 宗，2017 年征地 139 宗，2018 年征地 38 宗。从武进区试点来看，通过制定土地征收目录，明显缩小征地范围，规范了征地程序，有力促进了集体经营性建设用地入市。

制定征地目录，缩小征地范围，重点是严格界定公共利益范围。在理论上，公共利益建设项目采取行政配置土地方式，非公共利益建设项目采取市场配置土地方式，社会是能够接受的。一般来讲，公共利益建设项目主要就是两大类，一类是重大基础设施项目，一类是非营利的民生项目。这次《土地管理法》修正案明确了“为了保障国家安全、促进国民经济和社会发展等公共利益的需要”，“确需征收农民集体所有土地的，可以依法实施征收”的六个方面的情形。这六个方面的情形主要涵盖了国防和外交、政府组织实施的基础设施、公共事业、保障性安居工程等建设的需要。只有缩小征地范围，才能更好发挥市场配置土地资源的优势。

（二）建设城乡统一土地市场需遵循法制原则

受历史上计划经济体制的影响，我国长期以来对国土资源的配置较多采取行政审批的办法，并对国有土地和集体土地实行完全不同的管理方式。这种既有管控又有区别的城乡土地资源管理方式，也反映在诸多法律规定方面，形成了一套完整的法律体系。这些年来，随着社会主义市场经济体制改革的深入，有些法律制度做出了某种程度的修改，有些法律制度还没有完全修改到位，要推进集体经营性建设用地入市，建设城乡统一的土地市场，就必须修改与完善土地管理方面的现行法律法规，消除改革过程中的各种司法障碍。

我国土地管理最重要的法律是1986年6月25日经第六届全国人大常委会第十六次会议审议通过的《土地管理法》。《土地管理法》颁布实施之后，因经济社会发展的需要，曾经进行了三次修改与完善。第一次修改是1988年，这次修改主要是删除了土地不得买卖的内容，增加国有土地和集体土地使用权可以依法转让，国家依法实行国有土地有偿使用的制度。这次修改幅度不大，但扫清了土地作为生产要素进入市场的障碍，拉开了土地制度改革的序幕。第二次修改是1998年，这是对《土地管理法》的一次全面修订，修改的重点是确立以耕地保护为核心的土地用途管制制度，强化国家管理土地的职能。第三次修改是2004年，这次修改主要是把原来国家为了公共利益的需要可以对土地实行征用，修改为国家为了公共利益需要可以对土地实行征收或征用，并给予一定的补偿。党的十八届三中全会提出建设城乡统一土地市场，明确推进集体经营性建设用地入市。国家自然资源部按照立法程序启动了又一次《土地管理法》的修改与完善。2019年8月26日，第十三届全国人大常委会第十二次会议审议通过了关于修改《土地管理法》的决定。这次修改的主要内容为：删除了农村集体建设用地进入市场的法律障碍，对农村土地征收制度进行多方面的完善，建立农村宅基地制度，落实农民宅基地的用益物权，将某些土地管理改革的成熟做法吸收进入法律规定等。新的《土地管理法》将为我国土地制度改革提供有力的法律保障。

《土地管理法》是国家实施土地管理的一个基本法律制度。随着《土地管理法》的一些重大法律规定做出调整，也涉及《物权法》《城乡规划法》《城市房地产管理法》《担保法》等多部法律的某些条款要做适应性调整。在法律制度修改与完善的基础上，一些政府法规、规章甚至行政许可规定等也要进行相应的修正。因此，推进土地制度改革，修法的任务十分繁重。只有法律制度修改完善了，土地制度改革才能在法治的轨道上顺利向前推进。

（三）建设城乡统一土地市场需遵循规划原则

我国在土地管理上实施用途管制制度，国家通过有关规划规定土地用途，明确土地使用条件，土地所有者、使用者必须严格按照科学规划所给定的土地用途和条件使用土地。实施土地用途科学的管制制度是许多国家的通行法则，有些国家称之为“土地使用分区管制”或“土地规划许可制度”等。通过土地用途管制可以确保土地资源的优化配置和合理利用，促进经济、社会、生态协调发展。实现土地用途管制最重要的前提是做好规划，在科学规划的基础上实现土地的用途管制。

1986 年通过的《土地管理法》就明确："各级人民政府编制土地利用总体规划。"但是，早期的土地利用规划并不包含集体建设用地的利用。1989 年 12 月，全国人大常委会通过《城市规划法》，《城市规划法》延伸至城镇体系规划，但不包括乡村规划。2007 年 10 月，全国人大常委会通过《城乡规划法》，并废止了《城市规划法》。《城乡规划法》包含了城镇规划和乡村规划，但该法仍不涉及集体建设用地的利用。2014 年 8 月，国家发改委、原国土资源部、环境保护部、住房城乡建设部联合下发了《关于开展市县"多规合一"试点工作的通知》，要求推动经济社会发展规划、城乡规划、土地利用规划、生态环境保护规划"多规合一"，形成一个市县一本规划、一张蓝图。根据四部委的文件精神，"多规合一"正在逐步推进，而在各种规划编制过程中，乡村建设规划和集体土地利用规划仍是一个薄弱环节。

2015 年年初，原国土资源部在全国部署了 33 个县（市、区）土地制度改革的试点，为土地制度改革探索道路。江苏的试点单位是常州市武进区。武进区在土地制度改革试点中，坚持以土地利用规划为统领，将村庄规划、经济产业发展规划和土地整治规划等"多规合一"，在村级层面实现了经济社会发展、产业发展、土地利用、村庄建设、环境保护的"一个规划、一本蓝图"。通过规划的引领，将农村碎片化的建设用地和农用地实现规模化、高效化、精细化利用，释放出了"数量、质量、生态、人文""四位一体"的改革红利。武进改革试点 3 年时间，全区新增农用地 14319 亩，预计闲置土地盘活之后带来经济效益超过 100 亿元。实践证明，建设城乡统一的土地市场，必须做好城乡土地利用全域规划，确保土地资源的优化配置和合理利用，为集体土地入市创造规划条件，提升城乡土地的开发利用水平。

三、建设城乡统一土地市场的现实路径

建设城乡统一的土地市场，推进集体建设用地入市是党中央、国务院的重大改革步骤，原国土资源部专门安排了全国 33 个县（市、区）的改革试点工作，有关征地目录的编制、涉及土地法律的修改与完善、集体土地的确权登记发证、城乡土地利用规划的编制正在顺利进行。但是，长期以来，传统的土地制度形成了稳固的利益群体，一些地方政府也有着土地财政、土地金融的固有路径依赖，全面推进土地制度改革有很长的路要走，必须循序渐进，稳步推

进，把土地制度改革的各项举措真正落到实处。

（一）开展集体土地确权，明确土地权属

我国的集体所有土地是历史形成的。所谓的集体土地所有权，是指农村各级农民集体对属于自己所有的土地依法享有的占有、使用、收益和处分的权利。集体土地所有权并不是一个完全虚置的概念，而是因某种历史原因隶属于某级农民集体所有的权利。一般来说，根据不同的情况，集体土地所有权可以为三种类型的农民集体所有：一种是村民小组（生产队）集体所有；一种是村（大队）集体所有；一种是乡镇（公社）集体所有。因此，要推进集体建设用地入市就必须明确集体所有土地的权属，给土地所有者、使用者颁发法定证书。

2009 年 12 月 31 日，中共中央、国务院颁布了《关于加大统筹城乡发展力度　进一步夯实农业农村发展基础的若干意见》。该文件明确提出："加快农村集体土地所有权、宅基地使用权、集体建设用地使用权等确权登记颁证工作。"根据中央文件精神，2011 年 5 月 6 日，原国土资源部、财政部、农业部联合下发了《关于农村集体土地确权登记发证的若干意见》。该三部门联合文件要求："农村集体土地确权登记发证是对农村集体土地所有权和集体土地使用权等土地权利的确权登记发证。农村集体土地使用权包括宅基地使用权、集体建设用地使用权等。农村集体土地所有权确权登记发证要覆盖到全部农村范围内的集体土地，包括属于农民集体所有的建设用地、农用地和未利用地，不得遗漏。""确定农村集体土地所有权主体遵循'主体平等'和'村民自治'的原则，按照乡（镇）、村和村民小组农民集体三类所有权主体，将农村集体土地所有权确认到每个具有所有权的农民集体。"经过这些年的不懈努力，农村集体土地确权登记发证工作已经基本完成。2015 年 3 月 1 日，国务院颁布实施《不动产暂行条例》。该条例明确，集体土地所有权、宅基地使用权、集体建设用地使用权等属于不动产登记范围，原国土资源部门为不动产登记的主管部门。从 2016 年开始，原国土资源部在全国开展了不动产登记试点。农村集体建设土地确权登记发证工作逐步走向了正常轨道。

开展集体建设用地的确权登记发证工作，能够有效化解农村集体土地的权属纠纷，化解农村的社会矛盾，强化农民尤其是全社会的物权意识，切实维护农民的合法权益。土地确权登记发证的过程，也是进一步查清宗地权属和其他基本情况的过程，从而确认农民集体、农民与土地长期稳定的产权关系，夯实土地管理与改革的基础。通过集体建设用地确权登记发证工作，依法确认和保障农民的土地物权，最终形成产权明晰、权能明确、权益保障、流转顺畅、分配合理的农村集体土地产权制度，这是建设城乡统一土地市场的一个重要前提。

（二）建立土地基准地价，促进公平交易

地价一般是指土地所有者向土地需求者让渡土地所有权所获得的收入。我国现行法律规定，土地所有权不允许买卖。因此，我国通常所说的地价是指出让或转让国有和集体建设用地使用权的价格。基准地价则是各地区在某一时段按照不同的土地级别、不同的地段分别评估和测算的商业、工业、住宅等各类土地使用权的平均价格。基准地价反映了土地市场中地价的总体水平及发展趋势，对于规范土地市场和调控各类经济社会活动起到了积极的作用。基准地价一般由县以上人民政府指定职能部门定期或不定期予以公布。

2008 年 3 月，原国土资源部发布了《关于进一步加强城市地价动态监测工作的通知》，各地相继开展地价的动态监测，并逐步建立了基准地价的制定与调整制度。在这次土地制度改革试点过程中，江苏省常州市武进区针对集体经营性建设用地及宅基地没有科学合理的有偿使用价格形成机制的情况，率先编制完成了城乡一体化的、全覆盖的基准地价体系，并于 2017 年 2 月通过了江苏省原国土资源厅的验收。武进区城乡一体化建设用地基准地价成果为政府宏观调控地价水平、规范土地交易行为、制定地价政策、征收土地税赋等提供了科学依据，也为社会中介机构评估宗地价格和企业投资、银行放贷等决策行为提供了较为客观的价格信息。这项成果广泛应用于武进农村集体经营性建设用地入市、宅基地有偿使用、集体土地征迁安置补偿等工作，理顺了价格形成机制，为武进区建设城乡统一的土地市场，科学调控市场地价，提供了科学的依据。实践证明，基准地价建立在城乡一体化的基础之上，农村集体经营性建设用地与国有建设用地实现“同权同价”就有了可靠的价格衡量基础。

（三）构建土地二级市场，完善产权制度

土地市场是土地在流通过程中发生经济关系的总和，也是土地供求双方为确定土地交换价格而进行一切活动的场所。我国的土地市场包括土地的一级市场和土地的二级市场。土地一级市场主要是国有或集体建设用地使用权的出让市场；土地二级市场主要是土地使用权的再交易市场。在土地二级市场，土地

使用者将达到规定、可以交易的土地使用权，进入流通领域进行再交易，这种再交易包括了土地使用权的租赁、转让、抵押等。党的十八届三中全会通过的《关于全面深化改革若干重大问题的决定》明确提出要“完善土地租赁、转让、抵押二级市场”。只有在全面构建土地一级市场的基础上，完善土地的二级市场，实现土地使用权的租赁、转让、抵押等，土地的产权制度才是完整的。

2017 年 1 月，原国土资源部印发了《关于完善建设用地使用权转让、出租、抵押二级市场的试点方案》。该试点方案指出，土地二级市场是建设我国城乡统一土地市场的重要组成部分，并确定在全国 28 个地区开展国有土地二级市场试点，在 6 个地区同时开展国有与集体土地二级市场试点。通过改革试点，要在试点地区建立符合城乡统一建设用地市场要求，产权明晰、市场定价、信息集聚、交易安全的土地二级市场；完善建设用地使用权的转让机制、出租机制、抵押机制，以提高存量土地资源配置效率为目的，促进土地要素的流通顺畅，着力构建完善的土地二级市场。从试点情况来看，各地在完善交易机制、优化市场交易模式等方面进行了大胆探索，搭建实体与网络交易平台，制定交易细则及配套政策，积累了大量的二级市场交易案例，逐渐明晰市场自由交易与政府监管审核的边界。国有与集体土地都有一个土地二级市场的建设要求，因此试点在国有和集体土地二级市场建设两个方面一并展开，为全面开展城乡统一的土地二级市场建设奠定了坚实的基础。

（四）主张集体土地权益，保护农民权益

集体建设用地包括集体经济组织所属的经营性建设用地和宅基地。农民是集体经济组织的成员，也是农村宅基地的主人。集体经营性建设用地入市，宅基地有偿使用，得益最大的是农民。推进集体经营性建设用地入市，实现宅基地的有偿使用，关键在于调动亿万农民的积极性，发挥广大农民的主体作用，让农民主张集体土地的权益，依法维护自身的合法权益。

集体土地是农村集体经济组织最为重要的资产。推进土地制度改革必须加强农村集体经济组织的建设，创新农村集体经济运行机制，维护农民群众集体资产权益，以增加农民的财产性收入。2016 年 12 月，中共中央、国务院印发了《关于稳步推进农村集体产权制度改革的意见》，提出要“通过改革，逐步构建归属清晰、权能完整、流转顺畅、保护严格的中国特色社会主义农村集体产权制度，保护和发展农民作为农村集体经济组织成员的合法权益”。武进区

在土地制度改革试点过程中，协同推进农村集体产权制度的改革，实现集体建设土地确权登记发证，确认集体经济组织的成员身份，规范集体资产的财务管理，完善集体经济组织的内部治理，落实农民群众的知情权、参与权、决策权。在武进土地制度改革试点过程中，村庄规划、农村道路建设及集体经营性建设用地的租赁、出让等都充分听取村民意见，征得了大多数村民的同意。集体经营性建设用地入市给集体经济组织和农民带来了丰厚的收益，许多农民群众关注村里每一块经营性建设用地的租赁或出让，精心盘算土地权能变化给集体经济组织及自己带来的收益，在村民小组会、村民代表大会上勇于发表自己的意见，逐步成为土地市场对等的参与者，有力地推动了土地市场化改革深入发展。

（五）合理分配土地收益，兼顾多方利益

任何经济体制的改革最终都涉及经济利益的重新调整与分配，土地制度的改革也不例外。我国法律规定，集体土地为集体经济组织所有，而农民是集体经济组织成员，共同拥有集体土地所有权，并取得了集体土地使用权。集体经济组织及成员是集体土地收益的当然受益人。国家允许集体经营性建设用地入市，入市流转土地的增值收益有一部分来自土地的区位优势和周围的基础设施配套优势，而这种优势的形成大部分源自中央政府与地方政府的城市建设或基础设施建设。从这个意义上讲，中央政府、地方政府、集体经济组织、农民都有理由成为集体经营性建设用地入市收益分配的受益方；而在客观上，合理分配集体经营性建设用地入市收益也是推动土地制度改革的一个重要因素。

我国土地制度改革正在推进之中，对集体经营性建设用地入市收益分配并没有一个法定的方案。各试点单位在试点过程中也有不同的收益分配方式。一般研究认为，政府以税收的方式取得国有或集体建设用地流转增值收益较为合理。政府所得的土地流转增值收益应该作为中央与地方的共享税种，两者之间以恰当的比例、方式分享这部分税收。在实际的土地流转中，靠近城镇郊区的土地与远离城镇中心的土地价格级差比较明显，可以考虑市或县一级政府收取一定的土地调节基金，专项用于不同集体经济组织流转土地的价格级差调剂。市或县政府收取的这种土地调节基金最终仍归集体经济组织所有，只是在不同集体经济组织之间的一种平衡。武进区在土地制度改革试点中不涉及税收，而设立了农村集体经营性建设用地入市收益调节金，专门用于农村基础设施建设和社会保障等。政府的土地流转增值税收与集体经济组织之间的分配比例，可

以考虑大体设定在3:7至4:6之间，以体现集体经济组织和农民得益为主。集体经济组织与农民之间的分配则从各地的实际情况出发予以考虑。应该讲，合理分配集体经营性建设用地入市收益，对顺利推进城乡统一土地市场建设的意义十分重大。

2019年4月，中共中央、国务院发布《关于建立健全城乡融合发展体制机制和政策体系的意见》，提出到2022年，城乡统一建设用地市场基本建成；到2035年，城乡统一建设用地市场全面建成。由此看来，建设城乡统一土地市场仍任重而道远。

参考文献

[1] 马克思：《资本论》第3卷，人民出版社1975年版。

[2] 马克思、恩格斯：《马克思恩格斯全集》（第46卷下），人民出版社1980年版。

[3] 肖金成、欧阳慧等：《优化国土空间开发格局研究》，中国计划出版社2011年版。

[4] 中国社会科学院农村发展研究所：《农村绿皮书：中国农村经济形势分析与预测（2018—2019）》，社会科学文献出版社2019年版。

培育和利用超大规模市场优势[①]

中央经济工作会议把促进形成国内强大市场作为今后一段时期的主要任务。习近平总书记明确指出，中国近 14 亿人口的大市场必将成为世界经济的增长之源、活力之源。[②] 超大规模市场是新时代复杂国际环境下中国发展的巨大的比较优势，也是我们可以充分有效地利用的重大的战略资源，可以作为实现全面小康和基本现代化战略目标的重要的手段和工具。

过去，在围绕发展问题的经济分析中，形成超大规模市场经常是被人忽视的问题、现象或概念。这导致我们在发展战略的研究中，难以从战略上看清未来国家能力的作用、作为以及经济演化趋势。本文基于积极应对中美贸易战的基本背景，研究在我国发展战略的转换中超大规模市场的含义究竟是什么，它将发挥什么样的作用？我们能不能把超大规模市场概念充分理论化，变成分析我国国家能力、国家竞争优势或促进经济演化的框架和基本工具？以及如何促进形成超大规模市场等一系列改革和政策取向问题。

一、超大规模市场：新时代中国的战略资源和比较优势

超大规模市场，指的是国土辽阔、人口众多的国家，同时具有不断增长的国内市场容量和规模。疆域广阔和人口众多是形成超大规模市场的两个必要条件，另外还需要加上不断成长的人均收入水平或消费能力这个充分条件。因为，疆域广阔和人口众多，只是超大规模国家的特征，[③] 并不一定具有超大规模市场，后者是一个与支付能力有关的经济概念，必须具备国民收入不断成长这个充分条件才能成立。

---

① 本文作者刘志彪，南京大学长江产业经济研究院。

② 习近平出席 APEC 工商领导人峰会并发表主旨演讲，新华每日电讯：http：//www. xinhuanet. com/mrdx/2018 - 11/18//c_ 137614822. htm。

③ 泮伟江：“如何理解中国的超大规模性”，《读书》2019 年第 5 期。

与超大规模国家及其负荷往往会给国家治理带来复杂严峻的挑战不同，超大规模市场虽然对国家的基础设施、流通组织、市场秩序等条件提出了许多挑战，但是它却可以实现许多小国经济体系中无法达到的巨大的、正向的经济功能：

一是支撑现代经济成长的动力更强。经济成长的直接动力来自需求端的扩张。形成国内强大市场的过程，就是现代经济不断成长的过程。没有需求的不断成长，经济增长就失去了基本的支撑，这时供给增长得越快，产能过剩问题就会越发严重。这种因市场无法同步扩张而形成的产能过剩问题的长期累积，就可能导致周期性的、破坏严重的经济危机。

二是促进专业化分工水平不断提高。著名的斯密关于市场规模限制劳动分工的定律指出，“分工取决于市场规模，而市场规模又取决于分工，经济进步的可能性就存在于上述条件之中”。对某一产业的需求规模只有达到一定的程度，工序或生产环节才能从原来的混合经营中独立出来。分工降低了生产成本，而低成本又进一步刺激了需求不断扩大和生产的不断扩张，刺激提升专业化分工水平，从而进一步促进形成强大国内市场。①

三是虹吸全球生产要素尤其是人才技术等先进要素。国内强大市场的形成有利于构建高水平的需求平台，在国际要素和资源流动的竞争中，就如万有引力定律中揭示的那样，引力的大小与两物体质量的乘积成正比，需求平台高、规模大的一方由于可以为先进要素创造更多的机会，因此可以获取更多的高级要素和资源，从而有利于在开放经济氛围中为我国创新经济发展提供高质量供给，有效地驱动创新型国家建设。

在当前纠正重大经济结构失衡、进行供给侧结构性改革的背景下，超大规模市场的建设具有的特殊作用在于：

第一，可以给实体经济以强大的需求信号和盈利激励，从而吸引各种资源和要素积聚于实体经济，增加实体经济的有效供给，抑制虚拟经济过火过旺的不良局面，平衡虚实经济关系，纠正重大经济结构失衡，防止其可能带来的重大的经济风险发生。

第二，可以从增加消费和投资需求两个方面，抑制当前和未来经济的下行趋势，实现更充分的就业，从而为进一步提高人民收入水平提供动力，适应居民消费提档升级趋势，满足居民对优质产品和服务的个性化需求，满足人民日

---

① G. J. 施蒂格勒：《产业组织和政府管制》，上海三联书店 1996 年版。

益增长美好生活的需要。①

第三，可以为全球企业进入中国大市场创造更多的机会。作为世界第二大经济体，中国超大规模市场的建设，将有利于保持它对世界经济增长的高贡献率，为稳定世界经济做出新的贡献。

尽管当前逆全球化盛行，国际形势波谲云诡，国内经济下行压力加大，但是如果我们可以背靠一个强大的国内市场，那么对于仍然处于战略机遇期的中国经济发展来说，稳操胜券的几率将会大大增加。国内强大市场对于发展战略的实施来说，具有三项特性：

第一，它是最可靠的战略资源。真正的战略资源不在物质等有形状态的资源，而在能产生战略性影响、起着关键作用的无形资源，如制度、声誉、意识形态、文化、国内强大市场容量等。有效实施发展战略，除了要有战略行动，最基本的是要有足够的有形和无形的战略资源。行动与资源匹配、基于资源而行动，才是最可靠的战略实施。

第二，它是最可依靠的比较优势。我国发展中的比较优势，过去是低成本生产要素，现在则发生了深刻的变化。目前，我国的低要素成本的优势不再明显和显著。除了继续拥有新型举国体制的政治优势外，随着发展程度的提升，在超大规模国家基础上我们逐步形成了国内强大市场的比较优势。这种超级市场规模将进一步衍生出规模化低成本、精细化专业分工、自主创新等方面的竞争优势。

第三，它是最重要的手段和工具。超大规模市场的存在，将助力突破发展的制约条件和上限的阈值，我们基于此优势，几乎可以实现所有可行的发展战略目标。巨大的需求不仅有助于成为具体经济目标实现的工具和手段，如区域经济一体化、规模经济等等，更重要的是可以与飞速发展的信息化、网络化经济结合，成为拉动或推动重大的技术进步、结构变迁和社会演化的主要力量，可以助力中国迈过中等收入陷阱和实现基本现代化。

二、依托超大规模市场升级我国经济全球化的战略

1992 年以来，尤其是加入 WTO 的 2001 年以后，中国经济融入全球化的战略取得了巨大成功。2008 年之后，中国经济全球化所依托的战略资源已经

① 何立峰："促进形成强大国内市场大力推动经济高质量发展"，《智慧中国》2019 年第 4 期。

发生了根本性变化，急需要把依靠世界市场出口导向的经济全球化战略，转换为以基于超大规模市场吸纳全球创新要素为特征的经济全球化战略。

第一，目前以美国为主的西方国家的结构调整和“逆全球化”浪潮的迅速兴起，封杀了中国长期依赖出口导向推动经济增长的政策空间，由此从外部压力方面迫使中国迅速启动新一轮经济全球化战略。第二，经过长期的发展和人民收入水平的提升，我国与世界市场的新进入者相比，过去的低价竞争不复存在，中国已经在很多行业丧失了国际代工的比较优势。建立新的动态比较优势既是一个长期的过程，更需要来自国内市场壮大的支持，否则中国将无法维持更无法壮大制造大国的地位。这是中国必须尽快扬弃出口导向战略的内在动力。第三，中国从高速度经济转向高质量经济，人民对美好生活的追求要求我们把重视投资推动的传统经济转向注重消费拉动的现代经济，培育和利用国内市场问题放到了经济工作的主要位置上。第四，当今中国经济已经完全具备了利用国内市场支撑新时代增长的一切条件。目前在我国近 100 万亿元的 GDP 中，仅消费这一项的内需就达到了 50 万—60 万亿元，与美国等国家消费占 GDP70% 以上的情况相比较，增长的潜力巨大。总之，随着发展战略机遇期的内涵、条件和环境的变化，中国过去以廉价生产要素进行加工制造和出口导向为特征的经济全球化进程趋于尾声，而以依托国内市场战略资源吸纳全球创新要素为特征的新的经济全球化趋势正在到来。

以内需为基础的经济全球化，并不是新现象和新模式。对于超级规模国家来说，由于其内需规模大，因此即使在开放经济条件下，也必然会演化为主要依靠内需发展的全球经济形态；而对那些小的经济体来说，如亚洲四小龙的国家和地区，因其国内的市场容量小，无法支撑国内企业达到规模经济的产量，因此自然会培育和发展出基于出口导向的全球经济形态。众所周知的是，美国就是一个非常典型的以内需为主的全球化经济体系。它的第一个特点是民众收入高、购买力强，3 亿多人口就使其内需规模处于全球老大地位。第二个特点是美国强大的内需加上其他非经济因素，如强大的军事、科技能力等，塑造了全球强势美元地位。这又诱使世界其他国家对其实施出口导向战略，使美国可通过世界货币地位长期获得低成本的生产要素、产品和资源。第三个特点是美国国内市场的强大吸引力，导致成功机会众多，也是美国成为全球吸收 FDI 和顶尖人才最多的国家①。

① 刘志彪：“战略理念与实现机制：中国的第二波经济全球化”，《学术月刊》2013 年第 1 期。

以内需为基础的经济全球化，与出口导向的经济全球化之间，除了在实施的前提条件不同、市场需求方向不同、机遇创造的主动性不同外，在基本的战略内容上有两点是根本性不同的：

第一，出口导向的全球化战略的初始条件是国内收入水平低，市场狭小和狭窄，无法成为工业化起飞所需要的基础而不得不采取的被动战略措施。这个时候本国内部的比较优势在于要素价格低廉。因此发展战略的最优特征，应该是既可以充分发挥本国低端要素的比较优势，又能够有效地利用别国的市场。显然，这时在本国加工制造再出口导向，无疑是最好的战略抉择。以内需为基础的全球化战略，是经济成长后的必然逻辑：随着收入迈上人均1万美元的新台阶，国内市场不断强大，经济发展进入高质量发展阶段，我们不可能再像过去那样依赖别国的市场，但是我们可以利用高水平开放经济体系来更新我们的经济结构，获取高级生产要素。因此这时候我们自己主动的战略选择和作为，就是要利用本国的市场来虹吸国外的高级创新要素，加速发展中国的创新经济。

第二，出口导向的经济全球化，其主要手段是利用优惠政策创造局部优化的环境，以各种开放区来招商引资、加工生产、两头在外、大进大出。这时，FDI企业会成为本国出口的主体、进口的主体以及其他经济活动的主体。在以内需为基础的经济全球化中，政策优化的重点在创造吸引技术和人才的环境，目的是鼓励其创新创业，具体的方式主要是：（1）去海外设厂，或通过海外并购等方式，以资本控制力争夺人才、技术、品牌、渠道等价值链高端环节；（2）运用逆向外包手段，吸收国外高级要素为我所用。运用这一手段的基础在于国内市场的巨大吸引力；（3）搭建各种内需平台，以全球宜居城市为基础广泛吸收海外高科技人员加入我国产业高级化进程的研究开发等。

借鉴发达国家过往的经验，根据中国国情和现实需要，我国经济全球化战略的转变，要在下列四个方面努力：①

第一，扬弃出口导向战略，构建以我为主全球价值链和总部经济平台，以此吸引全球高级要素尤其是各类高级人才。过去，全球市场都是我们企业驰骋的战场；现在，中国的内需是我们吸收全球创新要素的磁场。在开放性内需平台建设的具体方向上，主要是两方面：一是要把过去融入全球价值链进行国际

---

① 刘志彪："基于内需的经济全球化：中国分享第二波全球化红利的战略选择"，《南京大学学报》（哲学·人文科学·社会科学版）2012年第2期。

代工的发展方式，转型为沿“一带一路”倡议构建以我为主的全球价值链的发展方式。中国企业沿“一带一路”走哪儿去？国内丰富的有竞争力的产能怎么才能转移出去？投资和贸易活动与谁联系？这一系列问题的关键，是要沿着“一带一路”的大城市建设全球价值链，尤其是建设价值链总部（平台）与转移出去的工厂之间的治理机制。二是相类似的，要沿着长江经济带构造国内价值链或区域价值链，以长三角区域一体化战略带动国内市场的开放和产业转移，缩小东中西发展差距。这同样要求主要在长三角地区建设总部经济平台。

第二，全力推进结构性改革，努力使居民收入水平和社会保障水平迈上消费现代化新的台阶。基于内需拉动经济成长，难点在于结构性改革，在于进行存量的利益结构调整。如果各种利益集团尤其是垄断利益团体的既有格局不打破，社会公共福利无法均等化，中等收入阶层没有培育和厚植，那么实施这一战略的关键点就被虚置。结构性改革是扩大内需的基本前提，它决定了中国现实市场的规模和潜力，从而决定了中国吸收全球高级生产要素战略的具体实现。结构性改革也是进一步开放的前提，深度的对内改革或对内开放，是深度全球化的主要推进力量。结构性改革的一个重要指向，是要培育和形成一个庞大的中等收入阶层，以此要进行分配和再分配的重大改革。

第三，要鼓励民营企业在新一轮全球化舞台上做主角。跨国公司是全球化的组织形式和主要运作载体。上一轮全球化的主角是发达国家的跨国企业，新的经济全球化战略，需要有中国的跨国公司尤其是民营性质的跨国企业来承担，要让其在全球创新链上占据一席地位。为此，关键是要在微观基础上放手让民营企业在国内市场进行兼并重组，使其形成具有一定控制力的产业组织，以便为充分放开国内市场做好准备；还要鼓励民营企业在参与“一带一路”倡议中联合起来走出去，把中国在过去发展中的经验运用起来，如去“一带一路”国家举办各种经济技术开放区。在走出去的过程中，民营企业实现以产权融合和资产重组为基础的实质性的一体化、集团化、跨国化的发展。

第四，聚集一大批具有高度国际化视野、可以利用各方面优势的高端人力资本，是新一轮经济全球化战略的重点。引进和培养人才我国过去做的较多，而“利用”这篇文章可做的空间很大。其一是指可以利用西方各国经济结构调整、产业升级的机遇，收购它们有技术、品牌或人才的上市公司。可以依靠我们国内的市场来盘活其资产，用活其高级人才资源，如利用它们的高级技能员工培训中国的工人，让它们的高级科技人员为中国企业开拓全球市场进行研发和设计服务。其二是指可以依托中国市场对外国先进企业进行“逆向”的高级生产性服务外包，让其竞争来自中国的订单，让外国的人才为中国创新服务，使中国企业在“干中学”，在学习中模仿、创新和提高。其三是指可以通过建设“最适宜人类居住城市”为契机，以中国市场发展提供的众多机会为基础，吸收全球一流人才到中国生活、工作、创业和创新。

三、基于国内强大市场建设创新驱动新国家

利用好我国国内市场，还有一个重要的发展战略问题是如何依托于这一重要的比较优势发展创新经济，尽快建设成为创新驱动型国家。

为什么自主创新难以依靠外需，为什么鼓励自主创新必须基于内需？回答这一问题并不难。因为，在依靠别国市场出口导向支持经济增长的情况下，本国企业做的都是跨国公司事先研发和设计好的订单，这种国际代工虽然可以让本国企业回避风险很大的前期研发投入阶段，但是从长期看却抑制了本国企业独立自主研发的动力和能力。当企业主动去竞争国内市场的时候，自有品牌和自主技术就成为抢占市场份额、取得高额附加价值的决定性因素。纵观当今世界经济强国，几乎没有一种世界品牌和先进科技是在出口导向中培育出来的，而常见的现象是：它们首先在国内市场中被培育和成长起来，发展出本地著名品牌后，再进行大规模的国际市场开拓，从而逐步成为世界品牌。

强调利用国内强大市场来发展创新经济，并不是说市场向内化了，创新也要向内化。我们应该旗帜鲜明地反对企业关起门来搞自力更生，反对搞过去那种已被实践证明是失败的进口替代。我们要提倡以中国超级规模的内需为磁场，把全球先进的生产要素尤其是知识资本和人力资本引进来，创造良好的营商环境让它们在我国进行创新和创业；同时，要鼓励基于超级规模的内需支撑中国企业走出去，寻找和利用所在国家的先进生产要素，服务于我国企业建立全球竞争力的需要。①

技术创新活动的出发点既有可能是发明者或生产者的兴趣驱使，更有可能是市场需求信息和盈利信号的激励。市场需求拉动技术创新，需要是发明之母，就是指需方对产品和技术提出明确或潜在的要求，通过发明和创新活动，

---

① 刘志彪：“在新一轮高水平对外开放中实施创新驱动战略”，《南京大学学报》（哲学·人文科学·社会科学版）2015 年第 2 期。

创造出适合这一需求倾向的适销产品。统计研究中发现，有22%的创新是因为技术推动引起的，而由需求因素引起的创新占78%。[①] 因此可以推论，把这种新型的高水平的开放经济的发展，与实施创新驱动发展战略结合起来，在这一环境下必将会培育出我国企业参与新一轮国际竞争的动态优势。基于内需的全球化与自主创新战略之间的机制性联系，总结起来主要表现为以下几个方面：

第一，强大的内需将创造无数的商业成功的机会，高强度地引进全球知识、技术人才往本国流动。我国不断释放和起飞的内需，不仅对于一般的传统企业，而且对于科技创新企业具有巨大吸引，对全球人才来说即意味着高水平的就业岗位和巨大的创业机会。在这个比较优势的激励下，如果我们可以不断地推进世界宜居城市建设战略，以优化制度环境为根本，以全球化企业为主体大力虹吸全球先进的科技、智慧、知识和人才，中国创新驱动战略实施一定可以取得迅速的成就。为此我们要创造更为宽松自由的创业创新环境，让全球具有新理念、新思考、新思想、新知识的人才充分地到中国发展，与中国本土知识、人才和企业交流，与国内创业创新的热情、政策和平台等因素充分对接，这就必将激活国内的创业创新的活力与动力，激活我国战略性新兴产业兴起的空间和动力。

第二，强大的内需将支持中国企业大规模地走出去。一是可以吸收本地化的人才和技术；二是可以避开贸易壁垒进行全球竞争。这至少可以从四个层面来增强中国企业的国际竞争优势：（1）推动我国具有全球竞争优势的企业转移产能和进行基础设施建设的合作。在这方面，我国高铁、电力、通信、工程机械以及汽车、飞机、电子等中国装备，已经完全具备走向世界、向新兴市场延伸的能力。（2）依托强大国内市场的“母市场效应”[②]，除了提升产业国际分工和出口结构的水平外，还可以据此向发达国家企业外包知识性服务业，借助于全球化网络利用国外各类人才的脑力，以此服务于国内企业竞争国际市场的需要，或为国内企业提升研发设计能力服务。（3）可利用我国巨额的外汇储备，扩大和增强在国外的投资，与当地企业合作开发利用稀缺资源，增强我

① Roberts E D. Management of research, development and technology based innovation. Cambridge: MIT Press, 1999. 转引自高小珣：“技术创新动因的‘技术推动’与‘需求拉动’争论”，《技术与创新管理》2011年第6期。

② Home Market Effect，又称为本土市场效应，是指在一个存在报酬递增和贸易成本的世界中，那些拥有相对较大国内市场需求的国家将成为净出口国。

国企业在全球价值链上的产业控制力。(4) 我国企业可以有效利用资本纽带，全面嵌入全球创新链，成为这个链条中知识创新的一员，在相互学习中提升国内企业在全球创新网络中的地位。

第三，形成强大的内需市场将倒逼全方位对外对内开放，由此促进创新驱动型经济发展。(1) 形成强大的内需倒逼进一步高水平对外开放。形成强大的内需市场对外贸、外资、外经、外智、外包等都形成了超大规模的需求，这些方面的开放不足，不仅极大地影响内需市场作用的发挥，而且也制约着内需规模的扩大和结构的提升。(2) 形成强大的内需将倒逼国内市场的进一步开放，促进结构性改革的深入。内需不足是国内开放和改革不够导致的。扩大内需的各种举措倒逼政府改革，使其加快简政放权、负面清单改革，同时给民营企业松绑，给予其平等的发展机会。(3) 如果强大国内市场可以与区域经济一体化发展战略结合起来，就会起到更大的促进国内开放和创新驱动发展的作用。例如，长三角高质量一体化发展战略的实施，一个重要内容形成国内统一的区域市场格局，打通上海对外开放和对内开放载体之间的联系，形成浦东面向世界与浦西面向国内的联动格局。为此要在长三角交汇处尽快启动高质量一体化发展示范区建设，并把其定位于为上海建设有世界影响力的科技创新中心服务，从而在对外开放中成为上海对内开放的新高地。

总之，我国新一轮全球化战略，要在高水平对外开放中实施创新驱动。这就要把过去在出口导向中的“模仿学习”方式，转变为在引进来和走出去中的创业创新。创新驱动中的第一资源是人力资源，实质上是受制于人才驱动。全球智慧和资源主要是人力资源。在国内强大市场的背景下，提升我国的开放型经济发展水平，就是要得到更多的全球智慧和资源为我所用。努力促进创新创业型人才、技术、知识向我国集聚、集中、集结，增强他们在中国扎根的意愿，让他们的创新创业活力在国内形成社会氛围，激发国内全民创新创业热潮，这是在开放型经济条件下推进创新驱动发展的首要政策目标。

但是我们也应该看到，人力资源虽然是生产力中最积极主动的要素，但是其有一种特殊性就是可移动性差。由于受国境线、生活习惯和文化差异等限制，国际人力资源跨国移动性相对不足。国际经济学认为，这种较差的可移动性，是导致国家之间在生产率、产业结构和生活水平等方面存在巨大差异的主要原因。如果人力资本可以像其他生产要素那样快速地、低成本地移动，那么国家之间就不会存在产业结构方面的差异，生产率鸿沟和收入差距也很快就会被填平。由此可知，中美贸易战的核心不在贸易，也不在金融，而在全球科技和人才的争夺。阻止技术、人才进入中国市场并为中国创新经济服务，才是美国压制中国崛起的直接手段和目的。因此在这种背景下，如果我们可以利用内需优势千方百计推进全球优秀人才向中国市场移动，就能够快速提升我国生产率，缩小与发达国家在产业结构、收入和福利水平上的差距。这一点，应该成为当前和未来很长时期中，发育和壮大国内强大市场支撑我国创新驱动战略实施的主要政策目标。

四、促进形成强大国内市场的主要建议

2019 年国家发展改革委会同有关部门共同研究制定了促进形成强大国内市场的实施方案。此方案从汽车消费、补足城镇消费供给短板、促进农村消费、带动新品消费、扩大优质产品和服务供给、优化消费市场环境等六个方面全面细化了促进形成强大国内市场政策措施。我们认为在当前条件下，国家有关部门出台的具体政策实施方案已经十分细致。本文则侧重于从制度改革方面，提出一些更为本质性的政策取向方面的思考和建议。

促进形成强大国内市场当然关键方面的问题在于供给端，在于提高要素生产率。因为，只有生产率提高了，成本降低了，收入扩大了，市场规模才能扩大，需求结构才能升级。但是，壮大国内市场除了要考察促进生产性努力的制度因素外，我们还需要从以下三个方面分析制度创新问题：

1. 以强化竞争和推进区域市场一体化，来促进形成强大国内市场。通过引入竞争制度和强化市场导向的改革，消除区域市场的行政壁垒，放大被市场非一体化压抑的潜在市场能量，形成超级市场规模效应。

潜在市场规模不等于现实市场规模。就一个具体的企业，中国的超级市场规模对它来说只是一个概念或环境，它要获取的是自己所在产业中能利用的规模经济效应。如果市场是分割的，那么即使产业加总的需求规模很大，但是支持企业达到最小最佳规模的市场需求条件也不一定会被满足。中外企业普遍认为，中国的市场性状是理论上计算的市场规模大，但现实市场规模小。除了人均收入水平和消费水平的限制外，这其中的一个重要原因是中国目前的市场并不是统一市场，不是充分一体化的市场，而是存在着比较严重的区域分割的市场，局部的区域市场经常不足以体现超级市场规模的优越性。这一状况与我国地方政府长期深入地干预市场活动有关，与它们不惜代价地保护本地市场和本地企业的本位行为有直接关系。

中国经济实践表明，习近平中国特色社会主义思想在经济发展方面的重要体现之一，就是持续坚定地推动区域经济高质量一体化发展，以全国一盘棋这个重要思路建设全国统一协调市场、放大超级市场规模效应。经济理论分析证明，在大国经济中，只有坚决地拆除地方政府出于本位利益动机而建构的各种有形与无形的行政壁垒，逐步减少其经济职能，防止其过度干预市场交易，鼓励企业充分竞争，才能在这种区域经济相互开放和一体化的基础上，逐步建设统一、开放、竞争、有序的强大国内市场。① 强大国内市场是由超级大规模加上结构上的复杂性两大因素构成。其中，结构上的复杂性，就是指市场要素之间不是呈现为各自的独立性（如行政分割的市场，市场要素之间就是没有多少联系的)，而是建立了比较稳固的有机联系，即市场秩序。因此光有大规模的市场，还不是国内强大市场。形成国内强大市场还必须加上有效率的市场秩序这个不可省略的硬条件。

有效率的市场秩序往往通过三个途径来创造：一是要明确地界定市场竞争领域与公共领域，在此基础上界定好政府和市场的职能，以及各自发挥作用的区间。最理想的条件是形成政府在公共领域强势，以及企业在市场竞争领域强势的“双强”体制、机制；二是在市场竞争领域，要强调相互开放和竞争，以竞争政策作为基本准则或根本大法，作为协调和统领其他经济政策的基础，防止其他经济政策有损于市场的公平竞争；三是要在公共领域强调政府有所作为，强调地区间制度建设上的协调、协商和协同，强调政府要在公共基础设施建设上的合作，坚决贯彻“成本共担、利益共享”的一体化机制和原则。

2. 以收入分配制度创新和改革促进形成强大国内市场。改善我国不断恶化的资本收益与劳动收益的比率，承认人力资本的剩余索取权，让民众分享国家发展成果，壮大民众的支付能力。

目前，我国的消费类市场规模的扩张能力，主要受制于收入分配的严重不均等格局。收入高的阶层边际消费倾向递减，而收入低的阶层虽然消费的欲望高却无支付能力，因此扩大消费性的内需，关键在于通过收入分配改革，改善低收入者需求扩张的基本条件。中国在从温饱走向全面小康社会的过程中，收入分配的差距持续扩大，居民收入的基尼系数2000年就超过警戒线0.4。2003

---

① 国内市场统一是实施扩大内需战略的切入点和攻坚点，有学者就此研究了美国的历史经验，参见李黎力：“扩大内需战略下的国内统一市场建设——来自美国19世纪的经验”，《学习与探索》2012年第12期。

年至今，该系数从未低于0.46，2015—2017年，由0.462升至0.467。[①] 我国收入分配差距的持续扩大，与市场秩序不够完善，城乡差距一直没有缩小，分配政策不力等等都有直接关系，但缺乏对财产收入与工资收入不对称的纠偏机制，是其中的基础的、制度性的原因。

其实，世界各国发达程度差别很大，但是往往居民工资性收入占GDP的比重却不会相差很悬殊。如中国人均国民收入只相当于美国的1/6，但是这个工资占比却都在50%上下。不过发展阶段不同的国家，其相对收入的差别主要在居民的财产性收入占GDP的比重。如中国现在仅3%，而美国达到25%。这个比率的低下，必然导致中国居民总收入占GDP比重要比美国低很多。由此决定，中国居民的消费占GDP的比重要大大低于美国。[②]

中国的实际问题是，不仅居民消费占GDP比例较低，而且从中长期看还一直处于下降通道。国家统计局资料显示，2000年时为46.9%，到了2017年只有38.4%。而发达国家这一指标普遍在60%上下，如2016年美国为68.8%，日本为55.7%，加拿大2017年为57.8%，法国54.1%，德国53.1%。过去在高速度经济发展阶段，我国的内需增长主要取决于国民收入的高积累率，即主要来自于每年新增加的投资量。当前和未来的相当长时期内，我国因地产泡沫、金融系统债务、产能严重过剩等因素制约，政府的投资能力受到了很大的限制，继续依靠政府投资扩张内需的边际能力已非常有限。

因此在进入高质量发展阶段后，经济发展的新动能应该由投资转化为现代化的消费驱动，让消费壮大和消费结构升级作为驱动内需增长的主导力量。把中国经济从出口大国、投资大国转变为消费大国，必为制造业转型升级打开新的空间。为此关键的是要提高居民收入占国民收入的比重，提升居民消费在整个GDP中的比重。其中最根本的在于提高居民的财产性收入比重：

一是在理论上承认人力资本对价值创造的贡献。根据马克思主义价值创造理论，只有活劳动才能创造价值，物质资本只转移价值但不创造价值。因此如果人力资本不能参与所创造的价值的分配，就不能从理论上实现逻辑自洽。

二是在实践中必须打破只有物质资本才拥有剩余索取权的现状，让人力资本也适当地参与利润的分配。这不仅可以缩小日益加剧的收入分配差距，而且

---

① 刘志彪："现代化经济体系建设中的重要瓶颈和政策重点"，《中国经济问题》2019年第2期。

② 研究者发现，财产性收入能够明显提高家庭消费支出，因此应该多渠道提高财产性收入。参见易行健、朱力维、杨碧云："财产性收入对家庭消费的影响——基于CFPS数据的实证研究"，《消费经济》2018年第3期。

可以实现资本所有者与劳动者之间的利益均衡，缓解劳资对立的尖锐矛盾。

三是分配与再分配政策体系要进行重大调整。过去是强调生产要讲效率，分配要讲公平；现阶段要努力实现共同富裕，以公平促效率。这就要求不仅再分配要作为公平调节的手段，在初次分配阶段也要讲究公平，尤其是要形成市场主体之间公平竞争的环境和基础。当前，初次分配阶段市场主体之间竞争的环境不公平，是我国收入分配失衡的重要原因之一。

四是要大力完善居民增加财产收入的主要机制。现在居民理财的主要渠道是房地产。在居民主要收入都集中到这一渠道后，从宏观经济运行的角度看是非常危险的。一旦房地产泡沫破裂，居民财富和国民经济将受到重大损失。根据市场经济国家的经验，建设资本市场强国将有助于完成居民财富积累的任务。中国经济持续增长了 40 年，已经到了让人们分享发展的巨大成果的时候了。为此要尽快扭转资本市场单一的融资功能，以增加居民财产收入为中心进行制度创新，改革其内在功能和外在运行形式。

3. 以平等各类所有制企业竞争条件为重点，提高民营企业的投资愿望和投资能力。这是扩大内需、壮大国内市场的重要措施。目前投资需求方面下降最快的是民营企业的投资愿望和投资能力。问题的根源是各类所有制企业竞争条件不均等的情况日益严重，民营企业发展遇到了空前的困难。破除各种针对民营经济的歧视，是扩大投资性内需的正确选择。

我国经济结构存在着重大失衡的一个重要表现，是产业间的收益率严重失衡。2009—2018 年，我国工业的平均毛利率一直维持在 12%—15%，房地产业的毛利率在 30%—40%，金融业的毛利率 2009—2014 年在 18%—25%，自 2014 年之后，其毛利率从 22% 左右上升到 2017 年的 60% 左右，虽然这一情况在 2017 年中期以来开始有所降低，目前也在 50% 左右。中国从事制造业的上市公司中，净资产收益率普遍在 3%—6%。这种资本收益率甚至连银行贷款利率也难以弥补。结果，实体经济投资不足、产业结构严重失衡就是十分自然的事情。

产业经济学理论告诉我们，如果一个部门长期存在着超额的资本收益率，那么这个部门一定存在着严重垄断因素阻碍要素流入。① 如牌照管制会成为金融进入的高障碍因素，使其获取高利润。或者，产业中存在着严重的资本退出

① 张伯超、邸俊鹏、韩清："行业资本收益率、资本流动与经济增长"，《财经问题研究》2018 年第 8 期。

壁垒，如很多国有企业云集的煤炭、钢铁、水泥、电力等部门，因企业无法在供给过度的市场中正常退出，出现了产能严重过剩、企业严重亏损的问题。因此，平等企业进入和退出条件，就是缓解产业非均衡状态、提高企业投资愿望和投资能力需要考虑的政策重点：

一是要树立按中国法律注册、在中国境内经营的企业都是中国企业的现代观念，取消按所有制分类管理企业的落后做法，平等国有、民营、外资企业等市场主体的竞争条件，打破某些主体享有的超国民待遇，促进利润率趋向平均化的市场信号出现。

二是要加大对内开放尤其是对民营企业开放的力度。现实中存在的各种针对民营企业的“卷帘门”“玻璃门”“弹簧门”等，都是对内开放不足的主要表现。长期对内开放不足，已经影响了对外开放的深入进行，如对外资与本土企业之间开放的严重不均等，将抑制民营企业的发展能力。民营企业长期长不大，不仅在打开国门后形不成与外资企业的竞争态势，而且也难以有能力走出去、走进去和走上去；不仅限制了国内市场需求的扩大，也抑制了利用这种内需虹吸外国先进生产要素尤其是科技人才、技术的可能性。打破这些限制，让民营企业能按照盈利信号主动进入需求有前景的产业，实现进入退出市场的自由，将极大地提高民营企业的投资意愿和能力。

三是宏观上不仅要加强总供给与总需求的均衡管理，更要加强资产需求和资产供给之间的均衡管理。当代的中国经济，宏观上的特点一是总供给与总需求之间的关系将长期呈现为供过于求、产能过剩的态势；二是宏观管理的重点已经从商品和服务的供求关系调节，转向了对资产供求的调节。这个关系处理不好，将导致严重的资产泡沫，并危害实体经济的生存。如居民理财上的“资产荒”，导致居民集中投资于房地产。这一行为偏向，一是广泛地虹吸和压制了居民的消费能力，导致对其他部门的需求一蹶不振；二是引发房价持续过高为特点的房地产泡沫；三是引诱实体经济企业放弃实业纷纷投资于房地产。为此需要注重资产供应的管理，加大对居民理财行为的引导，通过金融制度创新提供给社会足够的优质资产供应，以此来平抑社会对资产的旺盛需求。当前和未来一个时期，要高度重视对以房地产、金融为代表的虚拟经济活动的调节，防止其在资产短缺时代出现价格过高的泡沫经济状态。

第三篇

分配体系

剩余索取权：资本导向型分配体制与经济高质量发展①

中国经济进入新时代的突出特征之一，是在过去大规模、低成本的劳动要素投入基础上，逐步积累形成了丰富的物质资本和人力资本。可以说，我们已经完成了工业化时代的原始资本积累，当前处在迈向新型工业化和大众消费社会的过渡阶段。在这个关键阶段，经济改革的重点环节也逐渐从生产、投资和消费等领域，转向了收入和财富分配层面。分配行为虽然不直接参与生产和消费活动，但是却在深层次影响着供给和需求之间的有机关联，关系到要素活力的激发和供需之间的平衡。如果收入分配体制不合理，或者过于看重公平和再分配而陷入低效率均衡，或者过于看重效率和增量激励而落入两极分化的境地，这些都不符合现代经济体系高质量发展的内在要求。在物质资本和人力资本已经形成足够存量的新时代，在技术、知识、创意、思想等作为关键要素参与社会生产的新阶段，我们应该探索建立以剩余索取权为激励模式的收入分配机制，同时配套以再分配调节机制并形成完善的社会保障体系的基础上，构建后工业化和后人口红利时代具有中国社会主义市场经济特色的现代收入分配体系。

一、社会主义市场经济与收入分配：理论背景与研究综述

在整个经济运行环节中，生产、流通、消费、投资、分配这五大活动有机联系、相辅相成，共同构成了现代经济体系的循环。其中若一个环节出现问题得不到有效治理和疏通，就会引发整个经济体系运转低效，产生“淤积和阻塞”的问题，导致整个经济体制运行“气血不畅”。随着矛盾和问题不断日积月累，就会出现各种各样的“病症”，累积到一定程度便会爆发经济和金融

① 本文作者赵建，西泽金融研究院、济南大学商学院。

危机。

分配是其中容易受到忽视但又至关重要的关键环节。与主流经济学有意或者无意忽略收入分配不同，古典经济学非常看重收入分配在经济运转中的作用。而马克思主义经济学，几乎可以看作是围绕分配问题（资本和劳动间就剩余价值分配的问题）进行规范研究的经济学理论，在劳动创造价值的生产过程中，剩余价值的分配结构决定了经济社会的形态。马克思认为，资本主义经济体系正是由于分配体制出现了问题，资本占有了过多的劳动创造的剩余价值，从而产生购买力不足下的资本主义生产过剩的危机。正是从这种理论中汲取了启示，社会主义市场经济才在国家宏观管理和市场自发交易的结合中，从收入分配环节着手解决资本主义市场经济的失灵问题。

以新古典为主的西方主流经济学，实际上并没有真正地关注到收入分配的重要性。在新古典经济学的数学模型世界里，缺乏现实和实践关切的经济学家们想当然地认为要素获得的收入，都是严格按照数学公式的边际产出贡献进行分配，基本上不会关注到现实世界中的扭曲和摩擦问题。他们认为在一个完全竞争的要素市场中，要素的价格自然就可以反映各自的边际贡献，也就是工资等于劳动边际产出，利息等于资本边际产出。在劳动力市场上，劳动端分配的少了，劳动要素的供给就会减少，导致供给曲线左上移动，工资就会上涨；相反，工资就会下降；资本也是一样的道理。然而事实上，在社会化大生产体系中，大型机器设备等资本要素往往处于相对强势的位置，再加上强大的公司科层组织和权威管理体系，劳动者在分配中往往处于相对弱势的处境（左大培，2016），因此资本往往占有来自劳动创造的剩余价值，这恰恰就是马克思诟病资本主义生产体系问题根源的地方。但是这一明显的现实，被新古典经济学套用市场经济的价格机制巧妙地掩盖了，在要素市场上迷信要素价格的供需出清和资源配置作用，从根本上忽视了劳动价值论中价值创造的源泉问题。

西方主流经济学不愿或者不敢触及收入分配的根源问题，一方面是为了回避马克思经济学关于资本主义制度的现实追问；另一方面他们自己也构建起了一套收入分配体制来解决两极分化和社会公共品供给不足的现实缺陷。但总体来说并没有在分配层面进行足够的反思和探索，而是继续相信萨伊定律的需求自我创造和要素市场的自发调节作用，没有认识到在整个经济循环中收入分配的扭曲与摩擦，或者要素市场的失灵是导致资本主义劳动者购买力不足进而引发经济危机的主要原因。经历过第二次世界大战后接近半个世纪的上升阶段的快速发展后，以美国为主的西方资本主义国家从 20 世纪 80 年代开始，其收入分配问题变得日趋严重。而为了解决由收入分配问题引发的购买力不足，政府当局鼓励劳动者借贷消费和通过按揭贷款购买房产，最终引发了一次次的金融危机。说到底，最近几十年全球金融危机频发的深层次原因也是资本和劳动的收入分配出现了问题。数据显示，当前美国的收入和财富极化程度回到了100年前第一次世界大战发生前的历史最高点。

社会主义市场经济恰恰看到了分配活动在现代经济五大环节中的关键位置，特别注重分配调节机制在宏观管理中的作用，将关系到国计民生和具有国家战略意义的产业实行国有化运营，同时发挥国有体制在应对重大危机和公共品供给不足中的独特优势。但政府对收入分配的调节的前提是一定要划清政府和市场的边界，在防范要素市场失灵的基础上充分发挥要素市场的活力。通过国有宏观管理体制发挥收入分配在宏观调控和维护经济体系稳健发展中的作用，重点在于尽可能避免两种极端情形的发生：一是如果收入分配无法起到保持公平和效率间平衡的调节作用，经济体系或者在绝对公平的“大锅饭”机制下走向僵化，劳动生产率持续降低，最终难免导致总供给函数出现萎缩；或者是在绝对的效率导向下弱化再分配在解决收入和财富极化的作用，也无法更好地提供为弱势群体进行兜底的社会保障体系，最终就会引发马克思所称的购买力不足与资本主义循环体系的崩溃，实际上是总需求曲线在收入分配极化情况下发生塌缩。在经济发展到资本要素越来越重要和非资本要素资本化（比如人力资本、知识资本等）的新阶段，如何构建一个既能解决要素市场失灵，又能有效激发要素活力的社会主义市场经济调控体系，是新时代收入分配体制改革的重大课题。而在这一重大课题中，剩余索取权和控制权又是收入分配的核心问题之一。

二、从平均主义、按劳分配，到多要素参与、剩余索取权

从新中国成立初期多种分配形式并存，到计划经济体制下大一统的工资等级制，到市场化改革过程中逐步建立的按劳分配制度，到要素市场化后的生产要素参与收入分配，再到承认财产性收入的财富型分配和剩余索取权的资本型分配，是70年收入分配体制改革的基本历程。其中蕴含着经济社会发展到不同阶段，从计划经济到市场经济，从初级发展中经济体到世界第二大经济体收入分配体制变迁的客观规律。而在整个收入分配体制的变迁历史中，剩余索取权的分配则是关键中的一环，无论是早期的家庭承包联产责任制和厂长负责

制，还是后来的多要素参与收入分配和重视居民的财产性收入，本质上都是对剩余索取权的放权和让渡。

新中国成立初期到改革开放以前，我国的收入分配大约经历了三个阶段。第一个阶段是新中国成立到1956年，社会主义过渡阶段，还存在多种经济成分，所以也就存在多种形式的分配方式，基本上是以“公私兼顾、劳资两利”“低工资、多就业”和“劳动致富”为主的收入分配政策。期间，1952年进行了第一次工资制度改革，在全国实施以“工资分”为统一计算单位及其分配实物种类和数量的模式，根据按劳分配原则初步确定了工人8级技术等级工资制和职务等级工资制。第二个阶段是1956年到“文革前”，中国所有制结构以从过渡时期的多种经济成分转变为几乎清一色的公有制经济，中央政府进行了第二次工资制度改革，取消了“工资分”制度，直接以货币规定工资标准，按照地区产业建立了新的工资等级制度，形成了以低工资为特征的独特的工资制度。尤其是在“大跃进”以后，计件工资和奖金制度的取消，形成了更加绝对的平均主义分配倾向，体现不出按劳分配的思路，导致整个社会的平均工资在“二五”计划期间明显下降（周树高、丁元，2012）。第三个阶段是“文革”后到改革开放前，由于国民经济处于非正常状态，正常的计件制和奖励制度被看成“走资派”大搞物质刺激的罪行而停止采用，简单粗暴的计时工资制度取代了企业多种工资形式。在农村实施统一的工分制度，造成了极端的平均主义倾向，收入分配制度体现不出任何要素激励效应，而且还产生资源浪费等严重的负面效应。

改革开放后的收入分配制度是伴随着整个市场化改革的总路线逐步演进的，本质上就是一个要素市场化改革的过程。按照制度变迁的关键节点，基本可以分为六个阶段。第一个阶段是1978年到1984年，以党的十一届三中全会精神为指导，农村开始实施家庭联产承包责任制，率先打破了平均主义，对广义的“剩余索取权”即农业生产剩余进行放权。农民因此既拥有了土地等生产资料的经营自主权，也拥有了自身劳动力的自主支配权，实现了“交够国家的、留够集体的、剩下的都是自己的”收入分配方式，逐渐体现出按劳分配的精神，大大激发了生产力。第二个阶段是1984年到1992年，国有企业、事业单位工资进行改革，开始逐步贯彻按劳分配原则。1987年10月党的十三大报告第一次提出了“社会主义初级阶段的分配方式不可能是单一的。我们必须坚持的原则是，以按劳分配为主体，其他分配方式为补充”。第三个阶段是1992年到1997年，以党的十四大为指导纲领，初步建立与社会主义市场经济体制相适应的收入分配制度，明确提出“个人收入分配制度要坚持以按劳分配为主体，多种分配方式并存的制度”，提出“效益优先、兼顾公平”的原则，注重劳动力市场的供需关系对劳动报酬的调节。第四个阶段是 1997 年到 2002 年，党的十五大首次提出把劳动分配和按生产要素分配结合起来的收入分配制度，允许和鼓励资本、技术等生产要素参与到收益分配中来，本质上是剩余索取权权利范畴的拓展。第五个阶段是 2002 年到 2012 年，首次确立了劳动、资本、技术和管理等生产要素按贡献参与分配的原则，提出初次分配注重效率、再分配注重公平。党的十七大报告中，首次提出“创造条件让更多群众拥有财产性收入”，财产性收入的提出是中国收入分配制度变迁史上一个重要里程碑。第六个阶段是 2013 年至今，开始关注收入差距、人民共享发展成果和共同富裕的问题。党的十八大报告提出提高居民收入在国民收入分配中的比重，实现发展成果由人民共享。党的十九大报告提出坚持按劳分配原则，完善按要素分配的体制机制，促进收入分配更合理、更有序。说明在新的发展阶段，在社会主义新时代，缩减收入差距和实现共同富裕逐渐成为收入分配改革的新命题。

从理论上梳理新中国成立 70 年来收入分配体制变迁的基本逻辑，是从大一统计划经济下的平均主义，到劳动价值觉醒的按劳分配，然后进一步扩展到物质资本和人力资本的全要素过程，同时也是一个剩余索取权不断下放和释放以促进要素活力的过程。比如，改革开放初期的家庭联产承包责任制和厂长承包制，本质上都是剩余索取权的放权。从整个演变历程来看，首先需要尊重劳动的贡献，这是价值创造的源泉，只有首先让收入体现劳动的贡献和劳动者的尊严，才能从根本上激发出生产的热情和积极性。继而在经济发展过程中，随着现代经济体系的初步建立，更多的要素参与到生产活动中，物质资本、专属技术、经营管理、专家智力等都在价值创造中发挥出不可或缺的作用。除了机器设备等物质资本外，劳动力也开始从简单的劳动力商品，跃迁到劳动力资本或人力资本，非资本要素呈现出资本化的趋势。劳动力的资本化这一新的条件，促使收入分配体制扩大按劳分配的内涵和外延，构建更有利于激发全要素生产率的分配激励机制。在这种情况下，剩余索取权作为解放思想、改革开放过程中新的概念，纳入了社会主义市场经济收入分配的理论基础中，引起了广泛的讨论和思考。

因此，剩余索取权作为中国经济增长和社会发展的历史产物，在参与要素越来越多、非物质资本要素越来越重要的经济发展阶段，势必成为收入分配体系中的一个重要理论与政策工具。围绕剩余索取权进行的要素收入分配设计，也是中国构建现代经济体系不可或缺的一部分。

三、现代经济的收入分配体系的基本逻辑：剩余索取权视角

现代经济体系需要我们在劳动价值论的理论和价值观基础上反思收入分配体制的改革问题。一方面，从理论上来说，劳动是价值创造的源泉，资本作为剩余价值积累的一部分，本质上也是来自劳动。那么按照劳动价值论，资本贡献所获得的收入也应归入劳动。但是在社会化大生产的模式下，资本的所有权往往掌握在资本家而非劳动者手中，而且与使用权相分离，这样资本作为生产要素的贡献就被资本家而非劳动者所占有。随着时间的推移和现代大工业生产模式中资本有机构成的提高，不断积累的资本占有的剩余价值越来越多，进而可以拥有更多的资本以获取剩余（马克思，2006）。这就形成了剩余价值和资本积累以及利润再创造之间的正反馈关系，在这个正反馈过程中资本家占有的剩余越来越多，劳动者占有的越来越少，这就形成了资本主义生产关系的主要矛盾。另一方面，在经济的现实运行过程中，由劳动者作为资本所有者并占有全部剩余的尝试并没有取得成功。以劳动价值论为主体框架的收入分配模式虽然在理论上非常完整和富有强大的逻辑解释力，但在现实中面对复杂的公司治理和激励约束问题，难以发挥出理论上推演的应有价值，使在实践中带有浓厚的“乌托邦”色彩。历史上许多国家的“社会主义乌托邦实验”都不可避免地走向了失败。

为了缓和这一矛盾，超越剩余价值和劳动价值论的“形而上”束缚，西方经济学家建立了围绕剩余索取权进行分配的理论范式。该理论围绕谁享有产出剩余以及如何分配剩余展开，主要应用到企业的收入分配机制中。其理论基础是由于企业契约的不完备性，创造的剩余与要素贡献匹配无法准确测量，需要重新界定剩余控制权和索取权。一般来说，在企业众多的利益相关者中，股权持有人（股东）作为企业产权的终极所有者拥有剩余索取权，这既是股权所有者的基本权利，也是不同于债务所有者、要素使用者（劳动者或经理人）的一种激励方式（刘宁，1999）。但剩余索取权并不完全是一种权利，还承担着一定的不确定性和风险。当企业营业收入出现问题，净利润为零甚至为负的时候，剩余索取权执行者不仅无法“索取剩余”，还要承担机会成本和巨大的委托代理成本，在企业或项目破产清算的时候无限责任制下还要承担一定的损

失。所以剩余索取权代表了较高的风险和较高的收益，这是与固定索取权不同的地方。

需要注意的是，剩余索取权并不一定与产权属性相关，也就是剩余索取权不一定只是股权所有者享有的权利，它只是一种要素收入分配的激励约束设计。因此，剩余索取权的提出超越了产权层面的“意识形态”束缚，可以应用在不同的生产组织模式上。从唯物史论的角度，剩余索取权是生产力发展到一定阶段，一方面开始出现了大量的产出剩余，另一方面生产模式日益社会化，参与的要素越来越多，要素贡献重要性的相对差异变得越来越小，比如拥有专业技术和管理能力的劳动力对产出的边际贡献并不比物质资本低。总的来说，剩余索取权的提出需要两个条件，一是有生产剩余；二是在众多要素参与剩余分配的过程中需要进行要求权的分配。一般来说，大家公认的是只有资本的所有者即股东独有剩余索取权，但随着生产力的提高和生产剩余越来越多，生产组织内的要素关系变得越来越复杂，剩余索取权的权力范畴也在不断扩展，分配结构也变得日益复杂。

理论上来说，剩余索取权的提出是基于要素贡献模式的一种变化趋势，那就是非资本要素资本化，主要是指人力资本化。什么是资本化？就是作为一种要素可以在边际上提供持续的现金流，比如专利技术，能解决核心问题的技术专家，能给企业带来长期价值增长的管理人员等。这是经济增长发展到一定阶段，从以物质资本为主的重型工业化向以技术和人力资本为主的轻型工业化转变的必然要求，即在以人力资本为主的新兴技术企业里，过去定义的劳动力概念已经不再适合新的要素组织模式，需要将技术和劳动当作一种可以带来持续剩余现金流的资本化要素来看，需要这些非资本要素享有和资本一样的剩余索取权。

因此需要从逻辑主线上总结一下，剩余索取权如何成为现代经济收入分配体系的一个重要概念。一是生产力发展到较高的阶段，产出剩余提高到一定程度，需要考量非资本要素是否应该和如何占有剩余的问题。二是企业组织模式越来越复杂，在不完全契约的理论框架下，难以准确衡量参与要素的产出贡献，这同时伴随着团队生产模式下的“偷懒”和“搭便车”等问题。三是现代企业的一个主要特征是所有权和使用权的分离，具有比较复杂的公司治理体系，这样就会出现信息不对称下的委托代理难题，主要是股东和管理层的道德风险问题。四是现代经济体系下非资本要素的贡献越来越重要，技术、知识、专业能力等在知识经济背景下对产出的贡献越来越大，在轻资产生产模式下甚至超过传统的物质资本。五是现代金融体系为全要素参与剩余分配提供了技术条件，比如员工持股制和股权期权制度等。

四、剩余索取权激励、新时代社会主义市场经济与高质量发展

从转型的角度看，新时代的主要特征有三个，一是从数量型扩张转向高质量发展，这是新时代社会主义市场经济的主要任务之一；二是处于前一轮工业化浪潮结束，新一轮工业化浪潮启动的过渡阶段，从以物质资本为主的重工业化转向以高端技术为主的新兴工业化；三是按照罗斯托“起飞”和发展阶段理论，我国正在从生产型社会向消费型社会转型，期间伴随的是服务业的兴起和知识经济下人力资本的崛起。

经济发展模式的转型势必带来收入分配体制的变迁。事实上，党的十五大提出允许和鼓励资本、技术等要素参与到收入分配中来；党的十七大创造性地提出提高人民群众的“财产性收入”；党的十八大提出让人民群众充分共享经济发展成果；党的十九大提出要解决收入分配差距拉大的问题，实际上都是在实践中按照社会主义市场经济的原则不断地完善多要素参与的收入分配体制。多个生产要素参与收入分配，本质就是对剩余索取权结构的调整。如果说过去初级工业化阶段我们看重的是按劳分配，那么在后工业化时代和新一轮工业化浪潮的开端，经济体系现代化程度不断提高的情况下，对剩余索取权的分配，则成为新时代社会主义市场经济能够彰显独特性和优越性的关键。

从现实来看，新时代社会主义市场经济必须在按劳分配的基础上，在新的发展阶段将剩余索取权的分配作为一个重要的理念应用到政策实践中，这事关中国经济的高质量发展。第一，允许非资本要素尤其是人力资本参与到剩余分配中，符合经济转型和产业升级的需要。新一轮工业化和新兴商业模式，基本上是以技术创新、产品创意和专家型服务为主，很多高新技术企业或者以技术服务为主的企业，物质资本占比很低，主要以技术专利和专业型专家为主，对这些人力资本的约束和激励事关整个企业长期发展和市场价值。第二，社会主义市场经济的独特之处，或者与资本主义经济的差异之处主要体现在剩余价值的分配方式上。如果说改革开放和经济发展初期，我国的目标主要是效率优先和做大总量，那么在新的发展阶段则需要重新审视公平的意义。实际上在某种条件下，公平也是一种效率，如果收入差距严重恶化，分配的不公平会引发一系列社会问题进而导致整个宏观效率的下降。而当前解决公平问题的关键则是

生产剩余的分配和再分配，可以说通过优化剩余索取权和控制权结构，使更多的非资本要素参与到剩余成果的共享中，在技术上推动公平和效率的再平衡，是保证新时代经济高质量发展的必要条件。第三，剩余索取权首先作为微观层面的分配机制，可以更好地促进企业的高质量发展，而企业高质量发展的加总则会形成整个经济社会的高质量发展。也就是剩余索取权的结构设计和优化，可以为新时代社会主义市场经济的高质量发展构建微观激励基础。收入分配的问题最终还是生产活力的激励问题，现实也证明，当前发展较好的企业，一般都采用高管或员工持股制，或者较高比例的以利润实现为考核目标的绩效工资制。绩效工资本身是剩余索取权在劳动薪酬上的技术性体现，只不过因为没有涉及产权因素而容易被人忽视。

新时代社会主义市场经济的根本目的是解决新的社会矛盾，满足人民群众对美好生活的向往，在收入分配体制上更加注重公平，尤其是注重机会公平，其根本是如何让更广大的民众享受到经济发展的成果。在要素资本化趋势越来越明显的情况下，第一，要让更多的人力资本享有剩余索取权和控制权，无论是非产权层面高占比的绩效工资制，还是资本所有权层面的合伙制、股权激励制，既是更为与时俱进和更为科学有效的激励手段，又能让更广泛的劳动力参与到生产剩余的分配中，这样在充分激发人力资本活力的基础上，还可以有效抑制物质资本所有者即传统的资本家占有剩余过多的问题。第二，要有效平抑房地产等非生产性资产的价格，防止房地产价格过快过高上涨导致的社会财富剩余的再分配。不断上涨的房价相当于对房地产所有者或土地所有者分配了过多的“财富剩余”，而房地产尤其是投机性房产，无法直接参与到生产函数中实现有效产出，但却对人力资本进行“挤出和剥削”，占有了人力资本获得的剩余，更不用说对普通劳动者基本劳动收入的成本型“掠夺”。因此从这个角度也可以理解中央多次提出的“房住不炒”的政策精神。第三，需要提高社会公共部门占有部分剩余索取权后的再分配效率。从收入分配体制的演进历史来看，新中国成立初期为了举全国之力推动工业化进程，通过大一统的国家集中动员机制从农村占有大量剩余以补贴城镇工业化。改革开放后，社会公共部门通过财税手段获取了企业的大量剩余。问题的本质不是政府在收入分配中的占比，而是政府再分配的效率问题。在社会主义市场经济体制内，政府通过直接获得国有资本的剩余或者间接通过税收或其他财政手段获得企业的剩余，以提供社会公共品和社会保障，以及通过再分配来缓解收入分配两极分化的问题，这是社会主义市场经济的优越性之一。但问题的关键是提高公共品的供给和再分配效率，减少其中的福利损耗。当前中央政府正在做这些方面的努力，一是构建服务型行政模式，提高各级政府机关的社会服务能力和效率；二是降低企业税费以及中小企业的融资成本，本质上是减少剩余索取权中再分配权力的比重，将剩余索取权进一步向微观层面放权以激活要素活力。这也是供给侧改革的本义所在，只有微观层面的企业实现了高质量发展，整个宏观层面的经济才会实现高质量发展。

五、总结

在现代经济五大环节——生产、流通、消费、分配、投资中，分配问题是至关重要的关键环节，也是体现社会主义市场经济的特色之处。而分配问题的关键又是剩余索取权和控制权的分配，这个概念在理论上与马克思的剩余价值理论有联系但并不是同一个范式。剩余索取权建立在现代企业作为不完备契约及参与要素贡献无法准确度量的复杂结构下。然而中华人民共和国成立以来的70 年的收入分配体制变迁，一条基本的主线是剩余分配权的转移，无论是改革开放前农村剩余对城镇工业化的补贴，还是改革开放后家庭联产承包责任制和工厂承包制，以及后来的绩效工资制、员工持股计划、合伙制和财产性收入，本质上都是对剩余索取权和控制权的放权和让渡。在社会主义市场经济发展模式的新阶段、新时代，要素资本化尤其是人力资本化的趋势，要求进一步的从微观层面对企业的剩余索取权进行再设计，让更多的非资本要素参与到产出剩余的分配中，这样才能满足新时代下让更多的民众享受到经济发展的成果。与此同时，当前大力推进的供给侧结构改革的关键，也是收入分配的改革，因为总供给曲线和总需求曲线的改善，本质上离不开收入分配曲线的改善，离不开总产出剩余如何分配到微观个体中直接关系到有效需求的改善。在这种条件下，无论是企业越来越多地采用员工持股计划、合伙制和高占比的绩效工资制，还是政府对企业的减税让利，本质上都是对剩余索取权的进一步让渡和放权，这与40 年前的改革是相同的逻辑。

参考文献

[1] 马克思：《资本论》第1卷，中央编译局译，人民出版社2004 年版。
[2] 刘宁："剩余索取权的演变与现实"，《文史哲》1999 年第5 期。

[3] 周树高、丁元："中国收入分配制度变迁的轨迹与分析"，《广东技术师范学院学报》2012 年第 1 期。

[4] 左大培："狭义地解释资本雇佣劳动的经济学说"，《经济学动态》2016 年第 10 期。

经济增长、收入分配与现代化经济体系[①]

一、引言

自20世纪50年代以来，经济增长与收入分配之间的关系研究一直是学者们关注的焦点。穆勒（1997）提出："只有在落后国家，生产的增长才是依然重要的目标。在最发达的国家，经济所需要的是更好的分配。"尽管这一观点过于绝对，但这无疑体现了收入分配在经济发展中举足轻重的地位。

一方面，以Kuznets（1955）的倒"U型"假说为理论起点，经济学家们较为一致地认为分配的不平等带来了经济的高速增长，尽管短期内增长是一个不平等的过程，随着经济的长期持续发展，经济增长的收益会趋于均衡的扩散（Lewis，1983）。这一结论进而引发了学者们对于经济发展模式及其与分配之间的冲突的思考，即以扭曲分配带来的经济增长，在短期内加剧了贫困，是否会带来长期的经济恶化（Chenery等，1974）。Lewis（1954）基于固定工资水平和无限劳动供给的假设，认为只要没有通过提高工资和收入缓解传统部门的冲击，那么在一定时期内经济发展过程会加剧收入差距，即使现代部门中存在失业或不充分就业，这种情况仍然存在（Todaro，1969），但当剩余劳动逐渐消失时，人均收入会逐渐提高并且收入差距会逐渐减小，人口迁移本身也将成为缓解分配不平等的重要方式（Kuznets，1955）。随后，Adelman与Morris（1973）和Paukert（1973）等基于跨国数据，发现发达国家与发展中国家均遵循"倒U型曲线"假说。Galor & Tsiddon（1997）和Aghion等（1999）对此进行了解释，认为早期的分配不平等提高了人力资本和产出的总体水平，但技术外部性向下层社会的渗透，最终将导致分配收敛于单一稳态均衡，产出的增长也将伴随着更平等的收入分配。

另一方面，20世纪70年代以来，东亚的迅速崛起带来了"经济增长与平

---

① 本文作者查婷俊，广东外语外贸大学国际战略研究院。

等相伴随”的奇迹（阿特金森和布吉尼翁，2009），令倒“U 型”假说遭到了质疑，学者们研究发现，在合适的发展政策之下，经济增长和分配公平的同时实现成为可能（Fei 等，1979；Kanbur，1994；Ravallion 与 Chen，1997；Deininger 与 Squire，1998），同一时期的美国、英国、德国等发达国家的长期经济发展数据也体现出，不平等程度随着人均收入的提高也有着下降的趋势（阿特金森和布吉尼翁，2009）。因而，学者们开始探究较高的经济增长水平和平等的同时发生，是否是政策的结果。Chu（1995）通过对中国台湾地区自 20 世纪 50 年代至 90 年代经济增长和基尼系数变化规律的经验分析，发现以台湾地区个案为例，经济增长和基尼系数下降的同时产生，得益于土地改革、鼓励出口等政策的实施，凸显了政策对经济发展与收入分配关系的影响作用。但相同的政策对于不同国家（地区）却产生了截然不同的结果，与中国台湾地区出口替代政策成功的经验相反（Bourguignon 与 Morrisson，1990；Barro，1991；Sachs 与 Warner，1997）。基于此，政策组合及其与收入分配的关系研究也逐渐取代了单一政策影响的研究。

据此而言，一国经济能否实现可持续增长，与收入分配结构是否合理密切相关。对于一个经济体来说，收入分配决定机制实质上是影响社会购买力的规模与结构的决定性因素（张杰和刘志彪，2008）。收入整体水平的提高和分配机制结构的合理提供了有效的市场需求，通过扩大新产品的市场规模，激励微观企业的创新活动及其盈利能力，并进一步促进经济持续增长。

二、中国收入分配结构与经济增长规律的经验分析

收入分配结构的差异通过对微观主体的影响进而决定了经济的可持续性发展（张杰和刘志彪，2008）。然而，长期以来对收入分配的讨论集中在人际、地区和城乡三个维度，导致了要素间收入分配差异被忽略，因此，分析收入分配的要素间结构性差异有助于理解收入分配与经济增长之间的动态关联与相互影响机制。

改革开放以来，中国经济高速发展，作为全球收入与财富分配的关键组成部分（Sala – I – Martin，2006；Lakner 与 Milanovic，2013），中国收入分配差距的衡量及其对经济增长的影响逐渐引起了学者们的关注。中国经济的改革在为经济高速增长提供有效经济制度的前提下，也带来了激励机制和分配制度的变化，进一步带来了收入分配格局的演变和收入差距的扩大（李实，2003），

并且迄今为止的中国数据并没有体现出倒“U 型”的变化趋势（王小鲁和樊纲，2005；罗楚亮等，2009）。根据皮凯蒂等（2019）的研究，自市场化以来，中国的收入不平等显著提高，表现为顶层 10% 人口拥有国民收入份额自 27% 上升至 41%，而底层 50% 人口的收入份额从 27% 下降至 15%，这种分配的不平等背后还蕴含着财富不平等、城乡收入差距等问题，并且海外资产及其收入也将显著提高顶层人口的财富分配份额（Alstadsæter 等，2017）。对任何经济体而言，收入分配及其变化都表现为经济发展与制度变迁相互作用的结果（李实等，1998），造成中国收入分配差距的原因来自经济发展的不平衡（郭熙保，2002）、体制与政策对市场经济的干扰等（周文兴，2002）。长期来看，经济增长与收入分配之间存在双向因果关系（刘霖和秦宛顺，2005），控制收入差距对经济增长有益，且反过来又能进一步缩小收入差距，形成增长与分配的协调（陆铭等，2005）。基于此，本部分拟通过宏观数据从劳动密集型产品的出口导向机制、资本所有者利益偏向型分配机制、城乡二元结构和部门间收入分配等方面探讨要素间的收入分配差异，及其与经济增长之间的关系。

（一）劳动密集型产业的出口导向型机制

在发展初期的劳动力过剩和资本短缺的情况下，劳动密集型产业以其低劳动成本和低资本进入壁垒的优势，率先得到了发展，加之中国长期以来在全球价值链分工中处于低端地位，劳动密集型产业的出口导向机制不断加强，为中国改革开放 40 多年提供了经济发展动力。这种以劳动密集型产品出口为比较优势的发展模式应使得收入向劳动者倾斜而不是相反，但事实上全球化带来劳动收入占比下降却是普遍的规律，学者们普遍将其解释为全球化背景下资本“谈判力量”被强化（Harrison，2002；Guscina，2006；罗长远、张军，2009）。这种资本议价能力的强化可以追溯至 1994 年分税制改革带来的“招商引资竞赛”（王永钦等，2007），作为全球出口产品价格接受者的中国外向型劳动密集型企业的出口对企业劳动收入份额增长有抑制效应（张杰等，2012）。比较优势的贸易理论认为，出口企业的劳动收入份额将随着其具有比较优势的产品的出口数量增加而增加，但这一理论忽略了出口过程中，出口政策和出口行为的实际情况，而这两者在很大程度上将决定劳动收入份额是否能够得到提升。由于外资进入产生的负向“工资溢出”效应，导致随着外资进入程度的提高，劳动密集型行业劳动者报酬份额呈现出下降的趋势。

（二）资本所有者利益偏向型的分配机制

居民财产性收入与工资性收入不对称，也导致了建设现代化经济体系的助推动力严重不足（刘志彪，2019）。根据收入法统计的我国国内生产总值（Gross Domestic Product，GDP）的构成，可以得到如表1所示的中国1990—2017年劳动者报酬占GDP比重。

表1　中国1990—2017年劳动者报酬占GDP比重

年份	劳动者报酬占比	年份	劳动者报酬占比	年份	劳动者报酬占比	年份	劳动者报酬占比
1990	0.53	1997	0.53	2004	0.42	2011	0.45
1991	0.52	1998	0.53	2005	0.41	2012	0.46
1992	0.50	1999	0.52	2006	0.41	2013	0.46
1993	0.51	2000	0.51	2007	0.40	2014	0.47
1994	0.51	2001	0.48	2008	0.46	2015	0.48
1995	0.53	2002	0.48	2009	0.47	2016	0.47
1996	0.53	2003	0.46	2010	0.45	2017	0.48

资料来源：国家统计局。

由表1可以看出，劳动者报酬占比自1990年以来呈现逐年下降的趋势，尤其在2000年之后，劳动者报酬占比低于50%，2004—2007年更是持续保持在41%左右的较低水平，表现出国民收入分配的资本所有者偏向型（张杰和刘志彪，2008）。事实上，劳动者报酬的占比对收入分配的公平程度和经济增长有着显著影响。

从图1可以看出，一方面，劳动者报酬占GDP比重与基尼系数变动呈现出较为明显的反向变动。2004—2007年，伴随着劳动者报酬占比的不断下降，基尼系数在这一阶段显著上升，直至2008年达到最高值0.49；2008—2017年，劳动者报酬占比不断上升，这一阶段的基尼系数也呈现出不断下降的趋势。总体而言，中国基尼系数仍处于较高水平，收入分配不平等现象较为严重，劳动者报酬占比也持续保持在较低水平，相比而言，美国同时期劳动者报酬占比均值达到54.80%。另一方面，基尼系数与经济增长之间呈现同向变化规律，2003—2011年，基尼系数维持在较高水平，均值为0.48，而这一阶段的经济增长率也较高，均值超过17%，但2012—2017年，伴随着基尼系数的逐渐下降，经济增速显著放缓，均值仅为8%。

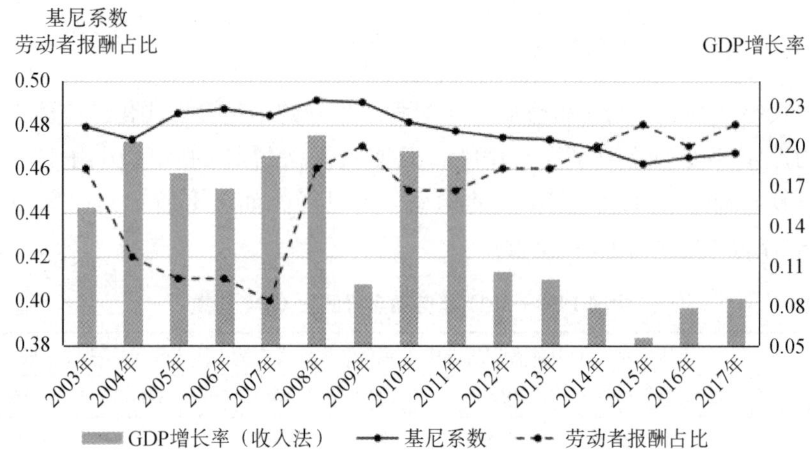

图1　中国2003—2017年GDP增长率、基尼系数与劳动者报酬占GDP比重对比

资料来源：国家统计局。

在发展初期，劳动力过剩和资本短缺的情况下，工资水平普遍处于较低阶段，且收入分配机制偏向资本所有者使得基尼系数处于较高水平，分配不平等现象较为严重，此时的经济增长建立在依靠劳动密集型产业的大力发展进行资本的原始积累，当经济发展到一定阶段后，随着劳动成本的不断上升和资本边际收益的递减，固有的发展模式带来经济增速的放缓，而伴随着劳动者报酬占比逐渐提高，分配不平等现象也有所缓解。

（三）城乡二元分割与部门收入分配差异

地区差异和行业差异是导致中国居民收入不平等的重要来源（齐亚强和梁童心，2016），而其中地区差异主要表现为不同发达程度省份或地市之间的居民收入差异，以及城乡之间的可支配收入差异。劳动者长期低水平工资与中国二元城乡分割制度密不可分（张杰、刘志彪，2008）。

从图2可以看出，城镇居民家庭人均可支配收入的增长远快于农村居民家庭人均纯收入的增长，从图中也可以清晰地看出，1994年是城乡二元结构形成的分界点。在此之前，城镇居民家庭人均可支配收入的年均值为1175.62元，农村居民家庭人均纯收入的年均值为493.86元，前者是后者的2.38倍，但1994年之后，差距逐渐扩大，城镇居民家庭人均可支配收入年均值达到15921.62元，而农村居民家庭人均纯收入的年均值仅为5492.13元，前者为后者的2.90倍。城乡人均收入剪刀差的不断扩大，造成了分配的区域不平衡。

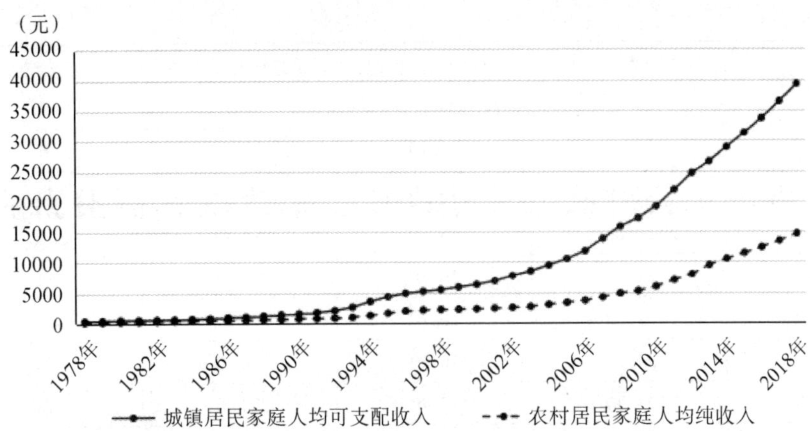

图 2　1978—2018 年城镇居民家庭人均可支配收入与农村居民家庭人均纯收入

资料来源：国家统计局。

除此以外，我国经济增速的变化与可支配收入在部门间的分配存在着一定的关联。从表 2 可以看出，自 20 世纪 90 年代以来，我国国民收入分配格局发生了较大的变化。在可支配收入占比的分配格局中，企业部门占比经历了先上升后下降的过程，尤其是 2008 年以前，企业部门的可支配收入占比增长较快并趋于稳定，政府部门则呈现出与企业部门相反的波动趋势，经历了先下降后上升的过程，并且在 2008 年之后趋于稳定，保持在 18% 左右，住户部门的可支配收入占比最高，但同样经历了先下降后缓慢上升的过程，由此可以看出，制度外收入和土地出让收入的快速增加使政府所得份额上升明显，并挤出了部分企业部门和住户部门可支配收入，企业在再分配格局中居于明显的弱势地位（国家发改委社会发展研究所课题组，2012）。

表 2　中国 1990—2017 年劳动者报酬占 GDP 比重

年份	可支配收入占比：企业部门（%）	可支配收入占比：政府部门（%）	可支配收入占比：住户部门（%）	经济增速（%）
1992	13.40	17.90	68.70	22
1993	18.10	17.20	64.70	32
1994	18.60	14.50	66.90	33
1995	19.70	14.10	66.20	27
1996	16.40	14.60	69.00	19
1997	17.70	14.30	68.00	12
1998	17.50	14.20	68.30	8

续表

年份	可支配收入占比：企业部门（%）	可支配收入占比：政府部门（%）	可支配收入占比：住户部门（%）	经济增速（%）
1999	19.20	14.10	66.70	6
2000	19.40	14.50	66.10	11
2001	20.60	15.00	64.40	12
2002	21.10	16.30	62.60	11
2003	21.90	16.10	62.00	15
2004	24.30	16.60	59.10	20
2005	23.70	17.40	58.90	18
2006	23.70	17.90	58.40	17
2007	23.90	18.80	57.30	19
2008	24.50	18.30	57.20	21
2009	23.80	17.50	58.70	10
2010	23.60	18.00	58.40	20
2011	21.90	18.80	59.30	19
2012	20.60	19.20	60.20	11
2013	19.80	18.90	61.30	10
2014	20.50	18.85	60.65	8
2015	19.80	18.50	61.60	6
2016	20.00	17.90	62.10	8

资料来源：国家统计局。

三、收入分配结构优化与现代化经济体系建设

收入分配结构优化与现代化经济体系建设的内在关系，集中地体现在前者是后者的基本要求和根本标志（刘志彪，2018），这意味着收入分配结构优化不仅要追求初次分配中的效率激励，而且要在此基础上利用再分配工具逐步缩小收入分配差距，推进基本公共服务均等化。

（一）初次分配中的效率机制

初次分配是当前我国收入分配制度改革的重点，因为它是导致我国收入差距过大且难以治理的重要原因（厉以宁，2013）。按照主流的市场理论，市场

机制在“看不见的手”的自动调节下能够实现帕累托最优的资源分配，而初次分配就是由这种市场机制所决定的结果。在我国的经济现实中，由于各种各样的原因，市场机制是不健全、不完善的，这也导致我国的初次分配过程存在严重的扭曲。譬如，过去长期实行计划经济造成的路径依赖下，工资标准和极差仍广泛存在，至今影响着初次分配过程；又如，以劳动密集型产业为主的出口导向发展模式，使得国内企业及劳动者仅能得到微薄的利润和工资，初次分配过程中的大部分收入为外国投资者所有。因此，我国的初次分配亟须改革，但这一改革应同实体经济的产业转型升级结合起来，才能真正发挥初次分配的效率激励。其原因在于：一方面，只有实体经济的产业实现转型升级，摆脱全球价值链上的低端代工，才能彻底改变初次分配过程被外国投资者“俘获”的局面；另一方面，随着产业转型升级影响下的创新创业者增加，在现代经济增长中的资本偏向作用下，收入分配差距不断扩大的趋势必然得到遏制。在这种情况下，社会成员之间“仓廪实而知礼节，衣食足而知荣辱”，有利于提高生产积极性，从而进一步促进产业创新和发展，有利于推进现代化经济体系建设。

（二）再分配中的公平机制

一般而言，再分配形式比较多样，归结起来主要由向低收入者转移收入和向高收入者征税所组成，但前者的再分配政策效应远高于后者（Kristjánsson，2011）。因此，政府对居民的转移性支出是实现收入分配公平的重要手段。但是，发展中国家的再分配机制是普遍缺乏的，这是因为发展中国家的公共财政基本上难以发挥调整收入差距的功能。以我国的社会保障支出为例，它是一种典型的对居民的转移性支出机制，但目前存在着对部分群体“分配过度”的现象，从而导致了我国社会保障支出的再分配机制的效率极其低下（徐静等，2018）。实际上，从发达国家的经验来看，社会保障支出完全可以通过增加对农村居民的政策性补贴，同时降低对城镇居民的政策性补贴，进而改善农村和城市收入分配中的“二元”结构。不过，需要强调的是，由于我国公有制经济占据主体，对收入再分配机制进行调整应考虑到体制、机制的特殊因素。这就意味着必须牢牢抓住改革政府与市场关系的主线，完善社会主义市场经济体制，从而推进基本公共服务均等化、实现共同富裕。

（三）初次分配与再分配的协调机制

初次分配与再分配均是我国收入分配体系改革中不可或缺的重要组成部

分，其功能定位主要围绕于效率与公平的内在协调。表面上看，效率与公平似乎仅仅是权衡取舍的两难，但实际上，高效率并非一定要牺牲公平，且牺牲公平反而有损效率（李清彬，2019）。换句话说，如果再分配中的公平机制被人为扭曲，必然加深社会居民不同收入阶层之间的矛盾和冲突，对整个社会的经济生产积极性产生不利影响。实际上，初次分配是在实体经济生产领域内部发生的，而再分配是在生产领域与非生产领域之间发生的，更多地与具有强权的国家性质有关系（刘志彪，2018）。由此可见，初次分配和再分配在功能定位其实是互为补充的，两者之间的这种协调机制要求各种生产要素在市场决定机制中取得合理回报，同时通过调节收入差距使全体国民更好地共享经济增长果实。因此，初次分配和再分配之间的相互协调，是公平、高效和可持续发展的收入分配体系的必然要求，更是现代化经济体系建设的主要内容之一。

四、政策建议

我国目前正处于从高速增长转向高质量发展的过渡阶段，收入分配过程不仅存在收入差距过大的问题，而且存在收入分配不公平的问题。这些问题不利现代化经济体系建设的顺利推进。因此，本文结合我国经济增长的实际情况，提出以下几点具体的政策建议：

第一，进一步健全和完善市场机制，努力消除劳动力市场的买卖双方地位不平等现象，形成生产要素需求和供给的公平竞争环境。特别是针对初次分配过程中的一些工资标准和极差的规定，迫切需要进行改革，切实贯穿市场在初次分配过程中发挥决定性作用的原则。

第二，鼓励大众进行自行创新创业，并为其创造良好的创新创业环境。在现代经济增长的资本偏向作用下，资本所有者往往能够在收入分配过程中占据优势，因而创新创业的人多了，就会出现社会财富平均值高于中位数的良好格局。

第三，大力发展国内价值链，进而借助国内价值链攀升全球价值链的高端环节，发展生产率高、附加值高的国内产业，如先进制造业、现代服务业等，不仅有利于培育和壮大我国的中等收入阶层，而且在一定程度上能够有效遏制国内创造的财富大量流向外国投资者。

第四，加强高质量的制度供给，尤其是再分配过程的制度供给。再分配主要依靠政府的强权性质的收入转移，因此政府能否提供高质量的制度供给就显得尤为重要。比如，提低限高的富民政策，就需要高质量的政府制度职能来支撑。其中，提低，不仅是直接提升低收入中的收入和消费水平，而且要提升低收入者的教育、医疗、养老等方面的福利水平，这等同于间接增加低收入者收入；限高，则意味着要在保证社会生产效率的基础上对高收入者进行更大力度的再分配调节（刘志彪，2018）。

第五，注重初次分配功能与再分配功能并举，发挥两者之间的协同作用来优化我国的收入分配结构。通过扩大中等收入者的比重，不是减少高收入者的比重，而是通过减少低收入者的比重，实现收入分配的公平和效率（洪银兴，2004）。具体地说，初次分配的重点应放在效率激励机制上，再分配的重点应放在公平机制上。这就要求政策设计，尤其是在一些具体政策制定时，应结合我国自身国情进而全面考虑初次分配和再分配可能产生的各种影响。

参考文献

[1] Adelman, I. , C. T. Morris. Economic Growth and Social Equity in Developing Countries [M]. Stanford, California: Stanford University Press, 1973.

[2] Aghion P, Caroli E, García – Peñalosa C. Inequality and Economic Growth: The Perspective of the New Growth Theories [J]. Journal of Economic Literature, 1999, 37 (4): 1615 – 1660.

[3] Alstadsæter A, Johannesen N, Zucman G. Who Owns the Wealth in Tax Havens? Macro Evidence and Implications for Global Inequality [J]. Journal of Public Economics, 2017: S0047272718300082.

[4] Barro R J. Economic Growth in a Cross Section of Countries [J]. The Quarterly Journal of Economics, 1991, 106 (2): 407 – 443.

[5] Bourguignon F, Morrisson C. Income Distribution, Development and Foreign Trade: A Cross – Sectional Analysis [J]. European Economic Review, 1990, 34 (6): 1113 – 1132.

[6] Chenery, et al. Redistribution with Growth. Published for the World Bank and the Institute of Development Studies [M]. Oxford: Oxford University Press, 1974.

[7] Chu Y – P. Taiwan's Inequality in the Postwar Ear [D]. Working Paper, 1995, No. 96 – 1 (Sun Yat Sen Institute Taiwan).

[8] Deininger K, Squire L. Does Economic Analysis Improve the Quality of Foreign Assistance? [J]. World Bank Economic Review, 1998, 12 (3).

[9] Fei J C H, Ranis G, Kuo S W Y, et al. Growth with equity: the Taiwan case [J]. Economic Journal, 1979, 92 (368): 970.

[10] Galor O, Tsiddon D. Technological Progress, Mobility, and Economic Growth [J]. American Economic Review, 1997, 87 (3).

[11] Guscina, A. Effects of Globalization on Labor's Share in National Income [D], IMF Working Paper, 2006: No. 294.

[12] Harrison, A. E. Has Globalization Eroded Labor's Share? Some Cross – Country Evidence [D], UC – Berkeley and NBER Working Paper, October, 2002.

[13] Kanbur, R. Poverty and Development: the Human Development Report and the World Development Report, 1990 [D]. Policy Research Working Paper, 1994, 15 (2): 1 –29.

[14] Kristjánsson A S. Income redistribution in Iceland: Development and European comparisons [J]. European Journal of Social Security, 2011, 13 (4): 392 –423.

[15] Kuznets, S. Economic Growth and Income Inequality [J]. American Economic Review, 1955, (45): 1 –28.

[16] Lakner C, Milanovic B. Global Income Distribution from the Fall of the Berlin Wall to the Great Recession [D]. Policy Research Working Paper, 2013, 17 (32): 71 –128.

[17] Lewis, W. A. Economic Development with Unlimited Supplies of Labor [J]. Manchester School, 1954, 22, 139 –191.

[18] Lewis, W. A. Development and Distribution [A]. in M. Gersovitz ed., Employment, Income Distribution and Development Strategy: Problems of the Developing Countries [C]. New York: New York University Press, 1983: 26 –42.

[19] Paukert F., Income Distribution at Different Levels of Development: A Survey of Evidence [J]. International Labour Review, 1973, 108 (2): 97.

[20] Ravallion M, Chen S. What Can New Survey Data Tell Us about Recent Changes in Distribution and Poverty? [J]. World Bank Economic Review, 1997, 11 (2): 357 –382.

[21] Sachs J D, Warner A M. Fundamental Sources of Long – Run Growth [J]. American Economic Review, 1997, 87: 184 – 188.

[22] Sala – I – Martin X . The World Distribution of Income: Falling Poverty and Convergence, Period [J]. Quarterly Journal of Economics, 2006, 121 (2): 351 – 397.

[23] Todaro M P. A Model of Labor Migration and Urban Unemployment in Less Developed Countries [J]. American Economic Review, 1969, 59 (1): 138 – 148.

[24] 安东尼・B. 阿特金森、弗兰克金斯・布吉尼翁:《收入分配经济学手册》, 经济科学出版社 2009 年版。

[25] 蔡萌、岳希明:"我国居民收入不平等的主要原因: 市场还是政府政策",《财经研究》2016 年第 4 期。

[26] 郭熙保:"从发展经济学观点看待库兹涅茨假说——兼论中国收入不平等扩大的原因",《管理世界》2002 年第 3 期。

[27] 国家发改委社会发展研究所课题组:"我国国民收入分配格局研究",《经济研究参考》2012 年第 21 期。

[28] 洪银兴:"富民和收入分配的效率",《南大商学评论》2004 年第 2 期。

[29] 李清彬:"建设体现效率、促进公平的收入分配体系",《宏观经济管理》2019 年第 5 期。

[30] 李实、赵人伟、张平:"中国经济转型与收入分配变动",《经济研究》1998 第 4 期。

[31] 李实:"中国个人收入分配研究回顾与展望",《经济学 (季刊)》2003 年第 2 期。

[32] 厉以宁:"全面深化改革开放推进经济持续健康发展——学习贯彻十八大精神笔谈 (下)",《经济研究》2013 年第 3 期。

[33] 陆铭、陈钊、万广华:"因患寡, 而患不均——中国的收入差距、投资、教育和增长的相互影响",《经济研究》2005 第 12 期。

[34] 罗楚亮、李实、赵人伟:"我国居民的财产分布及其国际比较",《经济学家》2009 年第 9 期。

[35] 罗长远、张军:"劳动收入占比下降的经济学解释——基于中国省级面板数据的分析",《管理世界》2009 年第 5 期。

[36] 齐亚强、梁童心:“地区差异还是行业差异?——双重劳动力市场分割与收入不平等”,《社会学研究》2016 年第 1 期。

[37] 托马斯·皮凯蒂、杨利、加布里埃尔·祖克曼:“中国资本积累、私有财产与不平等的增长:1978—2015”,《财新智库》2019 年第 3 期。

[38] 王小鲁、樊纲:“中国收入差距的走势和影响因素分析”,《经济研究》2005 年第 10 期。

[39] 王小鲁:“经济增长、收入分配与结构调整”,《经济体制改革》2015 年第 1 期。

[40] 王永钦等:“中国的大国发展道路——论分权式改革的得失”,《经济研究》2007 第 1 期。

[41] 徐静、蔡萌、岳希明:“政府补贴的收入再分配效应”,《中国社会科学》2018 第 10 期。

[42] 约翰·穆勒:《政治经济学原理》,商务印书馆 1997 年版。

[43] 张杰、陈志远、周晓艳:“出口对劳动收入份额抑制效应研究——基于微观视角的经验证据”,《数量经济技术经济研究》2012 年第 7 期。

[44] 张杰、刘志彪:“需求与我国自主创新能力的形成:基于收入分配视角”,《经济与管理研究》2008 年第 2 期。

[45] 周文兴:“中国城镇居民收入分配与经济增长关系实证分析”,《经济科学》2002 年第 1 期。

社会保障体系现代化的问题与对策[①]

建设现代化经济体系、实现国家治理体系与能力现代化，离不开社会保障体系现代化。适应经济社会发展与治理形势的社会保障体系，不仅有助于创造更加和谐稳定的宏观发展环境和条件，还可以激发社会发展活力与创新创造创业活力，增强创新驱动引擎的发展功能。目前我国社会保障制度已经日趋完备，体系日益健全，覆盖人口屡创新高，待遇水平不断提升，但仍然还存在一些与经济社会发展和治理状况不相适应的地方，为此，需要结合复杂严峻的国内外形势，深入探讨如何推进社会保障体系现代化，以便实现社会保障与经济社会发展的良性互动、有效互促。

一、社会保障体系现代化及其在新时代的重要意义

由高速增长阶段转向高质量发展阶段，国家不仅进一步强调要坚持“以人民为中心的发展思想”，贯彻“创新、协调、绿色、开放、共享”等新发展理念，而且明确了“增进民生福祉是发展的根本目的”，并提出了经济、政治、社会、文化、环境等多方面、全方位的发展与改革任务。在经济方面的主要任务就是建设现代化经济体系，而改革方面的总目标则是推进国家治理体系与能力现代化。然而，无论是建设现代化经济体系，还是推进国家治理体系与能力现代化，实质上都离不开社会保障体系的现代化。社会保障体系的现代化，有助于稳定社会预期，创造更加和谐稳定的国内发展环境与有力支撑条件，并激发社会发展活力与创新、创造、创业活力，增强创新驱动引擎的发展功能。

社会保障体系的现代化，就是要顺应经济社会发展与治理形势的变化，不断改革优化各项社会保障制度，使社会保障体系建设与经济社会发展和治理能

① 本文作者高传胜，南京大学政府管理学院。

够实现良性互动、高效互促。新时代推进社会保障体系现代化，既是解决现行社会保障制度存在的突出问题、实现制度不断完善与优化的内在要求，也是建设现代化经济体系、实现经济社会高质量发展和国家治理体系现代化的客观需要。一方面，我国现行社会保障体系还存在着一些与经济社会发展与治理形势不相适应的地方，既影响社会保障功能的有效发挥，又制约经济社会持续健康协调发展。比如现行基本养老保险制度的财务模式与基金管理方式，不仅直接影响到制度的便携性，不利于人力资源跨统筹区域的自由流动，也缺乏有效的激励约束机制，影响制度的可持续发展。另一方面，建设现代化经济体系和实现国家治理体系现代化，都需要社会保障体系充分发挥其积极功能，在创造有利的宏观发展环境与条件的同时，也为经济社会高质量发展与国家治理现代化提供有力的人力资本支撑与保障。然而，我国现行社会保障体系中的一些项目（如失业保险、社会救助、基本养老保险），既没有充分发挥出逆经济周期的调节功能，也未能实现好稳定社会预期的应有功能；不仅如此，一些社会保障项目的缴费水平、偿付模式与计发方式也未能建立起适应经济发展形势的自动调整机制，较高的综合缴费费率还加重了经济下行形势下的企业负担和个人负担。这些都是与新时代建设现代化经济体系、实现经济社会高质量发展和国家治理现代化的目标不相适应。

鉴于此，亟须在新时代、新矛盾和新形势下，深入探讨社会保障体系的现代化问题，以期适应经济社会发展与治理形势，深化社会保障制度改革创新，推进社会保障与经济社会发展和治理之间的良性互动、有效互促，进而既充分发挥社会保障的应有功能，又支撑现代化经济体系建设与国家治理体系现代化。为此，以下将从我国现行社会保障体系的主要构成及其总体发展状况分析入手，围绕其中与经济社会发展和治理形势不相适应的三个突出方面进行重点分析，并从学理上有针对性地提出相应的对策建议。

二、现行社会保障体系的主要构成与总体发展状况

按照现行制度安排，我国社会保障体系主要包括社会保险、社会救助、社会福利（狭义的）和社会优抚等主要项目。此外，在住房保障方面，还建立了住房公积金制度和保障房制度，这也可以看成是社会保障体系的重要组成部分，只不过住房公积金制度有着非常独特的财务模式，而保障房制度则是提供实物保障，并非通常意义上的重在收入维持的社会保障。

首先是社会保险。根据参保对象不同，分为城镇职工社会保险和城乡居民社会保险，前者包括通常所说的“五险”，指医疗、养老、工伤、失业和生育五种社会保险，国家政策现已要求生育保险与医疗保险合并实施，并在部分城市进行试点；城乡居民社会保险只有基本医疗和养老保险两个项目。从理论上讲，机关事业单位工作人员也应参加城镇职工的“五险一金”制度，但事实上，并不是全部地区都参加了城镇职工基本医疗保险，仍有极少数地区继续实行公费医疗制度；在养老方面，2015 年 1 月《国务院关于机关事业单位工作人员养老保险制度改革的决定》的颁布实施，意味着机关事业单位工作人员需要和城镇企业职工一样，参加社会统筹和个人账户相结合（简称“统账结合”）的基本养老保险制度，尽管目前这两项制度仍然是分立运行的；此外，机关事业单位还建立了与自愿性企业年金不同的强制性职业年金制度。

其次是社会救助。目前我国已经形成了覆盖城乡全体居民的以最低生活保障、特困人员供养、受灾人员救助等基本生活救助和医疗、教育、住房、就业等专项救助制度为支撑的相对完整的现代体系。

最后是社会福利与社会优抚。与社会保险、社会救助着力于保障基本需求不同，社会福利主要是改善提高性质，社会优抚则是抚慰优待性质，而且社会优抚的对象主要限于从事特殊工作的人群及其家属，如军人及其亲属。

鉴于篇幅原因，这里仅选择社会保险与社会救助中的主要项目进行总体分析，以反映我国社会保障体系的总体发展状况。

图 1 反映了我国城镇职工和城乡居民参加基本养老保险的状况。从中可以看出，城镇职工参保人数一直呈稳步增长态势，城乡居民经过 2012 年之前的快速增长之后已进入缓慢增长状态，2018 年基本养老保险的参保总人数已经增至 9.424 亿人，创历史新高。图 2 则反映了职工和城乡居民参加基本医疗保险的状况。从中可以看出，职工参保状况相对比较稳定，而城乡居民由于新农合与城镇居民基本医疗保险制度的整合，从 2016 年开始呈现快速增长趋势，由此带动了总人数的快速攀升，2018 年基本医疗保险的参保总人数已经达到 13.445 亿人，创下历史新高。图 3 反映了职工参加工伤保险、失业保险与生育保险的状况，总体而言，增长态势都较为明显。图 4 反映了我国现行社会救助体系中的主体部分——最低生活保障制度的受益人口变化状况。从中可以看出，无论是城镇居民还是农村居民，受益的人数均已出现下降趋势，这既与我国实施脱贫攻坚战略带来的贫困人口减少趋势大体吻合，也与最低生活保障制度运行的规范程度提高有着很大关系。图 5 则反映了医疗救助的总体发展状

况。从中可以看出，资助参加基本医疗保险与合作医疗的人数已经开始下降，但直接医疗救助的人次则是在稳步增加，而两项医疗救助支出均呈不断增长态势，尽管资助参加医疗保险与合作医疗的支出增长没有直接医疗救助支出增长幅度那么大。

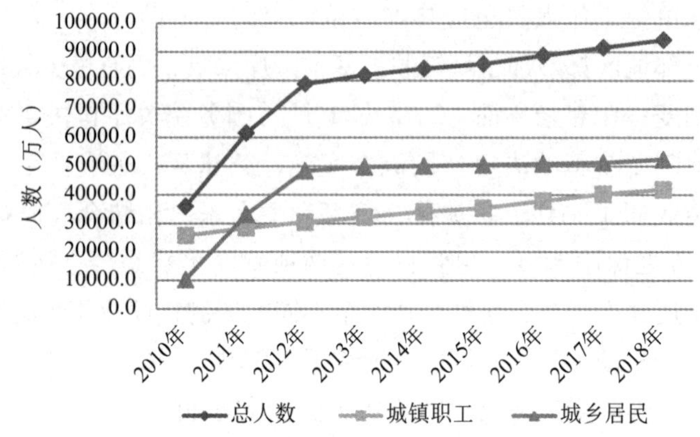

图1　基本养老保险的参保情况

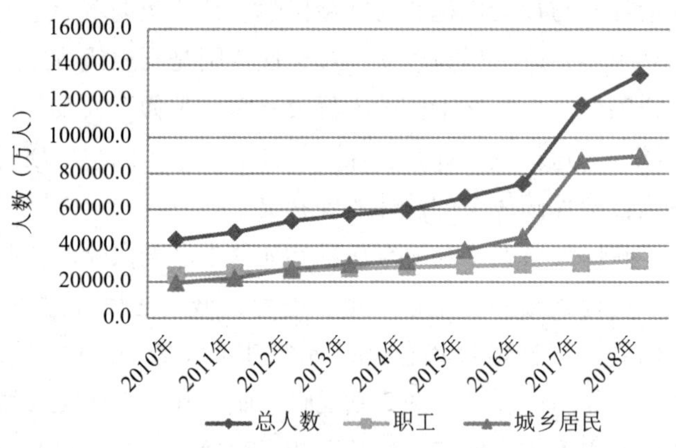

图2　基本医疗保险的参保情况

资料来源：《中国统计年鉴2018》和《2018年国民经济与社会发展统计公报》。

尽管我国社会保障制度日趋健全，体系日益完备，保障水平不断提高，但仍然还存在一些与经济社会发展和治理形势不相适应的地方甚至突出问题。如果不加以解决，既影响制度本身的可持续发展与保障功能的有效发挥，又影响到现代化经济体系建设、经济社会高质量发展和国家治理体系现代化，特别是在国际环境日趋不确定、国内经济下行压力依然较大的复杂严峻形势下。为此，以下仅选择其中的三个关键问题进行重点分析，即分别针对现收现付制、完全积累制社会保险制度以及未能有效发挥逆经济周期调节功能的部分社会保障制度存在的突出问题进行剖析，并面向现代化提出进一步改革优化的对策建议。

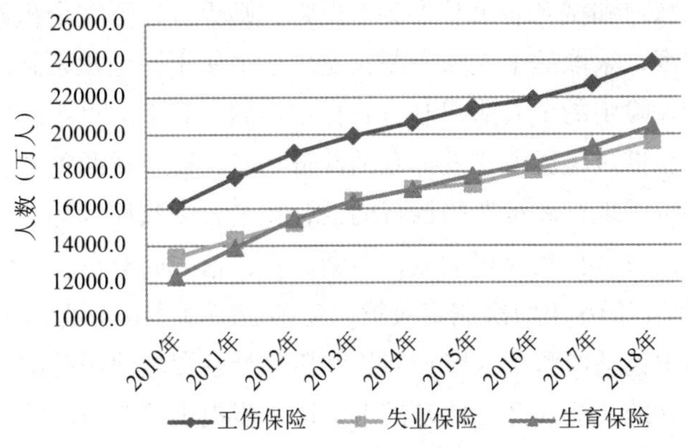

图 3　工伤、失业和生育保险参保情况

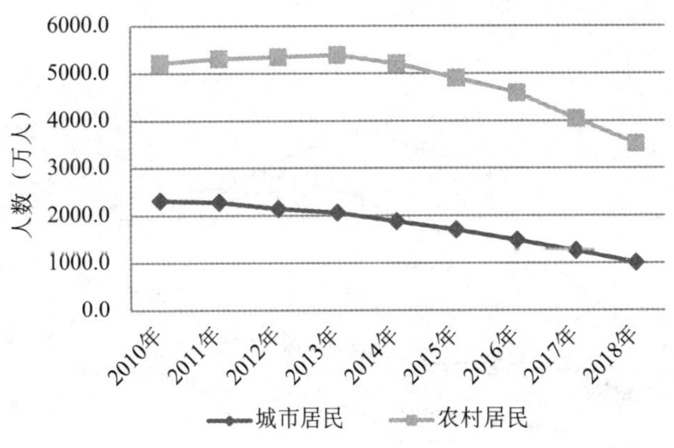

图 4　最低生活保障人数的变化情况

资料来源：《中国统计年鉴 2018》和《2018 年国民经济与社会发展统计公报》。

三、现收现付制社会保险制度的突出问题与改革方向

我国社会保障选择的是以社会保险，而不是社会救助为主的体系。社会保险制度，从财务模式看主要可以区分为现收现付制（pay - as - you - go system，PAYG）、完全积累制（fully funding system）和两者相混合的部分积累制（partially funding system）三种基本类型。现行社会统筹与个人账户相结合的职工基本养老和医疗保险即属于部分积累制，一些国家实行的名义账户制（Notional

Defined Contribution，NDC）亦属于部分积累制。上述的社会统筹账户和失业保险、生育保险、工伤保险以及城镇居民基本医疗保险，都属于现收现付制；而上述的个人账户和城乡居民基本养老保险，则更接近于完全积累制。我国的住房公积金制度，采取的个人账户制，实质上也属于完全积累制，但与上述基本养老与医疗保险中的个人账户制有着根本不同，其中的重要区别在于住房公积金是通过基金借贷融通方式发挥互助共济功能，而上述两种社会保险中的个人账户，如果按照现行政策严格执行的话，在绝大多数地区都是没有互助共济的社会功能，而只有自我保障功能，但浙江省在这方面有自主探索与创新。浙江省在2012年、2016年两次制定政策，完善职工基本医疗保险制度中的个人账户功能，其中包括厘清个人账户当年和历年结余资金使用范围，推动个人账户的家庭共济互助功能，并在此基础上，进一步提出符合条件的参保人员可使用个人账户历年结余资金为其本人、近亲属购买商业健康保险的探索性改革思路。①

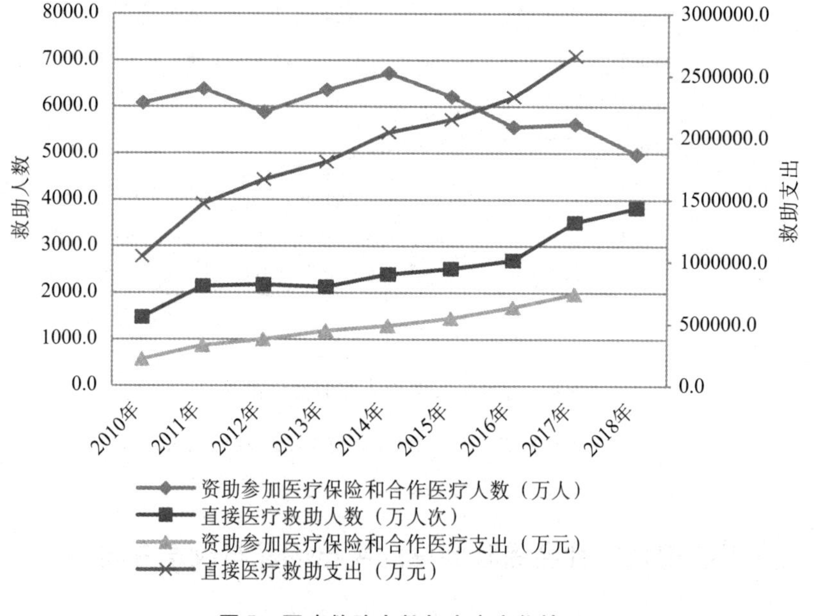

图5　医疗救助人数与支出变化情况

资料来源：《中国统计年鉴2018》和《2018年国民经济与社会发展统计公报》。

① 参见："浙江省人力资源和社会保障厅等4部门关于进一步调整完善职工基本医疗保险个人账户有关政策的通知"，http：//www. zjhrss. gov. cn/art/2016/07/05/art_ 2341_ 2234791. html，2016年7月5日。

现收现付制社会保险，按照短期（通常为一年）横向收支平衡原则筹集社会保险基金，即根据当期社会保险支出需要来确定社会保险收入筹集规模，然后按适当费率向分担者征收。但为了避免费率调整过于频繁，通常按照“以支定收、略有结余”原则确定缴费费率（林义，2007）。尽管如此，当影响社会保险基金收支两方面的主要因素发生趋势性变化时，追求自主平衡和可持续发展的社会保险制度，理应对保险费率进行定期调整。在人口老龄化客观趋势下，现收现付制社会保险制度的缴费率通常会随时间演化而呈现出阶梯状上升形态。我国正在发生人口结构的双向不利变化趋向，客观上也要求对相关社会保险费率进行定期调整。一方面是老龄人口数量和比例一直在持续上升，另一方面劳动年龄人口比例自2010年开始下降，绝对数量从2013年也开始下降。若以职工基本养老保险为例，即使不考虑政府每年以行政方式提高养老金待遇水平，保险费率也应定期调整以适应人口结构变化。职工基本医疗保险按理亦应如此，因为不断增长的老龄人口通常也会增加医疗保险基金支出，在现收现付制下必然要求对缴费费率做出相应调整，更何况，我国退休职工目前还是不用缴费的。然而，现实情况却是，我国既没有定期调高职工基本养老保险费率，也没有调整基本医疗保险费率。从学理上可以推知，其结果便是社会保险基金将面临可持续发展挑战，这已经在一些地区的基本医疗保险基金面临的财政压力中得到充分体现。

事实上，不仅现收现付制本身要求社会保险费率随着影响因素的变化状况而进行定期调整，经济形势变化客观上也需要社会保险费率适时做出适当调整，以便促进社会保障与经济发展的良性互动。更何况，这还是社会保险“费”比“税”更具灵活性的优势所在。回溯过去，现行职工基本社会保险制度是在经济上升时期、高速增长阶段建立的，彼时工资水平比较低，因而以此为基数缴纳的社会保险费对企业并没有构成较大的成本压力。然后，前些年美、日、欧三大经济体相继爆发了危机性事件，将世界经济拖入衰退状态，直到今天很多国家仍然复苏乏力，这给中国经济发展也带来了不小冲击。与此同时，一些国家贸易保护主义抬头，美国甚至还开始积极推动制造业回流。特朗普总统挑起的中美贸易战的重要原因之一即在于此。如此便产生了中美两大世界经济体之间的直面竞争问题。2016年末著名企业家曹德旺、宗庆后等关于国内企业负担与美国比较的谈话即反映了这一问题，同时也揭示出两种不同税费体制的直面竞争态势。在中国间接税体制尚未做出根本性变革、进而面临美国直接税体制激烈竞争之际，适时降低包括“五险一金”在内的企业税费负担水平，正是日益严峻的国内外形势下中国进行“降成本”并积极应对国际竞争的重要努力方向。国家适时对采取现收现付制的失业保险和工伤保险缴费费率进行阶段性下调，并降低了基本养老保险的单位缴费费率，即是对严峻的国内外形势与国际竞争态势的积极响应，尽管尚未综合多方面因素的变化趋势而对基本医疗保险的缴费费率进行适时调整。

除此之外，现收现付制社会保险制度还存在另一个尚未得到根治的内生性问题，即道德风险问题。具体表现为参保者在既定缴费水平下都会想方设法多使用社会保险基金，在养老保险中主要表现为退休者都想提高自己的养老金待遇水平，在医疗保险中则表现为患者大都想多用医疗资源（高传胜，2019）。这不仅影响到制度可持续发展，在社会保险的全面强制参保方式还存在实施漏洞的情况下，还会反过来影响民众的参保缴费积极性，无论是低风险者，还是高风险者。有人认为，这里道德风险问题产生的根源在于信息不对称，比如在医疗保险中，因为存在着信息不对称，保险经办方往往难以全面监控患者的就医行为，医患双方甚至还会相互“合作”以便多使用社会保险基金。实质上，道德风险问题的产生根源还在于现收现付制下待遇与缴费之间缺乏紧密精算关系、社会保险基金产权的公共性以及因此采取的无偿给付型互助共济方式。如果待遇与缴费之间建立起紧密的精算关系，如果社会保险基金产权归缴费者个人，如果基本采取借贷融通型互助帮扶方式，上述的道德风险问题便可望得到有效缓解（高传胜，2018）。当然，借贷融通利率水平也会影响参保者的行为，就像住房公积金贷款那样。至此，现收现付制社会保险制度的未来改革方向，实际上已经十分明了，只不过不少人由于认识不到位而难以接受如此之深的改革措施。

四、完全积累制社会保险制度的功能缺陷与改革思路

经典的个人账户制社会保险制度采取的是完全积累制财务模式，亦称基金制。该模式以远期纵向收支平衡为原则，在预测未来时期社会保险支出需求的基础上，确定一个可以保证在相当长时期内收支平衡的平均保险费率，然后分摊到参保者整个投保期；每一期筹集到的社会保险收入全部记入个人账户，主要用于社会保险基金积累，当参保人遇到该制度所要分散的风险时再从个人账户支取保险金用作补偿（殷俊、赵伟，2007）。这种模式在大多数国家和地区主要用于养老保险，包括我国城乡居民社会养老保险制度、职工基本养老保险

制度中的个人账户。需要指出的是，这并不是说医疗保险制度不可以采用个人账户，新加坡的公积金制度即采取个人账户制，而其中即设有保健储蓄户头（MediSave），我国的职工基本医疗保险制度中同样设有个人账户，尽管2010年出台的《社会保险法》中已经不再提及个人账户。此外，高传胜（2019）研究认为，我国住房公积金制度实质上也是一种个人账户制，而且它更具有创新意义与特征，因为这是一种个人大账户，其中的基金资产产权归属于个人，但可以通过借贷融通方式、而不是无偿给付方式实现互助共济，这是非常值得现行社会保险制度借鉴学习的新型财务模式，其原因在于基金的个人产权属性和借贷融通方式，不仅可以同样发挥互助共济功能，还具有更强的激励约束机制，同时也有助于规避基金公共产权属性和无偿给付方式可能带来的道德风险问题。

然而，我国现行职工基本养老保险和医疗保险制度中设立的个人账户，如果严格按照现行政策执行的话，其中的个人账户资产并未发挥互助共济的社会帮扶功能，而主要是自我保障功能，因而有人据此质疑这还是不是社会保险。这一质疑无疑有其合理性，但自我保障同样是社会保障体系中的重要支柱。对于职工基本医疗保险中的个人账户，浙江省多次出台相关政策加以功能优化，以提高其中资产的使用绩效和社会互助功能。相较于仅限于参保人自我保障而言，将基金资产拓展到家庭成员、近亲属的互助共济，其社会功能已经前进了一大步，但仍然还有进一步提升的空间。比如，可以借鉴名义账户制（NDC）的核心思想（郑秉文，2003、2015）和我国住房公积金制度的实践做法，将尚未使用的个人账户累积资产通过借贷融通方式借给其他人使用，融资借入者不仅将来要偿还本金，而且要支付相应的利息，毕竟个人账户资产本来就是要追求保值增值并按一定利率计息的。这样，不仅可以解决现行基本职工医疗保险制度中个人账户资产未能得到有效利用问题，还能够在更大范围内发挥互助共济作用，真正体现出社会保险的社会属性。对于职工基本养老保险制度中的个人账户进行同样的改革，则能发挥出风险分散与分担的社会互助功能，甚至还可以取消个人账户余额的继承性，进而通过短寿补长寿方式实现风险的横向分散与分担。

上述针对职工基本医疗保险和养老保险制度中个人账户的改革思路，实质上都是对传统的完全积累制社会保险制度模式的颠覆性创新与深层次改革。完全积累制社会保险模式，其核心要义在于通过风险的纵向分散来实现自我保障，保险基金资产的产权归于个人，具有非常强的激励约束作用，有利于调动民众参保缴费的积极性。当然，激励作用的有效发挥还有一个重要前提，即个人账户累积的基金资产能够得到有效的保值增值，抵御通货膨胀可能带来的贬值压力，否则，其激励效应也将大打折扣，就像我国职工基本养老保险基金由于长期缺乏有效的投资管理，贬值问题一直饱受包括学界在内的社会各界的广泛诟病。也正因为如此，国务院于 2015 年 8 月出台了《基本养老保险基金投资管理办法》（国发〔2015〕48 号），相关管理部门和投资管理机构（比如全国社会保障基金理事会）经过前期的充分准备，现已开始对基本养老保险基金进入更大范围、更多渠道的投资管理，而不仅仅是存银行、买国债。除了需要有效的投资管理以实现保值增值之外，经典的完全积累制社会保险制度还有其他方面的缺陷，其中最关键的就是缺乏互助共济的社会功能，这也是很多国家没有采取完全积累制的最重要原因。实质上，除了不允许余额进行继承、让个人账户资产可以惠及家庭成员和近亲属等之外，如果允许完全积累制下个人账户资产进行借贷融通，都有助于从根本上解决个人账户制缺乏互助共济功能这一重大理论与政策缺陷问题，我国住房公积金制度即提供了这方面的实践探索，尽管它还有进一步改革优化的空间。

我国职工基本养老保险和医疗保险采取社会统筹与个人账户相结合的混合模式，初衷也许是为了充分发挥社会统筹的互助共济功能和个人账户的有效激励功能。但是，由于个人账户所占的比例低，且远低于社会统筹账户，因而其激励功能并未充分显现出来，加之个人账户无论是制度还是管理方面都存在一些缺陷，所以学界和政界对此出现了褒贬不一的两种争论与改革呼声。事实上，这两种声音都过于囿于经典的社会保险理论，并将社会互助共济与自我保障、有效激励对立了起来。如上所述，通过深层次改革与创新，如采用名义账户制，完全可以把看似对立的两个方面融合起来，既保留个人账户的激励性和自我保障功能强的优点，又增添了社会互助功能。如果更进一步，将原先的社会统筹与个人账户部分合并为个人大账户，同时建立起基金资产的借贷融通机制，则可以形成更强的激励约束机制，这样既有助于调动职工参保缴费的积极性、增强自我保障功能，又可以充分发挥社会互助与共济功能。不仅如此，相较于无偿给付型社会互助方式，借贷融通型社会互助方式还有利于激发各参保主体的责任感，并对经典模式下制度内生性道德风险起到更强的约束与抑制作用，而这都是经典的社会保险理论未曾重视并加以解决的重大理论与政策问题。建立基金资产可借贷融通的大个人账户制，也有助于实现资源优化配置与有效利用，可以更好地实现社会保障与经济发展的良性互动。

五、部分社会保障制度的逆周期调节功能缺失与校正

从学理上追溯，一些社会保障制度原本即具有自动稳压器和逆经济周期的调节功能，有助于实现社会保障与经济发展的良性互动，其中比较典型的如失业保险、失业救助等制度。首先以失业保险为例。在经济景气水平较高时期，就业人数往往比较多、工资水平比较高，而以工资为基数缴纳的失业保险费及其他社会保险费都会相应增加，这客观上起到抑制就业人员可支配收入和消费过快增长，进而调节经济过快扩张的作用；与此同时，领取失业保险金的人通常比较少，因而，总体而言，失业保险收入增多、支出减少，当期基金会有结余。而当经济景气状况不佳时，失业人数相对较多，领取失业保险金的人亦会增多，这在客观上会起到减缓消费下降、稳定经济增长的作用；与此同时，缴纳失业保险的人和工资基数都会减少，因而，总体而言，失业保险支出增多、收入减少，当期基金结余会相对减少甚至出现赤字。如果失业保险制度不是追求短期（比如一年）收支平衡，而是有着更长的政策时间视野，则可以充分利用经济景气时期不断增多的累积结余基金来弥补经济景气不佳时期结余不断减少甚至出现赤字的基金缺口，这样便可以进一步增强失业保险制度的自动稳压器和逆经济周期调节功能，更加有效地实现社会保障与经济发展的良性互动与有效互促。

在绝大多数国家和地区，失业保险待遇的享受时间通常都并不长，而且享受时间长度一般与失业前缴纳失业保险费的累计时间相关。以我国为例，按照现行《失业保险条例》，领取失业保险金的最长期限为 24 个月，而其前提条件则是失业人员失业前所在单位与本人按照规定累计缴费时间达 10 年以上。如果累计缴费时间满 1 年而不足 5 年，领取失业保险金的最长期限只有 12 个月。正因为如此，失业保险通常与失业救助配套实施，在失业保险期满后，仍未找到工作时，失业救助才开始发挥作用（杨团、关信平，2006）。虽然失业救助基金并非来源于就业者缴费，而主要来源于财政收入，但它与失业保险类似，同样具有逆经济周期调节功能，而且失业救助政策的制定与实施视野越长，其调节功能越强。在经济景气时财政收入增多、救助支出却较少，在经济不景气时财政收入较少、救助支出却较多，这本身就具有自动稳压器和逆经济周期调节功能，如果失业救助政策按照更长的时间、而不是短期（如一年）进行预算管理和实施，那么，经济景气与不景气时期的基金余缺状况便可以实

现纵向调剂，在经济景气状况较好时发挥紧缩财政、抑制经济扩张的作用，在经济景气不佳时则发挥扩张财政、稳定甚至拉动经济增长的作用，从而发挥更强的逆经济周期调节功能。因此，视野更长的失业救助制度更有助于实现社会保障与经济发展的良性互动与协同发展。

然而，现实情况却是，一方面我国失业保险的参保人数比较少，基金规模比较小，其自动稳压器和逆经济周期调节功能还不够彰显；另一方面我国没有专门的失业救助制度，失业救助功能主要通过城市最低生活保障、就业救助以及相关的扶贫制度来实现。首先看失业保险情况。目前我国失业保险主要针对城镇企事业单位职工，并没有覆盖数量较大的城乡居民。即使是城镇职工，失业保险参保人数也没有职工基本养老保险、职工基本医疗保险以及工伤保险多，尽管各自的参保人数都在不断增长。根据国家统计局公布的《2018 年国民经济与社会发展统计公报》，2018 年我国失业保险的参保人数为 19643 万人，不仅远低于职工基本养老保险和基本医疗保险的参保人数（分别为 41848 万人、31673 万人），而且也低于工伤保险的参保人数（23868 万人）。如果从历年发放失业保险金的人数看，根据《中国统计年鉴（2018）》和人社部发布的《2018 年度人力资源和社会保障事业发展统计公报》，2004 年是历史上发放人数的最高点，有 753.5 万人，此后稳步下降到 2012 年的 390.1 万人，其后 3 年又开始逐渐增加，到 2015 年增至 456.8 万人，2016—2018 年则分别为 483.9 万人、458.1 万人、452 万人。而每年发放的失业保险金总额，自 1994 年的 5.1 亿元开始，一直稳步增长至 2004 年的 137.5 亿元，此后两年略有下降，2006 年降至 125.8 亿元，其后又重拾升势，到 2015—2017 年分别增至 269.8 亿元、309.4 亿元、318.2 亿元。无论是从各年发放失业保险人数，还是历年失业保险金发放总额的变化情况看，失业保险的逆经济景气调节功能均不甚明显。因而，需要按照上述理论分析，深化改革，以增强其自动稳压器的调节功能。

目前我国没有单独的失业救助制度，其功能主要体现在城乡最低生活保障、就业救助和相关扶贫制度中。以最为相关的城市居民最低生活保障为例，根据历年《中国民政统计年鉴》和民政部发布的《2017 年社会服务发展统计公报》，自 2001 年城市低保制度开展以来，救助人数在不断增长，到 2009 年已升至 2345.6 万人，此后一路下降，到 2015 年降至 1701.1 万人，2016—2018 年则进一步降至 1480.2 万人、1261.0 万人、1008 万人。从城市低保资金总额看，2001—2013 年总体呈增长态势，由当初的约 100 亿元增至 2013 年的

756.7 亿元，之后一直呈下降趋势，2015—2017 年分别为 719.3 亿元、687.9 亿元、640.5 亿元。若对照 2007 年以来中国经济增长总体下行态势看，城市低保制度的逆周期调节功能并不十分明显，无论是救助人数还是救助力度，都与经济发展状况没有太强的相关性。个中原因是多方面的，其中包括制度尚处于建立健全过程、管理办法与实施日益规范和严格，贫困治理重心向农村转移、不断推进的城市化给城市居民带来更多机会与益处。此外，资金来源亦是不可忽视的重要原因。低保资金主要来源于中央、地方多级政府，中央出资比例在东、中、西部地区有很大差异，中央出资比例较大的地区有更强的动机增加资助总额，但管理却越来越规范和严格，因而城市低保资金总额曾一度在不断增长，但资助人数却在下降。而后来经济下行态势明显，城市低保人数与资金也在不断下降。低保资金供给与经济状况的紧密性不强，主管部门在工作绩效考核时过多关注每年资金余缺，不利于增强低保制度的逆经济周期调节功能。为此，需要深化改革，完善制度内容和管理方式，以更长的视野进行资金管理与政策实施。

参考文献

[1] 林义：《社会保险基金管理》，中国劳动社会保障出版社 2007 年版。

[2] 高传胜："社会养老保险制度：道德风险与改革思路"，《武汉科技大学学报（社会科学版）》2019 年第 2 期。

[3] 高传胜："当前我国社会保障制度存在的问题及改革策略"，《社会科学辑刊》2018 年第 5 期。

[4] 殷俊、赵伟：《社会保障基金管理新论》，武汉大学出版社 2007 年版。

[5] 高传胜："基金可借贷融通的个人账户制：社会保险新模式"，《新疆师范大学学报（哲学社会科学版）》2019 年第 3 期。

[6] 郑秉文："'名义账户'制：我国养老保障制度的一个理性选择"，《管理世界》2003 年第 8 期。

[7] 郑秉文："从做实账户到名义账户——可持续性与激励性"，《开发研究》2015 年第 3 期。

[8] 杨团、关信平：《当代社会政策研究》，天津人民出版社 2006 年版。

第四篇

区域发展体系

“胡焕庸线”上能否有所作为？[①]

1935年，地理学家胡焕庸发表了《中国人口之分布》一文。他利用1933年全国人口统计数据，以县区为单位制作八级人口密度图，进而绘制出一条人口密度分界线，将大部分第八级地区与其他地区划开。该直线自黑龙江省瑷珲至云南省腾冲，因此命名为“瑷珲—腾冲线”。胡焕庸提出在该线两侧，以东地区用占全国约36%的国土面积承载了约96%的人口，以西地区用占全国约64%的国土面积仅承载了约4%的人口[②]。此后，这条中国人口地理的分界线也被称为“胡焕庸线”。几十年来，尽管中国人口已经历了总量的巨大变迁，人口政策已几度更替，如抗战爆发后人口向西部迁移，新中国成立后屯田戍边、“三线”建设、上山下乡等政策使西部人口急剧增长，改革开放后人口再次大量流向东南，“胡焕庸线”基本稳定[③]。与此同时，学术界关于“胡焕庸线”假说的论争不断，绝大多数学者从多个维度予以证明了“胡焕庸线”的存在，也有少数学者对假说提出了质疑[④]。2013年8月31日，李克强总理在中国科学院、中国工程院城镇化成果汇报会总结讲话中提出三问：“‘胡焕庸线’是个经济地理问题，应不应该打破？能不能打破？怎么破？”2014年11月27日，李克强总理在参观“人居科学研究展”时再次提出，要研究如何打破“胡焕庸线”，实现中西部地区城镇化和现代化。面对“总理三问”及其背后的科学问题及实践需求，学术界有必要深入思考并予以回应。

---

① 本文作者鞠昌华，生态环境部南京环境科学研究所。

② 胡焕庸：“中国人口之分布”，《地理学报》1935年第2期。

③ 杨强、李丽、王运动等：“1935—2010年中国人口分布空间格局及其演变特征”，《地理研究》2016年第8期。

④ 吴传清、郑雷、黄成：“‘胡焕庸线’假说及其新发展：基于学说史视角的考察”，《贵州社会科学》2018年第12期。

一、基于“胡焕庸线”的生态—经济发展状况分析

“胡焕庸线”是一条人口分布线，也是一条经济发展的分界线，与此同时，也反映了我国的自然生态分布特征。

（一）人口、经济发展现状

有研究采用第一次、第五次和第六次全国人口普查数据进行计算，得到1953年、2000年和2010年中国人口密度图以及东南半壁和西北半壁的人口分布对比情况。结果表明，1953—2010年，我国人口密度增长明显，而人口密度的空间格局并未发生明显变化。由于部分边界的变动，西北半壁面积占全国总面积的比重下降为56.76%，东南半壁面积比重上升为43.24%，但两部分国土所承载的人口比重与1933年大致相同，仅有1.5个百分点左右的变动。从1953年到2010年的变化来看，东南半壁的人口比重从94.80%下降到94.41%，而西北半壁的人口比重从5.20%上升到5.59%①。由于统计口径略有不同，同一团队的另一组研究数据则显示，东南半壁的人口比重从94.80%下降到93.68%，而西北半壁的人口比重从5.20%上升到6.32%②。无论采取哪一组数据，两部分的人口比重未发生根本性变化（见表1）。

表1 “胡焕庸线”两侧人口分布对比表

年份	东南半壁		西北半壁	
	人口比重（%）	人口密度（人/km^2）	人口比重（%）	人口密度（人/km^2）
1933年	96	135.39	4	5.03
1953年	94.8	139.51	5.20	5.83
1982年	94.23[b]	230.25[b]	5.77[b]	10.82[b]
2000年	94.59[a] 93.89[b]	303.78[a] 283.98[b]	5.41[a] 6.11[b]	13.23[a] 14.18[b]
2010年	94.41[a] 93.68[b]	325.84[a] 303.92[b]	5.59[a] 6.32[b]	14.68[a] 15.72[b]

注：本表数据转引自陈明星（2016）和李佳洺（2017）。a引自陈明星（2016）；b引自李佳洺（2017）。

① 陈明星、李扬、龚颖华等：“胡焕庸线两侧的人口分布与城镇化格局趋势——尝试回答李克强总理之问”，《地理学报》2016年第2期。

② 李佳洺、陆大道、徐成东等：“胡焕庸线两侧人口的空间分异性及其变化”，《地理学报》2017年第1期。

1990 年至 2016 年统计数据表明，“胡焕庸线”以东的 GDP 占比始终维持在 92% 左右。与“胡焕庸线”两侧经济发展和人口布局表现出的稳定性不同，电力消费数据表现出了一定的波动性。1990—2000 年，“胡焕庸线”以东地区的电力消费占比提高了 2 个百分点，达到 90%，随后逐步降至 2016 年的 85%；而“胡焕庸线”以西地区的电力消费占比则表现出了先下降后上升的变化趋势①。灯光遥感数据提取“胡焕庸线”东西两侧城镇建设用地变化，显示 2000—2003 年，“胡焕庸线”东西两侧的城镇建设用地面积之比为 95∶5，2004—2007 年面积比变化为 94∶6，2008—2011 年为 93∶7，2012—2013 年进一步变化为 92∶8。结果表明，中国的城镇建设用地集中分布在“胡焕庸线”东侧，东西两侧城镇建设用地的面积差异呈持续缩小趋势，但整体来说，城镇建设用地仍呈现出“胡焕庸线”效应②。

（二）生态环境状况

“胡焕庸线”不仅是中国人口分布差异的分界线，还是中国生态环境突变的分界线，该线两侧差异化的生态环境导致了我国人口分布的差异。从地形看，我国遵循海拔高度由西向东，由北向南递减的规律。从东北境内的大兴安岭山脉开始，途径燕山山脉、太行山脉、秦岭山脉、大巴山脉直到西南方向的武陵山脉和乌蒙山脉，存在一条自东北向西南方向的山脉分界线，也称为我国地势的“第一台阶”，它与“胡焕庸线”基本吻合。该线将中国地域分为东南和西北两个半壁，东南半壁以平原、水网、森林和丘陵为主；西北半壁则气候条件十分严峻，地理上以青藏高原、横断山区、内蒙古高原、西北荒漠地带为主。据国土资源部 2008 年土地利用变更调查数据显示，“胡焕庸线”西北半壁的耕地为 43157. 61 万亩，约占全国耕地的 23. 64%，而东南半壁的耕地为 139404. 21 万亩，约占全国耕地的 76. 36%。从气候看，“胡焕庸线”和近代发现的 400 毫米等降水量线基本重合，是半湿润与半干旱区的分界线，“胡焕庸线”以东气候温和、湿润多雨，以西则气候寒冷、干旱少雨，降雨量差异直接导致了“胡焕庸线”两侧土质和农作物生产的巨大差异。而中国生态环境脆弱带基本沿“胡焕庸线”分布，即“胡焕庸线”附近大都是黄土高原、农

---

① 孙祥栋：“从电力数据看‘胡焕庸线’的稳定性及产业突破”，《国家电网报》2018 年 5 月 8 日。

② 张梅、黄贤金、揣小伟等：“胡焕庸线两侧城镇建设用地变化及其碳排放差异”，《资源科学》2019 年第 7 期。

牧交错地带和喀斯特地貌等生态脆弱的区域，滑坡、泥石流、地震等灾害分布集中。

对“胡焕庸线”两侧代表城市在2012年的相对生态承载力、生态负荷及以API指数分析结果表明，“胡焕庸线”两侧的生态承载力存在显著差异，“胡焕庸线”西北的地级行政区的相对生态承载力均小于31.1，平均约为10，如乌鲁木齐的相对生态承载力为7.76，反映了其恶劣的生态条件，其人口密度引致的生态负荷很低，环境质量较差。我国各城市群生态承载力随着其距“胡焕庸线”垂直距离的增加表现出了显著的梯度变化，京津冀城市群、关中城市群和川渝城市群距“胡焕庸线”距离较近，相对生态承载力较低，中原城市群、辽中南城市群的相对生态承载力次之，进而是山东半岛城市群和长江中游城市群，再次是长三角城市群、珠三角城市群和海峡两岸城市群，距“胡焕庸线”的距离越远，越靠近东南沿海，相对生态承载力越强①。

二、“胡焕庸线”的决定机制及其突破需要

（一）“胡焕庸线”的决定机制

在我国，人口的胡焕庸效应的稳定存在与自然环境、经济和社会发展有着紧密联系。地理环境对社会经济发展产生制约或促进作用，由于地理环境的差异造就了人口及产业等的布局差异。“胡焕庸线”所反映的是人口及产业的布局与空间的生态适宜性密切相关。区域资源环境承载能力有限，人口及产业的布局均要与之相适应。资源和环境要素的空间分异性决定了人口分布及产业布局必须遵循自然分异规律或生态区位规律。在一定的时空范围内，某地区所能承载的最大人口数是有限的，受自然环境、社会经济等约束。在不损害生物圈或不耗尽可合理利用的不可更新资源的条件下，各种资源在长期稳定的基础上所能供养的人口数量即该地区的人口承载力。产业方面，高吉喜基于区域生态学理论，提出根据区域自然环境特征、资源禀赋、环境容量以及社会经济发展需求，产业结构、产业布局和发展规模的适宜性与限制性存在差异，进而可以

---

① 钟茂初：“如何表征区域生态承载力与生态环境质量？——兼论以‘胡焕庸线’生态承载力涵义重新划分东中西部”，《中国地质大学学报（社会科学版）》2016年第1期。

划分不同生态类型区域的生态适宜性等级①。正因为如此，不光在中国，美国甚至全球都存在“胡焕庸线”。

（二）突破“胡焕庸线”的需要

一是保障国家安全的战略举措。“胡焕庸线”以西广大地区地处祖国边疆，我国绝大多数陆上边境线在这一区域，同时，也是少数民族集中聚居的地方。突破“胡焕庸线”，加快这些地区的经济发展和社会进步，对于维护边境地区安全和保持民族地区稳定，巩固和发展平等、团结、互助的社会主义民族关系具有重要意义，有利于增强整个中华民族的凝聚力和向心力，从根本上巩固社会稳定和边疆安宁的局面。

二是实现全社会共同富裕的需要。改革开放40年以来，我国各地区，东部地区由于具有较好的经济基础，有利的地理位置，加上国家政策的支持，现代化建设走在了全国的前列，社会经济取得了长足进展。西部地区则受历史、自然和区位等诸多因素的限制，总体发展水平与东部相比存在着较大的差距。突破“胡焕庸线”，推进西部地区发展，是贯彻共享发展理念，逐步缩小地区间发展差距，加速实现全国各地区的共同繁荣和人民的共同富裕，有效扩大国内投资需求和消费需求的需要。

三是保护生态经济协调发展的要求。我国东部地区经过多年高速发展，资源环境已经面临瓶颈约束。与此同时，西部地区自然资源丰富，但在生产力发展水平不足的条件下，人们的生存发展严重依赖自然资源的低水平开发利用，自然环境恶化趋势未得到根本性扭转。一些生态脆弱区生态服务价值因为人类活动而锐减，西部国家生态安全屏障生态功能的破坏不仅对西部地区，而且也给东部的经济社会发展带来了严重威胁。突破“胡焕庸线”，推进西部地区绿色发展，遏制西部地区生态环境恶化趋势，能够为我国经济社会可持续发展提供保障。

四是促进我国全面开放的需要。当今世界，全球化在西方造成了社会不平等的加剧，对相当部分发达国家政治经济构成了威胁，全球贸易摩擦加剧。联合国发布的《2019年世界经济形势与展望》报告指出，2018年全球贸易增长从2017年的5.3%降至3.6%，2019年可能进一步降至2.7%。2018年全球外

① 牟雪洁、饶胜、张箫等：“基于生态承载力的产业生态适宜性评价研究进展”，《中国环境科学学会学术年会论文集（2017）》。

国直接投资同比下降13%。为促进全面扩大和深化对外开放，我国提出了“一带一路”倡议，加强和亚欧非及世界各经济体互利合作。加快中西部地区发展，充分发挥这些地区市场潜力大、自然资源丰富和劳动力成本低的比较优势，有利于为加快对接“一带一路”发展创造条件。

三、突破“胡焕庸线”的论争

近几年来，“胡焕庸线”得到国家领导人的高度关注，在学界和社会上引起了“应否突破”“能否突破”和“如何突破”的热议。陆大道院士牵头组织国内知名中青年地理学者就此开展了讨论①，分析“胡焕庸线”背后自然地理因素影响机制，探讨了突破“胡焕庸线”的内涵、可能性与路径以及其他国际经验和教训。李梅、丁金宏等组织召开了跨学科对话的会议，开展了区域经济与地理约束的讨论。学者通过对“胡焕庸线”形成机理和历史演变的研究，形成了“胡焕庸线”无法突破论和能突破论两种不同的观点②。

总体上，大多数的地理学家强调了“胡焕庸线”的地理决定性。陆大道院士认为，“胡焕庸线”的稳定性将长期存在，自然结构、运输距离、教育和文化水平都制约了西北半壁的经济发展。曾刚以苏联大型调水工程的教训为例，警告要慎重对待中国人口大规模西迁构想。贾绍凤认为，西部地区应大力发展城镇化，但不能超过西部地区的人口承载能力，不能也并不需要打破“胡焕庸线”。王铮认为，“胡焕庸线”是对第一地理本性的刻画，地貌、气候自然禀赋不变，“胡焕庸线”反映的人口、经济地理格局就不会变③。丁金宏认为，国家发展的价值目标要尊重市场规律和自然规律，在可以预见的未来，天（气候）不变，道（胡焕庸线）亦不变④。

在如何面对突破的需要讨论中，学者大多谨慎提出了发展思路。陆大道院士认为，国家“十一五”规划提出的公共服务逐步实现均等化是切合实际的。

---

① 陆大道、王铮、封志明等：“关于‘胡焕庸线能否突破’的学术争鸣”，《地理研究》2016年第5期。

② 吴传清、郑雷、黄成：“‘胡焕庸线’假说及其新发展：基于学说史视角的考察”，《贵州社会科学》2018年第12期。

③ 陆大道、王铮、封志明等：“关于‘胡焕庸线能否突破’的学术争鸣”，《地理研究》2016年第5期。

④ 丁金宏：“李克强之问与‘胡焕庸线’之破：跨学科对话：经济战略与地理约束”，《探索与争鸣》2016年第1期。

董晓峰认为，因地制宜、生态化绿色发展之路是适合西北半壁正确且有效的发展道路。刘盛和认为，“一带一路”建设和创新驱动战略实施将有利于提升西北半壁的人口与经济集聚能力，有助于突破“胡焕庸线”，要坚持生态优先、绿色发展，根据水资源承载力科学核定发展规模，采用“据点式”城镇化发展模式，提高广大居民的文化教育水平和专业工作技能。邓祥征认为，在转化过程中实施产业政策引导、实现产业要素自由流动和重组是突破“胡焕庸线”的先决条件，应科学评估并尊重环境容量，推进区域有别的城镇化，实施因时而异的产业转型策略，为人口、资本、产业的区际流动提供环境。王铮认为，借助于第二地理本性交通、人口—产业集聚和第三地理本性信息化，有助于突破“胡焕庸线”①。也有人提出可以通过“东部种树、西部种谷，东水西调、以水引人，东人西迁，西粮东运”，改善西部生态条件，促进东中西协同发展，打破“胡焕庸线”②。总体上，即使赞同能够突破的，也都认为“胡线”不会消失，不会形成东西两侧人口与经济的平均化。

四、“胡焕庸线”相关生态—经济政策

基于“胡焕庸线”的生态—经济政策包括历史上的“三线”建设等区域经济协调政策，包括当下的西部开发等，也包括调节区域经济社会与生态相协调的主体功能区战略等。

（一）区域协调发展政策

1. “三线”建设。20 世纪 60 年代，出于国家安全的考虑以及对苏联卫国战争经验教训的总结，中央决定推进“三线”建设。“三线”建设从 1964 年到 1978 年长达 14 年之久，跨越 11 个省区（川黔滇陕甘宁青豫湘鄂晋），投资数额高达 2000 亿元，占同期全国基建投资总额的一半左右。经过 10 多年的建设，“三线”地区共增加铁路 8046 公里，公路新增通车里程 22.78 万公里；建成钢铁工业企业 984 个，生产能力约占全国的 27%；建成有色金属工业企业 945 个，铝、钛、镍、钼、铅、锌、锡、铜等有色金属产量占全国产量的一半以上，极大地改变了这一地区交通落后、基础工业薄弱的历史状况。但是，

① 陆大道、王铮、封志明等：“关于‘胡焕庸线能否突破’的学术争鸣”，《地理研究》2016 年第 5 期。

② 樊宝敏：“打破‘胡焕庸线’的设想”，《中国国情国力》2018 年第 1 期。

"三线"建设片面强调战备要求，建设规模铺得过大，战线拉得过长，进程过快、过急，造成了严重的浪费与遗留问题。据测算，从1966—1978的12年中，基本建设中损失、浪费以及不能及时发挥效益的资金达300多亿元，占同期国家用于"三线"建设投资的18%以上①。在布局方面，过分强调"靠山、分散、隐蔽"，违背了聚集产生规模效益的经济规律，企业之间、工业部门之间、各产业之间没有很好地建立起正常的经济联系，区域整体经济增长和经济技术水平没有得到相应改变，对促进区域发展的作用有限②。

2. 西部大开发战略。2000年10月，中共十五届五中全会通过的《中共中央关于制定国民经济和社会发展第十个五年计划的建议》，把实施西部大开发、促进地区协调发展作为一项战略任务。2001年3月，《中华人民共和国国民经济和社会发展第十个五年计划纲要》对实施西部大开发战略进行了具体部署，提出西部大开发的重点任务是：加快基础设施建设；加强生态环境保护和建设；巩固农业基础地位，调整工业结构，发展特色旅游业；发展科技教育和文化卫生事业；做好少数民族地区、革命老区、边疆地区和特困地区的扶贫工作。西部大开发背景下，2000—2013年"胡焕庸线"西侧的城镇建设用地扩张速度明显快于东侧。至2013年，"胡焕庸线"东西两侧的城镇建设用地面积分别扩张了3.16倍和5.44倍。"胡焕庸线"东侧的城镇建设用地面积占比呈减小趋势，而西侧的城镇建设用地面积占比则呈增加趋势③。当然，正如陆大道院士所提示的，前述"三线"地区及西部相对发达的关中、四川盆地（重庆在内）及人口密度及经济密度较高的云贵地区等都并不在"胡焕庸线"的西北半壁。

3. 长江经济带战略。2014年9月，国务院印发《关于依托黄金水道推动长江经济带发展的指导意见》，提出依托黄金水道推动长江经济带发展，打造中国经济新支撑带，挖掘中上游广阔腹地蕴含的巨大内需潜力，促进经济增长空间从沿海向沿江内陆拓展。提出优化沿江产业结构和城镇化布局，形成上中下游优势互补、协作互动格局。2016年9月，《长江经济带发展规划纲要》正式印发，提出了保护和修复长江生态环境、建设综合立体交通走廊、创新驱动产业转型、新型城镇化、构建东西双向、海陆统筹的对外开放新格局等多项主

① 李曙新："三线建设的均衡与效益问题辨析"，《中国经济史研究》1999年第4期。

② 段娟："近年来三线建设及其相关问题研究述评"，《当代中国史研究》2012年第6期。

③ 张梅、黄贤金、揣小伟等："胡焕庸线两侧城镇建设用地变化及其碳排放差异"，《资源科学》2019年第7期。

要任务。充分发挥长江经济带横跨东、中、西三大板块的区位优势，坚持共抓大保护、不搞大开发，强调生态优先、绿色发展，推动长江上、中、下游地区协调发展和高质量发展。

（二）生态—经济协调政策

1. 主体功能区政策。推进主体功能区建设是党中央、国务院为协调人口、经济、资源环境，科学开发国土空间做出的重大战略部署。《中共中央关于制定国民经济和社会发展第十一个五年规划的建议》首次提出划分主体功能区的要求，《国民经济和社会发展第十一个五年规划纲要》明确将国土空间划分为四类主体功能区，并对不同功能区实施不同的区域政策。2010 年 12 月，国务院印发了《全国主体功能区规划》，基于不同区域的资源环境承载能力、现有开发强度和未来发展潜力，将国土空间分为优化开发区域、重点开发区域、限制开发区域和禁止开发区域。提出要根据不同区域的资源环境承载能力、现有开发强度和发展潜力，统筹谋划人口分布、经济布局、国土利用和城镇化格局，确定不同区域的主体功能，并据此明确开发方向，完善开发政策，控制开发强度，规范开发秩序。国家“十二五”规划将主体功能区上升到国家战略高度。2017 年 10 月，中共中央、国务院印发《关于完善主体功能区战略和制度的若干意见》，要求发挥主体功能区作为国土空间开发保护基础制度作用，推动主体功能区战略格局在市县层面精准落地，健全不同主体功能区差异化协同发展长效机制。

2. 资源环境承载能力和国土空间开发适宜性评价。为科学有序统筹布局生态、农业、城镇等功能空间，划定生态保护红线、永久基本农田、城镇开发边界等空间管控边界，强化底线约束，为可持续发展预留空间，自然资源部研究制定了《资源环境承载能力和国土空间开发适宜性评价技术指南（征求意见稿）》，并选择典型地区开展试评价工作。通过甄别国土空间开发面临的主要资源环境风险类型，辨识资源环境风险在空间上的分异，对承载状态进行判断。明确生态环境底线和资源利用上限，综合考虑多种自然资源和生态环境要素，应用短板理论分析评价资源环境本底条件，确定资源环境承载状态和潜力。确定适宜进行生态保护、农业生产和城乡建设的国土空间规模、结构、适宜程度和空间分布，确定区域适宜和极限的建设开发强度。

3. 战略环评与“三线一单”。2017 年 12 月，原环境保护部制定发布了《“生态保护红线、环境质量底线、资源利用上线和环境准入负面清单”编制技术指南（试行）》，明确坚持绿色发展理念，以改善环境质量为核心，以生态保护红线、环境质量底线、资源利用上线为基础，将行政区域划分为若干环境管控单元，在一张图上落实生态保护、环境质量目标管理、资源利用管控要求，按照环境管控单元编制环境准入负面清单，构建环境分区管控体系。通过编制“三线一单”，为战略和规划环评落地、项目环评审批提供硬约束，为其他环境管理工作提供空间管控依据，促进形成绿色发展方式和生产生活方式。目前，长江经济带沿线省份已初步完成各省市“三线一单”技术报告。

五、突破“胡焕庸线”的生态—经济发展思路

（一）基本原则

1. 尊重自然规律。“胡焕庸线”客观反映了中国地形地貌、气候条件、生态环境、自然资源等自然地理要素和风俗习惯、城镇格局、交通分布等人文地理要素的分布格局，粗放式的突破不但不会带来效益，在大面积生态脆弱区还可能带来生态安全风险。因此，在“胡焕庸线”西侧的开发过程中，尤其要尊重自然规律、立足自然规律，基于差异化的主体功能区政策，科学规划建设。

2. 科学推进均衡。正如胡焕庸先生所说，“均衡不是人口和经济的绝对平均，而应是人口经济与自然生态的平衡，不能忘记地理实际与生态环境，否则会造成灾难性后果”。我们在寻求突破“胡焕庸线”要科学理解均衡的内涵，依据主体功能区政策，合理进行空间布局，确保区域人口和产业的布局、规模与生态适宜性及资源环境承载能力的匹配，在实现人口经济与自然生态平衡的同时实现人口福利水平的均衡。

3. 寻求结构突破。由于自然环境的总体性约束，要整体性打破“胡焕庸线”的限制是不可能的。只有在城市结构上的方针，引导人口向资源环境承载力较好的城市群地区集聚，形成“大集中、小分散”格局，从而实现西北半侧城市化的点状结构突破。由于区域生态承载力对产业发展的制约作用，也应通过产业结构调整、科学技术进步，形成产业的结构性突破，从而为突破“胡焕庸线”提供可能。

（二）发展策略

1. 优化生态空间保护。“胡焕庸线”西侧集中了我国主要的生态脆弱区和

重要生态功能区。“胡焕庸线”附近的中段地区大都是黄土高原、农牧交错地带和喀斯特地貌等生态脆弱的区域，“胡焕庸线”穿过的省份也大多为生态补偿大省。在全国主体功能区规划中，相当部分国土空间属于限制开发区中的重点生态功能区，生态系统脆弱或生态功能重要，资源环境承载能力较低，应将增强生态产品生产能力作为首要任务，从而需限制进行大规模高强度工业化、城镇化开发。此外，这一区域划定了大批自然保护区等禁止开发区域，作为依法设立的自然文化资源保护区域，需要特殊保护，禁止进行工业化城镇化开发。在寻求突破“胡焕庸线”过程中，要首先保护好其西侧的生态空间，划定好生态保护红线，加强生态环境保护执法，自然恢复优先，加大山水林田湖草系统修复力度，提升该地区的生态环境质量，提高其生态环境承载力，为后续发展提供基础条件。

2. 推进新型城镇化。把握好新型城镇化契机，在做好“双评价”和“三线一单”的基础上，推动好“胡焕庸线”西侧部分适宜空间的发展。在“胡焕庸线”以西呼和浩特、乌鲁木齐、兰州、西宁、拉萨等区域中心城市及武威、张掖、酒泉、哈密、伊宁、喀什等“一带一路”节点城市，根据各自的资源禀赋和地理特征，改善区域生态环境，发展特色产业，推动地区发展。积极引导，合理布局，发展集约、高效的经济模式，推动西部地区人口就地城镇化。通过重大项目引导和交通等基础设施、公共服务改善，吸引人口、产业及物流、信息等的集聚，形成若干具有战略意义、能够带动中西部发展的重要增长极。通过优化区域发展布局，增强城市竞争力，缩小区域发展差异，实现共同富裕，使西侧新型城镇成为突破“胡焕庸线”的重点地区。

3. 积极发展绿色产业。产业是引导人口迁移的根本力量，因此要实现人口的“胡焕庸线”，就要在产业布局上寻求突破。“胡焕庸线”以西广大地区水资源分布不均和普遍匮乏是基本现实，一直以来产业发展受此限制。该区产业集聚应充分考虑水资源条件合理布局，参考美国西部地区和以色列发展经验，着力在水资源条件较好的城市布局具有资源优势的专业化产业集群和节水型高新技术产业，打造我国绿色新能源基地。大力发展节水节能、新能源开发、智慧绿色生产等技术，以国家循环经济发展先行区为载体，推进各项循环经济与清洁生产技术，在弱化环境约束的同时减少人类活动对生态环境的影响，提升资源环境承载力，为突破“胡焕庸线”提供可能。同时，充分利用本区特色自然景观，注重维护自然景区的生态环境，走可持续发展之路，开发世界级精品旅游线路，打造国际知名旅游品牌，促进生态旅游业的发展。

4. 借力“一带一路”倡议等。以“一带一路”倡议为契机，推动“胡焕庸线”西侧地区向西开放，使西部沿边地区由过去对外开放的末端变成双向开放的新前沿。重点建设一批通商口岸，如新疆巴克图、红其拉甫、霍尔果斯，西藏樟木、普兰，内蒙古二连浩特、满洲里等。在边境设立自由贸易试验区，形成具有国际影响力的开放合作新平台，激活西部地区的资源红利、区位红利，吸引人流、物流等不断进入。加大交通基础设施建设，加强内地经济腹地与口岸及“一带一路”沿线国家的互联互通，提高运输效率，降低物流成本。借助互联网技术，提高信息基础设施水平和国际通信出入口能力，促进我国各地区改革开放以及实现沿线国家政策、设施、贸易、资金、民心互联互通①。加强与“一带一路”沿线国家的旅游合作，建立多层次、多渠道、全方位的旅游合作交流机制，简化人民往来的流程和手续。

5. 加强社会公共服务均衡化。社会公共服务的均衡是比人口及经济发展更重要的均衡，建议大力改善“胡焕庸线”西侧地区包括文化、教育、卫生、养老等在内的社会公共服务。统计数据显示，无论是医疗机构数、执业医师数等医疗条件指标，还是中小学数及教师资质、高等学校数、在校大学生数等教育条件指标，目前的“胡焕庸线”西侧地区均显著低于东侧地区。为了缩小在社会公共服务方面的巨大差异，政府应加大对西部不发达地区医疗机构的投入，加大中小学校舍的建设投资，还要加快西部地区高素质医疗人才、基础教育及高等教育人才引进的步伐，推动西部人才就业优惠政策，引导优秀文教卫生人才到西部发展，缩小“胡焕庸线”两侧城市之间的教育、医疗等差距。

---

① 马理、黎妮、马欣怡：“破解‘胡焕庸线’魔咒实现共同富裕”，《财经研究》2018 年第 9 期。

沿“一带一路”开放与缩小东中西差距[①]

缩小地区间差距和构建“一带一路”开放型经济都是我国建设现代化经济体系的内在要求。自“一带一路”倡议实施以来，得到了越来越多国家和国际组织、特别是沿线国家的认可，这些国家的政府、企业正在积极与之对接，寻找其中的商机。随着对该倡议认识的深化，国内各地区也在积极探索和抓住其带来的发展机遇和改革开放动力。那么，“一带一路”倡议将为我国中部、西部和东北等发展相对落后地区带来哪些发展机遇和动力？如何利用这些条件缩小与东部地区的差距？

一、地区间发展差距

新中国成立之初，我国存在着二种彼此关联不大的经济区，即与日本紧密联系的东北经济、基于纺织业和轻工业的面向国际市场的沿海商埠经济以及广大内地的几乎未被现代部门触动的传统经济，人民政府经济发展政策的一个重要目的是使三种独立的经济一体化、解决地区间不平衡问题，并取得了一定的成绩。改革开放后，我国的经济发展取得了举世瞩目的历史性成就，与之相伴的结果之一是地区间差距在短暂的延续缩小趋势后转而显著且持续地扩大了，即在20世纪80年代地区差距趋于缩小，而到了90年代差距则持续扩大，引起了政府和学者们的高度重视。林毅夫等（1998）[②]的测算表明，东中西的差距从1978年的47%扩大到1995年的52%；王小鲁等（2004）[③]的研究揭示，在1981—2001年间，东部地区的经济增长率显著地高于中、西部，地区增长率的差别导致了人均GDP和人均可支配收入差距的明显扩大。中央政府自2000年开始致力于扭转地区间差距扩大的趋势，首先实施了西部大开发，后

① 本文作者张建华，上海对外经贸大学国际经贸研究所。

② 林毅夫、蔡昉、李周：“中国经济转型时期的地区差距分析”，《经济研究》1998年第6期。

③ 王小鲁、樊纲：“中国地区差距的变动趋势和影响因素”，《经济研究》2004年第1期。

来又实施了振兴东北和中部崛起等发展战略，这些努力收到了明显的成效，20世纪90年代持续扩大的地区差距到2005年以后表现出了向东部收敛的趋势。从人均GDP的角度看（见图1），2005年以来，相对于东部地区，西部、中部和东北都有显著的提高，其中中部的湖北和西部的内蒙古、重庆、宁夏、陕西以及贵州成为增长的明星。但是，我国地区间的差距依然较大，不仅表现为中、西部与东部间的差距仍然比较大，而且东北地区，特别是辽宁和黑龙江不进则退（见图1）。

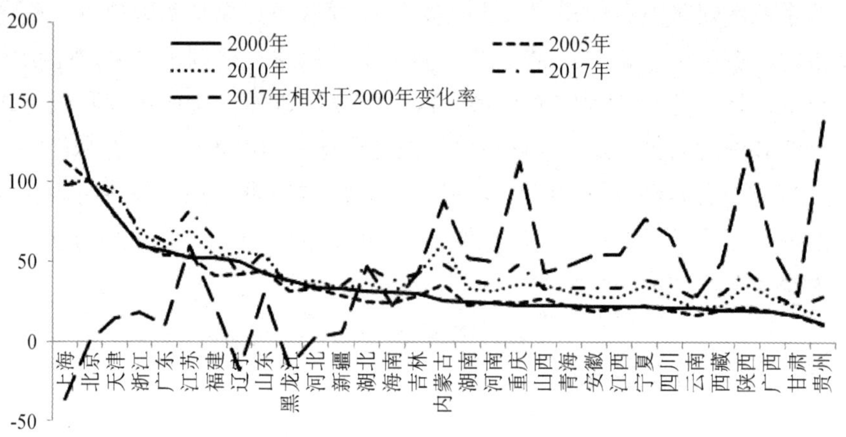

图1 地区间人均GDP差距变化（以北京人均GDP=100,%）

资料来源：国家统计局网站——国家数据。

针对我国改革开放后地区间发展差距，国内外学者从不同角度探讨了差距形成的原因。Lee（1994）①、Dayal－gulati和Husain（2000）② 把地区间差距归因于外商直接投资数量的不同；林毅夫等（1998）强调，东、中、西之间的差距表现在改革中利用市场和发展机会的差距上；李斌等（2007）③ 认为，地区对外贸易差异是影响地区人均GDP差距变动的重要因素；朱承亮（2014）④ 认为，要素投入是地区间差距的主要原因；彭国华（2015）⑤ 认为，

① Lee，jongchul，Regional differences in the Impact of the Open Door Policy on Income Growth in China，journal of Economic Development，1994，19（1）：215－34.

② Dayal－Gulati，Anuradha and Aasim M. Husain，“Centripet al Forces in China's Economic Take－off”，2000，IMF Working Paper，WP 00 86.

③ 李斌、陈开军：“对外贸易与地区经济差距变动”，《世界经济》2007年第5期。

④ 朱承亮：“中国地区经济差距的演变轨迹与来源分析”，《数量经济技术经济研究》2014年第6期。

⑤ 彭国华：“技术能力匹配、劳动力流动与中国地区差距”，《经济研究》2015年第1期。

我国中西部与东部经济差距的根源是东部引入了更多的高技术工作岗位并吸引了中西部技能型劳动力。除了这些强调单个因素是造成地区间差距的原因外，更多的研究强调是多种原因共同作用的结果。如王小鲁等（2004）指出，市场导向的大量资金（外商投资和民间资本）进入东部、人力资本差距、科技成果市场转化程度低、市场化程度和城市化低（导致低要素生产率）都是造成中西部与东部差距的关键因素，而中西部劳动力向东部流动缩小了地区差距。刘夏明等（2004）① 认为，地区发展战略、笼统的中央政府政策、经济全球化和自由化、地区特定因素和要素市场扭曲等因素相互交织、共同作用，对地区差距产生了重要影响。

不论是单因素论还是多因素论，所有这些文献都直接或间接地指出了不平衡的开放战略是造成东、中、西之间差距的首要或者前提性原因。我国开放发展战略肇始于东部地区，或者说以东部为基础的向东（面向发达国家和地区）开放战略，加上要素禀赋结构（历史、自然、人口和基础设施等方面）比较优势，为东部创造了巨大的市场发展机会，吸引了国内外的大量资本和劳动力，发展起了庞大的国际贸易，培育起了具有强大竞争力的企业等，以至于建立起了自我累积性的内生发展动力，推动经济不断向高层次、高质量发展，从而形成了东、中、西之间的发展差距。21 世纪第二个 10 年，中国政府继续深化改革开放，发起了新的经济全球化方案——《推动共建丝绸之路经济带和 21 世纪海上丝绸之路的愿景与行动》（简称“一带一路”倡议）。这是一个致力于亚欧非大陆及其附近海洋互联互通的高水平经济开放与合作方案②，或者说这是一个立足于中国向西开放、向广大发展中国家开放的方案，为中西部和东北大力改革、提高开放水平、缩小与东部的发展差距提供了历史性的新机遇。

二、各地区参与“一带一路”现状分析

“一带一路”倡议提出：国内各地区既要充分发挥比较优势、实行更加积极主动的开放，又要加强东、中、西互动合作，全面提升开放型经济水平。自

① 刘夏明、魏英琪、李国平：“收敛还是发散？——中国区域经济发展争论的文献综述”，《经济研究》2004 年第 7 期。

② 截至 2019 年 3 月底，中国政府已与 125 个国家和 29 个国际组织签署 173 份合作文件。共建“一带一路”国家已由亚欧延伸至非洲、拉美、南太等地区。

“一带一路”倡议提出和实施以来，围绕政策沟通、设施联通、贸易畅通、资金融通和民心相通，各地区在加强与沿线国家经贸往来，大力投资基础设施建设、发挥口岸和国际通道的辐射带动作用，建设自贸区和推进进出口贸易便利化，优化营商环境，加大对外投资和引进外资力度、实施产能合作以及建立合作园区，开拓沿线国家市场和开发中欧班列，增强国际交流合作力度等方面深化改革和扩大开放，明显地提升了本地区的开放型经济水平。本部分着重从贸易和投资两方面分析这些努力。

（一）各地区“一带一路”贸易特征

2005 年以来，中西部地区人均 GDP 与东部地区的缩小包括了国际贸易的贡献。在我国国际贸易的地区结构中，东部一直占有绝对的优势（见图 2），尽管 2008 年以后表现为持续下降的趋势；东北的进出口贸易在 2007 年以后从持续下降转向保持平稳，2013 年之后则又明显下降；自 2007 年以来，中部和西部的进出口贸易占全国的份额表现出明显增加趋势。东部进出口贸易占比下降与 2008 年的国际金融危机有关，而中西部占比增加应当与西部大开发和中部崛起等政策有关，东北的国际贸易状况表明振兴东北等政策措施成效不大。这些地区 2013 年以来的国际贸易变化仍然延续着前几年的趋势，表明沿“一带一路”开放至少在贸易上还没有明显的贡献。这一点从我国与“一带一路”沿线 64 个国家的进出口贸易额占我国进出口贸易总额的份额变化中也得到印证，即自 1998 年以来，我国与这些国家的贸易呈稳步增加趋势，2013 年“一带一路”倡议提出后的贸易份额没有表现出明显的增加特征，且近两年有所下降。

在我国改革开放以来的进出口贸易中，外商投资企业的贡献最多时接近 60%，尽管近年有所下降也占到 40% 以上。其中，位于东部的外资企业占了全国外资企业出口的 80% 以上，最高时期接近 95%。近 20 年来，东部和全国外资企业进出口贸易份额在 2006 年达到最高点后趋于快速下降；东北下降更剧烈，即使 2004 年的东北振兴战略亦没有起到扭转作用；与全国和东部不同的是，西部和中部分别于 1999 年和 2004 年之后呈现缓慢上升趋势，这与西部大开发和中部崛起战略在时间上一致，表明这两个地区的发展战略对其外向型经济起到了积极作用（见图 3）。自 2006 年以来，3 个地区表现为明显的收敛趋势，东北自 2013 年止跌回升，与其他地区趋于收敛。然而，从各地区外资企业出口份额变化趋势，我们并不知道各地区沿“一带一路”国家的贸易特征，需要进一步的分析。

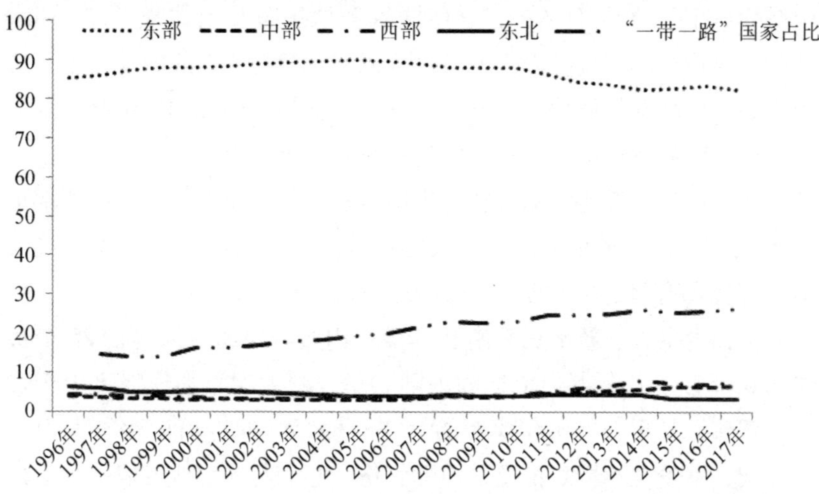

图 2　地区商品进出口贸易占全国比重及与 64 个国家进出口贸易额占我国份额的演变（%）

资料来源：《中国统计年鉴》（1999—2018 年）。

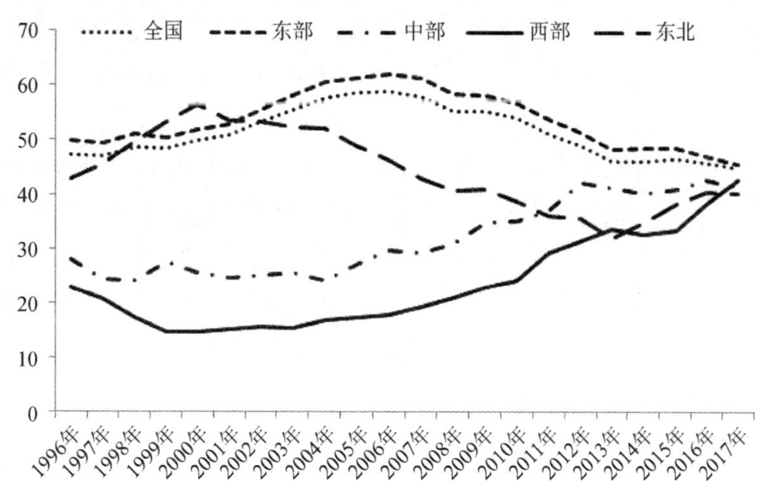

图 3　各地区外商投资企业进出口额占该地区进出口总额的比重（%）

资料来源：《中国统计年鉴》（1999—2018 年）。

在对各省份的对外贸易总体状况和与 25 个最大贸易伙伴的贸易状况分析后发现：各地的进出口贸易伙伴遍及全球，但是高度集中于周边和发达国家（地区），这是我国对外贸易的突出特征。从“一带一路”倡议看，这个贸易特征只是反映了它的部分愿景，也就是说，沿“一带一路”越往西去（即距离本土越远的“一带一路”国家，如中亚国家、独联体国家、西亚北非国家以及中东欧国家）贸易额越小，这些国家和地区事实上体现了“一带一路”倡议的新开放特征。在贸易方式上各地都以加工贸易或一般贸易为主，进出口贸易的产品具有高度相似性。正是这些进出口贸易的传统和集中性特征，使得各省份的出口贸易在这些国家和地区的竞争程度比较大。

除这些共性外，四地区和各省份进出口贸易的异质性如下：在西部地区有数据的9个省份中，各地前25个最大的贸易伙伴[①]具有这样的特征：边境省份的进出口贸易具有显著的地缘经济关系，且其贸易伙伴都在“一带一路”国家之列，比如内蒙古、新疆、云南和广西与周边国家的贸易额占25个最大贸易伙伴的60%以上；距离边境远的内陆省份，最大的贸易伙伴集中于发达国家，比如青海、甘肃、贵州和陕西的52%—88.5%的进出口贸易发生在与发达国家之间；不论是边境省份还是内陆省份，它们与非沿线发展中国家的贸易额占比都非常小。这些省份进出口贸易产业除了新疆具有突出的本地特色（地毯和番茄酱）外，其他省份均是以工业制成品为主且行业差别不大。

在中部地区6个省各自最大的25个贸易伙伴中[②]，“一带一路”国家所占份额不仅比较小，而且高度集中于俄罗斯、印度以及东南亚和西亚的个别国家。东北3省的最大的贸易伙伴是欧洲，比如黑龙江和吉林与欧洲的进出口贸易额占全省总额的69.1%和60.7%。在各省25个最大贸易伙伴中[③]，与“一带一路”沿线国家的贸易额不同，其中黑龙江占比最大，达到65.6%，且集中于俄罗斯、蒙古国和东南亚一些国家，吉林和辽宁分别是16.2%和12.2%；其次，与非“一带一路”发达国家的贸易额中，吉林和辽宁分别为61.6%和55.8%，与非“一带一路”发展中国家的贸易额仅占不到5%。东部10个省市各自与前25个最大贸易伙伴的进出口贸易额占本地的比重均超过70%，其中江苏接近90%，与这些最大贸易伙伴中“一带一路”国家的贸易额多少不等，其中海南最多，达到34.2%。

---

① 8个省份各自前25个贸易伙伴的进出口贸易额合计占该省份进出口贸易总额的份额分别是：内蒙古为98.1%、新疆为90.1%、云南为89.7%、广西为80%、贵州为79.2%、甘肃为87.7%、青海为92.8%、陕西为93.2%、重庆为83.9%。资料来源：根据9个省份统计年鉴提供的数据整理所得。

② 中部的河南、湖北、湖南和东部的上海、浙江和福建在其统计年鉴中列出的主要贸易伙伴中，达不到25个，但由于各自列出的主要贸易伙伴的进出口贸易额占本地的份额足够大，所以即使加上其余的贸易伙伴（达到25个），总比例提高的幅度也不会太大。

③ 2017年，3个省份各自前25个贸易伙伴的进出口贸易额合计占该省份进出口贸易总额的份额分别是：黑龙江为92%、吉林为78.6%、辽宁为72.2%。

(二) 各地区外商投资特征

经济全球化的一个突出特征反映在全球价值链上，大多数国家（地区）都在某种程度上参与到全球价值链中，这些国家（地区）也常常为参与全球价值链而竞争。跨国公司对某一地区的投资是其对全球价值环节的选择，价值链上不同的地区环节承担着与该地区要素禀赋结构特征相匹配的中间或最终产品的生产和交易。一个地区的外商直接投资规模相对于本地区经济规模越大，其对全球价值链的参与程度也越深，通过投资和贸易活动创造的国内增加值也较多，为投资地的就业、收入和产业结构转型升级也提供了更多机会。

然而，参与全球价值链也存在着风险。比如，如果一国或地区只获得了价值链上一小部分增加值，那么全球价值链对其经济发展的贡献就比较小；当地的营商环境制约着跨国公司的选择；当地的人力资本水平制约着技术输入、技能开发及其升级程度，从而使发展中国家或地区可能面临着锁定于低附加值活动的风险；外商直接投资也会对投资地的生态环境和社会环境产生不利的影响，包括对工作条件、职业安全与健康及就业保障的影响。此外，跨国公司因全球价值链活动的“飘忽不定”也会对投资地的上述各方面产生负面影响[①]。融入全球价值链的这些利与弊告诫人们，处理好本地经济和跨国公司活动之间的关系至关重要，东道国（地区）应当把发展好本地经济作为首要责任，有选择地引进外资，控制好全球价值链的风险。

改革开放以来，我国逐渐成为最大的外资接受国之一，但是它的地区间分布的巨大不平衡也成为造成地区间经济发展差距的一个重要因素。1997—2017年，外资企业在我国的累计投资额是50.4万亿美元，其中投入东部的累计投资占全国总额的76.1%，而中部、西部和东北分别占8%、7.4%和6.8%（见图4）。近20年投资的趋势表现为后3个地区缓慢增加，但2012年是一个轻微的拐点，外资又出现向东部积聚的态势，相应地后3个地区表现为下降趋势[②]。由此可得，“一带一路”倡议还没有使我国较为落后地区成为外资的首选投资地，或者说落后地区对于如何利用该倡议增强本地区对外资的吸引力仍需要深入探索。

中西部和东北地区有限的外资有哪些特征呢？在分析各地实际使用的外商

① United Nations Conference on Trade and Development, Trade and Development Report 2018: Power, Platforms and the Free Trade Delusion, Para. IX – Xii.

② 根据《中国统计年鉴》中“分地区外商投资企业年底注册登记情况”数据整理。

直接投资中发现，从外资来源的国别（地区）看，均以来自发达国家和地区的投资为主；来自“一带一路”沿线国家的投资不仅极少，而且也集中于个别发展水平较高的国家（比如新加坡、俄罗斯等），来自“一带一路”其他国家的企业投资可以忽略不计，来自非沿线发展中国家的投资也很少。

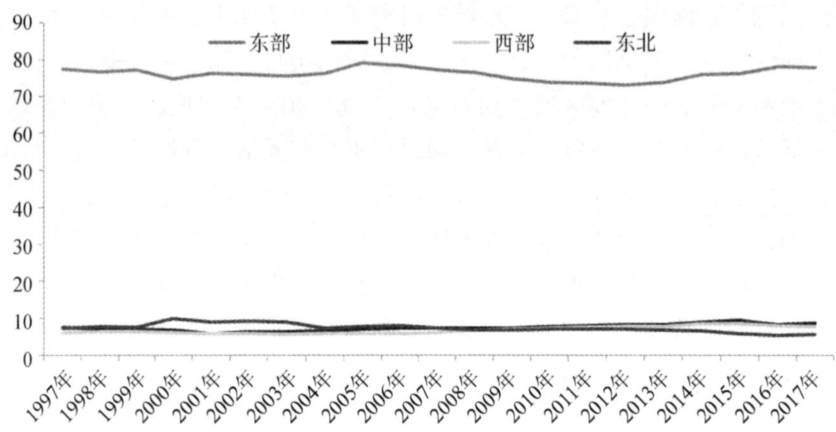

图 4　各地区外商投资分别占全国的份额（%）

资料来源：《中国统计年鉴》（1999—2018 年）。

（三）各地区对“一带一路”投资特征

2007 年，我国对“一带一路”沿线 64 个经济体的直接投资流量是 32.5 亿美元，到 2017 年增加到 203.6 亿美元，增加了 526.5%，对沿线经济体投资规模的扩大是与我国整体上对外直接投资规模大幅度增加相伴而生的。2007—2017 年，我国对沿线国家的直接投资占全部对外直接投资平均比是 11.3%，这个比例是相当低的；其次，2012 年及以前占比呈上升趋势，之后呈现下降趋势；从对 64 个国家投资的区位特征看，对东南亚、俄罗斯和蒙古国的投资仍在大幅增长，对中亚 5 国的投资波动较大，对西亚、北非 16 国的投资趋于下降，对南亚 5 国、中东欧 16 国和独联体其他 6 国的投资在较低水平上缓慢增加。看来，“一带一路”倡议提出以来（2013—2017 年），对沿线国家投资的国别区位最突出的特征是周边国家（东南亚、俄罗斯、蒙古国、南亚和中亚），这些国家占我国对沿线国家投资的 86.6%，对沿线其他国家的投资不仅少而且增长缓慢，或者说在向西开放过程中，对于如何走得更远是一个需要解决的问题。

分地区看，东部对外直接投资的能力远远超过其他 3 个地区。在后 3 个地区中，东北的对外投资能力较强一些，中西部的对外投资能力一直较低；2012—2015 年，这 3 个地区对外投资趋于下降，2016 年以来又表现出上升趋势，而东部呈下降趋势（见图 5）。由此得出的一个基本判断是，各地对“一带一路”沿线国家投资还没有表现出应有的趋势。这就出现了一个有趣的现象：国家总体上对“一带一路”沿线国家的投资大幅度增加，而各地区表现平平。这个强烈反差的症结在于，对“一带一路”沿线国家投资的增加主要是国家层面的投资，或者说来自中央的投资对地方的带动作用比较弱。

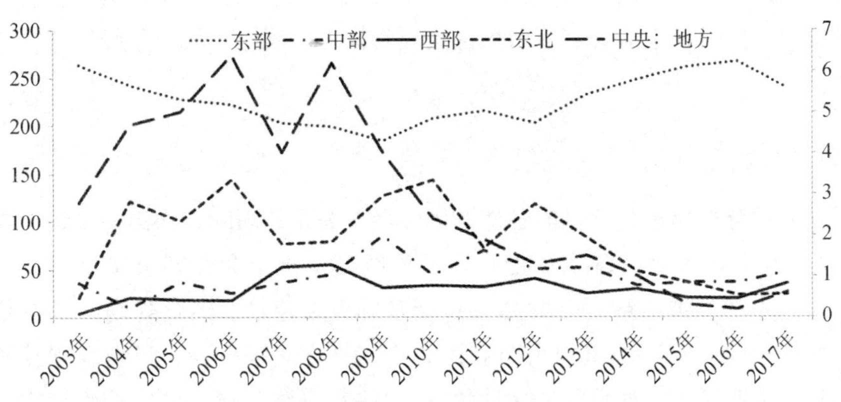

图 5　各地区非金融类对外直接投资变化（流量、%）

资料来源：《中国对外直接投资统计公报》（2011 年、2017 年）

说明：图中右轴反映的是对外投资中中央与地方之比。

投资的这两方面分析表明，我国中西部和东北引进外资和对外投资的能力与东部巨大差距、地方与中央的“一带一路”投资能力也存在很大差距；同时，与向东开放不同，向西开放的“一带一路”沿线主要是发展中国家，它们多是资本净流入国，对外投资能力较低，更希望引进外资和增加出口贸易，这种基于“一带一路”发展开放型经济的状态可称之为“落后困境”，这是构建新型开放型经济的一个挑战。在这样的条件下，落后地区如何基于沿线国家发展开放型经济来缩小地区差距？在当前我国的国际经贸格局发生急剧变化的环境中，在西部大开发、振兴东北、中部崛起以及此后一系列国家支持政策的基础上，我国落后地区基于“一带一路”倡议稳步走向远方、与沿线国家构建合作包容互利的现代化开放型经济至关重要。

三、以“一带一路”开放缩小地区差距的愿景与建议

“一带一路”倡议为各地区重新认识全球化、实现国际市场多元化、建立由我主导的全球价值链[①]、提高开放发展能力，进而缩小落后地区差距提供了新历史性机遇。实施6年来，各地区积极开拓沿线国家市场，深化和扩大合作，取得了一定成效[②]，然而前文分析表明，所有地区对倡议带来的巨大开放发展机遇认识还不深远、与更多沿线国家的经贸关系及合作交流潜力还有待挖掘和释放；同时，也应看到落后地区也受到深入发展与沿线国家经贸关系能力制约。

（一）基于“一带一路”倡议重塑全球视野

前文的分析揭示我国目前各地的国际经贸关系和国际合作集中于周边国家（地区）和发达国家，对“一带一路”沿线其他国家存在着事实上的忽视状态，滞后于“一带一路”公共品（包括基础设施建设、经贸规则）的提供速度，与“一带一路”国家极力与我国合作、打开我国市场、吸引我国投资的努力形成鲜明对比。如果固守这种状态，“一带一路”倡议的实施将变得无意义；在中美经贸和科技等关系发生急剧变化以及传统经济全球化遭到挑战的条件下，如果不深远地开拓“一带一路”倡议蕴含的新全球化商业价值与合作机遇，将使我国的国际经贸关系陷于被动。

我国各地区，特别是中西部和东北地区的政府、企业和研发机构等各方面力量，都必须对“一带一路”倡议带来的全球化保持敏捷和适应性，并基于“一带一路”倡议重塑全球视野，站在全球高度配置本地区的国际经贸资源（包括政策、贸易、投资等），实现国际市场的多元化，最大化地发挥“一带一路”公共品的使用效率，防范过于集中某些国家（地区）存在的潜在风险，避免或降低我国企业由此产生的恶性进出口贸易和对外投资竞争。在未来可以预期的国际经贸关系变化条件下，在维护好和继续深化与周边国家（地区）和发达国家的经贸关系外，要致力于向西走得更远更深更稳，开拓和挖掘所有

---

① 刘志彪：“沿‘一带一路’构建全方位、开放型、由我主导的全球价值链”，《江苏政协》2016年第4期。

② 推进“一带一路”建设工作领导小组办公室：《共建“一带一路”倡议：进展、贡献与展望》，2019年4月22日。

"一带一路"国家对本地区的全球价值链（包括产业链、供应链和创新链）意义。

（二）针对"一带一路"价值链精准施策

把布局"一带一路"价值链作为全球价值链的重要部分纳入本地区的发展政策，各地政府、企业和相关机构等应当首先清晰本地区的产业在当前全球价值链上所处的地位，然后评估"一带一路"沿线国家（地区）的特征，确定在"一带一路"沿线价值链上的合适定位，通过建造有利于投资、贸易和合作的环境、基础设施和能力（比如决策能力、生产能力、合规能力）促进价值链的成长。

各项政策协同作用。"一带一路"倡议是一个全面的开放发展理念和框架，旨在打造与沿线国家全方位的关系，它所包含的各个方面不是彼此孤立的，而是相互配合的。各地在与这些国家开展贸易、投资与合作交流中，要根据"一带一路"倡议和预期目标综合性地制定政策，达到各方面政策的协调与相互支持。同时，国家层面的政府部门和服务机构应当协调各地区的"一带一路"政策，避免彼此冲突和不良竞争。

国别价值链合作协定。"一带一路"沿线国家国情千差万别，国别价值链的关联、匹配和对接突出了精准合作的重要性。签署国别价值链合作协定旨在促进各领域合作的针对性、便利化、包容性和可持续，合作协定包括基础设施、贸易、投资、人文合作等单个或综合性的协定，以及建立适合不同协定需要的工作机制和机构。

经贸园区可持续。在"一带一路"国家建设各类园区（经济合作区、边境合作中心、科技园区等等）是当前各地的流行做法，这些园区将成为企业投资、产能合作、进出口贸易以及价值链布局的重要枢纽。为确保园区建设符合各方的利益，我国各地政府、企业和研发机构等要摒弃单干和照搬国内的做法，以协商共建、利益共享和风险共担的原则，与当地利益相关者合作，以彼此都可接受的方式建设园区，确保其可持续发展。

（三）培育新竞争优势产业

目前各地在借助"一带一路"倡议提升开放水平的行动中，重点聚焦于基础设施建设、搭建不同的合作与交流平台（如各种各样的展览会）以及促进现有产品贸易和产能合作，这虽然有利于提升开放型经济的基础能力，但是中西部和东北不能忽视一个重要方面，即培育新优势产业，以最大化地利用“一带一路”基础设施建设创造的发展空间，促进、丰富和提升落后地区开放型经济的内容，绝不要局限于现有产业的出口贸易和产能的合作，也不能满足于进口先进技术产品。

世界处于新一波产业革命的起点，基于新兴前沿技术（3D、物联网、电子商务、人工智能等）的创新正在快速地培育新兴产业且极大地提升了传统产业的质量和效率。新工业革命为落后地区实现产业升级和跨越式发展提供了历史性的转型机遇；同时，面对新工业革命的激烈国际竞争、沿线一些资源（如石油）丰富国家实现经济多样化的努力，我国落后地区必须紧紧抓住全球和“一带一路”沿线国家产业结构转型升级的历史机遇，建立起开放创新合作平台，综合利用沿线国家高质量创新要素，结合国内和本地区的优势要素，着力发展新工业革命中涌现出来的新兴前沿技术产业并改造传统产业，培育出具有高增长竞争优势的新产业部门，借助“一带一路”庞大的市场潜力快速实现生产和销售的规模经济或范围经济，提升在“一带一路”国家和全球价值链分工中的地位和主导能力。

（四）提高沿“一带一路”开放内部能力

千里之行始于足下。尽管经验和理论均表明开放型经济会促进经济增长、增加收入进而缩小地区差距，但是开放型经济对落后地区的这些正向作用必须有坚实的相关政策支持，比如有效的宏观经济管理、完善的市场体制机制、良好的营商环境、高质量的人力资本、严格的环境保护以及发达的基础设施等。包括如下两个方面：

中西部和东北地区如果要建立最有效地开发“一带一路”沿线国家的商机、能够最大限度地促进本地区发展的开放型经济，首要的还是要打好自身坚实的改革基础，比如，把“三农”、工业化、城市化和环境保护作为一个整体综合考虑，取消户籍限制，使人口、要素禀赋和产业自主地选择最佳集聚空间；提高城市化水平，增强基于城市（群）的产业集群优势和内需优势；深化供给侧结构性改革，增加教育和研发投资，培养企业家精神，支持创新创业，把发展基于新兴前沿技术产业、绿色产业与改造传统产业相结合，改变一些省份以初级产品、加工贸易为主的产业结构；按照国际最高标准，打造最高水平的国际合作交流平台。

以西部为前沿开放平台重构区域经济。尽管在几十年的改革开放过程中落后地区也获得了巨大的进步，但是面对落后地区的能力困境，单独依靠这些地区自身培养基于“一带一路”的开放型经济和价值链优势比较难，还要得到中央政府和东部地区的支持。比如，中央政府赋予中西部和东北地区更大的改革开放自主权，特别是发挥西部地区优势，使之尽快成为各地区向西开放的前沿平台；建立中央和地方、政府与民间、国有与民营之间的合作机制，发挥央企对“一带一路”沿线国家投资对我国落后地区开放发展的带动效应；东部省份对西部的对口支援要改变传统的援助性质的思路，转向培育新兴产业和改造传统产业（贵州大数据产业的成功就是一例）；中部、东北和东部借助西部平台重构或培育向西开放的竞争优势，优化本地区产业结构，把不符合本地区比较优势转型预期的产业环节转向相关地区，以此构建国内坚实的产业价值链基础，形成国内强大的一体化向西开放、合作与竞争优势。

把长江经济带建设成为黄金经济带[①]

党的十八大以来，推动长江经济带发展作为一项国家重大区域发展战略被正式予以确立。2016 年 1 月 5 日和 2018 年 4 月 26 日，习近平总书记分别在重庆、武汉两地就深入推动长江经济带发展先后召开座谈会，并做出重要指示："强调要加大长江经济带发展战略实施力度，必须从中华民族长远利益考虑，把修复长江生态环境摆在压倒性位置，共抓大保护、不搞大开发，努力把长江经济带建设成为生态更优美、交通更顺畅、经济更协调、市场更统一、机制更科学的黄金经济带，探索出一条生态优先、绿色发展新路子。"习总书记系列重要讲话精神为长江经济带发展战略划定了规矩，指明了方向。

一、把长江经济带建设成为黄金经济带的重要战略意义

长江经济带覆盖面积约 205 万平方公里，占全国的 21%，人口和经济总量均超过全国的 40%，该区域生态地位重要、综合实力较强、发展潜力巨大，但同时也存在生态环境保护形势严峻、长江水道运力"卡脖子"、区域发展不平衡、产业转型升级缓慢、区域合作机制不畅通等问题。近年来，一方面，在供给侧结构性改革以及宏观经济去杠杆政策调节的影响下，我国民间投资和居民消费需求持续低迷，经济"稳增长"压力持续增大；另一方面，过去依靠大量要素投入实现的粗放型增长模式造成了空气、水以及土壤污染等一系列生态环境的破坏，使我国资源环境约束与经济社会发展之间的矛盾日益突出。在经济增长遭遇改革开放以来最严峻挑战的宏观背景下，我国政府果断提出了长江经济带发展战略，旨在通过将内陆和出海口相连，实现长江流域东中西部地区协同发展，并将其与"一带一路"倡议相衔接，从而构建对内和对外同时开放的"双引擎"，有效缓解我国经济因各种挑战所导致的经济下行风险。具

① 本文作者叶茂升，武汉纺织大学经济学院。

体而言，推动长江经济带发展对我国经济和社会发展具有以下战略意义。

（一）有利于长江生态环境修复，实现经济高质量发展

习总书记强调推进长江经济带发展要把生态环境保护摆在优先位置，涉及长江的一切经济活动都要以不破坏生态环境为前提，共抓大保护，不搞大开发。长江生态环境只能优化、不能恶化。这必然要求我们在产业选择上有所为有所不为，推动产业由“傻、大、黑、粗”的重化工业行业向“高、精、尖、洁”的新兴行业转型升级，实现经济增长新旧动能转换，不断提升经济发展的“含金量、含新量、含绿量”。总之，长江经济带沿线省市在“创新、协调、绿色、开放、共享”的科学发展思想指导下，将彻底摒弃以牺牲生态环境为代价换取经济增长的老路，并通过理念创新、制度创新、技术创新来积极探索出一条促进人与自然和谐共生的高质量发展新路。

（二）有利于扩大内需，充分挖掘经济增长潜力

长江经济带覆盖了我国长三角、长江中游城市群以及成渝经济区三个最具经济活力的区域“板块”。通过加大基础设施的互联互通，深化改革开放、打破行政区划壁垒、建设统一开放和竞争有序的全流域现代市场体系，可以将产业和基础设施连接起来、实现要素在区域间自由流动、建立区域一体化市场，促进产业有序转移衔接，带动区域经济转型升级。

（三）有利于调整区域经济空间结构，实现新型城镇化的高质量发展

长江经济带作为一个包含九省二市的巨型经济发展轴，流域上下游之间的资源禀赋与经济发展水平差异较大，区域发展一体化格局远未形成，地区之间相互分割的碎片化以及非均衡化发展特征十分明显。通过推动长江经济带发展，以长江黄金水道为依托，加速上中下游之间物流交通网络的可达性，促进东部地区产业向中西部地区梯度转移，加速构建以长江为主轴，以成渝城市圈、长江中游城市群以及长三角为核心都市圈的“串珠式”核心——边缘区域空间结构，充分发挥核心城市的极化效应，实现以“点状扩散、线状延伸、面状辐射”为特征的更加均衡的流域空间网络化发展格局，加快新型城镇化发展。

（四）有利于创新我国区域协调发展的体制机制

我国经济发展的历史成就表明，体制机制变革既是经济增长速度的决定因

素，也是区域经济协调发展的关键环节。当前，长江经济带沿线省市在工业化、市场化、信息化、国际化以及城市化进程等方面存在较大差异。推动长江经济带发展，就是要严格按照习总书记的指示要求，统筹各地改革发展、协调区际政策、优化流域资源要素配置，建立健全长江流域内水、路、港、岸、产、城以及生物、湿地、环境等多方面协调发展的创新机制，统筹谋划长江流域东中西部互动合作，更好发挥长江上中下游地区间的协同效应。

(五) 有利于加快建成我国对内、对外全方位开放新格局

从地域结构特征看，长江流域沿线城市分布密集，市场容量巨大，通过长江经济带建设，可以促成长三角城市群、长江中游城市群以及成渝城市群等中国三大经济核心板块相互合作与共赢，一方面通过降低和消除地方保护主义以及市场准入壁垒，加快推进区域经济一体化，培育强大内需市场；另一方面，结合国家“一带一路”倡议，使长江经济带向西可以连接欧亚大陆，向东可以直达欧美市场，形成贯穿中国全境的对内对外同步开放良好态势，有利于我们更好利用国际和国内两个市场，构筑中国经济全方位大开放的“第二季”。

二、长江黄金经济带建设进程的历史回顾

长江经济带发展战略最早可以追溯至孙中山先生于1920年撰写的《实业计划》一书，他首次提出以北方、东方和南方三个世界级大港为中心，将中国划分为三个经济带，并对长江流域经济开发问题进行了系统性论述。新中国成立以来，中央政府高度重视长江流域的水利建设、防洪防灾、交通运输事业发展，但真正将江流域作为一个区域整体进行系统规划还是在改革开放之后。这期间国家有关长江经济带发展战略实施的历史演变大致经历了三个阶段：

(一) 第一阶段：早期规划设想阶段（1978—1992年）

改革开放之后，原国务院发展研究中心主任马洪于20世纪80年代初期提出“一线（沿海一线）、一轴（长江）”的发展战略构想。在此基础上，中国科学院经济地理学家陆大道在20世纪80年代中后期提出“T”型开发战略构想（沿海为一战略轴线，沿江为主战略轴线的整体空间格局）。陆大道院士的倡导得到了中央层面的采纳和重视，国家在“六五”计划中首次专门列出

“地区经济发展计划篇”，把全国划分为东部沿海、内陆、边远少数民族三种不同类型地区，并建立了一批多层次、多渠道、多形式的跨区域合作组织，如西南五省六方协作区、长江沿岸城市市长联席会议、长株潭经济区等，上述部分区域合作组织的建立构成了我国长江经济带发展战略的早期雏形。

（二）第二阶段：早期探索阶段（1992—2013 年）

20 世纪 90 年代初期以来，国家先后实施了浦东开发以及三峡工程等一批重大建设项目。1992 年 6 月，中央召开了“长三角及长江沿江地区经济规划会议”，提出了“长三角”及长江沿江地区经济发展的战略构想；1992 年 10 月，党的十四大报告提出，“以上海浦东开发为龙头，进一步开放长江沿岸城市，尽快把上海建成国际经济、金融、贸易中心城市之一，带动长江三角洲和整个长江流域地区经济的新飞跃”；1995 年 9 月，党的十四届五中全会再次明确提出，“建设以上海为龙头的长江三角洲及沿江地区经济带”；1996 年 3 月，全国人大第四次会议审议通过了《中华人民共和国国民经济和社会发展“九五”计划和 2010 年远景目标纲要》，提出要发挥长江三角洲地区“通江达海以及农业发达、工业基础雄厚、技术水平较高的优势，以浦东开放开发、三峡建设为契机，依托沿江大中城市，逐步形成一条横贯东西、连接南北的综合型经济带”。至此，长江三角洲及长江沿江地区经济发展被提升为国家战略。然而，在政策实施过程中，由于国家率先启动沿海开放战略，实际上并未针对长江流域进行整体开发，而且受制于行政体制分割与交通基础设施不完善等客观条件制约，上海作为长江经济带的龙头，对于长江中、上游地区的经济辐射和引领作用并不十分突出，“九五”规划中所提及地“将长江经济带建设成为一条横贯东西、连接南北的协调经济带”仍然需要继续加大建设力度。

（三）第三阶段：全面推进实施阶段（2013 年至今）

党的十八大以来，“长江经济带”与“一带一路”“京津冀协同发展”等一起被确立为新时期国家三大发展战略。2013 年 7 月，习近平总书记在湖北武汉考察时提出，“长江流域要加强合作，充分发挥内河航运作用，发展江海联运，把全流域打造成黄金水道”；2013 年 9 月，国家发展改革委会同交通运输部在京召开关于《依托长江建设中国经济新支撑带指导意见》研究起草工作动员会议，并赴上海、武汉等地调研，听取各地对依托长江建设中国经济新支撑带动意见和建议；2014 年 2 月，“依托黄金水道，建设长江经济带”被正式写入《政府工作报告》；2014 年 9 月，国务院正式发布《关于依托黄金水道推动长江经济带发展的指导意见》和《长江经济带综合立体交通走廊规》等重要文件；2014 年 12 月，长江经济带 12 个直属海关全面启动长江经济带海关区域通关一体化改革；2016 年 1 月，习近平总书记在重庆召开推动长江经济带发展座谈会并发表重要讲话，全面深刻阐述了推动长江经济带发展的重大战略思想，提出实施长江经济带发展战略，坚持“五大发展理念”，走生态优先、绿色发展之路，使绿水青山产生巨大生态效益、经济效益、社会效益，使母亲河永葆生机活力；2016 年 3 月，中共中央审议通过《长江经济带发展规划纲要》，确立了长江经济带“一轴、两翼、三极、多点”的发展新格局。2018 年 4 月，习近平总书记在武汉再次召开深入推动长江经济带发展座谈会并发表重要讲话，强调新形势下，推动长江经济带发展关键是要正确把握整体推进与重点突破、生态环境保护与经济发展、总体谋划与久久为功、破除旧动能与培育新动能、自我发展与协同发展的关系。坚持新发展理念，坚持稳中求进工作总基调，坚持共抓大保护、不搞大开发，加强改革创新、战略统筹和规划引导，以长江经济带发展推动经济高质量发展。

三、长江黄金经济带建设主要目标定位

2016 年 9 月，《长江经济带发展规划纲要》正式印发并明确提出，到 2020 年，长江经济带要实现“生态环境明显改善，创新驱动取得重大进展，战略性新兴产业形成规模，培育形成一批世界级的企业和产业集群”；到 2030 年，水脉畅通、功能完备的长江全流域黄金水道全面建成，创新型现代产业体系全面建立，在全国经济社会发展中发挥更加重要的示范引领和战略支撑作用。”具体而言，长江经济带的建设目标主要包括：

（一）建设环境更优美的长江绿色生态走廊

根据《长江经济带发展规划纲要》的要求，到 2020 年，长江经济带要实现生态环境明显改善，水资源得到有效保护与合理利用，河湖、湿地生态功能基本恢复，生态环境保护体制机制进一步完善；到 2030 年，水环境和水生态质量全面改善，生态系统功能显著增强，经济发展与环境保护更加和谐包容，生态环境更加优美，经济发展更具活力。

（二）建设以长江黄金水道为支撑的现代化综合立体交通物流运输体系

依托长江干线航道和快速铁路建设以综合运输枢纽以及骨干公路网络为支撑的大能力、快速化、广覆盖的综合性运输大通道；重点建设上海、武汉、重庆三大航运物流中心，以及杭州、南京、合肥、南昌、成都、昆明、贵阳等区域综合性交通枢纽和物流中心。围绕长江沿线地区建设一条贯通东西的快捷高效的综合性立体交通运输体系。

（三）建设一体化的长江流域国内市场竞争体系

通过完善省际之间的协商合作机制，协调解决跨区域基础设施互联互通、流域管理统筹协调等重大问题，进一步简政放权，清理阻碍要素合理流动的地方性政策法规，清除市场壁垒，实现以市场为导向的地区经济横向与纵向整合，加速推进长江流域上、下游地区企业并购重组以及产业升级，充分发挥地区之间的产业协同以及一体化交互耦合效应。

（四）建设可持续发展的绿色创新产业集聚带

积极培育形成具有国际竞争力的绿色创新产业集群。一方面依托强大国内市场，在上海、武汉、重庆等中心城市建立总部集群经济，构建“以我为主”国内价值链分工体系；另一方面，吸引与整合全球先进的生产要素与管理经验，积极嵌入“一带一路”沿线地区建立服务于国际市场的包容性全球价值链分工体系。

（五）建设高质量发展的新型城镇化先行示范带

推进以人为核心的新型城镇化，通过逐步提高户籍人口的城镇化率，改善宜居环境以及公共服务条件，遵循城市群发展的内在规律，优化城镇化布局和结构，增强城市可持续发展能力，推进创新城市、绿色城市、智慧城市、人文城市建设。重点以成渝、武汉、上海为中心建设长江上、中、下游城市群。在此基础上，充分发挥三大城市群的集聚力、辐射力，带动周边区域卫星城市发展，努力把长江经济带建设成为大中小城市以及小城镇协调发展的新型城镇化先行示范带。

（六）建设与“一带一路”深度融合的海陆并进、东西双向、内外辐射的全方位开放新格局

东部地区以上海为龙头，发挥长江三角洲地区对外开放引领作用，与21世纪海上丝绸之路相衔接，带动长江流域内陆腹地对外开放；西部地区以成都、重庆两市为长江上游的战略枢纽，扩大向西南开放，加快与东南亚、南亚互联互通步伐，推进区域经济一体化；中部地区以武汉市为中心，发挥长江中游承上启下、贯通东西的连接作用，推进长江全流域对外开放。

四、建设长江黄金经济带所面临的主要挑战与突出问题

自国家长江经济带发展战略实施以来，中央政府以及长江沿线省市地方政府在政策顶层设计、长江生态环境保护、经济转型发展、体制机制改革创新等方面取得了积极进展，但是要建设一条“生态更优美、交通更顺畅、经济更协调、市场更统一、机制更科学的黄金经济带”，我们还面临诸多的问题和挑战。

（一）经济发展与环境保护之间的矛盾依然突出

主要表现在：第一，长江沿线“乱占”“乱采”“乱排”“乱捕”“四乱”问题比较普遍。岸线资源利用不够合理，一些地区港口码头对岸线资源采用粗放式经营模式，占而不用、多占少用等现象突出；敏感水域非法采沙现象屡禁不止，自然保护区、饮用水水源保护区内非法排污问题较为严重，自然保护区内非法捕捞现象时有发生；第二，产业沿江污染转移风险加大。淘汰落后产能沿江转移现象突出，工业垃圾沿长江岸线非法转移范围和规模不断扩大；第三，水资源过度开发利用导致生态承载力进一步被削弱，珍惜动植物濒临灭绝，河流自净功能下降，水生态系统完整性遭受破坏性开发。

（二）长江黄金水道建设短期内难以有效缓解水运“卡脖子”问题

主要体现在：第一，长江航道建设历史欠账较多，高等级航道比例偏低。长江中游湖北省宜昌市至安徽省安庆市段全长1026公里的长江干线航道航深仅有3.5—4.5米，对于吃水深度达到7—8米的远洋货轮而言，很难实现“江海直达”。第二，三峡船闸的通过量已超过设计能力，长江中游面临“肠梗

阻”问题日益严重。第三，港口现代化运营水平不高，集疏运系统建设不配套。港口物流交通枢纽功能缺失，岸线资源利用集约度较低。第四，水运物流企业现代化运营程度不高，企业效益欠佳。大部分航运物流企业船舶平均吨位偏小、技术状况较差、能耗和污染排放不达标，运输组织形式落后，严重影响运输效率和航运效益。第五，长江黄金水道建设面临破坏生态平衡的环境系统风险。长江沿线不少地区本身就是我国重要的饮用水取水口或者生态湿地等环境保护敏感区域，长江黄金水道建设与自然环境保护之间面临“鱼和熊掌”的两难选择。

（三）长江经济带沿线省市“以邻为壑”的地方保护主义顽疾仍未有效根除

受行政区划的影响，长江沿线一些地方政府只顾自身发展，眼前利益，不自觉地以一种竞争而非合作的姿态对待区域发展。主要表现在：第一，在重大基础设施建设上缺乏整体协调性，本能地存在“画地为牢、以邻为壑”的发展策略；第二，在管理体制、合作机制、利益分配格局上缺乏“一盘棋”意识，“玻璃门”“弹簧门”等行政壁垒现象若隐若现；第三，在参与区域一体化发展、流域治理的过程中，缺乏主动衔接的积极性，貌合神离，注重的是相互争资源、抢项目，产业同质化竞争严重，导致产业结构高度趋同，低水平重复建设，上游发展下游污染等问题。

（四）长江沿线省市产业布局不尽合理

第一，长江经济带沿线省市产业结构趋同化现象突出，沿江各省市在产业规划和布局方面出于自身的利益考虑，上下游之间缺乏相互协调，难以形成完整的产业链分工闭环，下游产业缺乏上游的资源支撑，上、中游产业又缺乏下游发达地区的资金和技术支持。第二，长江经济带能源重化工产业密集，对水生态环境安全造成较大风险隐患。据统计，长江经济带废水排放总量占全国的40%以上，单位面积化学需氧量及氨氮、二氧化硫、氮氧化物、挥发性有机物排放强度是全国平均水平的1.5—2倍，是我国污染企业最集中、生态环境风险最突出的流域。第三，沿江污染企业在“关改搬转”过程中缺乏配套资金支持，产业转型升级“等靠要”的犹豫和观望情绪较重。一些地区的老工业园区在公共管廊、智慧平台等基础设施配套上存在先天不足，难以达到合格园区标准面临停业整顿，而入住企业因政府的配套政策不明朗陷入“进退两难”

的尴尬境地。

(五) 城镇化进程困难重重，高质量发展有待进一步提升

长江经济带在推进新型城镇化过程中面临的困难包括：第一，中心城市与远郊新城区的城镇化发展差距较大，城镇化率不平衡。中心城区与偏远城区城镇化率落差较大，特别是远郊新城区建设开发“产城联动”效应不明显，“产城融合”度不够紧密，难以形成人口与就业市场的集聚效应，新区和新城的建设造成了土地浪费严重，“土地城镇化”快于人口城镇化现象比较突出。第二，农民工市民化进程缓慢。进城农民工在教育、医疗以及养老等方面无法享受与城镇居民同等的社会福利保障，农村的农民用地确权、流转进展缓慢，也阻碍了农业人口向城镇市民身份的转换。第三，城乡二元结构突出。农村在基础设施以及医疗、教育、卫生、文化体育等公共服务条件方面落后于城市，使得城镇化进程中的城乡矛盾日益凸显。第四，城镇化发展与资源环境约束之间的矛盾不断加重。长江沿线城市不仅面临人口、资源、环境、交通等各种硬性条件的约束，而且在推动技术进步与创新、提升社会治理能力、加快经济发展速度、促进文化和制度变迁等软性指标层面也存在诸多的挑战。

(六) 长江经济带融入国家全方位对内对外开放力度有待进一步提升

长江沿线省市大部分位于我国内陆地区，受物流交通条件限制，经济发展长期较为封闭，在吸引外资和进出口贸易方面相对于沿海发达地区先天不足。第一，内陆区域行政分割严重，缺乏一体化的规模市场。长江沿线省市之间存在边界清晰的行政区划，阻碍了资源和要素在区域之间的自由流动，而狭小的域内市场在发展外向型经济过程中难以有效覆盖商品和要素跨国界流动产生的高额成本，流域对外开放长期处于较低水平。第二，长江经济带自由贸易试验区对外开放水平有待进一步提升。自由贸易试验区建设呈条块分割状，不利于外资引入以及相关产业集群式发展，不利于自贸区的规模化扩张。第三，长江沿线地区产业转型升级面临对外开放的冲击和挑战。长江经济带产业发展正处于新旧动能衔接转化的过渡阶段，既存在传统产业产能过剩，又出现高端产业供给不足，实施全方位对外开放战略可能给产业转型升级带来更多的国际化风险。第四，政府相关部门在建设开放治理体系和提升治理能力方面存在短板，普遍缺乏开放发展意识和能力，在理论学习以及政策实践方面还无法适应全方位对外开放的现实需要，特别是对国际规则和惯例的熟悉和应用能力需要进一

步提高。

五、建设长江黄金经济带的政策建议

（一）全面深化生态文明思想，建设经济与环境协调发展的长江黄金经济带

各级政府部门要全面学习领悟习近平新时代生态文明重要思想，既要保护生态环境，又要高质量发展经济。第一，在生态环境保护方面，要加强长江经济带的水质、空气、土壤等环境污染的预防与治理。利用传感技术、感知设备和智慧化系统，统一规范环境监测体系，准确把握长江经济带生态变化动向，实施信息化精准管控。第二，推进长江经济带上、下游地区之间进行生态资源有偿交易和使用。根据资源的稀缺性，对水权、矿权、林权、渔权、生态权、排污权等进行合理定价，利用经济杠杆遏制长江上、下游地区之间的环境污染转移效应。第三，坚持环境保护与推进生态经济相结合的思路来化解两者对立的矛盾，大力发展生态驱动型、生态友好型产业，让环境保护与地区经济发展进入相互促进的良性循环，实现更高质量、可持续的经济增长。第四，加强长江流域综合管理机制，建立健全自然资源保护管理制度和环境损害赔偿与责任追究制度，为长江经济带生态环境保护提供制度保障。

（二）加快长江黄金水道治理，建设综合立体交通衔接顺畅的长江黄金经济带

建设长江黄金经济带需要打通长江中部地区链接上游和下游物流交通的“肠梗阻”。第一，要建立顶层设计机制，强化跨地区以及跨部门之间的衔接协同，围绕港口集群构建“铁水公空管”无缝衔接的综合交通运输枢纽；第二，加大长江航道、港口以及仓储等基础设施投资，提高长江经济带沿线地区物流交通枢纽的运行效率；第三，积极开展三峡枢纽水运新通道建设准备工作，提高三峡枢纽的航运通过能力，从根本上解决三峡枢纽通过能力不足的问题；第四，积极构建长江沿线物流交通可持续发展的绿色生态系统。将长江航道治理、河道清淤疏浚、堤防修缮加固、城市内河污水处理、河道防洪抗旱以及水资源生态保护等视为一项系统工程，坚持生态优先原则下积极推进长江综合立体交通运输体系建设。

（三）推进体制、机制创新，建设上下游协同并进、流域均衡发展的长江黄金经济带

推进长江经济带上下游均衡协调要坚持长江经济带全流域“一张图、一盘棋”的发展观，创新体制机制，探索解决长江上、下游地区经济发展不平衡问题。第一，坚决破除长江经济带不同行政区域之间“以邻为壑”的地方保护主义思想，打通流域内资源和要素自由流动的制度障碍；第二，在区域协调发展过程中，既要充分发挥政府的宏观调控作用，更要注重运用市场化调节手段，鼓励企业、社会组织、媒体等多方力量，借助舆论宣传和市场激励手段来吸引多方主体积极参与长江经济带协同发展；第三，要培育和发挥好长江经济带上、中、下游地区各自比较优势，落实主体功能区制度，按照全球价值链分工的梯度结构最大化地发挥各地区资源要素禀赋优势，实现地区间差异化的协同发展；第四，有序推进长江经济带城乡协调发展。加强中心城市总部经济与周边卫星城市在生产、制造、加工环节的有效衔接，提升总部经济交易效率，以产品内分工协作带动城乡一体化协调发展。

（四）推进供给侧结构性改革，建设现代产业高质量发展的长江黄金经济带

要进一步加快和完善长江经济带产业供给侧结构性改革。第一，采取有力措施破解“化工围城”问题。用最严厉的环保标准控制化工企业进入，坚持通过技术进步和工艺创新等手段将传统重化工产业改造成为环境友好型的新型产业。第二，加快长江经济带生态工业示范园区建设。在园区前期规划阶段，做好企业生产流程循环利用的设计工作，采用节能、节水、节地等技术手段，构建产业园区内部循环经济产业链，实现绿色可持续发展。第三，依托长江黄金水道打造世界级产业集群。通过引导相关产业转移集聚，形成与资源环境承载力相适应的产业空间布局，在电子信息、高端装备、汽车、家电、纺织服装等领域积极培育具有国际先进水平的五大世界级产业集群。第四，依托长江经济带构建“以我为主”的国内价值链。充分利用各地工业园区在承接产业转移过程中所形成基于规模化的本土集群效应，积极嵌入长三角地区龙头企业主导的国内价值链分工体系中，从而推动长江全流域产业专业化分工的演化协同。

（五）坚持以人为本，建设新型城镇化进一步向纵深推进的长江黄金经济带

长江经济带新型城镇化建设要重点突出“以人为核心”“以城市群为主体形态”“以城乡公共基础设施建设为抓手”“以生态和谐、环境宜居为目标”。第一，积极推进以人为核心的长江经济带城镇化发展。要着力推进农村产权制度、户籍制度等相关领域改革，进一步完善城镇公共医疗、教育、养老等社会保障服务衔接制度，让农村转移人口在城镇化进程中“无顾虑、进的来、留得住、过得好”。第二，根据长江经济带资源环境承载能力构建科学合理的城市群空间布局。重点加快建设长三角、长江中游和成渝三大城市群，特别是强化长江中、上游城市群的发展支撑作用，实现长江流域城市群协同发展。第三，以公共基础设施建设为抓手实现城乡一体化发展。加快铁路、公路、水路以及航空等机场设施建设，积极推动“港产城一体化”发展，强化中心城市对卫星城市的辐射和带动作用，逐步形成横向错位发展、纵向分工协作的城镇化发展格局。第四，强化长江经济带城镇化进程中的生态文明建设，坚持城乡绿色可持续发展。要结合长江经济带的地理地貌特征、地域文化特色，系统科学地规划城市生产、生活以及生态空间，让人民群众望得见山、看得见水、记得住乡愁。

（六）全面深化国际合作交流，推进与“一带一路”联动发展的长江黄金经济带

提升长江经济带发展的国际化水平，需要充分发挥长江经济带的综合优势与区域价值，积极参与国际、国内区域合作与竞争。第一，长江经济带要坚持“向东和向西”双向开放战略。一方面，长江中、上游地区要积极响应沿海地区的对外开放，努力嵌入面向国际市场的全球价值链分工体系中；另一方面，长江下游发达地区要通过向中、上游地区的产业转移重构国内价值链分工体系，并携手长江中上游地区向西开拓“一带一路”沿线地区国际市场，不断壮大和提升我国产业对各种生产要素的全球化整合能力。第二，要坚持“引进来”和“走出去”并重发展战略。围绕重点产业积极布局，引入跨国资本以及国际先进技术和人才等高端生产要素，不断培育长江沿线地区的产业国际竞争力。另外，要依托产业链抱团，通过构建以优势龙头企业为核心的国内产业分工网络集群进一步拓展国际市场空间。第三，积极营造更加有利的对外开

放生态环境。在全力推进内外通道建设、改善对外开放硬环境的同时，更加注重开放软环境的建设。重点以自由贸易试验区为平台，积极探索与国际贸易规则接轨的制度体系，总结发达国家在贸易便利化、投资自由化、金融国际化、监管法制化等方面的成功经验，加快推进长江经济带全面深化对外开放。

参考文献

[1] 冯兴华等："长江经济带区域空间结构演化研究"，《长江流域资源与环境》2015 年第 10 期。

[2] 刘志彪："建设统一市场是中国经济'开放的第二季'"，《学习与探索》2013 年第 12 期。

[3] 何雄伟："优化空间开发格局与长江经济带沿江地区绿色发展"，《鄱阳湖学刊》2017 年第 11 期。

[4] 段学军等："长江经济带开发构想与发展态势"，《长江流域资源与环境》2015 年第 10 期。

[5] 杨桂山等："长江经济带绿色生态廊道建设研究"，《地理科学进展》2015 年第 11 期。

[6] 刘志彪："重化工业调整：保护和修复长江生态环境的治本之策"，《南京社会科学》2017 年第 2 期。

[7] 方创琳等："新型城镇化的战略、思路与方法——长江经济带的束簇状城镇体系构想"，《人民论坛·学术前沿》2015 年第 18 期。

长三角地区高质量一体化发展的重点[①]

长江三角洲地区作为我国经济最发达的区域之一，以2.19%的国土面积，集聚了我国约10.8%的人口，创造了约1/4（23.5%）的国内生产总值。随着我国经济由高速增长阶段转向高质量发展阶段，长三角作为我国经济的先发地区，也在不断提质增效。区域一体化能够破除市场壁垒，激发内需，形成统一有效的市场体系，充分释放规模经济和范围经济，创造出本地市场效应，有效推动长三角地区经济高质量发展。然而现阶段在长三角地区一体化进程中，仍存在不少问题，本文就长三角地区高质量一体化发展中存在的一些重点问题进行剖析，并提出对策建议。

一、长三角地区高质量一体化发展存在的重点问题

（一）长三角地区高质量一体化发展的推进机制不完善

在所有可能影响区域经济一体化发展的因素中，真正可能长期地、持续地扭曲其进程的主要力量是体制机制方面的阻碍因素（刘志彪，2019）。体制机制因素影响区域经济一体化具有深刻性和广泛性，相比较于地理环境、文化习俗等影响区域一体化的因素，推进长三角地区高质量一体化体制机制的建立和完善更加困难，因为推进长三角地区高质量一体化涉及多方成本和利益分配等问题，新体制机制的建立必将改变既有的权益配置格局，如果在地区间的权益被重新配置中损害了既得利益获得者的利益，或者一体化推进新机制造成某地区支出成本大于获得收益，将形成推进长三角地区高质量一体化的阻碍，如此牵一发而动全身的新推进机制的建立将注定是不容易的，正如在改革开放初期，经济发展处于“有与无”的数量阶段时的改革难度要远远小于现在经济

---

① 本章作者仝文涛、韩孟孟，南京大学商学院。

发展至“好与坏”的质量发展阶段。

对长三角地区一体化体制机制的探讨贯穿长三角地区的形成过程。1992年长三角地区联合召开城市经济协作主任联席会议，标志着长三角地区政府协商机制的全面启动。1997年将城市经济协作主任联席会议上升为由各市市长参与的长江三角洲城市经济协调会。2004年召开沪苏浙主要领导人座谈会，标志机制上升至省级层面。2008年安徽省出席长三角地区主要领导人座谈会，标志着安徽省正式加入长三角组织。2018年3月长三角区域合作办公室正式成立。在长三角一体化政府组织形式变更过程中经历了政府协商机制、经贸合作机制、区域协同治理机制、资源共享机制的一体化发展机制演进（张学良等，2019）。虽然长三角地区在一体化的体制机制构建中取得了一些成绩，但仍存在较多问题，如跨区域的利益分配机制仍不健全，由于长三角内部各地区发展水平、发展路径、利益诉求等区域差异，现有体制机制还未探索出能够根据地区差异来实现一体化成本共担、利益共享的分配机制，这将难以激发出长三角各地区共同推进一体化的积极性。此外，长三角一体化的考核体系并未实现量化细分，难以纳入当前官员的考核体系，不能从施政层面促进长三角地区高质量一体化发展。还有，政策协调机制尚不健全，尚不能统一规划各地产业政策的制定原则和标准，可能影响长三角的整体布局。

（二）地区间产业结构趋同，专业化程度偏低

通过测度2017年长三角地区产业结构相似性系数，结果均在0.88以上，表明长三角区域间产业结构相似度较高，尤其在江苏省与浙江省、江苏省与安徽省、浙江省与安徽省之间产业同质化问题尤为严重，产业结构相似性指数达到0.99。从2004—2017年克鲁格曼专业化指数可以看出长三角地区的产业专业化演变趋势，发现长三角地区产业专业化程度没有明显提升，在0.18左右的低位波动，说明长三角地区产业分工深度不够，三省一市的比较优势未充分显现出来（见表1、图1）。

表1　2017年长三角地区产业结构相似性系数

地区	上海市	江苏省	浙江省	安徽省
上海市	—	0.9306	0.9405	0.8837
江苏省	0.9306	—	0.9971	0.9902

续表

地区	上海市	江苏省	浙江省	安徽省
浙江省	0.9405	0.9971	—	0.9812
安徽省	0.8837	0.9902	0.9812	—

资料来源：长三角地区高质量一体化发展水平研究报告（2018 年）。

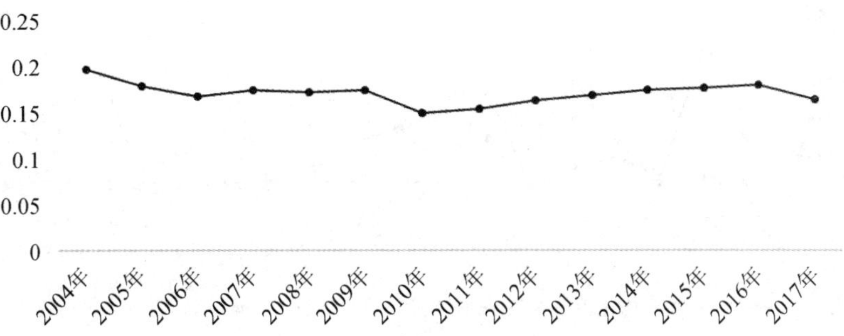

图 1　长三角地区克鲁格曼专业化指数的演变趋势

资料来源：长三角地区高质量一体化发展水平研究报告（2018 年）。

产业结构趋同造成生产过剩和资源浪费，阻滞产业结构升级和现代化产业体系的形成，导致产业结构趋同的原因有以下两点：第一，地方政府对市场干预过多，地方政府狭隘的保护主义使无效率的“僵尸”企业不能正常退出市场，而占用大量资源，进行无效率生产，但是“大而全”的产业体系并不能为地方政府带来规模经济和范围经济，不利于经济提质增效和高质量发展。第二，微观市场基础不健全，主要是市场竞争机制不完善和国有企业的低效率问题，市场这个“无形的手”无法有效配置资源，国有企业缺乏市场敏感度，不完全信息的市场和反应迟钝的国有企业将导致资源错配和无效率，产业链的迂回度和分工深度不够，难以实现真正的专业化，无法享受到专业化带来的效率提升。

（三）长三角地区区际贸易不通畅，要素市场一体化程度低于商品市场

通过价格方差法测度商品市场、资本市场和劳动力市场的一体化发展进程，从时间走势图上发现，长三角地区商品市场、资本市场和劳动力市场的市场分割度趋于下降，但劳动力市场的分割度明显高于另外两个市场，且波动较为剧烈，说明劳动力市场一体化发展不够稳定。从商品与要素市场角度发现，长三角地区商品市场一体化程度高于要素市场（资本市场和劳动力市场），说

明地方政府对资本管控比较严格，资本自由流动阻碍较多，同时，户籍制度及地方政府的人力资本政策限制劳动力流动，要素在分割的市场中不能自由流动，尽管被限制流动的要素配置仍存在帕累托改进的空间，但市场分割导致经济增长不能达到潜在经济效率（见图2）。

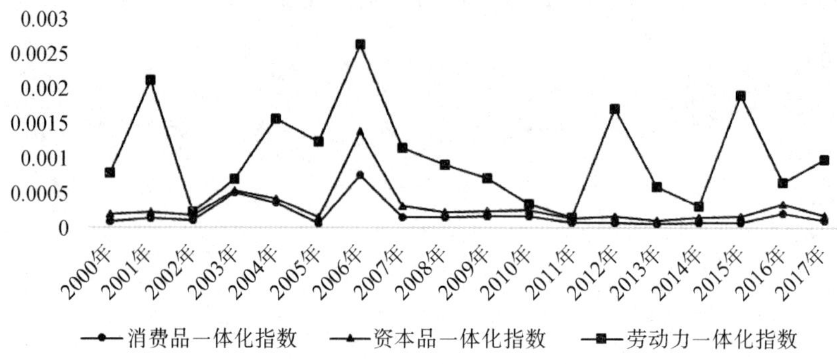

图2 长三角地区市场一体化指数的演变趋势

资料来源：长三角地区高质量一体化发展水平研究报告（2018年）。

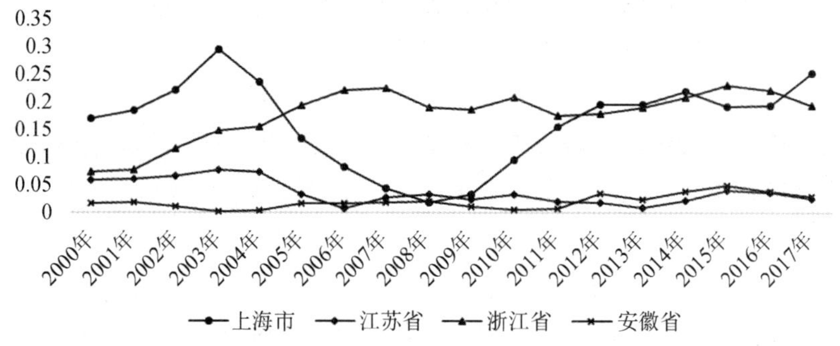

图3 长三角地区省际贸易依存度的演变趋势

资料来源：长三角地区高质量一体化发展水平研究报告（2018年）。

从省际贸易依存度来看，长三角地区内部出现差异，上海与浙江省际贸易依存度明显高于江苏与安徽两省，说明沪浙的省际开放程度更高，如图3所示，表明苏皖两省的市场壁垒较高，导致贸易不通畅，这不利于长三角地区的社会福利提升和一体化发展。从2016年国家铁路行政区域间货物交流情况发现长三角地区江苏、浙江和安徽三省内部贸易比重较大，同时佐证苏浙皖地方保护主义严重。

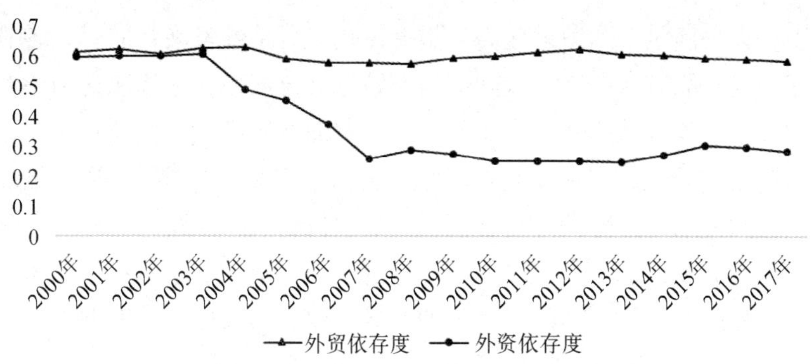

图4　长三角地区省际贸易依存度的演变趋势

资料来源：长三角地区高质量一体化发展水平研究报告（2018 年）。

外贸依存度和外资依存度是长三角地区与外部经济体关联程度的重要指标，从图4中可以看出，长三角地区外贸依存度差异较大，而外资依存度自2003年在长三角地区差异度迅速下降，2007年以后保持在低位。沪苏浙三个沿海地区在国家鼓励发展对外贸易的条件下积极发展对外贸易，贸易量快速增长，在一定程度上促成了长三角地区制造业中心地位，安徽省由于区位限制，没有发展对外贸易的区位优势，逐渐拉大了与沪苏浙的对外贸易差距，这为长三角地区内部产业的梯度布局提供了条件。与外贸依存度相对比的是，长三角地区外资依存度差异不大，说明长三角的外资布局较为均衡。长三角地区一体化的推进有助于避免各地区为争夺有限的资源和市场的恶性竞争，有利于长三角地区经济放眼未来和长期稳定发展。

（四）长三角地区交通运输建设缺乏整体规划，通达力有待提高

交通运输的建设水平直接关系到社会经济发展的效率与效果，在社会经济的运行中具有关键性支撑作用，因而在长三角地区高质量一体化的建设体系中，交通一体化建设具有重要地位。以上海市为龙头的长三角经济带是我国经济实力最为雄厚，发展速度最快也是增长潜力最大的地区，是中国经济高质量发展的重要组成部分，目前该地区已逐步建立了铁路、公路、航空、港口等完善的交通运输体系，交通骨干网络已初具规模，且利用率较高，基本可以满足当地的运输需求，能够较好地服务于长三角地区各类生产要素的自由流动，为当地的高质量一体化发展贡献力量。

值得注意的是，由于该区域各省市之间自然环境、资源禀赋及经济实力等因素的差异，虽然整体交通基础设施在不断完善，但区域内的交通发展水平仍

存在差距，无法满足长三角地区高质量一体化的可持续发展；同时，各省市之间的交通干线未能有效衔接，区际交通网缺乏综合规划，整体通达力不足。例如，通过计算该地区铁路和公路交通网络密度的变异系数，发现长三角地区各省市之间铁路交通建设的密度差异较大，这说明各省市之间的交通运输建设并不均衡，应大力推进区际铁路综合规划，加快构建城际铁路交通网络，不断缩小省市之间交通建设水平与能力的差距，实现区域内交通网络的全面均衡发展；与铁路相比，公路交通网络密度的变异系数虽然较低，密度差异较小，但省区之间“断头”路线较多，关联程度有待提高，需要进一步打通省际线路“断崖”，不断提高融合度与可达性（孔令池和刘志彪，2018）。图 5 反映了目前长三角地区公路网和铁路网的交通密度变异系数。

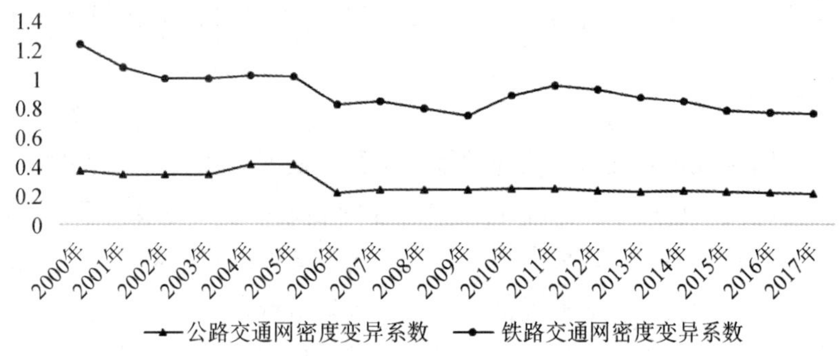

图 5　长三角地区交通网密度的变异系数

资料来源：长三角地区高质量一体化发展水平研究报告（2018 年）。

随着《长三角地区一体化发展三年行动计划（2018—2020 年）》《长三角地区打通省际断头路合作框架协议》等文件的修订与批示，交通一体化的建设有了新的目标规划与行动指南，该区域整体运输通达力的提升指日可待。总体来看，长三角地区交通运输的基础设施建设获得了快速发展，但区域内部各省市之间的整体交通建设水平仍存在差距，线路衔接与融合需进一步完善，整体通达力要进一步提高，今后的交通一体化规划与建设还要在这些方面进一步发力。

（五）长三角地区生态环境较为脆弱，新发展理念下环保压力倍增

生态环境的建设与保护是新时代中国特色社会主义“经济、政治、文化、社会、生态文明”五位一体建设中的重要组成部分，不能有所忽视。长三角地区作为中国经济最发达的地区之一，制造业发展位居全国前沿，但也因此造

成生态环境较为脆弱，空气污染及扩散、水源污染与浪费、生态资源失衡等问题层出不穷，在新发展理念下，生态恢复与环境保护的需求与压力倍增，这也使得环境问题成为长三角地区高质量一体化发展进程中的一个重要瓶颈。从表2的生态环境指标可以发现，目前长三角地区的生态环境问题较为严重，若不及时妥善解决，将严重影响到长江经济带高质量一体化的发展进程。2017年上海市单位GDP废水排放量、江苏省单位GDP耗电量、浙江省单位GDP耗电量和废水排放量以及安徽省单位GDP耗电量、废水排放量、固体废物排放量均相对较高；进一步观察发现，2017年，江苏省和安徽省PM2.5、PM10年均浓度均远高于《环境空气质量标准》（GB3095—2012）二级评价标准（35微克/立方米和70微克/立方米），大气污染较为严重；上海市和浙江省的空气质量虽稍微优于江苏省和安徽省，但酸雨发生率均远高于这两个省份，空气质量也有待提升（孔令池和刘志彪，2018）。表2反映了2017年长三角地区生态环境的各项指标。

表2　2017年长三角地区生态环境指标

项目	上海市	江苏省	浙江省	安徽省
单位GDP耗电量（千瓦小时/万元）	498.48	676.37	809.96	711.01
单位GDP废水排放量（万吨/亿元）	6.92	6.70	8.77	8.65
单位GDP固体废物排放量（万吨/亿元）	0.05	0.14	0.09	0.44
PM2.5年均浓度（微克/立方米）	39	49	35	56
PM10年均浓度（微克/立方米）	55	81	57	88
酸雨发生率（%）	47.6	15.6	62.6	7.4

资料来源：长三角地区高质量一体化发展水平研究报告（2018年）。

长三角地区地处我国经济开放的前沿重地，同时又属于国内高质量一体化建设的重要组成部分，环境质量的好坏关系到我国在国际上的形象和投资吸引力，更直接影响到社会经济和谐发展的潜力及高质量发展的全局，建设好该地区的环保工程，有利于向全世界传达我国经济全面、可持续发展的决心与动力，同时也可以为中西部地区提供一个可参考的经济发展模式，为实现全方位“五位一体”的均衡发展提质增效。因而如何在环境约束的前提下做好长三角地区的高质量一体化建设工作，促进结构优化和产业升级是该地区面临的一个重要问题。

二、长三角地区高质量一体化发展的建议

（一）建立成本共担、利益共享的长三角地区高质量一体化推进机制

长三角区域合作办公室应着力建立三省一市成本共担、利益共享的高质量一体化推进机制，即在长三角地区高质量一体化推进过程中，由基础设施对接、市场壁垒消除等产生的成本由所在区域共同承担，形成一体化所产生的规模经济、经济效率提升等利益由所在区域共享。在市场机制中无法实现的情形，应该有利益转移补偿机制，使在一体化过程中利益受损的一方仍有推进长三角一体化的动力，如此考虑到微观主体行为动机的机制才具有真实推动长三角地区高质量一体化的驱动力。

市场经济中形成公平有效竞争是长三角地区一体化的微观治理机制，自改革开放以来，我国对经济的市场化进行了由浅入深的渐进式改革，从 20 世纪 80 年代的农村家庭联产承包责任制开始，到党的十四大明确要建立社会主义市场经济，提出让市场在国家宏观调控下对资源配置起基础性作用，再到党的十八大的处理好政府与市场的关系，使市场在资源配置中起决定性作用，现在市场化改革深入至服务贸易领域，可以看出我国的市场化改革的渐进深入，逐渐放松政府对市场的管制，然而市场化改革不能一放了之，要充分考虑到市场失灵的情形：市场垄断、不完全信息、外部性和公共物品。如市场垄断问题，市场垄断会激励企业为维持其垄断地位而拥有充足的寻租动机，制定高于完全竞争市场条件下能实现社会帕累托最优的市场价格，侵蚀消费者福利，因此除技术专利形成的市场垄断之外的市场垄断行为应该被管制；完全信息是完全竞争市场中的一个理想假设，现实市场中不完全信息才是常态，由于市场主体信息发布和获取途径有限，市场中介又出于各种投机动机，导致商品和要素配置扭曲，因此政府在信息不完全的情形下要积极作为，构建权威有效的信息交流平台，畅通信息传导机制，提高市场的资源配置效率；无论是正外部性还是负外部性都会导致社会最优量与个体最优量的不一致，解决方式应因地制宜，如交易成本和协调成本为零或较小时，可以通过清晰界定产权的方式解决外部性问题，或者通过联合经营或企业兼并等方案解决外部性问题，此时需要政府做好相关纠偏机制的制定与协调；市场失灵的最后一种情形为公共物品，由于公共物品的非排他性，难以阻止市场中的“搭便车”行为，因此政府应提供公

共物品以满足需要。

因此在长三角地区高质量一体化发展中，除积极建立成本共担、利益共享的推进机制外，还应着力放松市场管制，但不能一放了之，应统放结合，放松市场管制的同时，积极弥补市场缺陷，建立公平、有效、平等的微观市场治理机制，提升市场的资源配置效率和高质量一体化水平。

（二）发挥上海市区域核心带动作用，苏浙皖各扬所长，实现优势互补

上海市作为长三角高端生产性服务业中心，2018 年其服务业占国内生产总值（GDP）达到 69.9%，生产性服务业占服务业比重已超过 60%，接近发达经济体两个"70%"的标准，上海市作为长三角区域的核心城市，为长三角其他地区提供高附加值的中间投入品，如产品研发、设计、售后服务、金融资本等工业微笑曲线两端的投入环节，此外还汇聚着多数大型企业的公司总部、研发中心，高端生产性服务业在上海市集聚，可以充分享受知识溢出带来的好处，同时为长三角区域内其他地区的发展提供生产性服务支持，带动长三角周边地区的发展，将高附加值的中间产品投入生产中去，有效促进产业升级。江苏省作为长三角地区的制造业大省，其制造业产值已超过 16 万亿元，占国内制造业市场约 1/8，占全球制造业市场份额超过 3%，是长三角地区名副其实制造业最发达的区域，然而同时还应看到其高端制造能力与发达国家仍有不小差距，如何有效提升长三角地区的制造水平，需要江苏省的制造业主动对接上海市的生产性服务业，加大制造产品的研发投入力度，增加对基础工业能力的重视程度，如加强对工业之母——高精度机床关键核心技术的突破，以及新材料、智能制造、大数据等的先进技术的应用。浙江省以阿里巴巴为代表的互联网相关产业在长三角地区是其比较优势，在互联网应用领域我国借助人口众多、内需巨大的市场优势，通过规模经济和网络效应优势走在了世界前列，浙江省应立足于长三角这一国内最具经济活力的区域，充分发掘其"互联网+"的优势，抓住产业发展机遇，把浙江省打造成长三角地区乃至世界的互联网商贸中心。安徽省作为长三角地区最具发展空间的省份，同时也是长三角产业基础最为薄弱的区域，应充分利用合肥高新技术产业园区的创新资源，积极承接江苏省转移产业，借鉴先发地区的经验，发挥后发优势，积极融入长三角高质量一体化发展中。

通过以上分析发现长三角地区三省一市产业发展各有所长，充分发挥上海市的"龙头"带动作用，以高端生产性服务产业的优势，联合江苏省的制造

业、浙江省的互联网商贸业以及最具发展空间的安徽省，形成产业联动的优势互补，共同推动长三角地区高质量一体化发展。

（三）以具体项目为抓手推进长三角地区更高质量一体化发展

2018 年 11 月，首届中国国际进出口博览会开幕式上，习近平总书记在主题演讲中宣布支持长三角区域一体化上升发展为国家战略。2019 年 3 月李克强总理在政府工作报告中宣布，将长三角区域一体化发展上升为国家战略，编制实施发展规划纲要，长三角区域一体化发展迎来重大机遇，进入新的发展阶段，长三角地区各级政府应把握机遇，顺势而为。空谈误国，实干兴邦，把长三角地区高质量一体化发展落实到具体的事务上去，以具体项目为抓手，按照竞争性产业领域、公共品生产领域、民生性消费领域、投资活动领域和科技创新领域等先易后难的原则（刘志彪，2019），切实推进长三角区域高质量一体化发展。

以三个具体项目一体化进行说明，如交通、通信基础设施一体化，积极完善长三角区域内交通、通信基础设施对接建设、互联互通，交通、通信等基础设施是区域一体化的重要基础和前提，新经济地理学认为在一个区域内“冰山运输成本”（基础设施）足够小的地方，才会在市场需求较大的地区产生集聚现象，产品从集聚点辐射到周边地区，形成一体化的市场。再具体到社保、医疗、养老服务一体化，建立长三角地区统一的社保、医疗、养老服务体系，实施社保、医疗、养老服务一体化，有助于长三角地区人才流动，减少结构性失业，有效完善各类人才与工作岗位的合理配置，提升长三角地区的整体效能。科技创新是长三角地区高质量发展的动力之源，科技创新一体化可以实现创新的集聚效应，发挥 G60 科创走廊整合长三角地区创新资源的优势，鼓励企业探索跨区域联合创新机制，如对跨区域联合创新的企业取得的创新成果进行减税或补贴，并将有效的跨区域联合创新经验推广，切实推动长三角地区科技创新一体化发展，促进长三角地区高质量一体化发展。

（四）大力发展一体化交通体系建设，改善整体交通运输状况

针对长三角高质量一体化建设中所面临的交通建设与运行问题，未来的经济发展进程中应加强交通基础设施的顶层设计，从提高长江经济带的综合运输能力与效率入手，多方考虑，全方位规划，形成互通有无，便捷高效的一体化交通网络。

长三角地区高质量一体化的发展需要区域内整体交通网络交通模式的相互配合，虽然目前该地区的交通基础设施发展较为迅速，不存在制约一体化经济发展的关键障碍，但若想要为长三角地区高质量一体化发展带来突破性进展，仍需进一步打破束缚，综合规划，查漏补缺，提高该地区的整体通达能力与效率。根据前文的分析，通过对该地区客流量最大的铁路和公路交通网络密度的对比，发现该地区的铁路交通密度变异系数远高于公路交通密度变异系数，各省市之间铁路交通密度系数差异较大，这说明长三角区域内的铁路建设虽发展迅速，但并不均衡，且公路建设速度较慢，断头路线较多，通达力不够。在后续的交通规划与建设中，应集中精力着力解决这些制约性问题。铁路方面，应摒弃表面化的铁路数量论目标，从更深层次入手，对各省市之间交通体系的均衡化和优质化做出重点突破，填补区域之间的线路空白，不断缩小区域内的交通差距，但又要避免重复性建设，注重资源的有机整合，提升铁路运输的有效性；公路方面，要进一步完善公路基础设施建设，同时要协调省际间交通职能分配，打破省级区域间的线路断崖与管理壁垒，提升要素资源流动的可达性，为该地区经济一体化发展提供便利。同时我们发现，安徽省在长三角地区一体化的发展中，融入程度不高，可达性较差，交通壁垒仍然存在，这可能跟当地的环境及经济因素有关，通过进一步完善合肥与南京地区周边环境的交通运输体系，可以促进安徽省在长三角一体化经济圈中提高融入度，并发挥其应有的成员作用，如近年来跨省域、跨市域的宁滁城际的规划与建设，能够加强滁州与南京之间的联系，较好地推动两地同城化的发展，进而促进皖江城市与江浙沪城市的融合，较快实现长三角交通一体化目标。总之，在长三角地区交通一体化的建设进程中，四省市之间应加强合作，互通有无，建立统一规划、灵活管理的协调机制，注重省市之间交通道路的交集与对接，建立多位一体、无缝衔接的综合交通基础设施网络。

另外，在信息通信技术高速发展的双创时代，要大力发挥信息化与网络化优势，建立现代化智能交通体系。鉴于目前“互联网+”和人工智能的快速发展，有必要将信息基础设施与交通基础设施相结合，利用物联网、大数据、云计算等高科技手段提高交通运输的智能化与人性化特征，将交通运输与信息化应用全面对接，建立华东地区一体化综合信息交通网，真正意义上实现该地区的互联互通，通过其辐射作用，不断提高整体运输能力和效率，为长三角地区高质量一体化发展提供支持。

（五）坚持生态优先，建立区域生态环境协同治理机制

针对长三角高质量一体化建设中所面临的环境治理与保护问题，未来的经济发展进程中应坚持生态优先的新发展理念，建立生态环境治理与补偿机制，基本形成高级别的生态环境与自然风貌，创造良好的社会发展环境和人类宜居环境。

针对目前严峻的环境状况，首先要加强污染治理与生态保护的实践探索，如进行大规模的技术改造，调整产业结构和能源结构，积极研究清洁生产与污染防治技术，为清洁生产和污染处理提供硬件支持，从源头生产和后续治理两方面综合推进。其次，要加强生态文明的理念建设，牢固树立并遵循“绿水青山就是金山银山”的生态要义，建立资源节约、环境友好的绿色发展体系，形成人与自然和谐发展的现代化发展新格局。最后，深入研究并完善生态保护的法律法规、业绩评价、人事考核等体系构建，将生态优先和环境保护的发展逻辑纳入规划、生产及后续考核的全过程，将环保理念与实践贯彻到底。

另外，鉴于环境问题的空间转移与扩散等特征，目前该区域内的环境治理与生态保护的合作机制还不够完善，各省市之间的对接工作还需进一步加强，即长三角地区内部关于环境问题的洽谈机制和解决方式至今还浮于表面，缺乏整体的顶层设计与具体的深层推进，各省市之间的利益竞争与管理壁垒还未突破，长三角区域一体化特别是环境一体化的工作实践受到多重约束，仍未找到一个缓解环境矛盾和维护各方利益的纳什均衡点。因而在解决环境问题时，区域内部应加强综合规划，建立生态环境协同治理机制，从长三角一体化的整体利益考虑，在环境问题的空间划分、权责分配及产权交易等方面要打破壁垒、科学探讨、有机合作，争取找到各方都能接受的行动准则与运行机制。

参考文献

[1] 刘志彪：“长三角区域高质量一体化发展的制度基石”，《学术前沿》2019 年第 2 期（下）。

[2] 刘志彪：“按照先易后难原则推进长三角更高质量发展”，《人民政协报》2019 年 6 月 11 日。

[3] 张学良、林永然、孟美侠："长三角区域一体化发展机制演进：经验总结与发展趋向"，《安徽大学学报（哲学社会科学版）》2019 年第 1 期。

[4] 孔令池、刘志彪："长三角地区高质量一体化发展水平研究报告（2018 年）"，南京大学长江产业经济研究院，2019 年。

试论中国北方“铁锈地带”的成因与对策[①]

改革开放以来，我国南北方经济呈现出经济增速“南快北慢”和经济总量占比“南升北降”的态势，进入21世纪，南方已经开始有压倒性优势。本文通过北方经济形势与美国、德国等“铁锈地带”比较，以及对南北方近年来主要经济数据的分析，尝试分析中国北方“铁锈地带”的成因和特质，并提出系列对策和建议。限于篇幅，作为北方经济“铁锈化”的主要源头，北方城镇经济是我们研究的重点，农村经济问题此文不述。[②]

一、经济数据里的北方沉滞

2019年初，国家统计局公布近十年各地GDP数据，北方的山东、河南两省经济总量较高，但山东省与江苏省和广东省的差距还在拉大。除了北京市外，天津市在2018年增速垫底，河北省近几年经济总量先后被四川、湖北、湖南三省超越，降到第9位。中国各地2019年上半年GDP排名：云南省增长9.2%，居全国第一位；贵州省和西藏自治区均增长9.0%，并列第二。吉林省、黑龙江省、天津市位列最后三名，增速分别为2.0%、4.3%、4.6%。山西省6.7%，而江西省，达到了8.7%。国家发展和改革委副秘书长任志武近日通过系列数据指出，2018年上半年南方经济在全国经济的比重已经上升到62%，相应的北方占比下降到38%。按照世界银行标准，2018年中国内地有京沪津苏浙闽粤7省市进入高收入经济体，北方只有北京、天津两市入选。

再从城市和上市企业进行对比。中国社科院城市与竞争力研究中心2018年发布的“中国城市竞争力第16次报告——40年：城市星火已燎原”一文显

---

① 本文作者宋常铁，中国电力改革发展30人论坛（华东）组委会。

② 本文所指的北方，包括北京、天津、河北、山西、内蒙古、黑龙江、辽宁、吉林、山东、陕西、河南9省2市。陕西、河南位于秦岭—淮河以南的地区也涵盖在内，主要分析对象是东北地区和华北地区。

示，综合经济竞争力指数10强城市中，北方只有北京、天津两市入选，一个是首都，一个是老直辖市。2018年11月，赛迪顾问发布的《中国数字经济百强城市发展研究白皮书》列出了中国数字经济发展排名，前10城市中，南方占9席，北方只有北京1城入围。企业是经济发展的微观基础。2019年1月，格隆汇发表文章盘点2018年沪深交易所A股上市公司总数，山东省首次公开募股（IPO）数据几乎是断崖式下滑，北京市也难以匹配其这么多资源的集中与投入。天津市作为老牌直辖市，2017年IPO数量仅有4家，在2018年直接挂零。东北地区几乎全线挂零。2018年3月，科创板第一批首次公开募股（IPO）企业名单公布，9家企业，北方只有1家山东烟台的芯片企业入围，其他全是南方企业。综合来看，东北在中国经济总量的比重呈持续下降趋势，离振兴的目标还很遥远。

我们在客观地考察并分析宏观经济问题时，也要关注微观的个体及本外币存款情况。人口和财富的流出，能最真切地反映经济萧条情况。据《每日经济新闻》报道，单纯以2014—2017年城区常住人口的变化情况来看，有22个城市呈现出连续3年下降的情况，其中16个集中在东北三省，占比高达73%。据澎湃新闻报道，2018年人口净流入量排名前4的地方分别是，广东省（84万人）、浙江省（49万人）、安徽省（28万人）和重庆市（16万人），均为南方地区。作为流出省份，山东省、河南省分别净流出20万人和7万人。2018年末，辽宁省、吉林省、黑龙江省分别净流出4.4万人、14.26万人、12.6万人，共31.26万人，并且多是高素质人口（改革开放以来，黑龙江省一直保持人口净流出态势）。河北省只有靠近北京的廊坊市和海滨度假胜地秦皇岛市存在人口净流入的现象。2018年1—10月，全国各城市本外币存款余额前10名中，北方城市依然只有北京市和天津市，其他8个城市都在南方。而且，本外币存款余额增速方面，南方城市增速普遍高于北方城市，天津市更是负增长。

除了关注宏观数据和微观的个体，还要关注历史的脉络。南北差距在新中国成立以来并不明显，改革开放之前，南北经济总量平分秋色，改革开放后经历了两波变化，一个是改革开放后走开放、自由和市场的路线，在海洋带来的文明和机遇面前，北方显露弱势，尽管他们也濒临海洋。另一波是2008年世界金融危机后我国大规模投资的强刺激，导致北方各省更加把经济动能寄托在传统产业之上，错过了新兴产业的机遇。正如尹德挺、袁尚、张锋“改革开放四十年中国人口流动与分布格局变迁”一文中所写的，在改革开放之初，我国人口流动的传统活跃地区基本集中于北方省份。1982年，仅黑龙江一省就吸纳8.60%的流动人口，位居全国之最，甚至超过了同期京津冀三省市(8.43%)。在城市化水平方面，北方长期领先于南方，2003年东北地区城市化率为53.49%，排第二的东部地区为48.89%，东北三省仅次于三个直辖市，当时全国城镇化率仅为31%。20世纪90年代初，北方城区人口超过百万的大城市明显多于南方。新中国成立后北方的铁路远比南方密集，东北更是在1945年就拥有全国铁路总里程的一半多，但2018年，高铁总里程前6名的省份依次是广西、广东、福建、浙江、安徽和湖南，全在南方。在社会发展和民生方面，据2000年教育部发展规划司统计，1999年底，中东部各省、自治区、直辖市每万人中高等学校在校生数，紧挨京沪津三个直辖市的就是东北三省，吉林省为4.15%，辽宁省为2.7%，黑龙江省为2.34%。直到2010年，辽宁省每十万人中受过高等教育的人口，还领先京、津、沪直辖市以外所有省份。但随后就开始大幅衰落。

另一个标志性的行业就是东北的装备制造业，该行业长期以来在全国处于领先地位，但现在也已风光不再。据中国机床工具工业协会发布的2019年上半年机床工具行业经济运行情况分析，根据国家统计局规模以上企业统计数据，机床工具行业多种指标严重下跌，这对北方以重工业和资源工业为主体的经济体系来说，无疑不是好消息。制造业的衰败无疑会影响区域现代化程度。中国发展门户网2010年数据显示，第一次现代化程度，1980年时，辽、吉、黑三省仅次于京沪津，黑龙江省就高出广东省4.5个百分点，高出江苏省6.6个百分点，高出全国平均9.7个百分点。到2008年，辽宁省退到第7，吉林、黑龙江两省分居11、12位，黑龙江省比全国水平还低了1.7个百分点。因此，北方“铁锈地带”问题已经到了中央和地方各级政府不得不抓紧解决的时候了。

二、北方“铁锈地带”的成因与特质

“铁锈地带”是后工业时代的典型表现，不同“铁锈地带”的成因虽有差异，但共性方面表现在这些老工业区产业结构单一、资源枯竭、重工业主导，在面临创新产业、新兴服务业、新兴能源冲击的同时，又需要面临经济全球化趋势，产业分工的地域界限被打破，长期保持的传统优势又逐渐失去，很少城市能够提前预警，未雨绸缪，从而再难与已经完成转型，建成新经济环境的地区进行竞争。“铁锈地带”与俄罗斯西伯利亚和远东地区的城市墓群这种纯粹政治制度变迁导致的衰落不一样，主要代表是美国五大湖区、德国鲁尔、法国洛林地区和日本北九州等地区，他们都兴起于19世纪初的大规模城市化，在第二次工业革命时成为重要制造业带，后来受困于国内外同行业双重挤压和新技术产业的兴起，原本作为支柱产业的工业体系（能源、矿山、重工业、大型制造业等）急剧崩溃，大规模失业和人口外流，进而衰退而衍化为“铁锈地带”。之后，他们努力实现转型，涅槃重生，德国鲁尔、美国匹兹堡等成功了，底特律却失败了。以上特征，我国的东北和华北地区也同样存在，此外也有一些不同特质。东北地区和华北地区与世界发达国家的“铁锈地带”相比较来看，受计划经济影响较长较深，市场经济发育不健全，市场主体在预判新技术、新行业、新能源、新模式的影响方面较为滞后，感受到威胁时，又反应滞后，配套不足，不能为产业转型寻求足够的要素供应和环境配套，转型比较艰难。同时东北地区和华北地区又承担大量的政策配合任务，让地方和企业不能自主发展。

新时代我国经济已经进入高质量发展阶段，面临结构调整与转型升级的艰巨任务，中国“铁锈地带”城市被赶上更迫切的转型之路，因为影响最集中的行业，如煤炭、石油、钢铁、电力、机械、化工就是山西省、河北省、内蒙古自治区、山东省和东北的经济支柱，在陕西和河南两省也同样存在。以钢铁和煤炭两个产业为例，截至2015年，河北省钢产量连续14年居全国第一位，约占全国钢产量的1/4。据《中国经济周刊》2016年在“‘铁锈地带’：钢铁艰难去产能河北责任重大”一文中披露，2009年，河北省曾提出摆脱“一钢独大”的局面，努力淘汰落后产能，但成效并不显著。淘汰落后产能的行动是一个综合施策、统筹推进、科学指导、市场发育的渐进过程，要逐步地、有序地推进。运动式监管反倒刺激了中小钢铁企业投机取巧规避监管的冲动，比如通过改造旧炉的手段扩充产能以及“假整合”抱团规避政策。而企业也很担心自己在转型期的经营受银行催贷或上市公司股民恐慌的影响，这都需要配套措施提前到位。产业转型升级过程中传统产业和新兴产业处于“青黄未接”的状态，政府必须将消化就业、消化产能的政策前置。另外河北省经济转型升级困难还有两大制约因素：一是经常受不确定任务的影响，如历年国庆、大型国际会议等重大政治活动中的停限产措施，这种任务是不确定的短期行为，影响了企业的中长周期转型进程。二是水资源也较为紧张。包括河北省在内的华北各省，还承担着为北京、天津两市供水的重任，尤其是水资源严重匮乏、人均水资源量远低于500立方米的世界极度缺水线的河北省，需要压缩自己的工农业发展节水，经济腾挪的空间较为有限。

山东省是我国第三大经济省份，但近年来经济发展也缺乏活力。国家金融改革研究院院长刘胜军介绍：2016 年山东高新技术产业产值占规模以上工业产值的比重为33.8%，分别比江苏省、浙江省低7.7 和6.3 个百分点，比河南省还低1.1 个百分点。山东省科技研发经费支出占比2.30%，分别比广东省、江苏省、浙江省低0.22、0.32 和0.09 个百分点。《专利合作条约》（PCT）国际专利申请量广东省有2.4 万件，山东省1399 件，仅为广东省的5.8%。出现这种原因，正如山东省委书记刘家义说：从表面上看，山东省落后的是产业结构、创新能力，但真正的落后在于体制和文化与观念，体制上官本位思想浓厚，企业家精神匮乏；文化上人均饮酒量全国第一，经商环境堪忧。一般来说，市场化程度越高，转型越灵敏。但山东企业格外依赖政府，而政府也乐于扶持企业经营，“小县城+大企业”模式作为山东引以为傲的典型。和许多倒闭的民营大企业一样，盲目“多元化”也是山东企业冒进和浮夸的特征，除了企业经营团队的问题，背后也有政府和金融机构做推手。为了不断扩张，创造了连环担保的模式，企业联保危机连环引爆，加上纷纷涉足房地产快速套现，在楼市泡沫挤压时，全部失败。

东北也更缺营商环境和商业社会重建，还有更严重的人口流失，这种流失多是高素质人群和青壮人口，并且因为文化归宿感并不强烈，几乎一去不回。出生率创多年最低，也让人口问题雪上加霜。东北地区长期以来产业结构偏重工业，甚至占到了经济总量的70%—80%，而一个企业成就一个城市的现象尤其突出，如大庆、富拉尔基、鸡西、抚顺等城市，牵一发而动全身，改革更为艰难。陈建辉2017 年在《中国发展观察》上发表的文章“东北地区民营经济发展的困境和出路”中指出，东北地区民营经济发展十分缓慢，目前三省的国有经济占比均远远高出全国平均水平，且民营企业与国有企业之间大多是生产经营上的依附关系和体制上的“寄生”关系。此外，数据显示，东北地区自主创新能力偏弱。2013 年全国研发经费投入与GDP 的比值首次突破2%，达到2.08%，而同期辽宁、吉林和黑龙江三省的比值分别为1.65%、0.92%和1.15%，与北京市、上海市、江苏省和广东省的6.08%、3.6%、2.51%和2.32%相比存在明显差距。这注定了新兴产业难以落地和成长。

北方的经济模式是中国问题的缩影，南方的经济也多少存在这样的问题。我们必须对过去的经济体系、经济模式蕴含的短板和劣势进行彻底评估，以防“铁锈地带”的蔓延。

三、中国北方地区祛除“铁锈化”的对策

针对我国东北地区和华北地区“铁锈化”的现象，我们可以借鉴国际上祛除“铁锈化”的成败经验，转变发展理念，借鉴长三角、珠三角一体化的经验，优化地域文化，培养重商文化和自由精神，多措并举，真正让北方地区的“铁锈化”祛除之路走得更加扎实有效。

（一）借鉴国际铁锈带的转型成败经验

国际上的成败经验足可借鉴，比如鲁尔区的重生，不是简单地走极端的废旧立新，而是旧物再利用，整个鲁尔工业区已变成了一个博物馆和休闲区。对鲁尔区，中央政府积极进行经济和技术方面援助，联邦制对地方政府治权给予松绑，给地方经济调整留下很大空间。比如匹兹堡，就抢先布局了计算机科学、机器人及医疗健康等产业，在传统产业转型的同时，保证了充足的多元化劳动力市场，知识经济从业人员超过了传统重工业从业人数。还利用大型教育机构巩固新的经济发展，并充分利用私营经济的力量，公私合作携手将城区改造为新技术区和医疗企业孵化区。狠抓环境治理，为新经济的成长提供环境可持续的支撑。

我国北方“铁锈地带”复兴应在操作层面做好五方面工作：一是顺应政府依法施政、安守职权边界。北方“铁锈地带”必须通过完善顶层设计来促进体制机制的根本转变，要降低民企进入门槛、加强对民企发展的政策支持。结构调整要结合产业发展实际情况，遵循产业结构演进客观规律。二是重塑产业生态，激励创新。要依托现在的产业向高附加值、低能耗、少污染无污染的方向推进，重在有足够的就业机会。尽量实行渐进的方式，对于大企业的破产尤其慎重。要夯实创新基础条件，促进创新资源综合集成，推进区域自主创新平台建设，积累创新动能。三是科学规划并严格执行。规划要协调步骤，统一推进，不能急功近利，贪快图大，商业设施、服务设施、公共设施布局要合理，城市分区和产业布局要有高瞻远瞩的规划视野。四是要同步完善社会保障体系，中央要加大财税和人力资源方面的政策支持。特事特办，给予专门的政策，独立的授权，帮助建立自己的养老、失业、医疗保障制度，与产业重塑、区域再造配套协调。要切实提高最低生活保障标准和基本医疗保险标准，利用国企部分股权转让收益来充实社保基金，妥善安置企业职工。加大公租房、廉

租房建设及棚户区改造，要完善人才政策体系，构建创新人才高地。五要加大开放力度。包括思想的解放以及体制和政策的开放。要给特殊时期的特殊地区进行政策松绑，可以有步骤有区别地对一些领域、地区单独考核，退下统计数据和政绩考核的战场，让他们有恒心、有精力专注于城市的规划和设计，产业的培育和扶持，营商环境、社会福利的建设。要深化商事制度改革，完善负面清单制度，实施普惠性税收优惠措施，打造公平竞争的市场环境。

（二）把握时代脉搏，转变发展理念

随着经济增长方式的改变，人们的生活和追求也随之改变。未来的产业将不再严重依赖国内资源，这将导致人口更容易迁移，迁移到他们认为更安全、更舒适、更有发展空间的地方。首先就是气候的因素。制冷设备的普及，使他们更愿意选择冬季不冷的地方，而愿意忍受漫长的炎夏。北美五大湖工业区，处于美国最冷的北端，现在人口也不断南移，纽约州过去一直是人口净流入的地区，这几年人口也出现了负增长，而佛罗里达州人口迅猛增长，德克萨斯州和加利福尼亚州人口也不断流入。中国这个变化其实从 20 世纪 50 年代就开始了。东北人逆向流失，一方面除了体制不活、资源耗尽，还有东北的冬天太冷，原有的资源优势已经不再，传统产业难以为继，就没有留下的足够理由；另外一个方面就是环境污染因素。保尔森基金会在《中国的新机遇：可持续经济转型——如何筑建京津冀在转型中的领先地位》的研究报告中指出，“有明显迹象表明，空气质量正对京津冀地区人才去留产生影响”。其实，东北地区的城市冬天同样污染严重，也加速了人员的流失。再加上交通的发展，让即使再偏远的地区也不再那么偏远，人员的流动更加便捷。我们比较一下东北和西南地区，这两个地区在国有经济比重、财政支出占比、官本位情况、生活节奏、固定投资占比、资源总丰富度、转移支付占比等方面都很相似，有些方面西南更过之，如发展起点低，交通更为不便。但这几年，西南的云贵高原相比北方彰显出气候和环境的全面优势，配合以交通的跨越式发展，成为旅游度假养老地产热捧之地，高科技产业也蓬勃兴起，如贵州省的大数据产业就独树一帜。

人口的流失在我国已经是一个普遍现象。中国一共有 5 万多个乡镇和街道办事处，从 2000—2010 年中国有 1/3 国土人口密度在下降，有 1 万多个乡镇和街道办事处的人口在流失，有 180 个城市的人口在流失。人口的流失必然带来传统产业的收缩，世界各国都在努力通过产业调整应对这种局面。历史证

明，只有形成合理稳健的产业结构才是应对内外部危机的良方。德国将通过“工业4.0”战略来确保其未来工业生产基地的优势地位，这是长期工业文明的积累，靠短期“大跃进”不可能达到。“工业4.0”战略蕴含的思想就是让工业、工业产品和服务全面交叉渗透，不仅要通过互联网等新技术来改变生产方式和渠道，而且要追求高质量的工业产品本身。这样才不会只做别人的配套、外包，才不会形成“铁锈化”。早期国内各地主要是靠要素驱动、投资驱动，想通过规模扩张留住产业人口，但2008年开始，很多地区已经意识到经济转型的必要性和重要性，进行“腾笼换鸟”，产业升级，大力发展高新技术产业和新经济，创新驱动正在成为经济转型的主要抓手。但这场新兴经济与传统产业，开放创新的快与慢的比拼中，北方显然滞后了，不仅落后于沿海地区，也落后于中部地区。河南省、山东省、安徽省交界的“中原塌陷区”自然条件不好，人口压力巨大，大量民工外出，但正是这种逼迫，让他们主动承接长三角、珠三角向内陆的劳动密集型产业转移，那些原本在长三角、珠三角的农民工们返乡就业，也成为中西部崛起的助力。

因此，不要迷信资源优势，要努力摆脱“资源诅咒”。要及时转变思想，尊重天性自由，鼓励竞争，培育市场，才能摆脱资源的依赖，才能防止“铁锈化”。要改革户籍制度，对“铁锈地带”居民外迁给予适当变通，促进人力、信息和人才的流动。人口众多并不一定只是经济的负担，这种计划经济思维忽视了人的创造力。在自由市场里，每个人在消耗财富的同时，也在不断创造财富。人口众多并不是致贫的原因，经济自由度不够，才是致贫的主要原因。

（三）借鉴长三角、珠三角一体化的经验，坚定提高市场化水平

长三角、珠三角的经验之一，就是厘清政府和市场的边界，鼓励和培育自发秩序。奥地利学派哈耶克认为，一个社会的价值准则、文化、社会习俗，都是通过自愿交换和自发合作发展起来的，其复杂的结构是在接受新东西和抛弃旧东西、反复试验和摸索的过程中不断演变的。而社会科学界伟大的发现之一，就是哈耶克发现了人类自发秩序。20世纪90年代，一群因民间借贷导致资金链断裂的福建省沙县人逃债流浪到深圳等南方城市，为了生存，开始在街边卖家乡特产的小吃。草根世界被逼创新，蕴含着无限的创造活力。与东北不同，沙县当地政府这个“娘家人”也积极赋能。县政府成立了专门的领导班子——沙县小吃办。对内，小吃办负责培训手艺，甚至“倒贴钱”求人去学。

对外，他们在各地成立办事处，帮在外开店的沙县人解决子女入学等后顾之忧。此外，还有浙江绍兴市嵊州的领带产业集群、乐清县的电器产业集群、广东省中山古镇的灯饰产业集群、江苏省苏州市吴江盛泽镇的丝绸纺织产业集群等，也蕴含着民间自发秩序的力量。巴九灵的文章“这些巴掌大的中国县城，解决了全世界一半的产量”，对这些产业集群进行了详尽的剖析。其实东北并不是天生缺乏市场的基因。我们可以从东北流动人口形成的产业集群——东北麻辣烫来分析。东北麻辣烫等餐饮业闯成了大产业，他们甚至不需要依赖当地资源，就依托在全国各地的流动人口。历史上山西省的票号行商、宁波的红帮裁缝其实都是类似的模式。在今天，东北也创造了这样的“流动人口铸造的隐秘帝国”。东北人选择麻辣烫和烧烤，选择“抖音”喊麦，都是一没资源二没资金三没环境，是不得已的“突围”。东北的下岗职工不惜背井离乡，抛妻别子，可东北一些地区政府仍在追求“高大上”，甚至是“傻大黑粗”的产业，瞧不起麻辣烫、烧烤等产业。

这类自发秩序更典型反映在网络经济上，逼迫政府面对网络时代的新趋势。江小涓在“网络时代的政府与市场：边界重组与秩序重构”一文中指出，历史经验表明，技术突破并带来经济和社会结构的重大变化，致使现有市场秩序、秩序背后的逻辑以及逻辑背后的价值判断面临根本性挑战。在网络时代，规模经济显现，一项服务可以便捷、低成本地送达到众多消费者手中，规模经济和范围经济极为显著。流量产生价值，供需直接对接，精准加载服务，剪裁服务单元，提高资源使用效率，减弱了信息不对称。社会高度互联的时代，政府与市场的边界必须重新划分，才能让自发秩序基础之上的公共治理更为有效。许多平台企业，实际上导致了局部市场治理边界的变化，在政府和市场之间加进了“平台”这个具备双重性质的跨界组织，平台承担起这个局部市场的协调和监管职能。与政府的监管模式不同，这种平台治理的机制和方式能协商治理、精准治理、灵活治理、民主治理和有限治理。平台并无政府的强制力量，却能对政府治理有助推和制衡作用。在国际市场上，互联网和数据产业天生就是全球性的产业，在国际市场上扮演着自发秩序的角色。当然，平台也有损害公众利益的潜在意愿、能力和行为，需要适度监管。

长三角、珠三角的经验之二，就是政府按照市场规律统筹协调，从集聚走向平衡。长三角一体化也是去中心化，政府有所为有所不为、遵从自发秩序和市场自由的过程，并没有长三角的经济资源刻意向中心城市集中，每一个城市该发展什么样的产业，主要由产业回报和相应的成本之间的比较来决定。同时，政府要减少在招商引资中的干预，服务于企业的发展需要，着眼于提供基础设施和公共服务。比如做好基础设施联通，更好地为企业和相应就业人员提供服务，完善财政收入转移机制、税收转移机制。一体化不是简单的城市合并，更不能建设所谓的区域政府，要鼓励要素市场化与自由流动。据《新民晚报》记者范洁2019年3月29日报道：首张“长三角一体化”跨区域通办的营业执照，在青浦区市场监管局“长三角一体化”服务专窗颁发。仅仅一个小时后，他所提交的企业注册登记申请，就获预审通过。“市场主体准入一体化”使得“跨区域通办”服务非常高效。长三角越来越多的城市和区域正联手打造科创走廊，G60科创走廊已从“一区”迈向沪苏浙皖“九地市”，成为更高质量一体化发展的重要引擎。广东省则提出要完善区域协调创新体制、机制，打造广深科技创新走廊，力求成为“中国硅谷”及全国创新发展重要一极。相比较“长三角一体化”进程即将进入实质性的推进阶段，北方目前尚未形成类似的城市发展集群，与长三角未来的一体化——“从集聚走向平衡”相比更为遥远。在北方地区，目前只有河南省自己在建设郑开科创走廊，打造“中原硅谷”。相比之下，北方地区在区域经济协调模式上较为滞后，其中不可忽视的原因是北方没有像上海这样的都市圈充当一体化的抓手。

（四）优化地域文化，培养重商文化和自由精神

现代中国发生的机缘、运作的中心以及内在的动力均源于南方，特别是以江浙沪为中心的东南沿海地区。靠海并不是最主要的原因，南方的海洋优势关键是与发达经济体有直接的联系。南方的务实、重商、效率、平和是最值得学习的。这里所说的南方，主要是长三角和珠三角地区，这里古来务实、灵活的商业文化与小农经济、自然经济完全不同，很少会发生大规模剧烈的社会动荡，本土很少原发性出现极端化的社会变迁思想，外来的乱源到这里也多被冲淡甚至抵消。作为珠三角的典型城市——深圳，临近香港特区，零距离对接国际，最终实现了“小政府”的治理模式、敢为天下先的冒险精神，以及拥抱世界潮流的格局与眼光。就是各级政策执行者不会为实现更高的排名专攻某些指标，而忽略其他指标；就是良好的营商环境不会因为地方领导变更而“人走政息”。现在很多北方政府学习深圳的发展模式，回去后大步流星地推行各种政策，却很少做精细持久的事后管理。追求招商引资的高大上，却不肯着力于本地创业、投资潜力的培育。把更多精力和时间用于所谓热情好客的“酒文化”上，没有契约意识、法治精神，这是学不到深圳经验的。

对于地域文化的变革和演化，我们要给予足够的空间，中华文化就是多元包容的形成过程。深入研究东北、华北在文化基因上有哪些劣势和优势，这样才能从土壤环境的深度，为生长其上的制度和政策提供更好的成长条件。同时，我们也一定要充分发挥地方的主体性和积极性，因为，我们研究一个地区总是有意无意间漠视了一个地区的主体性，只把它作为被动的大主体下的一部分。不重视天然的地理决定和历史联系，以当下的大主体需要来框定各地的发展，这就很难发挥地方的积极性。

四、结语

中国已经进入高质量发展阶段，在决策中应该让速度让位于质量。北方“铁锈地带”是全面的社会重建工程，远远不只是经济转型的问题。

产业政策的长期优先地位是造成区域不均衡发展现象的主因。世界各国的实践证明，平衡产业政策优先与区域政策优先之间的矛盾，主要取决于政治压力和政治决策。作为坚定走中国特色社会主义道路的发展中国家，我国的区域政策也要在追求效率的基础上，贯彻共同富裕的基本原则，注重区域间协调发展。为此，要寻求实现产业政策与区域政策之间均衡的有效工具。省市间的对口支援、中央财政转移、鼓励引导人才向欠发达地区流动等，都只是区域支持的“输血”手段，而不是根本的“造血”机制。形成“造血”机制的核心在于用国内价值链驱动产业转移，把落后地区产业带入全球化和国内分工体系。要建立政府与市场明确分工和配合的资源配置机制，重点从纵向改革转向横向改革，这是决定向现代化经济体系迈进的关键，最重要的问题是要充分相信市场主体，相信企业家、社会成员、民间机构、家庭和个人的自组织能力，以及它们作为主体对政府在市场中作用的替代。

北方“铁锈地带”是产业和技术之锈，也是思维与文化之锈，制度和政策之锈。东北的现状，生动地证实了“铁锈化”的演变结果必然反过来影响社会生活和民众心理，让改革更加艰难。要彻底让我国北方“铁锈地带”脱胎换骨，重焕新生，必须坚定地走改革开放的既定路线，同时，为保证这次中长程的重大战略转型顺利进行，要减轻政绩指挥棒压力，差异性督导，让改革者轻装前进，毫无后顾之忧。同步创造新的就业机会，遏制人口流失，让城市复原稳定的生态系统，实现城市可持续发展。我们相信，只要方向正确，措施得力，并给予持续有效保障，那么，对我国北方“铁锈地带”问题也不必过于悲观，转型需要过程，少则十年，多则二三十年，一定能萌生新的希望。

参考文献

[1] 任春："李克强奔赴长春'督阵'东北经济"，《新京报》2015 年 4 月 12 日。

[2] 李杰、邱伯华：《工业大数据：工业 4.0 时代的工业转型与价值创造》，机械工业出版社 2015 年版。

[3] 宋涛："弹性城市的测度与战略——中国城市新陈代谢研究"，学位论文 2016 年。

[4] 张霞："餐饮'奇葩'沙县小吃：一个县的全国生意"，《南方周末》2015 年 11 月 19 日。

[5] 巴久灵、吴晓波频道："杨国福麻辣烫：靠脚踏实地，开出 5000 家门店"，2019 年 7 月 15 日。

[6] 樊纲、王小鲁、朱恒鹏：《中国分省份市场化指数报告》，社会科学文献出版社 2017 年版。

[7] 张远鹏："关于'一带一路'与东北全面振兴的思考——基于江苏的经验与视角"，《现代经济探讨》2017 年第 4 期。

[8] 国家统计局：《中国统计年鉴》，中国统计出版社 2003—2017 年版。

[9] 李刚："发达国家'铁锈地带'的转型治理实践与我国复兴路径"，《上海城市管理》2017 年第 1 期。

[10] 江小涓："网络时代的政府与市场：边界重组与秩序重构"，《比较》第 101 辑，2019 年第 2 辑。

[11] 高全喜："我的'南中国观'"，《文化纵横》2018 年第 4 期。

[12] 刘志彪："建设现代化经济体系：新时代经济建设的总纲领"，《山东大学学报（哲学社会科学版）》2018 年第 1 期。

[13] 刘胜军："省委书记猛击一掌，山东正在醒来"，公众号"亚当斯密经济学"，2019 年 8 月 14 日。

[14] 和军、张紫薇："新一轮东北振兴战略背景与重点——兼评东北振兴战略实施效果"，《中国特色社会主义研究》2017 年第 6 期。

“三农”治理范式创新与振兴乡村[①]

一、引言

工业化国家发展的历程表明，乡村衰落并不是中国特有现象，而是工业化进程中的普遍现象。当一个国家的城市化和工业化发展到一定阶段以后，必然要从以城市为中心、以工业化为主导的单一战略阶段，过渡到城市化推进与乡村发展并重的战略阶段。原因来自于多方面，其中大城市人口过度膨胀拥挤和各类要素成本持续上升，从而部分人口自发地回归农村，是产生由城市扩张向乡村发展内在需求的重要原因之一（Johnson 和 Ameri，2006）。当前，我国正处于建设现代化经济体系的关键时期，农村占我国国土面积的94%以上[②]，农业农村实现现代化是建立现代化经济体系必不可少的一环。2019 年中央 1 号文件提出坚持农业农村优先发展，正是适应现阶段发展要求，通过适当的政策安排和制度设计，逐步缩小城乡差距，推进农业农村迈向现代化。

我国的乡村振兴是治理命题而不仅是发展命题。如果按照西方国家已有的经验和模式，把“三农”推向城市化和工业化的进程，从而实现农村居民收入提高、农业产值占比持续下降、农业人口持续减少的内生增长路径，发展似乎是一个自然而然的过程。现在看来，这样一种完全依赖和复制城市化和工业化的发展模式存在一定的问题，也与发达国家发生的“逆城市化”的规律不相符合。这个问题就是：长期以来我国地方政府实行的是城市偏向型（Urban Bias）的发展战略，其通过 40 年发展积累而成的要素、市场、制度等条件服从偏向型战略。也就是说，作为“三农”自身发展的外在约束性条件仍然是偏向型战略的结果，这难以同“三农”现代化发展的内在要求相耦合。加之这种偏向型发展战略具有内生性的特点，也就意味着，推进农业农村的现代化

---

① 本文作者张建忠，国家开发银行江苏省分行。

② 根据《光明日报》，“如何建设美丽宜居乡村——国家发展改革委负责人就《农村人居环境整治三年行动方案》答记者问”，2018 年 2 月 6 日第 3 版。

有可能要重塑其现代化所需要的制度、市场、要素等系统性条件，而不再是简单地复制我国过去城市化、工业化的固有模式。哥廷根大学的于晓华（2018）就认为，乡村振兴要有历史的耐心，不能操之过急。

本文以“三农”治理的视角重新审视当前我国“三农”发展战略的性质，并试图提出一种可能的治理范式及其核心构造。我们认为推进“三农”治理范式创新关键是实现城市偏向型治理向城乡均衡型治理转变，这就需要进行制度创新、市场主体培育和经济地理重塑。在此基础上，我们重新审视了“苏南模式”，并提出了政策建议。

二、当前“三农”治理的特征和现状

（一）城市偏向型发展战略的特征和成因

城市偏向型问题最早由英国学者李普顿（Lipton，1977）提出来，本意是指重视大企业却歧视小农场主。我们采用贝泽默和海蒂（Bezemer 和 Headey，2008）的解释，即由于制度性的原因，在发展型资源的配置上产生的对农业和农村的低效率和系统性偏见，表现为产品价格歧视、金融支持缺乏和乡村发展滞后等现象。反观我国的城市和工业偏向型发展战略，其推进过程具有很强的政策性和内生性特征。

1. 过去以官员政绩考核为导向的政治激励导致城市偏向型发展战略。在经济发展的一开始，由于城市具备一定的人口密度，加之历史积累形成了一定的发展性资源和工业化基础，地方政府官员天然地选择了城市作为发展战略的重心。通过高于乡村平均回报的最低工资条件，即通过罗斯托—托达罗模式，吸引农村劳动力向城市集中，同时通过持续占用和侵蚀城郊的农村土地，低成本地获取城市发展所需的资源。这就表现为“三农”发展投入不足，乡村制度建设步伐跟不上城市化和工业化的节奏。在锦标赛体制下，越来越多的地方政府加入这种城市偏向性发展竞赛过程中，纷纷选择以城市化和工业化作为发展的中心区域，有限的资源被“虹吸”到需求无限的城市空间内部，导致“三农”现代化的进程迟缓。

2. 通过一系列政策和制度安排“虹吸”城市周边发展要素。在上述特殊的政治经济体制下，地方政府产生了偏向型政策安排和制度设计的内在冲动。集中表现为配套土地、产业和税收政策不断地向城市倾斜，各种制度创新也集中在城市。这些政策安排和制度设计主要围绕着如何吸引优质劳动力、利用垄断土地资源优势地位、建立配套城市公共服务而展开。偏向型制度引发市场要素流向和市场主体激励的改变，吸引了更多要素向城市集中，更多对教育、就业、医疗需求强烈的劳动力在城市定居。

3. 城市快速发展进一步对地方政府产生了正反馈效应。随着城市巨大市场和产业链的形成，越来越多的资源和要素向城市集中，加剧了城乡不平等，引发了乡村相对于城市的进一步衰落。

（二）城市偏向型发展战略下的“三农”治理效应

以城市偏向型战略主导的城市化过程带来了城市居民收入迅速提高和经济快速增长，客观上造成了农村人口减少和农业生产力的提升，也对农村产业发展、生活方式改变和公共物品提升产生了一定的外溢效应。应该看到，这一增长过程却是以乡村衰落和治理机制缺失为代价，而外溢效应并没有自动转化为“三农”持续发展的内生动力。城市偏向型发展战略导致了市场挤出效应、要素虹吸效应、治理缺失效应。

1. 市场挤出效应。由于长期以来城乡收入的巨大差距以及商品要素的价格差，更多的商品和要素流向价格更高的城市部门，锁定于低收入消费者群体的乡村商品市场愈发变得狭小和有限，市场的规模效应有效。因无法产生斯密—扬定理揭示的市场规模效应，依靠创新的市场过程难以实现，导致大规模的产业难以发展起来，产生零碎和短小的产业链，乡村经营主体也无法抵御国际市场价格波动。

2. 要素“虹吸”效应。在“三农”领域，土地是主要的自然资源和生产要素，由于缺乏现代企业家精神的牵引和带动，农村要素报酬远远低于城市要素报酬，加上要素市场化程度低，部分要素尚无法实现市场化定价，从而加剧了生产要素逃离乡村并向城市流动。“三农”现代化更加缺乏发展所需要的高端技术、高端劳动力、金融资本等核心要素，而且缺乏有效的产业体系支撑和吸纳劳动力的能力，导致了更多的剩余劳动力持续不断在城市寻找就业机会，加剧了农村空心化和农业边缘化。

3. 治理“飞地”效应。农村居民收入长期保持增长缓慢的态势，较难以产生对于优质公共产品的有效需求。相应地，金融资本、人力资源、硬件设施投入不足和支撑公共产品供给的税收增加缓慢，进一步恶化了公共产品有效供给。由于缺乏公共产品有效供给的实践，现代化的治理规则和治理经验难以有效建立，关于“三农”治理的知识和经验积累的缺失，导致“三农”领域产生治理的“飞地”。

（三）一个简单的经济学模型解释

我们通过一个简单的模型来说明这一机制。假设经济主体决定在城市部门创业或在农业部门生产，假设城市部门企业家选择 l 最大化生产函数：$U=F(l)-\underline{w}l$，乡村部门居民选择 n 最大化生产函数：$V=Q(n)-wn$，$n+l\leqslant L$。政府部门目标函数是选择 μ 最优化：$W=\mu U+(1-\mu)V$。U、V、W 分别表示城市部门、乡村部门和政府部门的值函数，l、n 和 L 分别表示城市部门、乡村部门和总劳动力供给，$\underline{w}$、w 表示城市最低工资水平和农业报酬；μ 表示供政府部门选择的城市偏向型程度因子。对于地方政府而言均衡的一阶条件是 $U=V$。但这种均衡是不稳定，在均衡点，由于政府部门选择偏向型程度因子大小取决于 U 和 V 的相对大小，假设城市边际产出高于农村，城乡边际产出均呈现下降趋势，但乡村下降速度快于农村，那么地方政府只要将最低工资进一步提高，劳动力就会进一步流向城市，从而趋向一个更高的均衡。这就解释了地方政府采取偏向型战略的原因和结果。

三、构建“三农”治理新范式：从偏向型治理向均衡型治埋转变

当前，推进乡村振兴战略的关键是要改变过去城市偏向型发展战略带来的种种低效率和市场扭曲，通过建立均衡型三农治理范式，使得资源在城乡一体化发展进程中实现更优的配置效果。根据前文的分析，我们认为，推动均衡型治理的路径包括以下三个方面：

（一）实现均衡型治理的驱动力：制度创新

长期城市偏向型治理范式所依赖一系列政策基础，与城市扩张及其带来的丰富政绩资源密切相关，由此形成的一系列地方政府制度安排，难以适应“三农”现代化发展的要求。城乡二元结构加之乡村治理机制的缺失，以及“无为而治”的经济管理模式，导致乡村自身已经难以发展出必要的市场条件。又因为地方政府往往害怕背负不确定性的行政责任，导致基层制度创新陷于迟滞。此时，推动治理机制完善和制度建设就显得尤为重要。应该看到，过去“三农”更多体现为资源输入型的治理方式，通过加大资金投入、引入稀

缺要素和城市工业化形成生产方式，以求突破固有的小市场和小农的生产状态，这种粗放治理方式有助于在短期内解决“三农”资源匮乏和资金短缺的现状，但同时也应该看到，该治理方式不仅导致行政命令下的资源错配，而且由于乡村市场狭小，无法在当地转化为有效生产，生产出来的产品和服务在同工业化和城市化形成的市场相衔接时，面临收益被压榨的巨大风险。

扭转城市偏向型治理的关键是要扭转过去过度依靠行政化的治理手段，转而依靠法制化市场化的治理手段。为此需要避免四个误区：一是“逆城市化”的误区。实现均衡型治理不是不要城市化、工业化或者认为就是要人为地为城市化、工业化设置障碍。城市作为一种经济发展现象有其自身存在合理逻辑和演化规律，当城市自身治理更加有效时，这一过程将变得不可逆转和不依人的意志为转移，也是经济体系实现现代化的标志之一。实现均衡型治理是要通过振兴乡村推动城乡融合，从而加快城市化总体进程。二是行政化手段配置资源的误区。实现均衡型治理不是把更多的要素主要通过行政力量强制性地配置到“三农”领域，过多依靠行政手段进行治理将会产生新的市场扭曲，带来资源浪费和低效率。要发挥市场在资源配置中的决定性作用，较少利用行政化手段，更多依靠法治化市场化手段引导要素自由流动和产权合理安排，让乡村产生持续发展的内生动力。三是“大包大揽”的误区。实现均衡型治理不是大包大揽，特别是违背农民意愿和农村自身发展规律，通过行政手段把农村居民强制性地变成城市居民，而是让农民享受城市化的生活方式（刘志彪，2013)，享受类似城市发展所提供的教育、医疗、养老等公共服务。四是简单复制的误区。实现均衡型治理不是简单复制城市治理模式，而是要通过在乡村地区进行适当的制度安排，创造出要素市场化和农村治理有效的基础性制度条件，吸引更多的资源和要素向“三农”领域集聚，从而达到“三农”可持续发展的目标。

舒尔茨（2006）在《改造传统农业》中提到，“制度上的相应的改变是经济现代化的必要条件之一”，而制度是“包括各种不同的活动、结构以及具体活动的规章制度”。舒尔茨强调了以经济刺激为基础的市场方式、家庭农场、居住所有制和政府援助等方式提供制度保障，可见制度改变或制度创新在传统农业改造中发挥的重要作用。舒尔茨之所以强调制度的作用，就是因为制度决定了经济活动的相对报酬，从而决定了经济行为。为此，推进“三农”治理领域制度创新的关键，就是要形成由过去单纯向“三农”输入资源向以改变激励结构为核心的制度创新转变，由过去以行政性配置资源为主向市场化法治化配置资源的制度创新转变。在农村固有制度安排基础上进行创新可能是当前最容易实现的捷径。我们以农村土地制度为例。有学者认为农民的承包权和经营权、农地承包期限、农业经营制度是农村三项涉及关键的制度安排（刘守英，2018）。事实上，农村土地除了提供居住功能以外，农村居民从承包经营土地中获得部分收入，非农收入构成了主要部分。这就涉及将土地经营权资本化的制度创新。通过将其作为一种生产要素实行市场化自由流动，就有可能将静态的资源禀赋条件转化为适应持续发展要求的动态优势。以上例子说明了当前农村一些关键性的生产资源和资源禀赋对制度具有较强的敏感性，这就为改革创新提供了有利的条件。同时推进一些突破性创新，并适当废止一些城市偏向型的制度安排，也构成制度创新的题中之义。

（二）构建均衡治理的微观基础：培育市场化主体

没有制度设计，“三农”治理难以产生内在动力。但如果没有市场化微观主体作为支撑，乡村治理就是“空中楼阁”。培育市场化治理主体，有可能是振兴乡村的重要途径，也是最有可能产生内生性发展动力的路径。很难想象，在一个没有市场化治理主体存在的“三农”领域，其商品和服务的市场规模能够有效扩大，公共服务的供给能够得到持续增长，支持公共服务的基础能够得到稳固。在一个有着广大消费者群体的农村地区，强有力的市场化主体为“三农”提供了就业机会、社会保障和部分公共产品。以公司治理为依托的市场化主体，通过持续不断的自身运营和对利益相关者的影响，也演化和塑造出了农村居民现代化的生产和生活方式。在“三农”领域培育市场化微观主体，就是要通过若干个现代化的企业、组织和机构，运用契约和法律安排，在不同资源间、资源与主体间以及主体与主体间构建利益联结关系，改变行政力量包揽一切的固有模式，实现持续有效的治理。

根据微观市场主体的形成和来源，我们把不同的市场化治理主体分成内生型治理主体、外延型治理主体和混合型治理主体。无论何种主体类型，都能发挥市场化治理的功能。

1. 内生型治理主体。有学者认为新苏南模式作为一个“主动式”与“内源式”的乡村建设实践范式，为理解中国新时代乡村振兴战略提供了一个解释框架（武小龙、谭清美，2019）。我们认为，如果仅仅依靠制度创新，没有苏南乡镇企业的崛起——通过市场化的治理主体在要素集聚、财富创造和资源配置中发挥经济纽带作用，“苏南模式”便不会取得成功。打造市场化的治理主体，使得乡村地区的要素和市场更加具有凝聚力和整合力，有助于削弱单个农户或农业合作社等农业经营主体单独面对国内和国际市场所带来的巨大压力。在苏州市的盛泽镇，该镇 2017 年国内生产总值（GDP）超过 400 亿元，人均年收入超 20 万元，其依托的恒力、盛虹等企业已经跻身世界 500 强，由此产生了应对市场波动和实现内部治理的强大经济力量。需要注意的是，由于乡村受制于市场规模狭小和要素先天不足，其发展具有一定的外部依赖性，即内生型治理主体需要一定的外在市场条件和要素条件作为支撑，否则这些企业发展就难以进入持续扩张期而只能原地踏步。

2. 外延型治理主体。一个地区因某种特殊资源禀赋、地理区位而吸引市场化主体参与治理，从而使得地方分散的要素向该治理主体集聚，实现帕累托改进的过程，这一类主体我们把它称为外延型治理主体。如叶兴庆、程郁和于晓华（2018）的研究表明，德国排名前 100 名的大企业，只有 3 个将总部放在首都柏林，很多大企业的总部都设在小镇上。尽管这些大企业不是在乡镇通过“内源式”发展而起，但却很大程度上带动了乡村的现代化，促进了城乡的均衡协调发展（叶兴庆、程郁和于晓华，2018）。当前，我国国内一些大型企业着力推进支持的特色小镇，就是外延型治理主体实现均衡型治理的例子。依托外延型治理，必须有企业家能够发现获利机会，通过有效集聚当地生产要素和必要资源，从而在一个区域内组织起有效的生产方式。学术界对于外延型治理主体在推动乡村振兴过程中的作用研究成果较少，而这作为一种经验事实，其理论研究成果将有助于打破原有三农依靠内生性发展的均衡路径，过渡到外延式的突破性发展路径，这可能是未来乡村治理的一个重要方向。

3. 混合型治理主体。这一类市场化主体是外延性治理主体和内生性治理主体通过市场化契约形成了联合体，或者根据市场分工，在一定区域内实现的共同治理，兼具有内生性治理和外延型治理的共同特征。

（三）塑造均衡型治理的经济地理：推进小城镇发展

以市场化微观治理主体作为治理手段，就有可能进一步依托小城镇或者城市周边的卫星城镇发展，这也是人口出现城市向乡村回流的主要原因之一，这方面的研究可以同时参照约翰逊（Johnson 和 Ameri，2006）和韦斯（Wirth，2016）。我们提出建设小城镇作为实现均衡治理的有效工具，不是说中心城市无关紧要，而是小城镇在自身发展过程中，必然会依托中心城市的发展和连接乡村振兴的内在需求，从而发挥其作为产业链中间环节和人口流动缓冲地带的作用。作为“三农”领域的微观治理主体除了依托乡村已有要素条件外，还需要依托一定的城市空间，包括必要的生产者和消费者服务业集聚条件，从而降低生产经营成本，更好地对接中心城市和国际市场。小城镇就提供了微观治理主体持续发展的最低基础性条件。因此，不能仅仅把小城镇看成是行政单位，而是要把它作为一种产业链上服务环节或经济地理上的集聚区。发展小城镇对于缓解城市拥挤、疏散城市人口具有特殊的功能，这也是微观治理主体不选择中心城市的主要原因。一些微观治理主体不选择城市的边缘，而是在小城镇中通过吸收乡村要素，发展出了功能完备兼具特色的产业链，从而提高了生产效率，也在一定程度上疏解了大城市的人口和环境压力。而作为城市居民对于回归自然、降低生活成本的不断增长的需求，可能是居民选择从中心城市回流小城镇的一个内在原因。

四、均衡型治理下“苏南模式”的再审视

学术界对于苏南模式有多种总结和概括①（范从来，1995；武小龙、谭清美，2019），我们认为，“苏南模式”是一种实现了均衡治理的乡村振兴实践，具有均衡型治理的典型特征。以“三农”治理视角重新审视“苏南模式”，有助于我们更好把握实现均衡治理的基本条件和形成机制。

（一）“苏南模式”的驱动力在于制度创新

鲍莫尔（Baumol，1990）指出，根据不同经济体中游戏规则的不同，企业家行为的作用方向也有所不同。制度提供了一种基本激励，从而引导企业家将资源配置在不同的地方。“苏南模式”之所以能够成功，很大程度上取决于制度创新。这种制度创新改变了农业生产与非农业生产、生产型活动与非生产型活动、创新与简单再生产等一系列活动的相对报酬，从而促使“三农”向着现代化治理的方向推进。包括股份制改造、产权改革、要素市场化、户籍迁移制度等一系列具有现代经济特征的改革优化了“三农”发展的外部约束条

① 例如范从来（1995）认为，乡镇企业是“苏南模式”的核心，这一点与我们关于构建微观治理主体的核心是一致的。再如武小龙、谭清美（2019）认为，苏南乡村城镇化模式的“新”特征表现为：乡村发展定位由“农村本位”向“城乡融合”转变，经济增长动力由“内生型”向“外向型”转变，产权结构形式由“集体所有制”向“混合所有制”转变，经济增长方式由“粗放型”向“集约型”转变。这一解释对于我们理解新“苏南模式”具有启发意义，但同时我们认为，“苏南模式”存在一些治理的关键内核，而这些内核是本文着重关注的方面。

件，在一定程度上弥补了城市偏向型发展战略的不足，内生地创造了一种更加开放、更为有效的经济体系，也使得原本资源条件有限，市场规模狭小的“三农”具备了对接全球价值链和加入全球竞争的基础性制度条件。

（二）“苏南模式”的微观治理主体是乡镇企业

乡镇企业是“苏南模式”的代名词，其背后有着一定的经济学逻辑。乡镇企业最直接的功能就是提供了三农创造财富的途径，以现代企业制度和公司治理方式代替原有分散的小农经济模式，从而使得乡村的天然资源转变为市场化的可流动性要素，把分散的农民群体通过契约关系和现代企业制度组织起来，成为产业工人和公司股东。值得注意的是，苏南的一些企业家发现了这样一种获利机会，从而成为制度的推动者和乡镇企业的发起者，在一定的制度背景下，推动苏南乡村的微观治理主体蓬勃发展和不断壮大。

（三）“苏南模式”形成了以发展小城镇为依托的经济地理

“苏南模式”在形成过程中，产生了地理空间上星罗棋布，功能齐全的小城镇[①]。这些小城镇是制造业集聚的中心，也是生产者服务和消费者服务的中心。小城镇造就了一种高度凝聚态的经济体形式，从而为乡镇企业能够加入全球价值链和参与国际竞争提供了类似于总部经济的条件。有人认为，当乡镇企业发展到一定程度以后，应该选择大城市作为总部经济所在地。事实上，这种观点忽略了这样一个基本事实，作为星罗棋布的苏南小城镇本身在经济地理上已经造就了“小城镇群”或“准城市中心”。这些“小城镇群”或“准城市中心”有着支持现代产业发展的基础设施条件和商业文化，有着关于如何发展现代企业的知识储备，并在持续累积和不断外溢，产生了溢出效应和集群效应。

五、创造均衡型治理的政策建议

（一）推进制度创新

“苏南模式”是基层创新的结果，这一创新往往有效利用了既有的“三

① 2017 年 10 月 9 日，中小城市经济发展委员会、中小城市发展战略研究院、中国社会科学院发展与环境研究所等单位在《人民日报》上发布了“2017 年中国中小城市科学发展指数研究成果”，在综合实力 100 强的乡镇中，仅苏南就占了 25 家。

农”资源禀赋条件，较大程度地发挥了个体的主观能动性。“三农”领域涉及人口众多，各地资源条件差异大，不鼓励基层创新却采取千篇一律的政策模式，极容易导致政策失效、资源错配和市场失灵。为此，要创造有利于市场化改革的法治环境。从行政管理上来看，上级行政部门要尊重基层创新实践，建立容错纠错机制，不干预市场化主体在遵守法律原则、符合乡村振兴总体方向的前提下进行的突破性创新，并据此获得合理报酬。既要重视基层自下而上的制度创新实践，又要发挥政府作为制度供给者角色，中央激励和引导地方政府发挥制度供给者的角色，为基层创新营造更好的制度环境。对于地方政府干预市场的行为要予以法律的惩戒。当前制度创新应集中在推进农村要素市场化、增强户籍流动性、完善公平竞争市场规则等方面，从而实现资源配置更有效率、人口自由流动和市场更加有序。

（二）培育和引入企业家精神

形成市场化的微观治理主体，不是由政府出资成立一两家公司，实施一两个项目就能解决的问题。事实上，“三农”尤其需要具有经营市场才能，深谙现代公司治理的企业家来有效组合乡村各类生产要素，实现新的生产方式和企业组织形式以及发现市场获利机会。当前，在一些地区已经推行了土地经营权入股的实验[①]，这对于农村要素市场化、实现产权改革意义重大。但由于仅靠入股合资，没有企业家对这一类股份制企业进行持续经营，很难有效发挥微观主体的治理功能，乡村振兴也较难以持续。因此，既要营造公平竞争的环境，还要有形成培养企业家的“试验场”，特别是要建立要素市场化、人才自由流动和允许企业家退出的机制，并逐步建立起完善的个人征信制度和破产制度，从而使更多企业家为“三农”提供人力资源保障。

（三）科学合理发展小城镇

长期以来，我们对于发展小城镇存在认识的误区，那就是认为发展小城镇就是吸引更多的农村居民变成城市居民和取得城市户口，而忽视了小城镇的产业经济功能。现在看来，发展小城镇不仅具有集聚周围人口，缓解大城市高昂的生活成本压力的功能，更重要的是为乡村振兴的集聚经济创造地理空间。这

---

① 2018 年 12 月 24 日，农业农村部、国家发展改革委等六部门联合印发了《关于开展土地经营权入股发展农业产业化经营试点的指导意见》。在此之前，黑龙江、江苏、浙江等部分省均有土地经营权入股的实践。

也告诉我们，发展小城镇应该着力创造为生产者服务和消费者服务的基本公共条件，从而降低企业生产成本，增强居民定居意愿。建立以服务业为配套、以特色产业为支撑的小城镇，将更加有利于吸引要素向乡村集聚，从而做大做强微观治理主体，真正实现“产业兴旺、生态宜居、乡风文明、治理有效、生活富裕”的乡村振兴目标。

参考文献

[1] 范从来：“苏南模式的发展与乡镇企业的产权改革”，《管理世界》1995 年第 4 期。

[2] 刘守英：“农村三大制度安排是乡村振兴的基石”，《农村工作通讯》2018 年第 1 期。

[3] 刘志彪：“城镇化的根本是让农民享受城市化的生活方式”，见于 http：//www. zgjssw. gov. cn/zaixianfangtan/201303/t20130308 _ 1161540. shtml，2013 年 3 月 8 日。

[4] [美] 西奥多·W. 舒尔茨著，梁小民译：《改造传统农业》，商务印书馆 2006 年版。

[5] 武小龙、谭清美：“新苏南模式：乡村振兴的一个解释框架”，《华中农业大学学报（社会科学版）》2019 年第 2 期。

[6] 叶兴庆、程郁、于晓华：“德国乡村振兴的主要做法及启示”，见于 http：//www. aisixiang. com/data/113448. html，2018 年 11 月 16 日。

[7] 于晓华：“乡村振兴的出发点是‘治理有效’”，《21 世纪》2018 年 3 月 19 日。

[8] Baumol W J. : 1990, Entrepreneurship: Productive, Unproductive, and Destructive. Journal of Political Economy, 98 (5).

[9] Bezemer D, Headey D. : 2008, Agriculture, Development, and Urban Bias. World Development, 36 (8).

[10] Janvry A, Sadoulet E, Murgai R. : 2002, Rural Development and Rural Policy. Handbook of Agricultural Economics, Vol. 2B. .

[11] Johnson K M, Ameri R: R. 2006, Demographic Trends in Rural and Small Town America. Demographic Trends in Rural & Small Town America.

[12] Lipton M. 1977, Why Poor People Stay Poor: Urban Bias In World Devel-

opment. Cambridge, Massachusetts, Harvard University Press, 40 (2).

[13] Li Y, Westlund H, Liu, Y. 2019, Why Some Rural Areas Decline While Some Others Not: An overview of rural evolution in the world. Journal of Rural Studies, 68.

城乡融合：中国又一次现代化的革命[①]

近年来，随着我国经济增速的下滑，国内外对中国经济继续高速发展后劲和动能担忧的议论不断增多。不少人在思考这样的问题：在未来的现代化发展中，中国还能不能像过去那样找到“再造下一个现代化”的空间和动能？如何才能在发展的方向和范式上寻找崭新的路径，为未来现代化发展的可持续之路开辟“康庄大道”？如何才能找到新的最大的增长点，为实现中国现代化发展的两步走、再造下一个现代化找到最大的空间和基石？怎样才能如期实现“在2035年基本实现社会主义现代化”、到21世纪中叶“建成富强民主文明和谐美丽的社会主义现代化强国”的宏大蓝图？以上种种问题，已成为摆在当今中国发展之路上不得不面对的问题。

一、乡村现代化是中国现代化的重要任务

经过40多年的发展，中国的改革开放已到了一个新的“瓶颈”期。在这40多年里，政府和民间在积累了前所未有的经济实力和财富的同时，也积聚了较多的社会矛盾。在这样的大背景下，要探索和寻找出一个能“再造中国现代化”、为现代化两步走找到能提供“天量”的潜力、势能和空间的发展模式和路径，就成为一个异常艰巨和必须攻克的使命和任务。中国未来的经济要继续保持高速、优质和可持续的发展，就必须找到新的模式、新的空间和新的路径。它至少要满足以下几点：第一，它的发展空间必须足够大到能满足和支撑中国未来经济高速发展所需要的市场，以及实现基本现代化所需要的足够的势能和空间。第二，它必须是另辟蹊径，而不是在原有模式上修修补补。因为既有的路径已被实践证明很难再有大踏步继续高速发展的可能。只有发展模式的创新，才会有经济发展的新动能。第三，新模式发展的路径和方向必须与中

① 本文作者沈晓杰，政经专栏作家、《新华日报》资深记者。

央的思路和既定方针高度吻合。市场潜在的积极因素，只有和顶层的治国理政的理念高度合拍，双方才能产生强大的市场共鸣，才不会受制于现有政策和各种条条框框的制约，制度成本才可能最小化，才能在各方共赢的基础上实现宏大的奋斗目标。第四，新模式要有广泛而深入的市场储能，有充分发展的基础和条件，以及市场迫切而高度的需求。一旦打破门槛，潜伏已久的市场储能就会有排山倒海的巨大动能。

将当今中国发展的现状和欧美以及日本等先进国家现代化发展历程与现状进行比较，可以给处在“瓶颈”期的我们带来更多的启迪。和西方发达国家相比，无论从城市的现代化发展，还是国家基础设施建设，甚至是一般城市居民的生活质量等，中国都不比欧美和日本等发达国家差。甚至和那些注重传统和历史遗迹保护的欧洲国家相比，中国的大中城市看上去更有现代化的气息，城市基本建设、高铁和高速公路也并不在西方发达国家之下。如果要说差别，中国最大的落后还是在乡村。在西方发达国家，很少看到城乡之间的贫富和发展差别，很多乡村比城市更宜居住、更舒适、更富裕。国人习惯的城乡贫富差别和城乡二元结构，在这些国家早已不见踪影。这种城乡同步一体的现代化发展，看上去很简单的事，却不禁给人以极大的启示：没有任何国家，能在未实现乡村现代化的前提下，实现国家的现代化；同样，也没有任何国家，能在没有农民收入现代化的情况下，能实现全民的财富现代化。中国的任何现代化进程绕不开乡村的现代化。再进一步推论，人们就更不难发现，如果中国把今后现代化可持续高速发展中心立足于广袤的中国乡村，中国“再造又一个现代化”、实现现代化两步走的宏伟战略，何愁没有足够宏大的市场空间来支撑。

回顾中国 40 多年改革开放和现代化发展的历程，不难发现，中国的乡村几乎成了“被遗忘的角落”。“城市像欧洲，农村像非洲”已然成了普遍现象：每年上万个村落在消失，上亿亩面积的村庄空心化，数亿人在城镇化的大潮下离开乡村。最早实施“农村改革”的中国乡村，几十年来农村居民的收入水平平均只有城市居民的 1/2，有些地区甚至 1/3 都不到。可以说，当今中国最大的“不平衡不充分的发展”在乡村。同样，推动和实现乡村现代化，也正好为中国未来的现代化发展提供了更大空间和市场。从某个方面来说，目前我国乡村空心化、贫穷化和边缘化的危局，恰恰为中国下一步的现代化发展提供了足够的空间和发展的潜力。这也是“化危为机、转危为安”最好的体现。也正是在这样的历史关头和大背景下，党的十九大报告第一次提出了，以缩小城乡发展差距和居民生活水平差距为目标的“建立健全城乡融合发展体制机制和政策体系”重大决策部署，并在2019年四五月间推出和公布了《中共中央 国务院关于建立健全城乡融合发展体制机制和政策体系的意见》，指出：要“以协调推进乡村振兴战略和新型城镇化战略为抓手，以缩小城乡发展差距和居民生活水平差距为目标”，加快形成全面融合、共同繁荣的新型工农城乡关系，加快推进农业农村现代化。从而正式吹响了一场以乡村为主攻方向，加快推进和实现农业、农村和农民现代化为目标的中国“第二次现代化革命”。城乡融合重大决策部署，不仅抓住了当今中国最大的痛点和需求，而且也提供了未来中国高质量可持续优质发展的最大的市场和空间，更是为今后中国高质量经济发展的新模式、新路径指明了方向。它为我们破解当今中国发展的“瓶颈”这一重大问题提供了“关键钥匙”。

对中国来说，全面实施、创新推进城乡融合的重大决策部署有着重大的意义。从某种方面来说，没有什么比以消除城乡差距、实现乡村现代化为目标的城乡融合重大决策，能给未来中国的发展带来更大的影响和作用了。第一，全面创新和率先推广城乡融合重大决策部署，可以为今后几十年中国基本实现社会主义现代化发展，带来巨大市场和不可替代的发展空间。据推算，乡村现代化可以为未来的中国发展带来200万亿元的市场空间，至少为未来15年全国的GDP增长新增5%以上的发展空间。从这点来说，大力实施和创新发展城乡融合，更是为正处在现有模式“瓶颈”期的中国，继续保持高速优质和可持续的发展提供了新的模式、新的空间和新的路径。第二，大力推广、创新发展城乡融合重大决策部署，可使出口比例大、对美出口依赖最重、有着“世界工厂”之称的全球第一大制造业大国的我国，有效降低和化解中美贸易战等不确定因素带来的不利影响，为可持续优质发展提供新的路径。第三，相对于目前全面建设小康社会时代的精准扶贫，以乡村现代化和减少城乡差距为目标的城乡融合重大决策，将从根本上解决农民和乡村居民整体弱势的局面，使我国的城乡差距尤其是城乡收入差别，从现在的2.7倍左右的全球性高位，逐步下降优化到一个更为合理的水平，直至城乡收入水平基本一致，实现真正的全民现代化。而户籍人口占了一半以上的农民现代化，将会给中国的社会和经济发展带来翻天覆地的巨大变化。第四，创新发展中国特色的城乡融合体制机制，不仅有利于全国的乡村现代化，同时也有利于对城市尤其是“都市病”严重的大城市的各种市场要素和生态环境的优化和反哺。

二、乡村现代化是中国发展的最大底牌

中国乡村实现基本现代化和全面小康，能给国家整体的现代化发展战略带来巨大的空间和影响。从广度上来说，根据中国国家统计局的数据，到2017年年末，在中国大陆近14亿人口中，城镇常住人口虽然占到了58.52%，但如果按照户籍计算，乡村的户籍人口反而高达57.65%。[①] 也就是说，中国乡村的户籍人口总数高达8亿人。假设这8亿中国农民都拥有城市居民那样的收入水平，即人均收入达到36396元（2017年的城镇居民人均可支配收入），那么，当年全国居民人均可支配收入（25974元）就一下子暴增40%以上。如果当年中国人均国民收入（8800美元）也同幅度暴涨，那么中国的人均国民收入一下子就可高达12320美元，一脚就可踏进世界银行划定的高收入国家（下限为人均国民收入1.2万美元）门槛，在全球的排名也可提升10位左右，提前五六年迈入世界高收入国家行列。而从深度上来说，曾被学者称为“世界第一”的中国城乡差距（城乡收入比），既是需要面对的现实，更是发展的空间所在。各国的现代化发展规律大都证明，现代化发展的最终结果是实现城乡均富。一个国家的现代化程度越高，城乡收入差别就越低，甚至一些国家的乡村收入水平和富裕程度，还要明显地超过城市。如欧洲，无论是瑞士、德国这些一流富国，还是在法国、荷兰、比利时和西班牙这些“老牌的资本主义”国家，无论是居住水平和环境，还是生活适宜和富足，乡村似乎比城市更“富态”。在这些国家，中国人传统的城乡概念已不复存在，城市和乡村早已融合一体。乡中有城，城中有乡，除了乡村的环境更优美、居住更宜人外，根本就看不出城和乡之间发展水平的区别。

一般来说，越是现代化，城乡收入比的差距就越小，甚至是乡村的收入要高于城市。前几年德国经济研究所（DIW）公布的一项调查报告，对此也有佐证。根据该调查报告，德国科隆、多特蒙德和柏林等大城市的贫穷人口比例要高于偏僻的乡村。对中国现代化发展最有参考意义的日本和韩国的发展，也证明了这个规律。根据前几年的一项研究报告，日本非农业与农业家庭收入之比最高时还是在1930年（3.13倍），到了20世纪50年代下降到1.4倍。而20世纪六七十年代，随着日本经济的高速发展，城乡收入比也大幅下降。1961

① 本文相关数据均来源于国家统计局统计年鉴和公报，以及住建部相关城乡建设统计公报。

年还是1.44倍，到了1969年就大幅降低到1.07倍。在1972年更是达到标志性的0.97倍，从此日本乡村居民的收入超过了城里人。20世纪70年代中期以后，日本的城乡收入比就一直在0.86—0.97倍的区间波动，开启了“农富城穷”的新时期。在此之后，韩国的城乡收入比也发生了翻天覆地的变化。1970年他们的城乡家庭收入比还是1.49倍，到了1987年就下降到1.03倍。20世纪80年代末以后，部分年份的农民收入开始超过城市居民，如1988年城乡家庭收入比就一下降到0.86倍。根据该项报告，从第二次世界大战之后，发达国家的城乡居民收入差距都呈现出长期缩小的趋势，从21世纪开始，欧洲发达国家的农民平均收入已高于全国平均水平，整体出现了超过城市居民人均收入水平的态势。

在城乡收入比上和发达国家成倍的距离，反过来恰恰反映了中国乡村现代化能给中国整体现代化的发展及再造下一个现代化提供了足够的发展空间。因为中国的城乡收入比每下降0.1，就会为乡村居民的生活和国家的发展带来巨大的提升。毕竟加上各种权重，我国实实在在的乡村居民大约占总人口一半，约为7亿人左右（以住建部“2017年城乡建设统计公报”数据计算）。笔者曾专门对中国城乡收入比做过分析。在改革开放以后，中国的城乡收入比经历了一个“U”形发展路径。在2007年达到3.33倍的顶峰后逐步降低，但下降的速度有限。根据2018年的统计公报显示，我国的城乡收入比按照人均计算依然还在2.71倍的高位，而按照中位数计算更是高达2.83倍。而按照国际劳工组织多年前发表的36个国家的资料，世界上绝大多数国家的城乡人均收入比都小于1.6倍。相关数据表明，无论东西方，当今发达国家的城乡收入差距一般是在1.3倍以内，日本、韩国和欧洲一些国家的农村甚至比城市还富裕。城乡收入比超过2倍的只有包括中国在内的3个国家。假如2017年中国的城乡收入比由2.71减少到2.61，就意味着平均每个农村居民年收入增加513元左右（由统计局公布的13432元增加到13945元），7亿农民一年就增收3590亿元。按照2017年我国人均GDP（约为595502元）和人均可支配收入（25974元）的2.29倍的比例，推算出来多增的GDP就有8221.1亿元，相当于可使当年的全国GDP（827122亿元）增加1个百分点。

“纸上谈兵”的计算，只是使人能更加清晰地认识城乡收入比每减少一个单位数，可能会给中国乡村居民的生活和国家发展带来怎样的提高。有了这样明确的目标，再梳理乡村现代化整体的发展空间和可实现的路径，可为今后的操作提供科学、系统决策的基础。这里必须特别指出的是，中国要实现乡村现代化，科学准确地制定“合理的城乡收入比”至关重要。在2016年2月新华社的一篇为全国“两会”预热的“权威报道”中，借用官方学者的话，把5年内城乡收入比降到2.3倍就视为“相对合理的水平”。比较当今现代化国家的水平，参照日韩这样同是东亚国家的经验，考虑目前处在发展“瓶颈”期的空前压力，以及未来15—20年全球各国现代化发展的动态进程，再加上打破空间拘束的信息时代的爆发式增长的特点，本文认为，这样的观点过于保守了。以往那些将城乡居民人均收入倍差每年缩小0.02就沾沾自喜的做派，远远跟不上时代的发展和需要。把中国城乡收入比的现代化目标定在1.2倍，把每年降低城乡收入差别的指标定为0.1，这既符合中国现代化发展的需要，又与国家到2035年基本实现现代化的时间点相吻合。

三、乡村现代化在“软硬件”建设上的巨大空间

把乡村现代化作为扛起再造下一个中国现代化的最大的基石，也和中国共产党乡村振兴的战略高度对标。在这几年一系列重要的文件中，乡村振兴战略都被放在前所未有的突出位置。这些都为乡村现代化的发展创造了极好的条件，打下了良好的现实基础。

乡村现代化首先在“硬件”投入上，包括在住房和产业用房上能够带来巨大的发展空间。不久前，中国住房和城乡建设部办公厅发布的一个通知，也许为我们揭示了乡村现代化可能为中国带来的巨大的能量。根据住房和城乡建设部印发的《关于开展农村住房建设试点工作的通知》，中国将在“尊重农民安居需求和农房建设实际的基础上”，通过试点，“建设一批功能现代、风貌乡土、成本经济、结构安全、绿色环保的宜居型示范农房”。该通知提出了具体的任务目标：这就是在2019年建成一批示范农房的基础上，到2022年全国试点经验得到推广应用，农房建设管理体制初步健全，到2035年，中国农村将达到“农房建设普遍有管理，农民居住条件和乡村风貌普遍改善，农民基本住上适应新的生活方式的宜居型农房”。时间上推算一下，这正好和中共党的十九大报告所提出的到2035年基本实现社会主义现代化的目标对标。这份“主动公开”的通知，表明在中国的顶层设计中，在城市化大潮下日益空心化、贫穷化和边缘化的中国乡村，尤其是农村的房地产和整体的风貌，正在成为下一步“发展和改革的目标”。那么，要在2035年使中国的农民基本都住上“适应新的生活方式的宜居型农房”，这次“中国第二波房地产”（农村房

市），究竟能为未来中国撑起多大的经济发展的空间呢？

根据国家统计局2017年7月发表的歌颂中共十八大发展成就的系列文章，2016年全国居民人均住房建筑面积为40.8平方米，其中农村居民人均住房建筑面积为45.8平方米（城镇居民人均住房建筑面积为36.6平方米,），从2012—2016年实现年均增长5.4%（城镇为2.7%）。依此类推，到2018年底中国农村居民人均住房建筑面积应该在50平方米以上。按照国家统计局的2017年年度统计公报，在2017年末全国农村户籍人口率为57.65%，全国农村户籍人口为8亿人。根据官方公布的农村居民人均住房50平方米的水平，到2017年末，全国农村居民总的住房建筑面积应该达到400亿平方米。但现实中，中国农村总的居民住房总量和质量并不尽如人意。据中国住房和城乡建设部不久前公布的2017年中国城乡建设统计年鉴，在244.9万个村庄中，7.56亿的户籍人口共实有246.2亿平方米的住宅（人均32.6平方米）。依此推算，8亿农村居民拥有260.8亿平方米建筑面积的住房。如果乐观估计其中有1/3的住房达标“适应新的生活方式的宜居型农房”，那么还有2/3现有农民住房（约为174亿平方米）需要更新重建。此外，要达到人均50平方米农村居民居住水平，与现有的农村存量住房和400亿平方米总量还有巨大的落差，还需要新建139.2亿平方米的住房来填补。它和上述需要更新重建的174亿平方米的总量相加，就意味着在未来15年里，中国农村共需要改造新建313亿平方米建筑面积的农村住房。

中国农村的居民住房和城市房地产不同，绝大多数都是自建房，没有高额的政府土地出让金和开发商的利润，基本为投入的成本。如果按照住建部推出的功能现代、结构安全、绿色环保的宜居型农房标准，估算下来，从土建到住房完工（包括简单装修），新建的农民住房每平方米投入的成本价值在2000元左右。313亿平方米农民住房的改造新建，可直接带来62.6万亿元的民间投入。除此之外，房地产的发展，还将对其他产业（从钢铁建材、家庭装潢到电器设备、交通物流和商业服务等）带来拉动。以学术界常用的世界银行的数据模型（即每100元的住宅可带动130—150元的其他消费）为参考，综合考虑中国农村住房以价值计算和消费力相对较弱的现实，我们把这个拉动系数设定为100:120，就可发现62.6万亿元的农村新建现代宜居型的住房建设，还可带来75.12亿元的GDP增长。两者相加仅新建达标的新型宜居型农民住房一项，就可为未来15年带来137.72万亿元的GDP增长。

乡村现代化，除了农民住房的宜居型改造新建外，还需要有其他方面的生活、经营和商业用房的改造扩建，以及新兴产业和城市转移而来的各种其他产业的工业用房，保守估计的话，这方面房地产及所带动的产业也会在40万亿元以上。把它和新建改造新型宜居型农民住房所可能带来的137.72万亿元相加，乡村建房以上两者15年的投入就需要177.32万亿元。年均11.82万亿元的投入相当于2017年全国GDP（827122亿元）的14.3%。

如果全国的乡镇和村庄都能达到城市的基础设施和市政建设等方面的标准，将提供更大的建设发展空间。根据2017年中国住房和城乡建设部的统计数据，全国当年有661个城市和1526个县城，城区人口加上城区暂住人口一共有49139.8万人（分别为40975.7万人和8164万人）。其中建成区面积56225.4平方公里，城市建设用地55155.5平方公里（总的城区面积为198357.2平方公里,）。而全国分别有1.81万个建制镇及392.6万公顷（39260平方公里）建制区面积，以及533017个行政村（自然村为2448785个），村庄用地面积1392.2万公顷（只有2016年数据，相当于139220万平方公里）。乡镇和村庄分别有户籍人口1.55亿人和7.56亿人，合计为9.11亿人，建制区面积和村庄用地面积合计为178480平方公里。这就是说，中国大陆农村的1.81万个乡镇加上244.9万个自然村（53.3万个行政村），和中国661个城市加上1526个县城相比，两者之间人口之比是1.86∶1（9.11∶4.9），实际用地面积之比是3.17∶1（178480∶56225.4）。如果中国大陆的乡镇和村庄这一级在基础设施和市政公用建设等方面的投入都相当于城市和县城的水平，那么会有多大的发展投入空间呢？这里我们不就具体的事项（如用水燃气普及率、万人拥有公共交通车辆、人均道路面积和公园绿地面积等）一个个算细账，仅就市政公用设施建设固定资产投资的总账，以人均的方法来进行城市和乡镇村庄的比较。

根据中国住房和城乡建设部公布的数据，2017年中国大陆661个城市和1526个县城的市政公用设施建设固定资产投资总额为19327.6亿元。如果城乡发展水平同步，按照上述的城市和乡镇村庄1.86∶1的人口比例，当年中国大陆乡镇村庄这方面的年均投入应该在35949.3亿元。而实际情况是，根据住房和城乡建设部的统计数据，中国建制镇一级的市政公用设施投入只有1867亿元（18668895万元），村庄一级市政公用设施方面的投入只有2529亿元（25294572万元）。这两者相加，也只有4396亿元，仅仅相当于中国城市这方面人均投入的12%稍多一些。也就是说，如果以公平公正合理的原则来推算，中国乡村镇和村这两级的市政公用设施投入还必须补上31553.336亿元，相当于2017年全国GDP（827122亿元）的3.8%。

以上是推算在中国乡村既有“硬件建设”（乡村住房、产业用房和基本建设、市政公用设施等）的现代化建设改造上，可为中国未来发展提供巨大空间。仅上述各项年均贡献率相加，就已相当于2017年的全国GDP 18.1%。除了现有的存量资产的现代化改造外，中国乡村现代化的发展势必还将带来新的增量的发展。首先是城乡一体化融合发展国家战略下可能带来的城乡融合型新兴事业的发展；其次是移动互联网信息时代大背景下城市产业的“上山下乡”等。

自从党的十九大正式把“建立健全城乡融合发展体制机制和政策体系”作为乡村振兴国家战略重要一环后，一年多以来这方面的推进尤其是创新并未有大的进展。不是说这方面难以有大的作为，恰恰相反，正是由于传统“三农”治理模式的惯性思维，使这方面的创新受到了制衡。早在一年前，笔者就在英国《金融时报》中文网上发表题为“乡村振兴，希望在城市中产阶级”文章呼吁，政府应在顶层政策设计上打破门槛，开辟城市退休人群到乡村实现田园养老的“阳关大道”。根据测算，七八千万城市养老人群在乡村田园养老，仅在养老住房建设改造上的投入就将达到11.6万亿元（以10年周期计算，年均也可达到1.16万亿元）。此外，这七八千万养老人群和伴随而来的2000多万养老及其他服务业产业链上，农村劳动力人口的回归，中国乡村新增的上亿人口的回归，每年也可为农村新增1.8万亿元的消费市场。仅乡村田园养老一项，每年就可为中国乡村带来近3万亿元（2.96万亿元）的产业发展空间，相当于2017年全国GDP（827122亿元）的约3.6%。如果把城乡融合其他方面可能带来的乡村经济增长考虑进去，城乡融合一体化每年贡献全国GDP的5%并不是梦想。而移动互联网信息时代新兴产业的“上山下乡”，以及传统城市产业向乡村的转移，更会因为营商成本（如住房、产业用地和建房以及劳动力价格等）的大幅下降，信息时代远程办公生产的便利（如“互联网+”乡村振兴所带来的乡村电商平台、远程控制智慧产业和智能化植物工厂，特别是互联网带来的创业、工作和生活的乡村回归等），以及数以亿计乡村劳动力和消费人口的增加都将使这方面的发展由量变到质变，产生突飞猛进式的跳跃巨变。

以上是我们所能看见的“硬件”方面的乡村现代化，可能为中国在今后15年走向现代化发达国家带来发展空间。而现代化和全面小康社会的内涵也绝对不止这些方面，还有大量的“软件”建设需要政府和社会进行巨大的投入和建设。比如在社会保障、医疗卫生、基础教育和文化体育等方面，中国乡村在这些方面的投入远远低于城市的同类水平。仅以城乡基本医疗卫生为例，根据一份研究报告，在全国每年卫生总费用只占 GDP 的 4.5%—5% 低水平下，卫生总费用在城乡间的分布也极不均衡。2003—2012 年的城市卫生总费用增长近 4 倍（从 4150.32 亿元上升至 21065.69 亿元），而同期农村卫生总费用只增长约 2.8 倍（从 2433.78 亿元上升至 6781.15 亿元）。城市和农村卫生总费用占全国卫生总费用之比也从 55.6∶44.4，大幅扭曲到 67.2∶32.8（城市占比最高的 2007 年曾达到了 77.5%）。在 2012 年，中国城市的人均卫生费用是农村人均卫生费用的 2.81 倍，人均保健支出也是农村人均的 2 倍以上。可以说，在中国乡村现代化建设发展中，仅公共卫生服务均等化一项每年的投入也需要增加数以万亿元。

综上所述，中国要在今后 15 年的时间里大刀阔斧地推广实施乡村现代化，至少能为未来的发展提供 200 万亿元以上的天量市场。就算由于种种原因实施和完成的力度打个“对折”，核算下来每年也可为 GDP 的增长至少提供 5% 以上的基量。这是不可忽略的历史机遇和最佳的发展路径。需要指出的是，这 200 多万亿元的中国乡村现代化市场所需要的天量投入，绝大多数不可能来自政府的公共财政，主要还是依靠社会各方的市场化资本投入。而政府在乡村现代化建设中，公共财政投入的倍增也不代表在中国政府总的财政盘子中需要同步增加相应的财政投入。可以通过优化财政投入的结构，缓解公共财政方面的政府压力。政府最需要做的就是破除城乡二元化政策法规体系下所设置的各种门槛，让代表中国先进生产力的资本、技术和人才以及各种市场要素能在市场的驱使和利诱下扛起打造中国乡村现代化的重担。同时，这也并不表示政府在乡村现代化的建设中可以“降费减负”。恰恰相反，只有中国各级政府在乡村现代化建设投入中，拿出数倍于以往的财力、物力、人力，在中国城市化大潮被边缘化、空心化和贫穷化的中国乡村，才有真正扛起再造中国下一个现代化的可能。

后工业化阶段区域如何集聚高端要素[①]

——来自美国奥克兰郡的经验与启示

一、引言

改革开放以来，中国东部沿海地区凭借优越的地理区位和优惠的引资政策，集聚了大量从农村解放出来的廉价劳动力资源和跨国公司生产制造资本等生产要素，大力发展以国际代工制造和加工贸易为主要特征的出口导向型经济，取得了区域经济的快速发展，成为中国经济发展的领军者。然而，在全球经济复苏缓慢、国际贸易摩擦持续不断，以及国内生产要素价格全面上升的严峻复杂经济形势下，人口红利以及低成本的模仿学习红利逐渐消失。在已经进入后工业化阶段的中国东部地区，已日益凸显了经济增长动力、经济结构、经济效率和经济可持续性等方面的矛盾，正面临资源能源、生态环境、人口结构、区域发展、收入分配以及社会管理等多重挑战，从而可能诱发“中等收入陷阱”危机（杜宇玮，2018）。

根据世界银行的定义，“中等收入陷阱”本质上是经济增长及其动力转换问题（权衡、罗海蓉，2013）。随着经济发展水平的提高，现有的物质资源存量难以支撑经济的持续增长，经济增长动力必须从（传统）要素驱动、投资驱动向创新驱动转换。从国际经验来看，落入“中等收入陷阱”主要是囿于对以要素投入为主的粗放式增长方式的路径依赖，而跨越“中等收入陷阱”的关键在于成功实现了经济增长动力由要素驱动向效率驱动、创新驱动的转变（易先忠、庞润光，2017）。因而可以说，一个经济体在进入后工业化阶段以后，能否顺利转变为创新驱动的经济发展方式，是决定能否成功跨越“中等收入陷阱”的关键所在。党的十九大报告指出，创新是引领发展的第一动力，

① 本文作者杜宇玮，江苏省社会科学院区域现代化研究院。本文主要内容发表在《长安大学学报（社会科学版）》2020 年第 1 期。

是建设现代化经济体系的战略支撑。因此，如何实现创新驱动发展，已然成为我国建设现代化经济体系，实现高质量发展的首要问题。

在实践中，发达国家或地区在促进创新资金向企业集聚、吸引创新创业人才、引进先进技术、吸收创新知识、形成有吸引力的政策和体制等方面取得了显著成效，积累了丰富经验，对我国集聚高端要素、提升自主创新能力具有重大借鉴和启发意义（陈玉明等，2014）。位于美国密歇根州底特律都市圈的奥克兰郡（Oakland County），是曾经的世界汽车制造业中心。随着全球制造中心的转移和市场需求的变化，其以大规模流水线生产方式为主的传统汽车工业已逐渐失去竞争优势，面临制造业外迁和衰退的发展困境。然而近年来，奥克兰郡抢抓机遇，逆势发展，走出了一条集聚高端要素的成功之路，成为区域经济发展不可或缺的重要增长极，乃至在全球经济中扮演了重要角色。显然，奥克兰郡经济增长的成功经验，在一定程度上可以给在后工业化阶段的中国城市和区域转型发展提供一定的借鉴和启示。为此，本文选取美国奥克兰郡为典型案例，首先总结了其区域经济发展的基本特点，然后描述其经济增长的奥秘——高端要素集聚的成效和经验，最后启发性地提出促进中国区域集聚高端要素的路径与对策，从而为我国建设现代化经济体系提供有益的思路。

二、美国奥克兰郡区域经济发展的基本特点

奥克兰郡地处美国北部五大湖地区，位于密歇根州底特律都市圈的外围。在底特律有条全美著名的“八英里公路”。路南是拥有区位优势，但破产衰落的底特律市区；而路北就是地处都市圈边缘，但富裕繁荣的奥克兰郡。奥克兰郡下辖 61 个市，面积 2349 平方公里，人口近 126 万人，目前是全美最富有的 24 个郡之一。2017 年，奥克兰郡其在全美 38 个相似规模的郡县关于未来经济繁荣指数的综合排名中位居第六。2018 年，纽约——穆迪投资者服务公司将奥克兰县评为 AAA 级。近年来，奥克兰郡经济均实现了年均两位数的增长，失业率持续下降，财政收入进入全美前十位，城市竞争力显著提升，在美国县域经济发展中独树一帜。[①] 总结奥克兰郡经济发展特点，主要包括以下几个方面：

① 这里主要是指居民人口在 90 万—160 万的美国郡县。

（一）经济结构多样化

奥克兰郡是密歇根州经济最发达的郡县，几乎贡献了全州实际 GDP 的 23%。近年来，其地区经济实现了年均两位数的增长，主要得益于其多样化的经济结构。除了传统的汽车工业，奥克兰郡还积极发展先进电子和控制系统、医疗设备和仪器等新兴产业，而现代服务业则已成为其经济的主要支柱。奥克兰郡的三大就业部门均来自服务业，包括专业和商务服务（约占 26%），贸易、运输和公用事业（约占 18%），私人教育和健康服务（约占 16%）。[①] 其中，高工资的白领专业和商务服务业囊括了工程服务和监测实验室、管理和技术咨询服务业、总部经济和计算机系统设计等多个部门。奥克兰郡是国际商务的全球领导者，在世界财富 500 强企业中，有 57% 的企业至少有一个业务定位在奥克兰郡。2015 年，共有 40 家跨国企业在奥克兰郡开设新企业或扩展已有机构，其中来自加拿大、德国、沙特阿拉伯、中国和比利时的多家汽车供应商，进行了 2.267 亿美元的投资，贡献了 2161 的工作岗位。奥克兰郡也是北美出口中心，年均商品总出口额达 145 亿美元。

（二）人均收入水平较高

奥克兰郡是全美国最富有的 24 个郡之一。2012 年，奥克兰郡全部个人收入已达 7.01 亿美元，在密歇根州各县中收入水平最高，占到全州个人收入的 18% 以及底特律都市圈个人收入的 38%。2013 年，该郡人均收入达 57035 美元，位居密歇根州各郡之首，同时在全美百万以上人口的郡县中位列第 12，分别高出密歇根州和美国平均水平的 46% 和 27%。[②] 2017 年，奥克兰郡产业年工资水平为 61536 美元，高于全美平均水平的 55390 美元。在 2017 年全美 38 个相似规模的郡县关于未来经济繁荣指数排名中，奥克兰郡综合排名位居第六，其中排名较高的类别是经生活成本调整过的中等家庭收入指标（第五），从事专业与管理类职业居民就业人数占比指标（第五），以及贫困线以下的 17 岁及以下儿童人数占比指标（第六）。[③] 这表明，较大的中等收入群体

---

① 资料来源：U. S. BLS，U. S. Census Bureau，U. S. ITA，Oakland County Economic Outlook。

② 资料来源：L. Brooks Patterson，“Live · Work · Play · Prosper”，www. advantageoakland. com，2015。

③ 资料来源：G. M. Ehrlich，D. R. Grimes，J. T. Burton，and M. R. McWilliams，“Oakland County Economic Outlook 2019 – 2021”. Prepared for Oakland County Economic Development & Community Affairs，2019。

规模是奥克兰郡内需的基础，是地区经济保持稳定增长的重要因素之一，也在一定程度上反映了奥克兰郡较为公平的收入分配结构和优良的工作环境。

（三）高技术产业发达

整个美国，高新技术产业一般都活跃在那些受过良好教育的中产阶级较为集中的“边缘”地区，其中也包括奥克兰郡。奥克兰郡是著名的汽车产业城，是全美及全世界的汽车研发中心。全美国1/3的汽车产品都来自奥克兰郡，戴姆勒—克莱斯勒、通用、福特、里尔公司（Lear Corporation）和阿文美驰（Arvin Meritor）等全球知名的汽车整车和零部件企业都落户于该郡。2008年以来，他们积极发展医药产业，推动医疗主街（Medical Main Street）建设。目前拥有世界一流的卫生机构、生物实验室和医疗器械生产企业5000多家。密歇根是359家医疗设备企业的总部，医疗设备制造业位居全美第八，而美国最大的两个健康系统和密歇根州最大的4个健康系统都位于奥克兰郡。另外，奥克兰郡正在大力实施“新兴产业战略”（Emerging Sectors），该战略将先进电子和控制系统、先进材料和化学、航空航天学、汽车、可替代能源和发电、通信和信息技术、电影和数字媒体、机器人和自动化、国防和国土安全、医疗主街等十大产业列为未来发展的重点。通过新兴产业战略，就业创造和多样化正在把奥克兰郡的经济从以制造业为基础转变为以知识为基础。自2004年启动以来，该战略计划已创造了46亿美元的私人投资，创造并保留了超过8.1万个就业岗位。[①] 可见，高新技术产业已经日益成为支撑奥克兰郡经济增长的新动力。

（四）就业前景较好[②]

奥克兰郡是密歇根州第二人口大郡，其人口数量在全美排名第31位。其中，亚裔人口在美国所有县中排名第36位，为底特律地区亚裔人口的49%。自2010年以来，奥克兰郡就业岗位逐年上升，失业率快速下降。从2009年底至2018年底期间，大约恢复了136100个就业岗位，预计到2021年底，将另

① 资料来源：L. Brooks Patterson，“Emerging Sectors & Economic Development”，www.advantageoakland.com，2016。

② 资料来源：G. M. Ehrlich，D. R. Grimes，J. T. Burton，and M. R. Mc Williams，“Oakland County Economic Outlook 2019 - 2021”. Prepared for Oakland County Economic Development & Community Affairs，2019。

外再增加32100个就业岗位。失业率则从2009年大衰退时的最高峰13%（全美平均失业率为9.6%）降至2010年的11.8%，但仍高于美国平均失业率(9.6%)。但是到2015年，失业率下降至4.9%，已经低于美国平均值(5.3%)，创下2001年以来的最低值；2018年失业率已降至3.3%，比全美平均值低了0.6个百分点。

奥克兰郡就业机会源源不断的增加离不开产业的发展。2010—2018年，新增就业岗位126460个，其中近40%来自高工资行业（2017年平均工资达75000美元以上的行业）。2018年，新创造的工作岗位首先集中于三个产业，其中尤以专业与商务服务为最多，其次是私人教育和健康服务，再次是贸易、运输和公用事业，这三个产业贡献了整个郡就业增加的80%。预计在2018—2021年，3/4以上的奥克兰郡新增岗位将来自中、高工资产业。在工业发展方面，该郡以汽车工业为基础，被称为“自动化走廊（Automation Alley)”，是全美最大的工程技术及相关职业的就业中心。在新兴产业方面，2008年推出的健康大道项目，已帮助53家公司在该郡落户或扩张，投资总额超过10亿美元，创造了8500个就业岗位。此外，就业岗位的增长还来自其他一些高工资行业，包括三个制造业（汽车、金属制造、机械）耐用品的零售贸易、保险经纪、建筑专业贸易承包以及车辆和零部件经销商等。

三、奥克兰郡经济增长的奥秘：高端要素集聚的成效及经验①

奥克兰郡作为底特律都市圈的一个外围和边缘城市，不仅没有因全球金融危机冲击和区域“极化效应”而陷入“贫困增长陷阱”，反而实现了弯道超车，顺利地实现了产业转型升级。从发展阶段看，奥克兰郡早已步入后工业化阶段，但是依然能够持续保持两位数的高速增长，这大大颠覆了人们对发达地区经济增长的旧有认识。以克鲁格曼（P. Krugman）和藤田昌久（M. Fujita）等为代表的新经济地理学认为，集聚是经济地理的典型特征，空间集聚带来的规模报酬递增更有助于经济增长。空间集聚的意义主要是要素集聚，这是一个国家、地区或城市经济增长的源泉所在。要素集聚改变地区的要素供给条件并产生报酬递增的集聚经济效应，从而促进经济增长（梁琦、黄利春，2014）。

① 本部分主要资料来源于奥克兰郡政府网站：https：//www.oakgov.com/advantageoakland/Pages/default.aspx。

可以说，区域经济的演进和发展就是劳动力、资本、人才、技术、信息等各种资源要素不断向特定区域集聚的过程。奥克兰郡的经济增长奇迹其奥秘也正是在于优质资本、高端人才、技术知识等高端要素在该地区的空间集聚。

（一）大量全球优质资本集聚

奥克兰郡是著名的汽车产业城，汇聚了戴姆勒—克莱斯勒、通用、福特等全球知名的汽车企业，同时也是外资的重要集聚地，是密歇根州的国际业务集中地，集聚了来自39个国家的1050多家公司。约50家的全球100强企业在此投资兴业。此外，来自日本、德国、加拿大等66家全球顶级OEM（Original Equipment Manufacturing）零部件供应商，以及上汽等60多家中国企业也都在这里设有基地。在密歇根州的诸多OEM汽车零部件供应商中，超过70%都坐落在此。2014年，来自外资企业（总部在美国之外的公司）的投资为1.71亿美元，2015年增加了一倍，达3.57亿美元，占全部私营商务投资的43%。

奥克兰郡之所以能吸引全球优质资本进入，与其便利的交通设施、积极的招商引资、优质的企业服务是分不开的。在基础设施方面，奥克兰郡不仅拥有美国最繁忙的国际行政机场——奥克兰郡国际机场（OCIA）和北美地区最繁忙的边界线，同时还拥有通往美国其他城市、墨西哥和加拿大的发达高速公路。奥克兰郡发达的基础设施网络为国际商务的开展提供了极为便利的条件。

在招商引资方面，奥克兰政府不遗余力，在其官网上详细地列出允诺给予外来投资者的优惠政策，且不轻易改变。郡政府从事项目招引的专业雇员有81人，他们常常跻身于全美乃至全球各种重要商务场合，积极推介本郡的区位优势、产业优势和各类优惠政策。在创业服务方面，对工程服务、专业服务不收劳务税，还有工业加工免税额，只需几个工作日便可组建新企业。郡政府与密歇根州的其他政府资源如密歇根经济发展公司、底特律商会等也具有良好的合作关系。为了让中国投资者有“共同语言”，奥克兰郡甚至率先在全美开设小学阶段中文课程。

在企业服务方面，奥克兰郡政府为企业创业提供了良好的商务服务和金融服务。关于商务服务，“一站式采购商务中心”（The One Stop Shop Business Center）是最全面的小企业扶持机构。其为营利性商业企业和高新技术企业提供可行性研究、市场规划、筹资融资以及获取经营权等方面提供咨询，还通过私人商业顾问为新企业、现有小企业和技术公司提供咨询、研究和宣传推广服务。商务中心还帮助有盈利潜力的小企业，规划成功通道进入新兴市场，多元化获取资本。关于金融服务，奥克兰商业金融公司（BFC）设立SBA504贷款项目，为企业提供长期、低息的固定资产融资，奥克兰经济发展公司（EDC）则为有资格认证的制造企业和非营利组织的固定资产发行免税债券。

（二）大批优秀高端人才集聚

在奥克兰郡的从业人员中，60%从事服务业特别是高工资的专业与商务服务业，从事医疗和生命科学行业工作则有10万人之多。奥克兰郡技术人才云集，拥有89000名工程师，技术工人数量名列全美第三，企业研发人才的密度是全国平均水平的两倍。44%的奥克兰居民拥有至少一个以上学士学位，超过美国平均水平（30%），在密歇根州排名第二。2015年，奥克兰郡被公认为劳动力发展的领导者，并得到每年1500万美元联邦基金的资助。

奥克兰郡之所以能吸引大量高端人才集聚，至少有两个方面的原因：

一方面，源于其自身具有优越的教育资源和特殊的培训体系。第一，发展多层次的教育。奥克兰郡不仅拥有顶尖的基础教育（K－12）学校，还拥有奥克兰大学等30多所大学、学院及技术学校，其中包括17所具有学位授予权的学院和大学，在校生超过10万人，另外还拥有485个艺术、文化和人文科学研究机构。此外，密歇根东南部的大学每年还可以授予12000个科学与工程学位或证书。第二，注重职业技能的提升。比如，设立专门应对卫生保健、工程和信息技术等方面高端需求的猎头顾问培训体系；建立为青年人提供实习保健医师机会的“圣·约瑟夫慈善健康系统”；经常组织奥克兰郡的中学和社区学院的学生、教师、顾问和社团发起人与制造企业开展联谊活动，加强职业交流等。第三，对人力资本的资金扶持。奥克兰郡设有面向计算机辅助设计、焊接和机器人操作等行业的工人技能升级的“密歇根技术交易训练基金（STTF）”，联合奥克兰社区学院为培训软件开发和天然气工作职业导向的项目基金等多种类别的专项基金，用以支持当地职业人才的发展。

另一方面，还与其高质量的生活环境有关。在美国，居住的郊区化使郊区成为大量中产阶级、工程师及其他高端人才的理想聚居地。奥克兰郡自然环境优越，拥有超过89000英亩的公共用地、370英里的铁路、1400多个湖泊（地处美国五大湖），拥有72个公共或私有高尔夫球场以及32个独立的商业区，生活舒适便利，曾被MONEY杂志评为最宜居城市。另外，在美国，居住的郊区化使郊区成为有资质认证的中产阶级文书工作者，以及处于高新技术产业核心地位工程师的住所，高新技术产业的大量集聚也使得奥克兰郡成为工程师的理想聚居地。

（三）丰富的创新知识集聚

奥克兰郡的技术研发实力雄厚，拥有密歇根州1/3的研发机构，技术工人数量名列全美第三；企业研发人才的密度是全美平均水平的两倍，每年有超过3800项专利申请和约170亿美元的研发费用，华盛顿区外的第一家美国专利局就在这里。研发领域几乎涵盖了当今世界所有的前沿技术，包括交通运输、先进电气与控制、航空、替代能源、信息技术等。技术和知识等创新要素的集聚使得奥克兰郡从制造型经济顺利转型为知识型经济，吸引了一大批跨国公司在此建立区域总部乃至世界总部。目前，奥克兰郡已成为全美及全世界的汽车研发中心、全球卫生保健与生命科学创新中心，同时也是美国最具活力的新技术产业研发前沿阵地。

奥克兰郡的创新知识集聚首先离不开其良好的工业制造业基础。包括奥克兰郡在内的大底特律地区，曾是世界汽车制造业的中心，传统的汽车工业是奥克兰郡的基础。但随着经济全球化带来的产业转移和生产自动化程度的提高，传统的制造业面临着越来越多的挑战，底特律市的衰落破产就是一个典型案例。而奥克兰郡则走出了一条新路，依托良好的汽车工业基础，着力发展汽车研发、新材料开发生产等附加值高的产业。在目前全郡24000家企业中，与汽车相关的企业，已由过去的半壁江山下降为1700家。企业数量减少了，但作为全球汽车研发中心的地位更为牢固，全美国1/3的汽车产品都来自奥克兰郡，世界汽车轻量化材料排名前十的公司全部在奥克兰郡，世界排名前100的汽车零部件供应商，60%的总部设在奥克兰郡。

奥克兰郡“新兴产业战略”的实施不仅促使现有企业加强创新，还吸引了一大批创新型企业前来投资，特别是健康医疗产业企业、机构和实验室。奥克兰郡技术知识创新要素的集聚主要依托于“自动化走廊”“医疗主街”和“科技248（Tech248）”这三大载体。面向汽车工业打造的“自动化走廊”，汇聚了近1000家处于领先地位的高科技公司，是全美最大的工程技术就业中心；其通过项目咨询和商务服务，帮助密歇根东南部的技术导向型企业创建与成长。“自动化走廊”成员企业可享有的资源包括：国防产业咨询、国际商务服务、最新制造装备和软件培训、制造业课程在线培训、产品、服务和技术的商业化流程（7C）指导等等。“医疗主街”是一个由医院、大学、医疗设备、远程医疗和生物制药公司组成的免费网络，是医疗研发、教育和商业化的全球创新中心。其通过与卫生系统、大学、政府和商业团体的联系，帮助卫生保健与生命科学产业充分发挥增长潜力，共同努力发展该地区的生命科学中心。“科技 248”则是由 2000 多家 IT 或技术企业组成的一个创新网络，旨在鼓励科技企业之间的合作与创新，并通过联合当地高中、技术学院和大学培养技术工人，成为奥克兰郡的技术发源地和底特律地区的技术人才来源地。这些创新载体建设，为加快高端要素资源集聚提供了重要平台。

四、借鉴与启示：促进中国区域集聚高端要素的路径与对策

中国作为“制造大国”，与曾经的奥克兰郡具有相似的经济基础和产业背景。因此，奥克兰郡通过集聚高端要素促进经济转型的成功经验，可以为已经进入后工业化阶段的中国先发区域和城市培育世界级先进制造业集群，进而实现转型发展提供路径借鉴和启示。

（一）集聚优质资本：完善空间集聚的基础设施体系

1. 加强通勤设施建设，降低商务物流成本。新形势下要提高引资水平，基础设施建设要先行。按照“优结构、提效益、均空间”的要求，重点推进综合交通、水利、能源、信息“四大网络工程”，加快推进基础设施普及化、网络化和现代化。

一方面，构建便捷化、一体化和高效化的基础设施体系，积极为产业的空间集聚和转移转型创造条件。一是积极谋划布局省际、区际高铁、城际轨道网络和重点交通枢纽建设，优化区域高速公路布局，打造都市圈交通网，充分发挥轨道交通对都市圈及区域城镇体系发展的引导和控制作用。二是大力发展通用航空，合理布局通用机场，实现航线网络覆盖全球各大区域的主要国家和城市，连通国内省会城市和重点交通枢纽，同时深化机场群与综合交通运输体系的融合。另一方面，建立健全功能化、社会化和现代化的城市公共服务体系，为大众创新创业提供安全、舒适、便捷的社会和人文环境。着力构建布局合理、全民共享的公用基础设施，加快形成配置公平、发展均衡的公共服务体系，建成网络发达、设施完备、优质高效的公共服务、社会安全、社会保障和社会福利体系，为区域经济社会发展提供有力的基础保障。

2. 积极优化营商环境，提供优质企业服务。集聚优质资本，一个重要条件就是要在全社会营造尊商、敬商、亲商、爱商的氛围，让创造财富者得到更

多社会尊重。政府及其部门要开展大范围的“暖企”行动，善于与企业家交朋友，及时了解跟踪企业需求，帮助企业排忧解难。中国新一轮招商引资也需立足营商环境的优化，其关键就在于政府这只“有形的手”该怎么伸，伸多长。

一是注重引进和建设一批对产业链延伸具有引导带动作用的龙头型、旗舰型项目，加大对创新资源的吸引力。二是深化行政执法体制改革，明确职责权力边界，真正做到权力不越位、监管不缺位和执法不错位。简政放权，减少甚至免去项目审批环节，加强事后监管，提高企业投资效率。三是切实减轻企业负担，加快推进财税体制改革，全面盘点和清查企业的各项税收和收费，坚决砍掉不合理费用，让企业“纳明白税”“缴明白费”，从商务咨询、财政、税收、融资等方面加大对中小科技创新企业的扶持力度。四是提升全社会诚信水平，通过社会信用信息共享平台建设，强化守信激励和失信惩戒机制等，提高社会的诚信度。要高度重视知识产权保护工作，让每一个创新都能得到尊重，得到法律的保护。

（二）集聚高端人才：营造优质的人才集聚环境

1. 根据产业发展需求，构建完备的人力资源培育体系。推动经济向中高端迈进，必须拥有一批掌握国际先进技术、能够应对国际竞争的，以科技型企业家和高端研发人员为骨干的高层次创新创业人才。应该立足当地的教育资源基础，推进人力资源结构和产业结构调整的良性互动，建立“创新人才 + 创新项目 + 创新平台 + 创新政策 + 创新文化”的“五位一体”创新发展体系。

一是发挥各层次教育力量的优势，强化全民终身教育，提高居民素质，为企业发展提供更多的优质劳动力。二是围绕重点产业和科技优先发展领域，大力培养和引进科技领军人才、拔尖人才和创新创业团队，以及具有战略眼光的高素质管理人才和企业急需的高技能人才，不断完善职业培训体系，强化人才服务体系建设。三是加强人力资源开发投入，增强职业经理人、高层管理人员、专业服务顾问、技术创新者、高级技工等各类高端人才的供给能力和集聚水平。四是设立人才发展基金，支持区域主导产业、战略性新兴产业及重点技术创新领域发展所需的各类高级职业人才的选拔和培养。五是实施紧缺人才引进培育工程，同时通过人才的继续教育和职业教育，盘活现有人才存量，实现人才队伍从数量扩张向质量提升的转变，并注重人才队伍规模的整体扩大。

2. 以新型城镇化为抓手，营造高质量的工作生活环境。要使高端人才汇聚，需要全面改善人才发展的工作环境、社会环境、生活环境和制度环境。除了加快研发机构建设之外，还需要完善薪酬、教育、居住、休闲等方面的制度，为高端人才提供更为贴心、更为便捷的服务。

一是加快推动创新创业型城市建设。加强城市基础设施和公共服务建设，培育一批在基础设施、城市管理、商业环境等软硬件方面都达到国际化水平的“宜居、宜业、宜行”中小城市。同时，借助于信息技术实现城市品质的提升，与信息化相互融合创造出一批具有基础设施智能化、社会服务智能化、生产机构智能化的智慧型城市。二是致力打造高端人才发展平台。加快国家重点实验室、工程技术研究中心、企业技术中心、院士工作站、博士后工作站等研发机构建设，打造吸引和集聚全球领军人才和团队的平台，使得高端人才引得进、留得住、用得好、出成果。三是积极完善人才发展制度体系。营造宽松自由的人际学术环境、建立一套有效的知识产权保护制度，以及与国际接轨的具有竞争力的薪酬制度。同时健全人才服务“直通车”渠道，切实解决居住、出入境、医疗、购房、子女入学等实际问题，努力营造各类人才引得进、留得住、创大业的发展环境。

（三）集聚创新知识：构建创新驱动的现代产业体系

1. 瞄准价值链高端，推动产业结构调整。创新型经济、服务型经济已成为现代城市产业结构调整的重点。但是，经济结构的服务化并不意味着要抛弃工业制造业，而是新兴产业发展与传统产业提升并举。具体来说，就是要在积极发展战略性新兴产业和现代服务业的同时，以信息化和工业化深度融合和生产性服务业发展带动传统产业升级，促进劳动生产率提高，构建起以高新技术产业为主导、服务经济为主体、先进制造业为支撑、现代农业为基础的现代产业体系。其关键在于摆脱传统产业发展模式的路径依赖，确立起价值链和创新链思维。

一是要瞄准全球产业技术前沿，围绕战略性新兴产业的共性技术、关键技术和前瞻性技术，加强科技攻关。着力发展先进制造业，重点发展新一代信息技术、高档数控机床和机器人、海洋工程装备及高技术船舶、先进轨道交通装备、节能与新能源汽车、电力装备、新材料、生物医药及高性能医疗器械、农业机械装备等战略性新兴产业领域，做大做强“中国制造”。二是坚持走新型工业化道路，实施“突破关键环节、提升价值链”的战略。大力发展面向制造业的工业设计、第三方物流、节能环保、互联网金融、电子商务、管理咨询等生产性服务业，促进制造业服务化，通过技术创新、产品创新、市场创新、管理创新和商业模式创新，加快产业实现由价值链中低端向中高端攀升。三是要扎根传统制造业基础，顺应“互联网+”的发展趋势，以智能制造为突破口，加速推进信息化和工业化深度融合。着力推动钢铁、汽车、船舶、纺织、石化、有色等基础制造业的技术更新换代和改造升级，促使其由传统加工制造向价值链和产业链的高端延伸。

2. 加强创新主体培育和载体建设，推动创新集群特色发展。应当通过加强完善创新体制机制和创新载体建设，营造良好的自主创新环境。在创新体制机制方面，一是强化企业创新的主体地位。利用市场的供求和竞争规律，用利益诱导、资源约束和市场约束下的“需求引致的创新”机制来引导和激励企业加强技术研发能力建设，推动创新政策、创新资源、创业人才向企业集聚，培育拥有核心技术、自主知识产权和自主品牌的创新型企业。二是加强产学研用协同创新。要围绕推进大学和科研院所改革，支持骨干企业与科研机构、高等院校组建技术研发平台和产业技术创新战略联盟，形成资源互补、价值整合、开放创新和规模经济效应，推动更多科研成果在本地产业化。三是要合理充分发挥政府的作用。完善企业自主创新的财政、税收和金融支持政策，健全科技创新服务体系，切实加大知识产权保护力度，推动政府从主导科技创新资源配置向注重市场监管、平台建设、政策普惠转变，致力营造优质高效的创新环境，建设一流的创新创业基地。

在创新平台载体方面，一是加快构建多元化的创新服务平台。应当积极充分运用“互联网+”，推动信息化与工业化融合，搭建共性技术平台、产学研合作平台、技术市场推介平台、投融资平台、品牌推广平台、信息共享平台、标准化检测公共服务平台等创新服务平台。二是培育打造具有国际竞争力的创新集群。根据不同地区产业基础和特色，打造一批设施先进、创新能力强、海内外知名的本土企业研发中心、品牌研发机构和标准化技术组织，促进技术、信息、知识等创新要素的集聚共享，推动地方产业集群向创新集群转变。

五、结语

高端要素集聚是实现区域创新的基础条件，是后工业化阶段区域发展从要素驱动向创新驱动转变的重要支撑力量。发达国家的区域发展经验对我国集聚高端要素、提升自主创新能力具有重要的借鉴和启发意义。本文通过对著名汽车产业城美国奥克兰郡的案例分析，在总结描述其经济发展的若干特征事实基础上，分析其经济增长的来源，进而得出了可供进入后工业化阶段的中国先发区域和城市参考的经验启示。我们总结发现，奥克兰郡经济增长已经持续达到两位数的增速，具体表现出经济结构多样化、人均收入水平较高、高技术产业发达和就业前景良好等显著特征。进一步分析发现，奥克兰郡经济增长奇迹的奥秘在于优质资本、高端人才、创新知识等高端要素在本地的空间集聚。其中，奥克兰郡大量全球优质资本集聚得益于其便利的交通设施、积极的招商引资和优质的企业服务；大批优秀高端人才集聚则归功于其拥有优越的教育资源和特殊的培训体系以及高质量的生活环境；丰富的创新知识集聚则源自于其通过适时进行传统产业升级，以及推行“新兴产业战略”和培育壮大创新载体，构建了一个创新驱动的现代产业体系。

从中国现实来看，经过多年的改革开放，长三角和珠三角等先发地区依托本土劳动力、土地等传统要素吸引了全球资本和成熟技术的转移和集聚，促成了代工制造业发展。但是随着工业化和城市化进程的加深，这些地区已经开始步入后工业化阶段，如今正面临经济转型和产业升级的紧要关头。这些区域不仅在整体上与奥克兰郡具有相似的经济基础和产业背景以及发展形势与困境，而且其内部的某些城市，主要是人口在100万以上300万以下的Ⅱ型大城市与奥克兰郡也具有类似的经济地位和角色。因此，奥克兰郡的发展经验可为这些先发区域和城市从要素驱动向创新驱动的转型发展提供路径借鉴和政策参考。相关启示至少包括：第一，通过加强基础设施建设、完善公共服务体系和提供优质企业服务，打造国际一流的营商环境，来集聚优质资本；第二，通过构建完备的人力资源培育体系和营造高质量的工作生活环境，来集聚高端人才；第三，通过推动产业价值链升级和加强创新主体培育及创新载体建设，构建创新驱动的现代产业体系，来集聚技术和创新知识。

当然，高端要素集聚作为决定区域和城市发展的重要变量，其必须会受到许多复杂因素的影响。本文仅仅基于美国奥克兰郡这样一个典型城市进行单案例研究，其发展经验的适用性较为有限。因此，还需要结合更多的发达国家、地区和城市的经验进行多案例研究，甚至大样本的实证研究，可能会得到更具广泛应用价值的结论，这留待我们将来做进一步研究。

参考文献

[1] 陈玉明、吴松强、郑垂勇："发达国家促进企业集聚创新要素的经验与借鉴"，《现代经济探讨》2014 年第 12 期。

[2] 杜宇玮："中国何以跨越'中等收入陷阱'——基于创新驱动视角的考察"，《江海学刊》2018 年第 4 期。

[3] 冯南平、周元元、司家兰等："我国区域创新要素集聚水平及发展重点分析"，《华东经济管理》2016 年第 9 期。

[4] 梁琦、黄利春："要素集聚、产业时空变动与城市层级体系"，《城市与环境研究》2014 年第 2 期。

[5] 刘志彪："基于内需的经济全球化：中国分享第二波全球化红利的战略选择"，《南京大学学报》2012 年第 2 期。

[6] 权衡、罗海蓉："'中等收入陷阱'命题与争论：一个文献研究的视角"，《学术月刊》2013 年第 11 期。

[7] 藤田昌久、保罗·克鲁格曼、安东尼·J. 维纳布尔斯：《空间经济学：城市、区域与国际贸易》，中国人民大学出版社 2011 年版。

[8] 许庆瑞：《全面创新管理——理论与实践》，科学出版社 2007 年版。

[9] 易先忠、庞润光："政府干预、增长动力转型与中等收入陷阱"，《国际经贸探索》2017 年第 11 期。

第五篇

绿色发展体系

推动产业结构体系向绿色发展转型：路径、难题与对策①

产业结构体系向绿色发展转型是建立现代化产业体系的核心要义之一。工业文明时代，快速崛起的工业化、人口迅猛增长、消费变化对自然环境系统形成严重挤压，导致资源枯竭、生物多样性减少、自然环境退化、承载力与生产力降低，甚至严重威胁人类文明。摆脱上述发展窘境，在更长时间和更广范围通过持续发展来提高人类福祉，需要推动产业结构体系向绿色发展转型，实现经济再平衡。

以大数据智能化引领和驱动的科技创新强有力地为实现产业结构转型提供了新动力与新空间。然而，经济系统并没有使科技创新成果释放必然朝着绿色发展方向迈进的内在激励与约束机制，需要构建一套适合绿色发展的规则和政策，将产业结构体系导入新的可持续增长轨道。大多数国家通过法律、行政与经济手段强力推动产业结构体系向绿色发展转型，然而推进效果离生态文明建设的战略目标还存在较大差距。为此需要进一步反思其实施路径及政策推进效率，聚焦解决主要难题，增强施策的精准度和推进能力。

一、产业结构体系向绿色发展转型的实施路径及政策推进效率的反思

为应对日益严重的气候升温、环境污染、生产力退化、能源危机、生物多样性减少等挑战，在联合国等国际组织的倡导下，各国纷纷实施“绿色新政”“绿色经济”“绿色增长”，启动向绿色发展转型。在生产—生活—生态的框架下建立一个绿色产业结构体系，以维护经济增长的可持续性，将深度改变工业文明时代以生产为中心的产业运用方向与成长方式，并使产业结构发生重大变

① 本文作者唐龙，重庆科技学院。

革。过去数十年，世界各国在以无碳或低碳的风能、太阳能与地热能为主代替以石化能源为主的能源支持体系，以自行车、公共汽车、轨道交通为主代替以汽车出行为主的交通体系，推动资源节约、清洁生产和循环利用生产模式的进程中，使产业结构发生重大变革，其绿色成色提高较大，大批以新材料、节能储能、资源综合利用为主的绿色新产业、新业态、新组织如雨后春笋般诞生。特别是以大数据智能化为核心的新一代信息技术革命，通过数字经济在电网、建筑、城市、交通、工厂、车间等场景的广泛运用，使产业结构优化的效率追求与绿色发展要求从相互对立变为融合共生。回望世界产业结构绿色转型历程，作者将其优化的实施路径演进归纳。从图1可看出，推动产业结构绿色转型主要围绕产业生态化与生态产业化两条路径实施。产业生态化的主要实施路径是以降低能耗、节约资源、减少排放和提高资源综合利用率为核心，建构绿色生产方式与绿色制造体系；生态产业化的主要路径是通过环保产业大发展有力提升产业绿色化的支撑力和对生态系统的治理、修复和服务能力。

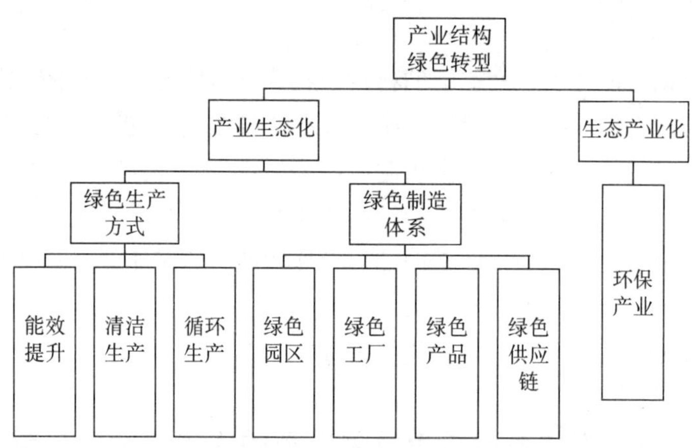

图1 产业结构绿色转型的实施路径演进图

与大数据智能化科技创新引致产业成长与结构改变的方式有所不同，绿色发展的动力主要来自对公害问题凸显与人们舒适性追求日益强烈的应对。环境问题的外部性特征突出，受制于目标短视、动态效率追求重视不够、短期成本上升和转型收益不确定性等因素影响，环境污染的社会成本和治理环境污染的责任并没有成为绝大多数企业发展决策的重要议题。从世界各国的相关经验看，由环境问题引发的社会与政治问题非常复杂和难以驾驭，以至于通过单纯的市场手段难以解决，启动产业结构绿色转型大多数时候依赖政治决心。早期对环境问题的管理主要以立法管控为主，“命令—控制”特征突出。20世纪

70 年代以来，为使环境政策能更加具有经济效率，从而激发企业向绿色发展转型的经济内动力，交易许可证、税收与补贴等政策工具和环境资产的市场价格形成与评估、发展项目的环境影响评价、环境投资与政策的成本—收益分析等经济工具更多在行政管控中得以运用。然而，从实施效果看，推进产业结构体系向绿色发展转型仍然面临不少难题，不少企业进行绿色化改造的主动性不强，环境违法违规行为屡禁不止。即使在当今科技比较发达的背景下，世界也出现了诸如由环境污染导致的极端气候造成饥荒和管理失能，如 2007—2008 年的粮食危机和 2010 年俄罗斯的小麦歉收。在生态文明建设进入攻坚时期，为使绿色发展深度融入构建现代化产业体系和实现制造业高质量发展之中，有必要反思前期推动产业结构体系向绿色发展转型在执行环节到底遇到什么难题，并聚焦核心任务优化环境和产业政策，提高执行效率。

二、推动产业结构体系向绿色发展转型在执行环节面临四大难题

处理好经济发展与环境保护间的关系，在谋求高质量发展与高品质生活间寻求一条可持续增长的路径，这已达成全球共识。然而，在将共识转化为行动的道路上，为什么各国、各区域或不同企业总是步调不一，甚至“以邻为壑”转移污染；企业偷排偷放、严重污染事件屡禁不止；企业绿色化改造的主动性不强，最新和本地化绿色技术没有普遍和及时得到应用？反思理念共识与现实行动间的巨大反差，影响推动产业结构体系向绿色发展转型效率和效果的主要问题还是出在执行环节，从经济学角度考虑主要面临四大难题：

第一，转型的协调机制在执行环节因不同经济主体利益博弈和“搭便车”的动机显得不够坚决与高效。抑制全球气候变暖、土壤侵蚀加剧、森林与草地面积锐减、水污染恶化等已成为一个跨行政区域的复杂问题，需要多方一致行动方能有效达成目标。尽管众多为解决环境问题的协调机构纷纷成立，但事实上具体环境问题的解决通过参与协商达成一致行动计划的过程较为漫长和艰难，且在执行环节缺乏一个强有力的约束与惩罚机制。不同企业因技术储备、资源条件、环保政策执行成本和受环境污染影响大小不同，在节能和排污指标削减量分配与协调上存在强烈利益博弈和“搭便车”动机，使得既有政策的执行效率大打折扣。碳排放交易市场、环境污染的联防共治机制在执行环节受制于信息掌握充分度、环境监管技术水平和成本、不同企业利益诉求差异、协同监管机制障碍等因素的影响，使得在企业较大范围内有效利用自然环境资

源，确保以最低资源环境代价达到既定环境保护目标在很多时候成为“水中花、镜中月”。尤其是落后地区招商引资、发展产业的压力常常压倒环境保护压力，“先污染后治理”“边污染边治理”在推进产业发展决策中屡禁不止。

第二，无论对于自然环境资源生产力的核算还是环境破坏的评价，都还缺乏完善的资源环境要素市场价格形成机制和精准的环境保护影响评价办法，出现资源配置扭曲和环境政策增长效应误判的事例并不鲜见。评估自然环境资源生产力和环境污染造成的危害面临多个技术性难题。首先，基于环境污染的外部性和缺乏普遍的市场交易行为，使环境资产的市场价格形成机制不完善，环境决策中使用的影子价格不能精确反映环境要素的稀缺程度和环境污染治理的社会成本。其次，对公共属性与经济属性环境资产区分的忽视及其在企业生产决策中发生作用的机制理解不透彻，使环保决策效率评价的精准度受到严重影响。再次，环境污染影响分析的精准度受多学科知识的复杂性交织、环境污染后果释放的滞后性与间接性等影响，造成已采纳的环境影响评估方法或多或少具有模糊性和主观性。再后，来源于潜在问题的复杂性、与长时间跨度和不可忽视的不确定性联系在一起的预期经济成本—收益评估的差异，造成不同企业落地与执行环境政策的效率存在很大差距。最后，来自市场的力量对环境资源定价和环境污染评估的偏差或失误缺乏及时自我纠错机制，使环境决策的调整与优化更多依靠事后的反思。上述原因的存在使得将生态系统纳入经济发展体系，在经济—生态系统框架下优化资源配置、推进产业结构绿色转型和实现可持续增长的效率大受影响。例如，石油产业高昂的环境影响间接成本并没有反映在石油产品的市场价格中，个别国家如美国还对该行业给予不适当的补贴，造成社会资源配置的浪费与低效。

第三，缺乏建立与自然环境和谐共处的包容性经济增长所需的足够科技成果支撑持续创新驱动，绿色技术创新的效益释放存在不确定性与不稳定性。在产业结构体系面临生态“阈值”严重制约的环境下开启向绿色转型，需要一大批与节能、提高能效、减少排放和环境污染治理有关的环保技术，加强对原有产业结构体系的绿色化改造、产业链重塑，或推动“以科学为基础的技术”的绿色战略性新兴产业的培育和发展，以摆脱对高强度资源投入的依赖或对自然生态环境的破坏。由于生产行为环境影响的外部性和实施向绿色发展转型的短期成本跃升，追求静态效率的企业对绿色技术、产品和设备投资的动力不足，许多与绿色发展有关的技术创新多停留在实验室研发阶段，将其商业化运用还面临技术选择、标准确立、能满足市场接受的生产成本等多重难题。面临资源环境恶化及其生产能力降低、各国环保意识的觉醒和法制完善的倒逼、世界新技术更新周期短的压力，先进技术储备不足已成为产业绿色改造和绿色产业发展的重要瓶颈。例如，基于技术瓶颈及其商业化转化高成本导致的高效、低成本燃料电池发展滞后影响着新能源汽车产业的快速成长。对环境成本的忽视使新能源产业发展弱化，丧失对化石能源产业的比较优势。治污高成本和监控技术不足导致偷排偷放屡禁不止。大数据智能化技术在环境管理运用还不充分，基础数据库、数字集成、移动监管等环境管理智能化支持条件不完善、不充分，也在很大程度上制约环境政策的监管和执行效率。通过进一步完善法律、强制标准推动，或以补贴、减税和采购等手段增强激励功能，以使企业取得持续技术创新成果并加快其商业化运用还任重道远。

第四，国家治理能力与治理体系的现代化跟不上产业结构体系向绿色发展转型的要求。企业转型经济内动力的缺乏，加之来源于增长的“思维定式”“路径依赖”“利益强化”的约束，使得适应于可持续发展与绿色革命的自发性转型会很漫长，甚至因环境破坏的不可逆中断。为使绿色发展快速和深度融入现代产业体系建构和实现高质量发展，政府主导下的外力推动必不可少。推进产业结构绿色转型的考核指标众多、任务繁重、时间紧迫，不仅需要遵循经济规律，还需要强大的协同能力与资源整合能力去约束生产行为、降低转型成本、释放绿色创新收益、把控转型实施路径与推进节奏。旨在推进产业结构绿色转型的政策，受制于主体认知、利益博弈、技术手段、实施条件与基础等多重影响，往往伴随妥协以次优的方式进行梯次改进。保持政策的稳定性与连续性以增强企业稳定执行绿色转型的决心与动力，确保政策效益与效率的充分释放，提高国家治理能力与治理体系的现代化是坚强保障。通过以立法与行政为主导，由政府牵头吸引社会团体、企业和广大民众的主动参与，开启产业结构体系主动向绿色发展系统转型是世界通行做法。然而，生态环境治理能力与治理体系的现代化建设相对滞后。一方面，不作为、不当政策、决策失误、缺乏推进与协调机制、监管方式简单粗暴等，使政府在推进产业结构体系向绿色发展转型中的统领、引领和推动作用发挥还不到位或者缺乏效率。另一方面，环境政策执行缺乏有力的社会行动体系，使自下而上的配合和自上而下的布置相得益彰，共同降低环境政策执行成本的推动效率不高。

三、新时期提升产业结构绿色转型推进效率的努力方向

扭转理念共识与现实行动间存在的巨大反差，提升产业结构绿色转型的推

进效率，需针对上述四大难题，反思与借鉴国内外处理相关问题的历史教训与经验，充分利用现代技术手段与发展条件出现的新变化，在执行环节寻找到新思路与新办法。新时期努力的方向是以绿色发展深度融入构建现代化产业体系和实现制造业高质量发展为目标，以问题为导向，以效率为中心，以增强政府推动力与市场内动力双向协同能力为主线，发力提升经济行为主体一致行动的执行效率、提高环保政策效益的释放效率、增强科技创新对产业绿色转型的持续支撑能力、提升国家治理能力与治理体系的现代化水平。

（一）提升经济行为主体一致行动的执行效率

应综合运用经济、行政与法律手段解决突出问题，完善科学决策机制，将政策意志目标和执行经济效率目标深度融合到具体的产业发展环境政策中，确保企业以较低执行成本完成环境保护承诺、减少一致行动阻力、降低一致行动的执行监督和违规违法惩处成本。首先，应以普及知识、认清危害和加强责任感和行为自律为核心，将环境保护宣传教育融入党政机关、学校、工厂、社区、农村等环境宣传和培训工作。通过提升各经济行为主体环境保护素质，为在源头环节降低政策制定的协商成本或实施方案的执行成本奠定坚实基础。其次，应完善重大产业发展环境保护政策的决策机制。特别要注重信息公开、多元化协商、民主决策在重大产业发展环境保护决策形成机制中的应用，让政策影响利益相关方在公正标准、责任主体、责任起始时间、责任承担范围划分、合理分担政策成本等关键问题上的主要观点与利益诉求，有通过表达和交流达成共识或形成谅解的渠道，从而为达成可广泛接受和操作的政策方案创造良好的执行基础。再次，为将抽象理论与理念转化为可操作和有效率的政策，需设计一个普遍的指标系统来反映对理论或理念的看法，并以此作为推进工作的抓手。在推进的方式上，可采取“聚焦点”原则，抓住影响重大或迫切需要解决的问题，通过协定和主要指标的安排，在解决短期突出问题和系统解决长远问题间架起一座桥梁。再后，应努力提升生态环境执行监管的智能化监管与运用水平。通过进一步完善国家及省级数据归集、网络基础设施、业务信息化、大数据应用成效、数据资源平台基础框架、卫星遥感“空天一体”技术体系，初步建成信息“指挥舱”、形成管理“一张图”，让企业执行环保政策中的“搭便车”、不作为、甚至违规违法行为无处安身。最后，加大对企业违法行为的惩处力度。深入开展环境保护大检查，对非法排放、倾倒、填埋含重金属、有毒有害污染物废水、废渣等环境违法行为“零容忍”。健全环保、公安、法院、检察院等部门环保行政执法与刑事司法联动机制，形成打击环境违法犯罪行为的合力。对造成环境损害的责任者严格实行赔偿制度，依法追究民事、行政、刑事责任。

（二）提高环保政策效益的释放效率

从经济学角度解决提高环保政策效益的释放效率问题，主要目标是将产业发展建立在适度的环境资源承载力基础上，并力求以最小资源环境代价去实现产业结构向绿色化转型发展。前者，我们称之为生态优先原则，后者，我们称之为绿色发展原则。两者进入经济系统发生作用的机制不一样。生态优先是建立产业绿色发展模型的前提，所涉及变量直接纳入基本假设和约束条件中。绿色发展主要是通过强化环境资产的市场调节与利用机制使环保政策经济效益的释放效率最大化。综合分析环境资产的物质输入、废物接纳、生命支持与舒适服务四种功能，提高环保政策效益的释放效率分四步进行：第一步，区分环境资产的公共属性与经济属性。对于公共属性的环境资产，要坚守底线思维，充分依靠现代科学技术精准测算最低环境容量以满足生命支持、舒适服务和生产系统中维持自然环境系统自我循环所需。依据区域生产—生活—生态空间阈值和现有产业体系的资源环境消耗和空间布局确定未来产业发展规划。第二步，在产业发展环保政策制定与实施中提高经济手段调节运用的精准性。在环境治理成本—收益分析，环境改善经济评价，环保产品、项目与技术的价值评估，环保政策的制定与分析中，要尽可能抓住主要变量将复杂问题简单化，消除或减弱不确定性因素对环境政策质量的影响，以及内涵资产评价、旅行费用法、生命健康评价法、意愿调查价值评估法在运用环节受制于知识局限、主观偏好差异、信息不完全因素影响对评价结果造成的偏差。第三步，进一步完善市场价格形成机制。在排污费、补贴、可转让排污许可证等激励型环境政策中，通过完善经济模型使关键变量变化的经济后果能及时得到反映，环保政策收益与环境治理成本可进行比较，不同企业执行环境政策的成本差异能通过市场机制进行调节，政策效果的偏差能通过市场信息及时反馈。第四步，改善政策效益释放效率的评价标准。充分考虑环境影响渠道的复杂性、影响后果的不确定性、政策目标的多元性，在遵守经济规律的前提下，尽可能采取多标准、列表、因子权重等综合评价方法。在评价标准上采用包括动态影响的可持续标准代替帕累托最优标准，以使资源环境政策的动态效益与效率能在企业发展决策中得到反映，纠正发展决策效率标准的静态化导致的资源配置扭曲和发展路径出现偏差。

（三）增强科技创新对产业结构绿色转型的持续支撑能力

在产业发展面临生态阈值压力，主要行业与产业相对过剩，总体经济增速放缓的大背景下，通过绿色科技创新提高增长贡献率，拓展产业可持续发展新空间，成为新一轮经济周期产业结构绿色转型的主要支撑力。首先，聚焦现代科技革命和产业变革方向增强绿色科技成果的供给能力。一是加快传统产业绿色化改造的关键技术研发，突破一批工业绿色转型核心关键技术，研制一批重大装备，支持传统产业技术改造升级。二是面向节能环保、新能源装备、新能源汽车等绿色制造产业的技术需求，加强核心关键技术研发，构建支持绿色制造产业发展的技术体系。三是大力提升工业绿色发展的共性技术研发力度，在产品轻量化、模块化、集成化、智能化等绿色设计共性技术支撑上取得新突破。四是狠抓关键绿色产业化运用技术的突破，助推绿色环保产业的大发展和提升其市场竞争力。其次，进一步夯实绿色科技创新的要素与平台支撑能力，提升科技持续创新的能力与成果水平。提升科技人才队伍培育效率，夯实科技人才支撑创新发展的人力资源规模和质量。深入实施绿色金融工程，细化信贷、保险、债券、担保、产业基金等对基础研究、试验研发、工程应用和市场服务的支持政策。提升产业绿色化改造和推进绿色产业发展的工程技术类研究中心、实验室和实验基地的建设质量与运行效率。再次，积极拓展绿色科技成果的运用渠道和范围，大力提高科技创新成果转化率和中介服务机构的服务效率，使最新科技创新成果的转化与运用能尽快以可接受的方式与成本在市场中得到应用。以推动能源管理智慧化、促进生产方式绿色精益化、资源回收利用在线交易平台信息化为核心，大力提升工业绿色智能化水平，充分发挥大数据智能化对产业绿色化改造和绿色产业发展的引领作用，提高环境管理效率，降低产业运行成本。最后，完善相关科技体制改革。特别是进一步强化企业技术创新的主体地位，充分发挥市场对产业发展方向和技术路线选择的决定性作用，持续增强创新环境优化、制度流程简化、激励约束功能强化的功能，推动以重点工程与项目运作为核心的协同创新机制建设。

（四）提升国家治理能力与治理体系的现代化水平

以国家治理能力和治理体系现代化为中心，聚焦解决突出问题，充分释放“新型举国体制”对产业结构绿色转型的推动能力与效率。一是理顺产业结构绿色转型的管理机制。整合产业发展各部门管理职能，明确相关部门工作职能与任务目标，完善区域间、部门间、上下级的工作协同机制，破除产业环境政策执行的多头与多层管理导致的相互推诿和管理效率低下。进一步明确产业结构绿色转型放、管、服的主要职责，做到环境管理不缺位和不越位，服务便利化和有效率。完善包括环境专业人才和专业团体、社会民众、重要企业的多元化决策参与机制，避免决策失当和失误。从政策、机制、渠道、经费等方面夯实产业结构绿色转型的社会行动体系运行保障，让政府政策能得到最广泛的社会支持和执行监督，使不作为和乱作为等行为能得到有效控制。二是加强顶层设计，提升政府统筹推进产业结构绿色转型的能力与水平。强调发展规划的统领与引领作用，理顺产业绿色改造和绿色产业发展的规划功能定位，以及上位规划、下位规划与等位规划间的关系，形成定位准确、边界清晰、功能互补的规划体系。加强不同规划目标、发展方向、总体布局、重大政策、主要工程、风险防控等主要任务的衔接，解决好规划数量多、交叉重叠、衔接不充分甚至相互矛盾导致的低效与无效问题。三是完善系列决策推进落实机制，努力提升决策推进效率。完善重大环境问题的跨区域协商和管理体制，健全跨区域环境执法机制和部门联动执法机制，形成跨行政区生态灾害的联防联控机制，建立部门协作与群众参与的污染综合治理与管理模式，力争在分类补偿机制与横向生态补偿试点上取得新突破。强化问题导向，制定任务清单、建立整改台账和重点任务、工程的推进表，突出问题整改或推动产业结构绿色转型的效率。保持政策的连续与稳定，避免企业向绿色发展转型的适应性变革因政策不稳定或随意性出现过大的沉没成本，进而影响企业积极性。四是提升推进产业结构绿色转型精准施策的能力与水平。努力形成政策与任务合力和提高发力精准度，确保重大任务与工程能有序、有力和有效推动。注重立法与行政管控的适宜性与适度性，在激励性政策设计时充分考虑技术可选择性、企业执行成本和责任分担，把握好产业结构绿色转型的节奏与强度，通过确保以相对公平和高效的限制与激励政策优化组合，有序启动产业结构绿色化转型的试点或示范性创建，使企业在可承受、可选择的条件下稳步向绿色发展转型。

参考文献

[1] 卢卡斯·布雷斯彻：《绿化经济与构建可持续社会》，北京大学出版社 2019 年版。

[2] 莱斯特·R. 布朗:《生态经济》,东方出版社2003年版。

[3] 宫本泽一:《环境经济学》,北京生活·读书·新知三联书店2004年版。

[4] 伍罗德·克拉克、格兰特·库克:《绿色工业革命》,中国电力出版社2015年版。

[5] KrugmanP. Building: a Green Economy. New York Times, 2010-04-11.

[6] 莱斯特·R. 布朗:《崩溃边缘的世界——如何拯救我们的生态和经济环境》,上海世纪出版集团2011年版。

[7] 伦纳德·奥托兰诺:《环境管理与影响评价》,化学工业出版社2004年版。

全球价值链嵌入与自主型环保投资[①]

——来自中国民营企业的证据

一、问题的提出

习近平总书记在党的十九大报告中指出，“建设生态文明是中华民族永续发展的千年大计。必须树立和践行绿水青山就是金山银山的理念，坚持节约资源和保护环境的基本国策，像对待生命一样对待生态环境”。改革开放40年来，我国经济取得了举世瞩目的成就，但也带来了严重的环境污染问题。长期以来，我国的环境保护工作主要由政府来完成，但这种单维度正式环境规制过于刚性，也产生了一些负面作用。除此之外，还有没有其他非正式环境规制能够推动企业重视环境保护呢？从发达国家经验来看，社会公众等利益相关者对企业环保行为有较大影响，而近年来国内民众的环保意识也大大增强。与单独以政府为中心的“命令—控制”模式相比，利益相关者多主体共同参与的环境管理扩展模式，可以弥补政府环保行为广度和深度的不足，激发全民对企业环境行为监督的热情，促进社会环境保护效率的提高。

中国企业获得快速发展有两个重要特征：一是通过嵌入GVC（全球价值链）参与国际分工，二是通过寻求政治关联弥补非正式制度不足。进入新世纪以来，中国对外贸易额快速增长，2009年跃升为世界第一出口大国，出口贸易已成为推动中国经济快速发展的核心动力之一。在此背景下，关注出口贸易与环境污染关系的研究逐渐增多。有学者认为，这种以嵌入GVC“两头在

①　本文作者陈东，安徽工业大学商学院、安徽创新驱动发展研究院；陈爱贞，厦门大学经济学院。本文受国家社会科学基金重大项目“中国产业创新发展战略研究”（15ZDC013）、教育部人文社会科学研究青年基金项目“党组织嵌入对投资‘脱虚向实’的影响——基于中国民营企业理论与实证研究”（18YJC790009）、安徽高校人文社会科学研究重大项目“安徽高新技术产业创新能力提升研究”（SK2018ZD003）、安徽省自然科学基金面上项目“职能跨界视角下安徽民营制造企业党组织对投资‘脱实向虚’影响研究”（1808085MG211）的资助。

外”的国际代工模式，是基于享受着“资源低价、环境无价”的环境红利为代价的，随着企业出口贸易规模的不断上升会带来更多的污染排放，导致环境的进一步恶化。不过也有一些学者对此提出异议，认为企业嵌入GVC进入国际市场，要面对来自国外环保标准和消费者的压力，可以促进自我强化环保投资。而对企业寻求政治关联来说，有研究认为政商关系的“寻租”效应及各地因国内生产总值（GDP）“锦标赛”而放松环境规制，会对环保投资带来负面影响。但持相反观点研究认为，环境保护是当前政府的重要施政政策之一，企业一旦建立政治网络便会努力加以维护，因此会迎合政府的政策需求，环保政策会通过政治关联途径内化为企业的主动行为。同时，具有政治关联的企业会引致公众和媒体更多的关注，因而在履行社会责任上会面临更大的压力，这也会促使企业更加重视环境保护。

海关最新数据显示，2018年，我国民营企业进出口12.1万亿元，同比增长12.9%，占我国进出口总值的39.7%，比2017年提升1.1个百分点，民营企业对外贸进出口增长的贡献度超过50%，成为我国外贸发展的一大亮点。而据全国工商联2016年对全国民营企业的抽样调查，有人大代表或政协委员等政治关联的占比为23.9%。鉴于民营企业在出口中的地位和政治关联较为普遍的现实，那么，中国民营企业环保投资行为与其所面对的内外部环境相关性如何？在政府主导的正式环境规制大背景下，民营企业能否通过价值链传递的国外非正式环境规制来改善环保投资行为？能否通过政治关联传递的国内非正式环境规制来改善环保投资行为？国内外非正式环境规制在促进企业环保投资上的协同作用如何？要回答这些问题，需要对中国企业环保投资的影响因素及其作用机理展开深入研究。基于此，本文利用第十次全国民营企业抽样调查数据，从GVC嵌入与政治关联传导的国内外非正式环境规制两个方面考察影响中国民营企业环保投资的情况。

本文的主要贡献体现在以下方面：（1）拓展了“出口学习效应”理论。传统研究主要结论是企业通过出口向国外市场学习来提升企业生产率。本研究将出口学习效应从生产率领域拓展到环保投资等社会责任领域，认为中国本土企业在出口过程中通过学习，提升了履行社会责任的责任感和水平；（2）与以往成果多集中在宏观层面或上市公司层面研究环保投资不同，本文选择包括非上市的能代表全国层面整体统计意义的民营企业样本，拓展了环保投资研究的视野和代表性；（3）国内外关于环保投资影响因素主要体现在政府的正规环境管制影响上，本文则探讨了微观层面企业的出口行为和政治关联所带来的非正式环境规制对环保投资行为的影响，切合了国家所提倡的 GVC 升级、“亲”“清”新型政商关系转型和绿色发展战略，具有较强的现实意义；（4）与以往对环保投资主要进行总量研究不同，本文还将环保投资细分为自主型和委托型两类，并分别进行实证研究，这是对现有环保投资度量方法的完善与拓展。

本文余下部分安排如下：第二部分是理论分析与假设提出；第三部分介绍所使用的数据和变量的定义，进行研究设计；第四部分汇报实证结果；第五部分是总结全文。

二、理论分析与假设提出

嵌入 GVC 究竟是促进还是阻碍环保投资？对该问题的回答是当前国际经济领域中容易引起争论的话题之一。“污染天堂”假说认为，污染密集型企业或产业会从发达国家向发展中国家转移。“底线赛跑”假说认为，发展中国家会以降低环境管制标准为代价来增强其企业或产业的竞争力，这些都会导致环境的不断恶化。“斜坡效应”假说认为，因为降低环境规制可能会提高竞争力，发展中国家没有动力去提升环保标准。“陷入泥潭”假说认为，全球化竞争压力会阻碍有关国家单独提高环保标准的能力和意愿，需要和市场上主要领导国家的步调保持一致。相反的研究也较多，“波特假设”认为，企业会通过研发提高治污能力以及产品的绿色科技含量，抵消环境规制给经营绩效所带来的不利影响。“环境收益”假说和“出口中学”理论认为，出口企业更容易接触到先进的环保技术和管理经验并加以利用，以满足国外消费者对清洁产品的需求。

企业出口贸易对环境的影响最终会体现在环保投资上。环保标准是影响企业竞争优势的重要因素，在经济全球化背景下，发达国家的高环保标准会通过国际贸易传导到发展中国家，出口目的地环境标准越高，对出口企业产品的环境约束就越大。而对成熟市场的消费者而言，若某企业能比其他企业更好地承担社会责任，那么在消费时可能会首先选购该企业的产品。因此，除了被动适应国外环境规制外，出口企业也会主动通过 GVC 向国际市场传输良好的社会公益形象，增加竞争软实力。吴定玉指出，全球价值链也是全球责任链，不同的环保诉求和压力可以通过彼此之间的采购、供应关系进行传递。顾文忠通过对跨国公司以强化社会责任促使竞争力提高的分析研究，指出中国企业应高度重视和正确对待全球正在兴起的强化企业社会责任潮流，有意识地增强和提高企业社会责任管理水平。

然而，上述研究并没有专门分析出口规模对企业环保投资的影响。在 GVC 分工体系中，国际大买家处于 GVC 链主的位置，发展中国家本土出口企业被锁定于价值链的低端，通过加工贸易获得微薄的利润。但鉴于国内市场容量较小，发展中国家企业仍会努力嵌入 GVC，虽然要接受苛刻的质量和环保标准，但如果能跨越环保门槛，则可以打开国外广阔的消费市场而获取规模效应。众所周知，西方国家对出口到境内的产品都有严格的环保约束标准，如美国汽车产业要求其海外零部件供应商必须得到（国际环境管理体系 ISO14001）认证，欧盟要求出口到境内的纺织产品必须具备生态管理和审计计划（EMAS）或 ISO14001 认证。国际上已签订的与贸易有关的多边环境协议有 20 多个，同时有 40 多个国家的政府推出了环境标志制度，如美国的“绿色签章制度”、日本的“生态标签制度”、欧盟的“欧洲联盟制度”等，环境规制正在成为一种新的国际游戏规则。企业在出口过程中必须要努力适应这个游戏规则，并进一步通过出口规模的增长提升自身实力，加大环保投资，撬动更高环保规制标准的国际市场，形成良性循环。同时，随着参与 GVC 程度的加深，企业会努力向嵌入全球创新链（GIC）转化，主动参与新的国际分工和产业重构、培育新的环境友好型产业，重塑发展新动力。据此，本文提出：

H1：在中国，如果出口企业嵌入全球贸易网络越深，那么通过出口规模效应，出口企业越倾向于加大环保投资。

因为环保投资是一种包含经济效益、环境效益和社会效益在内的特殊投资，需要进行统筹考虑。企业的根本目的是获得经济回报和规避风险，环保投资导致企业生产成本上升，对短期财务业绩产生负面影响，因此，获取发展资源补充环保投资带来的财务成本压力就显得较为重要。新制度经济学把制度看作是一个由正式制度和非正式制度组成的社会游戏规则，现有文献大都对政治关联的非正式制度作用进行了研究。因为市场机制并不完善，转轨期的政府手里掌握资源较多，对市场主体仍然有着较大的影响力，企业通过政治关联在一定程度上弥补正规制度的不足，在合法合规的基础上为企业争取政策，获取发展资源，这对于企业发展是很有必要的。

相比较上述较为成熟的观点，学术界对政治关联影响环保投资的传导机制关注较少。和 GVC 的国际传导途径相对应，政治关联也是一种有效的国内非正式环境规制通道。“利益相关者理论”认为，民营企业作为社会主义市场经济的重要组成部分，是各级党委、政府和社会各界重要利益相关者。环境保护是一个公共问题，需要利益相关者的共同参与。针对当前重大环保事故对官员晋升实行一票否决的现实，政府必然会对企业施加各种影响避免环境污染，而民营企业的政治关联平台就承担着与党委政府沟通交流、接受政策指导和参政议政的重要任务。相比较政策的刚性执行，政治关联的沟通渠道会内化为企业的主动行为。政府作为政策制定方，会传递各类政策信息给企业，引导企业发展道路，企业作为政策接受方，为了获取政治上的合法性，也会积极履行包括环境保护在内的社会责任作为礼物与政府进行互惠交换。

社会公众也是企业行为的重要利益相关者，对企业社会责任也会产生重要的影响。随着经济社会发展，国内公众对环境风险的认知和防范意识越来越强，对环境风险容忍度越来越低，社会公众的可接受环境风险水平已处于转变期。预期至 2020 年，我国中等收入人群达到 6 亿人左右，占比达到 40%—45%，对环境安全、环境质量改善诉求将更加强烈。相比而言，具有政治关联的企业在享受身份光环的同时，也会引致公众和媒体更多的关注和监督。根据制度理论，可见性会导致组织承担更大的责任负担和制度性遵守期望，其程度取决于组织受到制度压力的强弱。这种置于公众可见性视角下的现实是解释组织回应制度压力行为的重要因素，企业公众可见性越高，受到的外在压力就越大，对制度压力的遵守程度就越高。民营企业出资人具有政治关联身份，所在企业的重大环境污染问题容易成为社会敏感话题和舆情热点，应对不当很容易被联想为“利益联盟”“权钱交易”“政商合谋”等，导致巨大的民意压力，在非正式环境规制上感受压力最大，为避免出现舆情危机，维护公众形象，相应的环保投资等社会责任投资会更多。

综合上述分析，企业通过政治关联，不仅能得到较多的发展资源，也会被动或主动履行环境保护的社会责任，营造良好的发展氛围，这会最终有助于企业提高出口竞争力。而出口竞争力的提高，会推动企业进一步发展壮大，成为国际性企业，这会进一步促进企业遵守国际环境游戏规则，在国际国内均塑造成一个负责任的绿色环保企业形象，得到政府和公众的认可，这也可能推动企业走向更高层次的政治关联。

基于以上分析，本文提出：

H2：在中国，企业因为政治关联接受政府和社会公众的非正式环境规制压力，促进环保投资的增加。

H3：在中国，企业嵌入 GVC 的出口贸易和国内政治关联在推动企业环保投资上呈协同效应。

三、研究设计

（一）样本选取与数据来源

本文数据来自 2012 年第十次全国私营企业抽样调查，本次调查按全国私营企业户数5.5‰比例抽样，涵盖国民经济全部19个行业。由于抽样方法科学，并属官方调研，因此数据可靠，能够从样本中了解私营企业总体情况。为了控制极端值对实证的影响，我们采用winsorization方法进行修正，对所有小于1%分位数和大于99%分位数的变量，令其值分别等于1%分位数和99%分位数。在回归中，均剔除数据不全的样本。

（二）变量选取与定义

1. 被解释变量。企业环保投资（*Epi*），本文用三个指标来度量：一是*Epi*1，用环保投资规模绝对数来衡量。根据调查问卷的相关选项，将企业的环保投资分为两项：一项是“2011年，您企业为治理污染投入了多少万元?”，作为自主型环保投资，记作*Epi*1_*sel*。另一项为“2011年，您企业交了多少万元的环保治污费?”，作为委托型环保投资，记作*Epi*1_*ent*，两项之和即为总的环保投资规模。在实证中，对总环保投资和细分环保投资均对自然对数处理。为消除企业的规模效应，本文另选取两类相对变量：一是用“环保投资/净资产”，用*Epi*2表示；另一类是“‘环保投资/净资产’—‘本行业环保投资/净资产均值’”，表示比较行业均值相对规模变量，用*Epi*3表示。同样每一个指标均分为两类细分变量。

2. 解释变量。出口（*Exp*）。借鉴田巍和余淼杰的定义，将出口定义为“企业出口/销售额”的值，对于出口以当年的平均汇率法进行换算。这样也可以去除规模化的影响。同时，为了便于比较企业出口前后的变化，对出口采用虚拟变量的形式的识别方法，设置出口哑变量*Dum Exp*，把出口交货值大于零的企业定义为出口企业，定为1，没有的定义为0，在稳健性检验中进行验证。政治关联（*Pol*）：采用虚拟法，用0—1表示。很多文献将政治关联的主体定为企业高管，但对于民营企业来说，大部分都是家族企业，企业出资人在企业决策管理中扮演着中心角色，政治关联锁定在企业出资人范围更契合实际。结合调查问卷，本文将企业出资人具有人大代表或政协委员身份的作为有政治关联，取1，其他取0。还有一种是赋值法，认为更能反映政治关联的强度，调查问卷对企业出资人的政治关联级别（*Pollev*）进行了分类，分别为乡值级至国家级，赋值分别为1—5，在稳健性检验中采用。

3. 控制变量。本文设置了四类控制变量，分别是外部机制、企业特征、财务状况和公司治理。外部机制包括两个变量：环境规制（*Reg*），借鉴张成等的方法，采用工业污染治理投资完成额与地区工业总产值的比值衡量，该值越大，说明地区环境规制越强。地区市场化进程（*Market*），以王小鲁等 2017 年最新的各省（市、区）市场化指数来替代。企业特征包括三个变量：企业年龄（*Age*），取企业已成立或私有化改制的年份数。企业规模（*Size*），取净资产的自然对数。发展趋势（*Trend*），以企业年平均用工数的变化情况来表示，如果人数较上年下降，取 1，上升的取 0。财务状况包括三个变量：财务杠杆（*Lev*），取资产负债率。经营业绩（*Ros*），取企业的销售利润率。企业税负（*Tax*），取企业的“纳税额/销售额”。公司治理包括两个变量：权益集中度（*Own*），取企业出资人的所有者权益占权益总额的比例。公司决策（*Dec*），取公司重大决策是否由出资人本人来决定，是取 1，否则取 0。

（三）模型构建

为了检验出口和政治关联对环保投资的影响，设立如下基准模型进行数据回归：

$$Epi = \alpha_0 + \alpha_1 Exp + \alpha_2 Pol + \alpha_i \sum_{i=3}^{n} Control + \varepsilon \quad (1)$$

为了检验出口和政治关联对分类环保投资的影响，设立如下基准模型进行数据回归：

$$\begin{cases} Epi\_sel = \beta_0 + \beta_1 Exp + \beta_2 Pol + \beta_i \sum_{i=3}^{n} Control + \varepsilon \\ Epi\_ent = \gamma_0 + \gamma_1 Exp + \gamma_2 Pol + \gamma_i \sum_{i=3}^{n} Control + \varepsilon \end{cases} \quad (2)$$

为了检验出口和政治关联对环保投资作用的协同性，设立如下基准模型进行数据回归：

$$Epi = \delta_0 + \delta_1 Exp + \delta_2 Pol + \delta_3 Exp \times Pol + \delta_i \sum_{i=4}^{n} Control + \varepsilon \quad (3)$$

为了检验出口和政治关联对分类环保投资的协同性，设立如下基准模型进行数据回归：

$$\begin{cases} Epi\_sel = \xi_0 + \xi_1 Exp + \xi_2 Pol + \xi_3 Exp \times Pol + \xi_i \sum_{i=4}^{n} Control + \varepsilon \\ Epi\_ent = \vartheta_0 + \vartheta_1 Exp + \vartheta_2 Pol + \vartheta_3 Exp \times Pol + \vartheta_i \sum_{i=4}^{n} Control + \varepsilon \end{cases} \quad (4)$$

在每一种回归中，*Epi* 均包括绝对规模、相对规模、比较行业均值相对规模三类，回归结果为便于分析，以 *Epi* 类别作归类统计。

四、实证结果与分析

（一）异方差和自相关检验

因为异方差问题可能会带来结果出现偏误，在此，每一次回归均对异方差进行检验。为了结果显示更为直观，本文将回归结构的标准化残差作为 Y 轴，以标准化预测值作为 X 轴，并将三类因变量及其细分变量均作回归以作对比，限于篇幅，图 1 仅列出部分。对于环保投资绝对规模，有一次线性关系，说明没有消除规模效应，对检验结果有一定的影响。当将这个数值消除规模效应后，基本呈一条水平直线，异方差被消除。而以比较行业均值相对规模偏差回归后残差检验效应所示，也基本上呈水平直线，同样异方差问题不显著。另外，每一次回归也作了 *Durbin - Watson* 检验，看是否存在一阶自相关。因为自相关系数 ρ 的值介于 -1 和 1 之间，所以 $0 \leqslant DW \leqslant 4$，当 DW 值显著的接近于 0 或 4 时，则存在自相关性，而接近于 2 时，则不存在（一阶）自相关性。后面的回归结果可以得出，所有的 DW 值均接近于 2，故本文的回归结果不存在自相关。

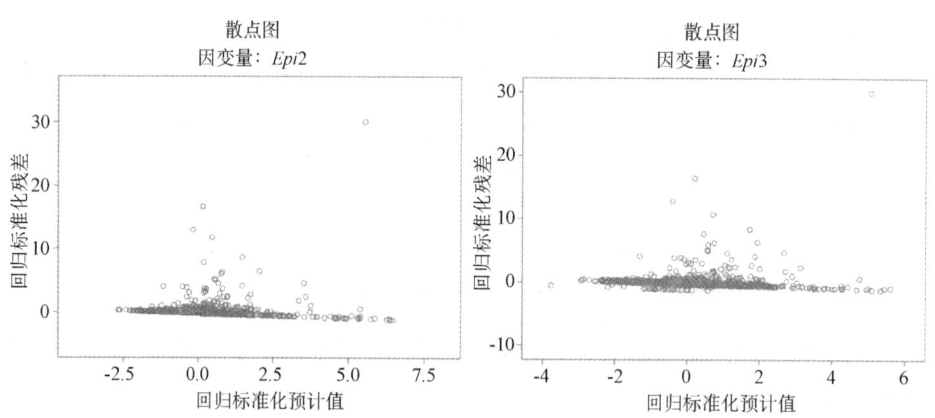

图 1　计量模型的异方差检验

（二）出口、政治关联对环保投资影响的初步检验

首先对整体层面环保投资进行回归，检验结果如表 1 所示。

表 1　出口与政治关联对环保投资的影响

变量	模型 1	模型 2	模型 3	模型 4	模型 5	模型 6	模型 7	模型 8	模型 9	模型 10	模型 11	模型 12
	环保投资（*Epi3*）				环保投资（*Epi1*）				环保投资（*Epi2*）			
Exp	0.048*** (6.085)		0.046*** (5.900)	0.025** (2.152)	0.074*** (3.968)		0.072*** (3.817)	0.008 (0.276)	0.059*** (3.142)		0.057*** (3.023)	−0.008 (−0.271)
Pol		1.950*** (7.910)	1.833*** (7.362)	1.689*** (6.597)		3.917*** (4.770)	2.533*** (4.199)	2.088*** (3.367)		3.859*** (4.737)	2.533*** (4.185)	2.081*** (3.345)
Exp * *Pol*				0.036** (2.355)				0.112*** (3.017)				0.113*** (3.044)
Control	yes	yes	yes	yes	yes	yes	yes	yes	yes	yes	yes	yes
con	−9.545*** (−11.534)	−9.512*** (−11.544)	−9.187*** (−11.045)	−9.216*** (−11.09)	4.661** (2.366)	4.111 (1.498)	4.997** (2.479)	4.906** (2.439)	3.534* (1.789)	3.024 (1.111)	3.810* (1.884)	3.718* (1.842)
R^2	0.175	0.185	0.194	0.196	0.015	0.024	0.023	0.027	0.018	0.028	0.026	0.030
$Adj-R^2$	0.171	0.181	0.19	0.191	0.010	0.019	0.018	0.021	0.013	0.024	0.021	0.024
D−W	1.967	1.972	1.963	1.962	1.952	1.980	1.959	1.96	1.944	1.973	1.949	1.951
F	43.966***	47.367***	44.516***	41.602***	3.155***	5.121***	4.347***	4.728***	3.725***	6.054***	4.88***	5.235***
N	2286	2301	2231	2231	2286	2301	2231	2231	2272	2287	2217	2217

注：***、**、* 分别表示 1%、5%、10% 的显著性水平（双尾），括号内为 t 值。

模型1至模型4是对企业环保投资绝对规模的回归结果。模型1显示，*Exp* 对 *Epi*1 有显著的正向影响，这表明企业出口规模越大，环保投资绝对规模也越大，这与理论预期相符。模型2显示，*Pol* 对 *Epi*1 有显著的正向影响，这表明企业出资人有政治关联，能够推动环保投资绝对规模的增加，这也与理论预期相符。模型3将 *Exp* 和 *Pol* 放到一起检验，发现均对 *Epi*1 有显著的正向影响，说明企业的内外非正式环境规制途径可以同时推动企业的环保投资绝对规模的增加。而模型4则增加了 *Exp* 和 *Pol* 的交叉项，交叉项系数也具有显著的正向影响，说明企业两种非正式环境规制强度在推动环保投资上具有协同效应，这也与前面的理论分析相一致。

因为绝对投资规模具有一定的局限性，如大企业虽然在投资总量上较小企业高，但如果相对于其资产问题，占比则不一定占优，因此，以环保投资相对规模来度量具有很重要的意义。模型5显示，*Exp* 对 *Epi*2 有显著的正向影响，这表明企业出口规模越大，环保投资相对规模也越大，这与理论预期相符。模型6显示，*Pol* 对 *Epi*2 有显著的正向影响，这表明企业出资人有政治关联，能够推动环保投资相对规模的增加，这也与理论预期相符。模型7将 *Exp* 和 *Pol* 放到一起检验，发现均对 *Epi*2 有显著的正向影响，说明企业的内外非正式环境规制途径可以同时推动企业的环保投资相对规模的增加。模型8增加了 *Exp* 和 *Pol* 的交叉项，交叉项系数也具有显著的正向影响，说明企业两种非正式环境规制在推动环保投资上具有协同效应，这也与前面的理论分析相一致。

行业环境在决定企业战略决策方面起着重要作用，企业的投资决策及行为将不可避免地受到行业环境和行业特性的影响。不同的行业通常面临着不同的市场环境与政府管制强度，这必然造成行业间存在市场竞争程度与业绩水平方面的差异，进而影响到企业的投资决策及行为。为了验证企业个体环保投资比较行业均值相对规模的变化，模型9至模型12对 *Epi*3 进行了回归。本文发现，所表现出的规律与前述基本相同，说明企业出口规模增加和有政治关联，同样可以推动个体相对行业均值的环保投资优势。这一发现具有重要的现实意义。每个企业通过增加出口和寻求政治关联，都能推动企业环保投资水平的提高，那么通过个体的作用，会逐步抬高整个行业的环保投资水平，而个体相对行业环保投资平均水平的优势，可以反过来进一步推动企业的环保投资行业整体水平的提升。这些都验证了前面的理论假设。

（三）东部地区和中西部地区对比检验

在中国的现有体制下，东部地区因为较早进行了改革开放而嵌入 GVC 中，因而在经济发展上先行一步，在环保上无论是官方还是民间都较为重视。在中西部地区，相应的情况可能较为复杂，一方面，中西部地区经济发展相对落后，地方政府可能会在发展和环保平衡上处于两难困境；另一方面，中西部地区的民众环保意识的相对淡漠与生态环境较为脆弱之间也是一对矛盾。本文担心，这些来源于地域方面的差异性，可能会对民营企业非正式环境规制传导机制产生影响，进而造成环保投资差异。表2中报告了将样本区分为东部地区和中西部地区后的相关回归结果。

模型1至模型4是对不同区域企业环保投资绝对规模的回归结果。模型1显示，*Exp*、*Pol* 分别对 *Epi*1 有显著的正向影响，这表明在东部地区，企业出口规模越大，企业有政治关联，环保投资绝对规模也越大，这与整体层面上的理论预期相符。模型2显示，*Exp* 和 *Pol* 的交叉项对 *Epi*1 有显著的正向影响，这表明在东部地区，企业两种非正式环境规制在推动环保投资绝对规模上具有协同效应，这也与前面整体的理论分析相一致。模型3显示，*Exp*、*Pol* 分别对 *Epi*1 有显著的正向影响，这表明在中西部地区，企业出口规模越大，企业有政治关联，环保投资绝对规模也越大，这也与整体层面上的理论预期相符。模型4显示，*Exp* 和 *Pol* 的交叉项对 *Epi*1 没有通过经济学上显著性检验，这表明在中西部地区，企业两种非正式环境规制在推动环保投资上不具有协同效应，这与前面整体的理论分析不一致。说明出口和政治关联这两种非正式环境规制协同效应对环保投资绝对规模仅表现在东部地区，在中西部地区则是各自起着独立的作用。

模型5至模型8是对分区域企业环保投资相对规模的回归结果。模型5显示，*Exp*、*Pol* 分别对 *Epi*2 有显著的正向影响，这表明在东部地区，企业出口规模越大，企业有政治关联，环保投资相对规模也越大，这与整体层面上的理论预期相符。模型6显示，*Exp* 和 *Pol* 的交叉项对 *Epi*2 有显著的正向影响，这表明在东部地区，企业两种非正式环境规制在推动环保投资相对规模上具有协同效应，这也与前面整体的理论分析相一致。模型7显示，*Exp*、*Pol* 分别对 *Epi*2 有显著的正向影响，这表明在中西部地区，同样是企业出口规模越大，企业有政治关联，环保投资相对规模也越大，这也与整体层面上的理论预期相符。模型8显示，*Exp* 和 *Pol* 的交叉项对 *Epi*2 没有通过经济学上显著性检验，这表明在中西部地区，企业两种非正式环境规制在推动环保投资上不具有协同效应，这与前面整体的理论分析不一致，与对环保投资绝对规模的作用相一致。说明出口和政治关联这两种非正式环境规制对环保投资相对规模的协同作

表 2 出口与政治关联对不同区域环保投资的影响

变量	模型 1	模型 2	模型 3	模型 4	模型 5	模型 6	模型 7	模型 8	模型 9	模型 10	模型 11	模型 12
	环保投资（*Epi3*）				环保投资（*Epi1*）				环保投资（*Epi2*）			
	东部		中西部		东部		中西部		东部		中西部	
Exp	0.046***	0.020	0.048***	0.053*	0.072***	0.003	0.068*	0.023	0.057**	-0.011	0.053	0.005
	(5.25)	(1.571)	(2.636)	(1.646)	(3.086)	(0.102)	(1.91)	(0.371)	(2.412)	(-0.309)	(1.501)	(0.078)
Pol	1.700***	1.452***	2.516***	2.528***	2.669***	1.999**	2.354***	2.251***	2.802***	2.144**	2.139***	2.026***
	(5.318)	(4.379)	(6.415)	(6.363)	(3.116)	(2.248)	(3.059)	(2.888)	(3.258)	(2.401)	(2.783)	(2.604)
*Pol * Exp*		0.048***		-0.008		0.125***		0.065		0.123***		0.07
		(2.742)		(-0.195)		(2.729)		(0.854)		(2.664)		(0.929)
Control	yes	yes	yes	yes	yes	yes	yes	yes	yes	yes	yes	yes
con	-9.754***	-9.81***	-7.808***	-7.82***	4.372	4.17	5.754*	5.856*	4.039	3.839	3.876	3.988
	(-6.834)	(-6.888)	(-4.375)	(-4.377)	(1.143)	(1.093)	(1.644)	(1.672)	(1.053)	(1.003)	(1.106)	(1.137)
R^2	0.158	0.163	0.244	0.244	0.024	0.03	0.031	0.032	0.025	0.031	0.038	0.039
D-W	1.987	1.988	1.944	1.945	1.973	1.973	1.931	1.933	1.971	1.973	1.969	1.970
Adj-R^2	0.151	0.155	0.234	0.233	0.015	0.02	0.018	0.018	0.017	0.021	0.024	0.024
F	21.125***	20.172***	23.294***	21.481***	2.768***	3.14***	2.335***	2.211***	2.912***	3.246***	2.789***	2.641***
N	1362	1362	878	878	1354	1354	874	874	1349	1349	865	865

注：***、**、*分别表示1%、5%、10%的显著性水平（双尾），括号内为t值。

用仅表现在东部地区，同样在中西部地区则是各自起着独立的作用。

模型 9 至模型 12 是对不同区域企业环保投资比较行业均值相对规模的回归结果。在东部地区，*Exp*、*Pol* 对 *Epi*3，无论是单独回归系数，还是交叉项系数，均有显著的正向作用，这说明在推动比较行业均值相对规模的环保投资上，企业出口规模和政治关联所表现出的规律和理论分析相一致。但在中西部地区，*Exp* 对 *Epi*3 的作用没有通过经济学上显著性检验，说明企业没有能通过出口这个渠道推动环保投资比较行业均值相对规模的增加，企业个体的环保投资水平相对行业均值来说并不具备优势。*Exp* 和 *Pol* 的交叉项对 *Epi*3 也没有通过经济学上显著性检验，说明两者对环保投资比较行业均值相对规模的作用是独立的。

这些检验结果提示了，中国不同区域本土民营企业的出口和政治关联行为，对企业环保投资的影响有一定的区别。在东部地区，企业出口和政治关联无论是单项因素，还是交互项，对环保投资不同指标均有显著的推动作用，与总体层面上的理论分析完全一致。但是在中西部地区，企业出口和政治关联之间交叉项在推动环保投资上，均没有通过经济学上显著性检验。类似的发现还有，出口规模并不是对所有中国本土民营企业环保投资活动产业显著性影响。由此可以得出的结论是：中西部地区以出口贸易嵌入全球价值链的中国民营企业，在传递非正式环境规制的作用上有所弱化，政治关联也不能放大出口对环保投资的推动作用，国内外两种非正式环境规制的关联作用被割断。考虑到中国中西部地区的生态环境更加脆弱，经济发展的压力较大，对嵌入全球价值链带动经济发展更加渴望，而政治关联的氛围更加深厚，如果出口和政治关联在促进企业环保投资上不能形成有效合力，对环境保护所带来的压力不容小觑。

（四）传导机制检验

中国民营企业环保投资是主动型还是委托型？进一步将环保投资细分为主动型和委托型进行回归，结果如表 3 所示。

中国企业目前在环保领域的投资，主要分两个部分：一是自主型环保投资，即企业立足自己的治理污染投入；另一部分是委托型环保投资，即上交环保治污费，委托国家和相关机构进行污染治理。我国从 2003 年根据国务院颁布的《排污费征收使用管理条例》开始征收排污费，截至 2015 年，全国累计征收排污费 2000 多亿元，缴纳排污费的企事业单位和个体工商户累计 500 多万户。在 2018 年 1 月 1 日以后，将由新的《环境保护税法》代替现在的费用

表 3　出口与政治关联对不同类型环保投资的影响

变量	模型 1	模型 2	模型 3	模型 4	模型 5	模型 6	模型 7	模型 8	模型 9	模型 10	模型 11	模型 12
	环保投资（*Epi1_sel*）		环保投资（*Epi1_ent*）		环保投资（*Epi2_sel*）		环保投资（*Epi2_ent*）		环保投资（*Epi3_sel*）		环保投资（*Epi3_ent*）	
Exp	0.048 *** (6.28)	0.024 ** (2.1)	0.026 *** (3.807)	0.006 (0.544)	0.072 *** (4.33)	0.007 (0.271)	0.001 (0.022)	0.001 (0.131)	0.057 *** (3.453)	−0.008 (−0.327)	−0.000 (−0.08)	0.000 (0.061)
Pol	1.618 *** (6.62)	1.453 *** (5.781)	1.343 *** (6.096)	1.200 *** (5.299)	2.016 *** (3.798)	1.565 *** (2.869)	0.516 *** (2.979)	0.523 *** (2.93)	2.011 *** (3.769)	1.553 *** (2.833)	0.521 *** (3.015)	0.528 *** (2.963)
Exp * *Pol*		0.042 *** (2.764)		0.036 *** (2.649)		0.114 *** (3.481)		−0.002 (−0.155)		0.115 *** (3.504)		−0.002 (−0.152)
Control	yes	yes	yes	yes	yes	yes	yes	yes	yes	yes	yes	yes
con	−8.973 *** (−10.988)	−9.006 *** (−11.045)	−9.686 *** (−13.161)	−9.715 *** (−13.217)	4.221 ** (2.38)	4.13 ** (2.334)	0.775 (1.339)	0.777 (1.341)	3.557 ** (1.995)	3.464 * (1.947)	0.253 (0.438)	0.255 (0.441)
R^2	0.165	0.168	0.141	0.144	0.022	0.027	0.021	0.021	0.023	0.028	0.024	0.024
$Adj-R^2$	0.161	0.163	0.136	0.139	0.017	0.022	0.016	0.015	0.018	0.023	0.019	0.018
D − W	1.974	1.972	1.94	1.934	1.968	1.971	1.987	1.987	1.961	1.965	1.98	1.98
F	36.601 ***	34.475 ***	30.363 ***	28.643 ***	1.968 ***	4.786 ***	3.951 ***	3.647 ***	4.321 ***	4.953 ***	4.511 ***	4.163 ***
N	2231	2231	2231	2231	2231	2231	2231	2231	2217	2217	2217	2217

注：***、**、* 分别表示 1%、5%、10% 的显著性水平（双尾），括号内为 t 值。

征收。据统计，中国80%的环境污染来源于企业的生产经营活动，排污费用征收的目的是促使企业主动控制污染排放量、处理污染物，提高自身的清洁生产能力，推动产业升级，因此，其根本目的是通过“污染者付费”来促进企业加强自身污染治理的投入，以落实“谁污染谁治理”的原则。但排污费等制度作为我国现行环境政策的重要手段，是多方博弈的结果，存在一定的缺陷，如收费标准偏低、征收范围狭隘、征收刚性不足等，致使我国环境污染问题日趋严重。很多地方重经济轻环境的思想造成很多本该征收的排污费无法按规定上交，行政权力干预也容易滋生“腐败”。对企业来说，在环保投资上，加大治理污染上的投入，减少企业的负外部性，不仅可以推动企业绿色科技含量的提升、产品的转型升级，也可以展示其良好的社会责任形象，这样可以和出口、政治关联形成一种良性互动格局，这些都是上交环保治污费所不会带来的。正如前面分析，如果企业通过 GVC 传输环保社会责任，不仅仅是产品上绿色环保达标，更主要的是在国外消费者面前塑造对社会环境有着高度责任心的公众企业形象。国内有政治关联的企业，因为也受到媒体和公众的高度关注，在环境负外部性上要尽量避免。而企业即使在环保上向国家缴纳了环境治污费，但如果在环境负外部性上做得不好，那同样对企业社会责任形象带来一定的负面影响。因此，如果像我们前面所分析的机理那样，那么企业的出口和政治关联所带来的非正式环境规制，主要影响企业的自主型环保投资。

表 3 就对出口和政治关联对分类环保投资进行回归，来验证前面所分析的传导机理。模型 1 至模型 4 是对分类绝对规模环保投资的回归，模型 5 至模型 8 是对分类相对规模环保投资的回归，模型 9 至模型 12 是对比较行业均值相对规模环保投资的回归。其中每一类别前两项是对自主型环保投资的回归，后两项是对委托型环保投资的回归。模型 1 至模型 4 显示，*Exp*、*Pol* 以及 *Exp* * *Pol* 对 *Epi*1_*sel* 和 *Epi*1_*ent* 均有显著的正向影响，但对前者的影响力度要更大。这表明以绝对规模来衡量，企业出口规模越大，企业有政治关联，对自主型环保投资的推动作用较委托型环保投资力度更大，这与前面的理论预期相符。

模型 5 显示，*Exp*、*Pol* 对 *Epi*2_*sel* 有显著的正向影响，这表明以相对规模来衡量，企业出口规模越大，有政治关联，对自主型环保投资推动越强，模型 7 显示，*Exp* 对 *Epi*2_*ent* 的回归系数不显著，*Pol* 对 *Epi*2_*ent* 的回归系数下降较多，这说明以相对规模来衡量，企业出口对委托型环保投资并没有显著的推动作用，政治关联对委托型环保投资的推动作用下降较多，与前面的理论预期相符。模型6显示，*Exp* 和 *Pol* 的交叉项对 *Epi2_sel* 有显著的正向影响，这表明以相对规模来衡量，企业两种非正式环境规制在推动自主型环保投资上具有协同效应。模型8显示，*Exp* 和 *Pol* 的交叉项对 *Epi2_ent* 没有通过显著性检验，这表明以相对规模来衡量，企业两种非正式环境规制在推动自主型环保投资上不具有协同效应，这也与前面理论分析相一致。

模型9显示，*Exp*、*Pol* 对 *Epi3_sel* 有显著的正向影响，这表明以比较行业均值相对规模来衡量，企业出口规模越大，有政治关联，自主型环保投资也越大，模型11显示，*Exp* 对 *Epi3_ent* 的回归系数不显著，*Pol* 对 *Epi3_ent* 的回归系数下降较多，这说明以比较行业均值相对规模来衡量，企业出口对委托型环保投资并没有显著的推动作用，政治关联对委托型环保投资的推动作用下降较多。对比结果与前面的理论预期相符。模型10显示，*Exp* 和 *Pol* 的交叉项对 *Epi3_sel* 有显著的正向影响，这表明以比较行业均值相对规模来衡量，企业两种非正式环境规制在推动自主型环保投资上具有协同效应，模型12显示，*Exp* 和 *Pol* 的交叉项对 *Epi3_ent* 没有通过显著性检验，这表明以比较行业均值相对规模来衡量，企业两种非正式环境规制在推动自主型环保投资上不具有协同效应，这也与前面理论分析相一致。

综合上面分析可以看出，无论是企业出口，还是政治关联，或者是两者的交叉项，在推动企业环保投资的细分类上均有所区别，这种推动作用及协同作用均主要表现在企业自主型环保投资上，而在委托型环保投资上作用力度下降或不显著。这也证明了前面的机理分析。

（五）其他检验

1. 一个重要疑问：传导机制是客观机制还是主观价值？另一个令人担心的传导机制是，中国民营企业增加环保投资，既有可能是因为客观上嵌入GVC，进而通过全球责任链进行传输，也有可能是主观上，企业出资人有过国外工作或生活经历，受到这些地方先进的环保理念和社会责任感的影响而产生“烙印效应”，回国创业上比较注重环保投资。对此，我们在上述相关回归模型中，加入企业出资人是否有国外留学或工作经历变量，用以吸收这个方面的影响。回归发现系数并没有通过显著性检验，说明因有过国外工作或生活经历而产生“烙印效应”并没有影响企业的环保投资。受篇幅限制，相关回归结果没有在此列出。考虑到中国民营企业出资人在创业过程中，最先考虑的肯定是企业的生存问题，以利润获取为主，而如果在同等外在环境规制条件下，如果企业过多地加大环保投资，可能会影响在其他方面的投资，如扩大再生产、技术创新改造等，在短期内降低企业的竞争力。认识到这个重要现实，中国情景下民营企业的环保规制，可能通过企业主观价值的提升来增加环保投资的影响机制可能并不突出。

2. 其他稳健性检验。为验证本文实证检验结果的可靠性，本文还进行了以下稳健性检验：（1）剔除所有控制变量，仅对解释变量和被解释变量之间的关系进行回归；（2）将环保投资由连续变量替换成0—1哑变量，进行logit回归；（3）将企业出口规模变量改为0—1哑变量进行回归；（4）将政治关联由哑变量改为连续变量，从最基层的乡镇级别到最高级的国家级别，分别赋值为0—5，进行相同的回归；（5）将环境规制和市场化指数替换成前一年的相关变量，添加其他可能影响企业环保投资规模的变量，如融资规模、董事会特征、党组织建设、出资人特征（年龄、学历、经历）等变量，进行相应的回归；（6）剔除环保投资为零的样本，进行相应的回归。结果显示，主要结论均保持不变，故本文研究结论较为可靠。

五、研究启示

（一）理论启示与政策建议

1. GVC嵌入可以有效提升国内出口企业的环保理念。全球化背景下，许多中国企业还不能主动把自己的发展观念提升到绿色发展的高度，通过来自第三方的干预可以促使企业改变其环境行为，在嵌入GVC背景下，国外的环境规制和先进的绿色发展理念对出口型企业有着巨大的影响力，有助于我国加快经济发展方式转变，走绿色环保可持续发展之路。

2. 国内利益相关者参与可以有效提升出口企业的环保理念。国内环境保护工作的推进离不开利益相关者的参与，在加强政府对企业环境保护监管硬约束的同时，应通过相应的制度改革，引导利益相关者积极参与环保监督活动，以弥补正式环境规制的不足。改革现行以代工为主的出口导向型贸易政策，摒弃以牺牲资源、环境、健康等要素支撑的粗放型出口模式。大力推动“亲”“清”新型政商关系转型，让政治关联成为企业和利益相关者沟通交流合作的平台，成为企业展示环保投资等社会责任形象的良好窗口。

3. 继续加强对企业环保投资结构的引导调节。环境保护是企业应尽的社会责任，长期以来的“污染者付费”并未得到有效落实，我国的环境承载压力非常之大，而秉承“先污染后治理”的思路对现实环境来说也不允许，因此应大力提倡企业直接加大治污费用的投入，将污染治理前置到排放前。从专业化角度来说，企业的自主型环保投资，不仅仅指企业在环保上单独另起炉灶，还可以将这些环保任务交由第三方专业机构来完成，企业通过缴纳或按合同约定支付费用，委托环境服务公司进行前置嵌入式污染治理。有实力的企业可以将企业的环保业务剥离出来，单独组建独立核算的专业化环保公司，通过控股管理环保公司，让企业环保成本成为环保公司的收益，在投资有限公司内实现价值的内循环，从而实现效益最大化。

（二）研究不足与展望

本文也存在一定的不足之处在于：（1）受制于数据统计问题，本文没有进行面板数据分析，对环保投资的时间序列效应缺少研究；（2）不同所有制企业在承担社会责任方面可能是有区别的，但本文受数据限制没有对不同所有制企业的环保投资行为进行比较；（3）由于数据库中 OFDI（对外直接投资）数据占比偏少，对企业的以对外投资的 GVC 嵌入没有进行计量统计分析。上述这些问题都有待于进一步研究。

参考文献

[1] 吴舜泽：“‘十三五’时期环境保护面临八大挑战”，《政策瞭望》2015 年第 10 期。

[2] 张友国：“中国贸易增长的能源环境代价”，《数量经济技术经济研究》2009 年第 1 期。

[3] 卜茂亮：“全球价值链视角下的中国环境问题研究”，南京大学 2010 年学位论文。

[4] 李强、田双双、刘佟：“高管政治网络对企业环保投资的影响——考虑政府与市场的作用”，《山西财经大学学报》2016 年第 3 期。

[5] Chang E C, Wong S M L, Political Control and Performance in China's Listed Firms, Journal of Comparative Economics, 2004, 32 (4).

[6] 陈东、洪功翔、汪敏：“党组织建设与民营企业投资——基于全国民营企业抽样调查江苏样本的实证研究”，《现代经济探讨》2017 年第 10 期。

[7] Copeland B R, Taylor M S. North – South Trade and the Environment. Quarterly Journal of Economics, 1994, 109 (3).

[8] Revesz, R. "Rehabilitating Interstate Competition: Rethinking The Race – To – The – Bottom Rationale For Federal Environmental Regulation". New York University Law Review, 1992, 67 (6), 1210.

[9] 刘志彪："从全球价值链转向全球创新链：新常态下中国产业发展新动力"，《学术月刊》2015 年第 2 期。

惩罚性和自主性：绿色发展的机制互动①

一、引言

绿色发展是五大发展理念的重要内容之一，生态文明建设是“五位一体”总布局中的重要一环。党的十九大报告强调保护生态环境、建立绿色发展是中华民族永续发展的必然选择。在庆祝改革开放40周年大会上，习近平总书记再一次强调保护生态环境的重要性，需要牢记绿水青山就是金山银山。经过40多年改革开放的高速发展，我国经济总量已位居世界第二位，但过去的发展模式伴随着环境容量下滑、生态功能减弱，已经严重影响到经济进一步发展和居民生活水平的进一步提升，单纯地追求经济总量增长而不重视环境保护，不仅会透支未来发展空间，还会加剧现阶段的社会矛盾，带来更多的潜在风险。

当前，中国经济发展呈现速度换挡、结构调整、动力转换的新特征，牢固树立绿色发展理念，使良好的生态环境成为经济发展的新优势和人民安居乐业的新福祉，是推动经济高质量发展的必然选择。在实现绿色发展的过程中，要加强激励约束机制的设计，推动各参与者积极履行相应的责任义务。政府作为绿色发展的主导者，要转变仅以国内生产总值（GDP）为指标的模式，把绿色发展业绩作为考核使用干部的重要手段，把“生态环境质量只能更好，不能变坏”作为干部责任底线，完善环境责任追究制度。开展党政领导干部自然资源资产离任审计试点。企业是绿色发展的主要实践者，一方面可通过制定相关的政策法规，规范企业的行为；另一方面也要通过市场手段激发企业自主性

---

① 本文作者陈东、洪功翔、邢霂，安徽工业大学商学院、安徽创新驱动发展研究院。

基金项目：安徽高校协同创新项目“安徽深度融入长三角跨角协同治理”（GXXT－2019－039）、安徽省哲学科学规划重大项目“安徽深度融入长三角更高质量一体化发展研究”（AHSKZD2018D06）、安徽高校人文社会科学研究重大项目“安徽高新技术产业创新能力提升研究”（SK2018ZD003）的阶段性成果。

环保投入意识，将“绿色”理念嵌入生产经营的每一个环节。只有将惩罚性和自主性有效结合，加强绿色发展的机制互动，才能更加有效地推动我国经济高质量发展。

二、我国在绿色发展过程中取得的成效和存在的问题

近年来，我国已经逐渐提高对绿色发展的支持和对破坏环境发展的约束力度，通过把环境规制与推动经济发展方式转变，加强污染治理与促进经济结构调整等有机结合在一起，取得了较好成绩。

（一）环境污染治理投资力度增大

工业污染是影响我国生态环境的主要原因之一。近年来，各级环保部门对许多重污染的工厂采取调整、取缔关闭等措施，大力推动污染企业提升资源再利用和污染治理能力，在一定程度上缓解了生产对外部环境造成的压力。表1提供了2005—2017年我国工业污染治理投资的相关数据，从各年总的投资完成情况可以看出，虽然投资总额中间有所波动，但总体仍呈上升趋势，在工业污染治理上取得了较好成绩。

表1　工业污染治理投资完成情况　单位：亿元

年度	治理废水	治理废气	治理固体废物	治理噪声	治理其他	投资完成情况
2005	133.7	212.9	27.4	3.1	81.0	458.2
2006	151.1	233.3	18.3	3.0	78.3	483.9
2007	196.1	275.3	18.3	1.8	60.7	552.4
2008	194.6	265.7	19.7	2.8	59.8	542.6
2009	149.5	232.5	21.9	1.4	37.4	442.6
2010	129.6	188.2	14.3	1.4	62.0	396.9
2011	157.7	211.7	31.4	2.2	41.4	444.4
2012	140.3	257.7	24.7	1.2	76.5	500.5
2013	124.9	640.9	14.0	1.8	68.1	849.7
2014	115.2	789.4	15.1	1.1	76.9	997.7
2015	118.4	521.8	16.1	2.8	114.5	773.7
2016	108.2	561.5	46.7	0.6	101.9	819.0
2017	76.4	446.3	12.7	1.3	144.9	681.5

资料来源：根据《中国统计年鉴》2005—2017年相关数据整理。

近几年，投资机制和投资渠道正在趋于完善，这为保护和修复生态环境相关工作的顺利进行提供了有力保障。国家通过政府、企业、民间等多种渠道引入资金加大生态环境的保护力度，带动了社会资金对生态环境的投入。表2数据显示了环境污染治理投资近8年的情况，2017年环境污染治理投资总额达到了9539亿元，与上一年相比提升了3.5个百分点。其中，城市环境基础建设投资6085.7亿元，相比上一年增长了12.4个百分点；工业污染源治理投资、当年完成环保验收项目环保投资与上一年相比均有所下降。总体上看，我国在环境污染治理投资上呈现出波动上升的趋势。

表2　　工业污染治理投资完成情况　　单位：亿元

指标（年度）	2010	2011	2012	2013	2014	2015	2016	2017
城镇环境基础设施建设投资	5182.2	4557.2	5062.7	5223.0	5463.9	4946.8	5412.0	6085.7
工业污染源治理投资	397	444.4	500.5	849.7	997.7	773.7	819.0	681.5
当年完成环保验收项目环保投资	2033	2112.4	2690.4	3425.8	3113.9	3085.8	2988.8	2771.7

资料来源：根据《中国统计年鉴》2010—2017年相关数据整理。

（二）林业投资稳步增加

开展国土绿化行动，推动绿色高质量发展是新时代赋予林业的一项重要任务，也是维护国家生态安全的一项重要举措。据国家林业部门数据可知，经过几十年长期不懈的努力，我国的森林覆盖率由新中国成立初期的8.6%提高到目前的21.66%，森林面积达到2.08亿公顷，人工林保存面积达6933万公顷，居世界首位。计划到2020年森林覆盖率达到23.04%，到2035年达到26%，到21世纪中叶达到世界平均水平。中国还将继续推进森林恢复和可持续发展，提升生态系统质量和稳定性，加快构建以林草植被为主体的生态安全体系。据美国航天局卫星数据显示，全球从2000年到2017年新增的绿化面积中，约1/4来自中国，贡献比例居全球首位。表3提供了全国林业投资完成情况。

以2017年为例，我国林业投资总额为4800.3亿元，相比上一年提高6.4个百分点。全国生态建设和保护投资额与上一年相比略有向下浮动，基本持平。全国林业支撑与保障投资额相比上一年提升52.3百分点，上升幅度较大。全国林业产业发展投资额达到2007.8亿元，比上一年提升15.3百分点。可见，在生态环境保护上已经引起社会的广泛关注，林业产业发展正处于稳步提升阶段。

表 3　　**全国林业投资完成情况**　　单位：亿元

年度	生态建设与保护	林业支撑与保障	林业产业发展	林业民生工程	其他投资	本年投资总额
2011	1302.5	300.7	522.4		507.0	2632.6
2012	1604.1	222.9	820.7	245.5	448.9	3342.1
2013	1870.6	221.7	1077.6	186.8	425.5	3782.3
2014	1947.9	232.8	1620.0	153.2	371.5	4325.5
2015	2017.2	227.3	1564.7	103.0	377.9	4290.1
2016	2110.0	403.4	1741.9		254.3	4509.6
2017	2016.3	614.4	2007.8		161.9	4800.3

资料来源：根据《中国统计年鉴》2011—2017 年相关数据整理。

（三）单位 GDP 能耗下降显著

能源在支撑中国经济社会快速发展的同时，也带来了生态环境恶化、能源供需紧张、温室气体减排压力加剧等一系列的问题和挑战。面对日益严峻的能源和环境问题，早在 2014 年 11 月，国务院办公厅发布《能源发展战略行动计划（2014—2020 年）》，正式提出了中期能源消费及煤炭消费总量的双控目标，即到 2020 年，　次能源消费总量控制在 48 亿吨标煤左右，煤炭消费总量控制在 42 亿吨左右。2020 年能源消费总量控制目标的提出，既是经济社会高质量发展的客观需要，也是给“十三五”的节能目标提出了更高的要求，更是为“十四五”的节能目标打下良好的基础。近年来，我国单位 GDP 能耗总体上表现出下降的趋势，具体相关数据如表 4 所示。从表中数据可以看出，各平均每万元国内生产总值能源消费量指标总体呈现出明显的下降趋势，这表明在排污减排工作上取得了良好的成绩，但还需清楚地认识实现绿色发展任务仍是艰巨的。

表 4　　**平均每万元国内生产总值能源消费量**

年度	万元国内生产总值能源消费量（吨标准煤/万元）	万元国内生产总值煤炭消费量（吨/万元）	万元国内生产总值焦炭消费量（吨/万元）	万元国内生产总值石油消费量（吨/万元）	万元国内生产总值原油消费量（吨/万元）	万元国内生产总值燃料油消费量（吨/万元）	万元国内生产总值电力消费量（万千瓦小时/万元）
国内生产总值按 2005 年可比价格计算							
2005	1.40	1.30	0.13	0.17	0.16	0.02	0.13

续表

年度	万元国内生产总值能源消费量（吨标准煤/万元）	万元国内生产总值煤炭消费量（吨/万元）	万元国内生产总值焦炭消费量（吨/万元）	万元国内生产总值石油消费量（吨/万元）	万元国内生产总值原油消费量（吨/万元）	万元国内生产总值燃料油消费量（吨/万元）	万元国内生产总值电力消费量（万千瓦小时/万元）
国内生产总值按 2005 年可比价格计算							
2006	1.36	1.28	0.13	0.17	0.15	0.02	0.14
2007	1.29	1.20	0.13	0.15	0.14	0.02	0.14
2008	1.21	1.14	0.12	0.14	0.13	0.01	0.13
2009	1.16	1.12	0.13	0.13	0.13	0.01	0.13
2010	1.13	1.09	0.12	0.14	0.13	0.01	0.13
国内生产总值按 2010 年可比价格计算							
2010	0.87	0.84	0.09	0.11	0.10	0.01	0.10
2011	0.86	0.86	0.09	0.10	0.10	0.01	0.10
2012	0.82	0.84	0.09	0.10	0.10	0.01	0.10
2013	0.79	0.81	0.09	0.10	0.09	0.01	0.10
2014	0.75	0.73	0.08	0.09	0.09	0.01	0.10
2015	0.71	0.66	0.07	0.09	0.09	0.01	0.10
国内生产总值按 2015 年可比价格计算							
2015	0.62	0.58	0.06	0.08	0.08	0.01	0.08
2016	0.59	0.52	0.06	0.08	0.08	0.01	0.08

资料来源：根据《中国统计年鉴》2005—2016 年相关数据整理。

（四）绿色发展所面临的问题

应当清醒地看到，虽然我国绿色发展工作取得了较大的成绩，但经济过于依赖人力和环境廉价消耗的情况并未彻底改变，下一步推动绿色发展的任务仍然十分严峻，需要解决的问题也异常复杂，突出表现在以下几个方面：

首先，产业结构调整和转型升级仍需时日。改革开放以来，市场主体如雨后春笋般爆发式发展，但很多中小企业是从作坊式制造业和水泥、钢铁等重工业起步，长期形成以“煤炭型”“重化工型”的产业结构，“开发密集型”的空间结构。近年来，国家大力加强产业结构的调整和转型升级，很多企业也在坚定贯彻落实党中央、国务院以及所在省、市的产业政策及相关要求，积极调整产业结构，加强科技创新。但实现产业转型升级并不是一朝一夕所能完成的，在经济新常态下，很多制造业企业普遍利润率偏低，资金压力大，甚至达不到社会平均利润水平，而环保工程投入大、见效慢、补助少，导致很多企业在环保上“心有余而力不足”。效益好的时候多投一点，效益不好的时候少投入一点，缺乏系统性规划，导致绿色发展工作波动性大。

其次，政府惩罚性环保执法标准不一。政府是保护生态环境的责任主体，能否更好履行保护环境的职责直接关系到当地环境的优劣，但长期以来习惯于以“命令—控制”型的方式来做环保工作效率不高。虽然说目前各地正逐步从仅以 GDP 为指标模式转向高质量发展模式，GDP 的目标略有淡化，但由于不同地区经济发展水平以及自身资源禀赋存在差异，环境承载力在空间上具有差异性，使得在环保执行力度上仍有一定的差别。经济发达地区，一般都经历了重化工产业大力发展阶段，环境承载力水平降低，环境成本上升加快，因而环保执行标准较严格；经济欠发达地区，环境承载力水平较高，且快速发展做大经济仍然是优先目标，因而存在环保执行力度相对较低的现象。不管属于哪类地区，如果环境出现问题，又会习惯于采取简单、省力、责任小的“一刀切”方式处理，以命令式将企业成片关停，不管企业是否有能力进行整改。这种松紧不一、力度不一的“命令—控制”型执行标准，对企业的长远发展非常不利，也不利于地区环境保护工作的健康可持续。

再次，企业自主性参与环保工作的积极性不高。虽然我国在推动绿色发展上已经取得了一些显著成绩，但与发达国家相比，在推动企业自主遵守践行绿色发展上仍有很大的差距，企业的绿色生产设备需要动态更新，环保技术仍需不断创新，需要国家进行有力支持，但目前政府在生态环保基金建立、环保投入费用税收减免、企业考评体系标准建立等方面，均有较大的提升和改进空间。大型企业在加强环保投资，履行社会责任等方面，会顾及企业的社会影响，做得相对好些。但对于很多中小型企业，面对着资金约束、技术水平限制、管理能力不足以及规模经济限制等，一般缺乏对保护生态环境和节约资源的急迫性认识，还存在“慢慢搞环保”的思想，尤其在企业利益和保护生态环境产生矛盾时，一般都会选择牺牲外部生态环境以满足自身的利益需求。这些企业在主观方面缺乏足够的环保意识，客观方面又不具备改进生产技术水平的能力，都会成为阻碍我国绿色发展的重要因素。

最后，环境规制政策作用环节还不全面。从目前我国政策形势来看，环境规制的手段主要集中在企业生产环节，政府在大多数情况下会采取行政手段强制企业遵守规则，在生产的具体过程中规定排污量，以及对生产技术和机器设备制定相应的标准，但是忽视了产品生产之后的流通环节，以及分配和消费环节并没有法律法规加以约束，这就会导致在商品的购买使用环节消费者无须考虑到环保因素，并且在消费者购买使用商品的过程中也没有针对环保产品给予优惠措施，而一般的环保产品在生产成本上要高于普通产品，这会使企业将差额转嫁到消费者头上，使得环保效果无法进一步提高。即使在生产环节，我国所颁布的环境规制政策也比较单一，更多的是依靠惩罚性和强制性手段对企业进行控制，缺乏对排污量方面的市场激励手段。

三、惩罚性与自主性手段相辅相成、协同推进实现绿色发展

推动绿色发展必须牢固树立大局意识和整体利益观，充分调动政府和企业“两个积极性”，按照高质量发展的要求，做好惩罚性和自主性的机制互动，以精细化管理方式，切实有效推进绿色发展工作。

（一）惩罚性手段与自主性手段的特点比较

在惩罚性环境规制手段下，企业的排污工作必须在相关机构制定的标准下进行，否则将予以惩罚，因而无法有效促进企业进行技术改造或者污染治理方式的创新，这一结果必然会使目标企业的治污积极性减小。对于自主性推动企业加强环保工作，政府主要采取市场化手段，在实行市场型环境规制时，企业能从污染治理中获得一定的好处，因此会自主加强污染治理，从而推动全社会的污染控制，实现排污治理目标。除此之外，在惩罚性环境规制手段下，规制机构希望充分了解企业信息，制定差异化的合格标准。但在实际操作过程中，规制机构和污染企业在信息的掌握上会存在比较明显的不对称现象，企业的经营利润额、排污所需要的费用以及生产成本只有自身能准确了解，这就导致规制机构不能通过常规手段有效地得到相关信息，通常只能制定统一的标准，很显然这样的标准带来的排污效率离目标效果相差甚远。一些自身能力强、治污效率高的企业难以发挥其最大作用，离排污量的最优状态还有一定距离。而在自主性模式下，政府采用市场型环境规制手段，规制工具的选择不影响污染成本融入企业的利润函数，成为企业生产投资时考虑的必要因素。因而，从成本的角度进行考虑，政府采取自主性规制工具是优于传统的惩罚性规制工具。

总体而言，政府采取惩罚性规制相对操作比较简单，对推动绿色发展的作

用立竿见影。然而，随着生态环境日益恶化，政府采取强制性手段实现绿色发展难以满足目前的需要，在实际操作中的不足逐渐显现出来。主要表现在政府无法全面了解到污染物的具体信息，相关信息成本过高导致具体工作实施效率低下，并且政府在出台相应的环境保护政策还会有时滞性的现象，无法应对新出现的环保问题。企业缺乏积极进行技术突破的热情，仅以在法律规定的范围内完成减排为目标，不利于企业绿色生产技术的创新，难以从根本上实现绿色发展的伟大目标，所以还需要通过市场手段激发企业自主进行绿色生产的动力，更好实现绿色发展。

（二）惩罚性手段与自主性手段相辅相成、缺一不可

在环境规制的实际操作过程中，没有固定的规制模式，即便是同一个区域也会因为其处在不同的发展阶段而采用差异化的环境规制模式。比如，当一个地区总体的经济发展水平不高，在污染排放量方面也处于较低水平时，此时政府采取惩罚性环境规制工具能迅速达到目标，所付出的成本相对较少，从成本的角度而言是可以被接受的。但是，随着经济的不断发展，需要对更多的企业进行监管控制，并且污染规制范围也越来越大，政府进行环境规制需要支付过高的成本，此时若能有效利用市场机制激发企业自主环保动力来减少一部分支出，政府会很有愿意进行尝试，政府一般也会选取市场型规制工具。因此，政府需要根据地区的实际情况进行细致考虑，在特定的环境下选择最优的规制工具，这也是政府所面临的难题。

传统惩罚性手段有着其独特的适用优势，而自主性手段在一定程度上可以有效地补充其在实际操作中的不足，但并不是一种模式完全取代另一种模式。目前我国的情况是：在各地区环境规制中传统的惩罚性环境规制工具仍处于主导地位，而自主性环境规制工具在未来的发展中具有很大的可操作性和发展空间。比较惩罚性环保机制和自主性环保机制，后者灵活以及操作性更强，能够在控制排污成本的情况下更有效激励企业进行绿色生产技术的创新。但需要强调的是，这并不意味着需要在这两者之间进行简单的二选一，非此即彼。在实现绿色发展这一目标过程中，既没有固定的政府干预企业经营的模式，也不存在独立发挥作用的环境保护机制，两种机制都有各自的优势，在实际中无论采取哪一种规制工具，都需要以健全的法律法规作为基础，经济发展水平、社会制度建设以及社会技术水平等与所选取的规制工具不合都会制约环境规制的效率。脱离实际情况考虑哪一种环保机制更有效率是无意义的，需要根据特定的

情况，充分考虑到环境问题本身的特点以及辖区内的经济发展条件，进而选取适合的环境保护机制。为了更好地实现绿色发展，更需要将这两种机制结合起来使用，即由惩罚性环保机制和自主性环保机制的组合形成是保护生态环境的重要力量。

（三）惩罚性手段与自主性手段的一些具体路径

在惩罚性环保工作手段上，首先要完善环保法治机制，强化环境违法整治力度。习近平总书记多次强调，要用最严格制度与最严格法治保护生态环境，加快制度创新，强化制度执行，让制度成为刚性的约束和不可触碰的高压线。要有标准可依。惩罚必先科学标准，在不同行业、不同领域，制定科学的标准，做到有标准可依。要依法惩罚，推进“大环保”指挥中心建设，推行环境监管网格化管理，用好新《中华人民共和国环境保护法》，运用综合手段，严厉打击各类环境违法行为。扩大环境监管对象，严格法律责任，特别是要强化环境刑事立法的作用，让违法排污造成环境污染事故的企事业单位及其负责人受到刑事惩罚，承担严厉的刑事责任。要严格惩罚。健全环境执法责任制，加强部门协调，形成环保排查、公安侦查、司法跟进，联合打击环境污染犯罪的高压态势，充分发挥新闻媒体、网络媒体、普通群众的监督作用，畅通各类举报渠道，形成监管合力，让违规违法必然得到应有的惩罚。

在自主性环保工作手段上，要建立多元激励机制，激发企业加大环保投入。要鼓励科技投入，建议政府从行业发展的技术创新入手，建立相关生态环保基金，对推动环保技术进步应用的关键技术和装备研究予以补贴或奖励。要加强激励效应。加大企业环保投入的正向激励，建议政府相关部门参照研发费用加计扣除、慈善捐赠税前抵扣等政策，研究制定环保投入费用税收减免的具体政策，提高企业环保投入的积极性。要做好典型示范。树立一批高环保投资效率和高环保投资力度的标杆企业，在政府采购、融资、用地、上市等方面给予政策倾斜，形成良好的示范作用。要做好市场型环境权交易探索。市场化手段是推动自主性环保的最有效手段，如果能形成有效的环境权交易市场，则可以使环境成本内化为企业自身的生产成本，则企业就会更加积极地自主进行环境保护工作。

四、重点探索建立长三角跨区域环境权交易市场

上面提到环境权交易是政府在推动绿色发展中的重要市场化手段，是推动

环保工作惩罚性和自主性有效结合的重要途径。环境权交易（包括排污权、碳排放权、用能权）是一种处理环境外部性问题以及合理配置发展资源的政策工具，是生态文明建设制度体系的重要内容，是运用市场机制提高环境资源配置效率、加快推进产业结构转型升级的迫切需要，也是促进污染减排、改善环境质量的重要手段。开展排污权有偿使用和交易，建立以市场化为导向的环境资源价格制度，将排污权作为环境资源实施市场化的管理，有利于全社会树立“环境容量有限、环境资源有价”的理念，对优化环境资源配置、推进产业优化调整、激励企业自主减排，促进经济社会全面协调可持续发展具有十分重要的意义。

（一）建立长三角跨区域环境权交易市场的背景

党的十八届三中全会《中共中央关于全面深化改革若干重大问题的决定》明确提出：发展环保市场，推行节能量、碳排放权、排污权、水权交易制度；《国务院办公厅关于进一步推进排污权有偿使用和交易试点工作的指导意见》（国办发〔2014〕38 号）；财政部、国家发展改革委、环境保护部《关于印发〈排污权出让收入管理暂行办法〉的通知》（财税〔2015〕61 号）；中共中央《关于制定国民经济和社会发展第十三个五年规划的建议》均提出，建立健全用能权、用水权、排污权、碳排放权初始分配制度，创新有偿使用、预算管理、投融资机制，培育和发展交易市场。国务院办公厅转发的国家发展改革委《关于深化公共资源交易平台整合共享的指导意见》（国办函〔2019〕41 号）提出，公共资源交易平台覆盖范围将逐步扩大到适合以市场化方式配置的自然资源、资产股权、环境权等各类公共资源，制定和发布全国统一的公共资源交易目录指引。对于排污权、碳排放权、用能权等环境权要健全出让规则，引入招标投标、拍卖等竞争性方式，完善交易制度和价格形成机制。要鼓励同一省域内市场主体跨地市自主选择平台进行公共资源交易，积极稳妥推进公共资源交易平台跨省域合作。

长三角区域四省市时空一体、山水相连，生态环境休戚相关。在长三角区域一体化发展上升为国家战略，大力推进生态文明建设，打好污染防治攻坚战的大背景下，深化长三角区域生态环境保护协作，构建生态环境保护共同体，是落实国家相关政策亟待加强的一项重点工作，长三角有义务、也有能力加强探索并走在全国前列。当前，长三角区域在区域大气污染联防联控、水污染综合防治、跨界污染应急处置、区域危险废物环境管理等方面做了大量积极探索，摸索建立了一套良好的生态环境保护协商机制，为区域环境共治共建共享打下了坚实基础。在新时期，应围绕重点、难点问题，进一步完善区域生态环保合作机制，构建更加紧密的生态环境保护命运共同体、利益共同体和责任共同体，强化区域环境协同监管，共同努力改善区域生态环境，协力建设绿色美丽长三角，为长三角高质量一体化发展提供优良的生态环境支撑与保障。

（二）建立长三角跨区域环境权交易市场的必要性

一是弥补各区域环保短板，挖掘绿色发展潜力的需要。长三角地区工业发达，生态环境相对脆弱，是新发展理念下实施高质量一体化发展的短板。环境权跨区域交易有助于长三角地区污染治理和能源节约，通过促进绿色经济发展达到降低治污成本和提高能源利用效率的双重目标。另外，长三角各区域的污染排放强度和环境治理成本存在较大差异，环境权跨区域交易正好以此为突破点最大程度的降低治污成本，或发挥治污成本的最大效用实现更高的减排目标。二是加强长三角区域内各省市的经济联系的需要。通过市场机制，建立跨省域的长三角公共资源交易平台，可以加强长三角各区域之间市场主体的经济联系程度，促进各种市场要素省际流动。三是促进长三角产业分工、协调发展的需要。产业协同发展是长三角一体化的核心内容，但是从目前长三角各区域产业之间的分布来看，各省市制造业虽然表现出较强的竞争力，但同质化布局仍普遍存在，难以形成区域产业竞争合力。通过建立长三角跨省域环境权交易市场，科学定价环境权，使不同行业获得平衡收益，有利于各地区发挥自身的环境资源优势，发展符合本区域的特色产业，最终在市场机制的作用下，形成一种地区之间产业互补以及分工合理的局面。

（三）建立长三角跨区域环境权交易市场的具体方式

一是明确牵头主体，建立区域合作机制。建议以上海市牵头，协调建立区域协作体系，加强区域合作，推动区域达成排污权初始分配对话机制。在相关流域或治理目标相同的地区，可率先打破行政区域壁垒进行合作交流，运用商谈原则，尝试筹建统一的区域或流域管理部门，逐步推进排污权交易制度的发展。二是科学探索排污权交易方式。交易方式主要包括公开竞价、定额出让和协议转让等。为合理控制现场竞价交易量，简化低排放建设项目新增排污权指标的购买程序，体现对重点污染源的加强监管原则，对相关交易指标分别设立交易控制标准。凡建设项目环境影响评价文件核定的主要污染物排放量达到或者超过交易控制标准的，则该项污染物排污权指标必须通过公开竞价的方式从长三角统一的交易平台购买；凡未达到交易控制标准的，则该项污染物排污权指标可以通过定额出让的方式直接购买。公开竞价以排污权有偿使用征收标准为交易指导价格，定额出让按照排污权有偿使用征收标准执行，协议转让是企业间的直接交易，交易价格由交易双方协商决定。三是要加强环保宣传，推进公众参与。政府要加大对环境权的宣传，提高公众参与环境保护的意识。同时，政府要确保信息的公开，采取举报奖励等措施激励公众积极监督企业的环境行为。政府可赋予少数环保团体、社区组织的主体资格，让他们能在初始分配中分得少量的排污权，可参与环境权交易，将排污权存储并最终退出市场以实现污染的绝对减少，改善环境质量。

参考文献

[1] 钱易："环境保护与可持续发展"，《中国科学院院刊》2012 年第 3 期。

[2] 孙萍、王丹："论地方政府在环境保护中的角色定位"，《社会科学辑刊》2018 年第 1 期。

[3] 夏少敏、张云杰、赵赤："《环境保护法》的目的及修改意见"，《浙江农林大学学报》2017 年第 5 期。

[4] 张永亮、俞海、夏光等："最严格环境保护制度：现状，经验与政策建议"，《中国人口资源与环境》2015 年第 2 期。

[5] 涂正革、谌仁俊："排污权交易机制在中国能否实现波特效应?"，《经济研究》2015 年第 7 期。

[6] 陆敏、苍玉权、李岩岩："强制减排交易机制外企业会自愿减排么?"，《中国人口资源与环境》2019 年第 5 期。

[7] 任艳红、周树勋："基于总量控制的排污权交易机制改革思路研究"，《环境科学与管理》2016 年第 3 期。

[8] 郭斌："跨区域环境治理中地方政府合作的交易成本分析"，《西北大学学报》2015 年第 1 期。

[9] 孟凡生、韩冰："政府环境规制对企业低碳技术创新行为的影响机制研究"，《预测》2017 年第 1 期。

绿色金融与绿色发展[①]

党的十九大报告指出，“要推进绿色发展。加快建立绿色生产和消费的法律制度和政策导向，建立健全绿色低碳循环发展的经济体系。构建市场导向的绿色技术创新体系，发展绿色金融，壮大节能环保产业、清洁生产产业、清洁能源产业”。绿色发展是现代化经济体系的生态环境基础，绿色发展带来的生态环境改善是国民财富增长的重要形式。从高质量发展的目标来看，只有建立绿色发展的经济体系才能满足人民日益增长的美好生活需要。从高质量发展的本质来看，实现高质量发展是要彻底改变传统粗放型的经济增长模式，而只有建立绿色发展的经济体系才能实现这一转变。从高质量发展的动力来看，绿色科技创新是高质量发展的重要驱动力。从高质量构建人类命运共同体的角度看，建立绿色发展的经济体系是发展中大国的责任担当。

推进绿色发展需要金融业的大力支持。一方面，金融业是现代化产业体系的重要组成部分，而现代化产业体系构成了现代化经济体系的基础和核心(刘志彪，2018)。金融活，经济活；金融稳，经济稳。推进绿色发展离不开现代金融的服务和支持。另一方面，经济兴，金融兴；经济强，金融强。金融业实现绿色发展是经济高质量绿色发展的应有之义。但当前我国绿色金融发展还存在法律体系与金融政策不健全、金融机构内在动力不足、绿色金融产品“绿色”成分不强等问题，还不适应经济高质量绿色发展的要求，必须紧紧围绕健全绿色金融法律政策体系、强化金融机构绿色责任，促进绿色金融支持经济高质量绿色发展。

一、绿色金融与绿色发展的概念内涵与逻辑关系

理解绿色金融与绿色发展的相互关系，必须首先深刻体会绿色金融与绿色

① 本文作者刘昊、李孟浩、杨平宇，温州商学院。

发展的概念内涵。绿色金融是适应绿色发展的需要而兴起的，是绿色发展的组成支持部分。

（一）绿色发展的概念内涵

党的十九大报告中提出“建立健全绿色低碳循环发展的经济体系”，可以看出绿色发展是与循环发展、低碳发展相互联系、有机统一的概念。绿色发展、循环发展、低碳发展内涵虽各有侧重，内容也有交叉，但本质相同。三者都强调人类在追求物质财富、社会福祉、社会公平的同时，要保护生态环境，在资源环境可承载、资源可更替再生的基础上，实现经济社会与资源环境的协调发展。绿色、循环与低碳是绿色发展的三个关键标识（杨平宇、刘昊，2019）。

从狭义角度理解，绿色发展是以奉行环境友好型的生产方式和生活方式为特征的发展方式，通过推行清洁生产和绿色消费，以加强生态环境保护和促进生态环境修复。因此，狭义角度的绿色发展侧重于从消费者和厂商的绿色行为角度出发，解决发展中产生的环境污染和生态损坏等问题。当把绿色发展和循环发展、低碳发展作为平行词汇放在同一语境提出时，绿色发展一般做狭义理解，如十九大报告中提出的“实现绿色循环低碳发展”“建立健全绿色低碳循环发展的经济体系”。

从广义角度理解，绿色发展是作为一个体系概念提出的，不仅包括遵循环境友好型的生产方式和生活方式为特征的狭义绿色发展方式，还涵盖了循环发展和低碳发展，绿色发展、循环发展和低碳发展共同构成了绿色发展体系。广义上的绿色发展，通常作为单独词汇出现，如“创新、协调、绿色、开放、共享”五大发展理念中的绿色发展和十九大报告中“加快生态文明体制改革，建设美丽中国”部分中的“推进绿色发展”。可以看出，广义的绿色发展更强调了体系的概念，涵盖了社会总生产各个环节，力求从生产、分配、交换、消费等环节系统思考，加强环境保护和促进生态环境改善。

（二）绿色金融的概念内涵

绿色金融是 20 世纪 90 年代发展起来的概念和综合性交叉学科。国外最早使用的是“环境金融”这一概念（Jose Salazar，1998）。《美国传统词典》（2000 年第四版）将绿色金融表述为“环境金融（Environmental Finance）”或“可持续融资（Sustainable Financing）”，认为环境金融是从金融角度研究如何通过金融工具创新来实现环境保护的学科领域，即环境金融是在环境面临严峻挑战的情况下，通过金融工具与产品创新，约束企业生产与经营活动，解决环境污染、温室气体排放等问题，促进经济、社会与环境可持续发展。

国内学者对绿色金融概念的界定，一般从三个视角进行研究：一是绿色金融是绿色发展的政策工具。马骏（2015）认为所谓绿色金融体系，是指通过贷款、私募投资、债券和股票发行、保险、排放权交易等金融服务将社会资金引入环保、节能、清洁能源、清洁交通等绿色产业的一系列政策、制度安排和相关基础设施建设。二是绿色金融需要发挥政府与市场双重作用。易纲（2016）认为绿色金融需要采用“市场机制＋政府支持”的方式，吸引更多民营资本加入绿色贷款、绿色债券、绿色保险等融资行为，推动融资环节更加“环境友好”，减少对大气、水和土壤的污染，减少温室气体排放，提高资源利用效率。三是绿色金融是金融机构的经营策略。国务院发展研究中心“绿化中国金融体系”课题组（2016）认为就“绿色金融”的内涵而言，不仅指金融机构的投融资活动要“绿化”（即决策时要充分考虑环境因素，减少乃至停止对污染项目的支持，加大对治理环境项目的扶持），而且要构建绿色金融体系的整体框架，调整实际运营活动，并将社会风险、治理风险等也纳入该体系中去。

（三）绿色金融与绿色发展的逻辑关系

1. 绿色发展是绿色金融出现的原因与动力。经济高质量绿色发展是绿色金融出现和发展的动力，主要体现在两个方面：一是实体经济由传统的粗放式发展向绿色产业转型需要绿色金融的支持。企业绿色发展方式的转变必然会面临先期环保设备大量投入，经营成本上升，短期收益不明显等问题，这些问题会严重挫伤企业绿色转型的积极性。因此，需要积极发展绿色金融支持绿色产业发展，对污染型产业采取“减杠杆”的限制，紧缩这类产业的生产空间，对绿色产业进行“加杠杆”的鼓励，扩大这类产业的市场空间，降低传统产业向绿色发展转型的风险，并使绿色产业能够达到或高于市场平均收益水平。二是绿色科技创新活动需要绿色金融的支持。绿色科技创新与传统科技创新有所不同，绿色科技创新要兼顾创新的经济效益和生态环境效益，创新的难度和风险性会放大，因此对金融支持需求更为迫切。由于传统的间接融资方式多要求强约束融资条件及确定性还款来源，支持绿色科技创新不符合其经济理性，对绿色科技创新的支撑作用有限。因此，应建立直接融资机制、多层次资本市场发展支持绿色科技创新机制，鼓励通过风险投资、上市融资和企业并购等方式支持企业绿色科技创新。

2. 绿色金融为绿色发展提供资金支持与保障。绿色金融包括绿色信贷、绿色债券、绿色基金、社会责任投资、绿色资产证券化等金融产品和服务。绿色金融产品的创新与实践为绿色发展提供了多层次、广覆盖、差异性的资金来源。绿色信贷是最重要的组成部分，商业银行通过绿色信贷为节能环保行业，以及新能源新技术等战略性新兴产业的发展提供了重要资金支持。绿色债券是绿色信贷的有力补充，绿色信贷对企业中长期绿色发展资金支持有所不足，企业通过发行绿色债券可以弥补该类长期性投入资金。绿色证券等权益性投资是资本市场支持绿色发展的重要融资工具，企业通过发行绿色证券可以有效降低企业债权融资风险，提升自身资本实力与可持续发展能力。

3. 绿色金融是绿色发展的重要引导与约束机制。绿色金融支持绿色发展的表现形式是为绿色发展提供资金支持，其内在作用更在于发挥引导与约束机制。一方面，绿色金融通过差异化的金融政策引导社会资源加大绿色产业的发展，降低绿色产业发展的资金支持不足的困难与障碍。尤其是绿色环保与战略性新兴产业的发展，需要投入资金量大、项目收益回报周期长，必须发挥市场与政府的双重支持机制，通过绿色金融支持政策引导社会资源的共同投入。另一方面，绿色金融可以发挥约束企业生产经营，引导企业绿色发展的重要作用。金融机构通过甄别环境风险，规避高污染、高耗能以及其他社会责任风险的项目，可以有效制约不符合绿色发展理念企业的生产经营。同时，金融机构在提供融资后加强环境风险全过程监督，可以有效约束企业突破环境保护的违规行为。

二、绿色金融支持绿色发展的现状与不足

我国金融市场以间接融资市场为主，同样，绿色信贷也构成了我国绿色金融发展的重要组成部分。本部分以绿色信贷为例，研究我国绿色金融对绿色发展的支持力度及存在的问题。

（一）绿色信贷的规模与投向

根据统计，截至 2017 年 6 月，我国 21 家主要商业银行绿色信贷余额已达 8.30 万亿元，较 2017 年初增长了 10.54%。绿色信贷主要包括两部分：第一

部分是支持节能环保、新能源、新能源汽车等三大战略性新兴产业生产制造业的贷款，贷款占比21.27%；第二是支持节能环保项目和服务的贷款。

表1　21家主要银行战略性新兴产业贷款数据分析　单位：亿元

年份	战略性新兴产业贷款小计	节能环保及服务贷款小计	21家主要银行机构绿色信贷合计	战略性新兴企业贷款占比（%）
2014	15764.44	44363.86	60128.29	26.22
2015	16864.56	53201.57	70066.13	24.07
2016	16956.52	58090.34	75046.87	22.59
2017	17644	65312.63	82956.63	21.27

资料来源：2014—2017年6月国内21家主要银行绿色信贷数据。

从表1中绿色信贷资金统计信息来看，国内主要21家银行机构绿色信贷呈持续健康发展的态势。我国21家主要银行机构绿色信贷总额从2014年至2017年增长情况明显，由60128.29亿元增长至82956.63亿元，战略性新兴产业贷款总额由2014年末的15764.44亿元增长至2017年6月的17644亿元。但是战略性新兴产业贷款总额占绿色信贷总额的比例持续下降，由26.22%降低至21.27%。从以上数据的分析中不难看出，伴随绿色信贷的开展，银行对节能环保及服务项目的资金投入有所增加，但是战略性新兴产业占比却在逐年降低。

（二）绿色信贷发展存在的问题

一是绿色信贷发展的法律政策环境不健全。尽管政府有关部门出台了许多与绿色信贷相关的政策，绿色信贷的框架基本建立，银行机构的有关制度也逐步完善，但国家层面的基本规章制度文件，立法层次比较低，不属于法律范畴，导致环保执法力度不足，绿色信贷开展缺乏法律依据。

二是绿色信贷统计与信息披露制度不完善。从绿色信贷的具体实施开展情况来看，银行没有做到全面的披露。总的看来，很大一部分银行对于绿色信贷的相关信息展示的比较模糊甚至敷衍，与实际情况是否一致也有待考证。追根究底还是因为我国对于绿色信贷信息披露的制度还是没有建立完善的标准。有关绿色信贷的审核标准，各银行之间没有统一明确。

三是金融机构发展绿色信贷的动力不足。银行实施绿色信贷的动力不足，市场激励不够。一方面，由于信息不对称和政策体系本身的不完善，相关的绿色信贷政策实施力度不足，银行缺乏相关的监管措施和内部实施细则；另一方面，部分致力于新兴产业的公司效益不确定，给银行带来了风险，银行不愿意为其提供资金。

四是金融机构缺乏绿色金融发展方面的专业能力。银行在一些战略性新兴产业的相关业务上，比如合同能源项目管理，银行缺乏一定的专业性和评判能力，不能充分地了解和审核项目，从而影响了为企业提供资金的积极性。此外，绿色产业前期市场投入大且无法准确计算回报比率的自然特性，使得一些银行放弃了相关业务机会。

三、绿色金融支持绿色发展的完善路径

随着中国经济进入高质量发展阶段，绿色金融支持经济绿色发展也迎来了重大发展机遇。由于中国的绿色金融发展起步晚、绿色金融体系建设尚不能满足经济高质量发展的要求。未来需要在健全绿色发展法律制度、构建绿色发展综合治理体系、改进绿色金融体系和产品、增强绿色金融发展服务配套四个方面进行改进。

（一）加强绿色发展法律体系建设，为绿色金融发展提供健全法律框架

从发达国家绿色金融发展的成功经验来看，绿色金融的发展离不开两个层面的法律制度建设：一是环境保护法规制度建设。环境保护法规是绿色金融发展的基本前提和动力。发达国家的环境保护法律体系较为完整，而且环境保护法律中明确规定了相关主体经济责任。我国的环境保护法发展较为缓慢，环境法以自然资源与自然保护为主，防止环境污染方面的法律较少。环境资源法规比较零星分散，内容原则性规定多，操作性与执行性差。二是绿色金融法律体系不健全。我国尚无一部法律明确规定金融机构的环境保护责任。而在发达国家，如美国的《超级基金法》明确了贷款人的环境责任，金融机构在一定条件下需要承担借款企业的环境修复成本和费用。

因此，我国绿色金融法律体系的健全需要从环境立法与金融法律两个层面进行完善。这是促进我国绿色金融健康有效发展的基本前提，也是补足我国绿色金融发展的最大短板所在。只有在健全的绿色金融发展体系框架下，金融机构、借款企业才具有绿色发展的经营理念，从而推动经济迈向高质量绿色发展。

（二）构建多元参与的绿色发展治理体系，内化金融机构绿色发展理念

党的十九大报告提出“构建以政府为主导、企业为主体、社会组织和公众共同参与的环境治理体系”，明确了政府、企业、社会组织和公众等不同主体在建立绿色发展体系过程中的职责定位，强调了应加强“不同主体之间的协同与合作，须充分发挥市场机制、政府机制、社会机制的作用，形成多元主体共建共治共享的环境治理格局”。除政府之外，要加强企业、社会公众以及环保组织等协同治理职能。在多元立体的绿色治理体系下，金融机构会基于自身利益权衡收益与风险，将绿色发展内化为自身的发展理念。

首先，要让企业承担生态治理的主体责任，开展绿色生产活动。企业应积极树立环保法制观念，建立环境管理体系，企业主动构建或参与绿色供应链，大力引进绿色技术和开展绿色技术创新，重视生产全过程的污染防治，积极向绿色产业转移。

其次，要让社会公众承担环境监督责任，并形成绿色生活消费方式。发挥公众对企业治污行为、政府履行环保职能行为的监督职能，鼓励其发现和举报破坏环境行为。倡导公众的绿色消费，通过市场体系影响企业生产行为，倒逼企业实行绿色生产。

最后，要提升环保社会组织的治理能力和治理地位，充分发挥社会组织的协同治理职能。环保社会组织在倡导绿色生活方式、提升公众环保意识、促进公众环保参与、开展环境社会监督、推动环境立法和公共决策、提供专业环保服务、维护公众环境权益、参与社区生态治理、促进环保国际交流与合作等方面发挥着重要作用。但目前我国的环保社会组织建设还处于起步阶段，存在管理缺乏规范、质量参差不齐、作用发挥有待提高等问题，与绿色发展的要求相比还有较大差距。因此，既要推动我国环保社会组织自身的制度设计精细化，加强引导发展与规范管理；又要建立健全现代社会组织治理结构、治理规则和运行机制；还要推动职业化专业化建设，提高硬实力和软实力，开发和创新参与环境保护的模式和机制，不断提升参与环境治理的专业服务能力。

（三）建立健全绿色金融体系，增强金融机构绿色发展动力

构建绿色金融体系。引导各类资源要素向绿色领域流入和企业在生产组织方式上体现生态理念，金融政策和金融工具发挥着重要的引导和结构调整作用。产业的绿色发展也带来了多元化的融资需求，需要在绿色金融产品和服务

体系等供给端形成对接。因此，应构建绿色金融体系，发挥金融市场的功能，支持优质的生态环保企业和绿色项目利用资本市场做强做优做大，降低企业融资的杠杆率和债务负担，以此实现绿色金融资金的长期有效供给。包括扩大绿色债券试点、发展绿色基金等直接融资手段。此外，还应研究发展碳排放权期货、碳基金等碳金融产品和衍生工具，探索大气污染治理的市场化机制。

完善环境权益交易制度。自 2007 年江苏、天津、浙江等 11 个省市开展排污权交易试点工作以来，我国相继启动了碳排放权、用水权、用能权等环境权益交易制度的探索试点工作。经过 10 多年的探索与发展，我国在各类环境权益交易制度建设和实践操作方面积累了许多宝贵经验，对我国环境保护和生态修复起到了积极的推动作用。但与此同时，我国环境权益交易制度体系建设过程中仍存在较多问题，滞后于绿色发展及生态文明建设的需求。大部分环境权益交易制度仍然以区域性、行业性试点为主。在具体执行层面还存在环境交易权有偿使用条件不明确，交易试点区域边界不清晰，初始排污权分配和出让规则不统一，企业参与排污权交易积极性不足等问题。系统化推进环境权益交易制度体系建设，一方面总结试点经验，推进试点环境权益交易产品标准化和交易规范化建设，并将成熟环境权益交易产品推广到全国交易市场；另一方面，要打破行政区域界线，逐步推进跨区域的环境权益交易，最终形成全国统一的市场交易体系和监管体系。

（四）增强绿色金融服务配套，增强金融机构开展绿色金融业务的专业能力

增强绿色金融服务配套，可以有效提升金融机构开展绿色金融业务的效率，增强绿色金融服务绿色发展的能力，并有效防范金融风险。具体可以从建设绿色金融中介服务机构和绿色金融人才两个方面进行。

发展绿色金融业，需要增强绿色金融中介服务结构的服务能力。我国当前金融机构开展绿色金融业务面临能力与专业水平制约。由于环境保护涉及领域广、绿色生产技术、环境防治技术复杂，金融市场当前的律师事务所、会计师事务所等还不具备绿色金融中介服务的优秀能力，应该建立专门的绿色金融产品与服务评估机构，服务于我国绿色金融发展。

发展绿色金融业，还需培养一批绿色金融人才作为支撑。随着绿色金融的不断深入，中国的绿色债券、绿色股票、绿色基金和绿色项目等领域迎来新一轮爆发式增长，发展绿色金融必然面临绿色金融人才短缺的瓶颈。建立绿色产业发展体系不仅需要立足本土，培养一批具备绿色发展理念，拥有绿色金融业

务技能和绿色金融产品开发能力的人才，还需要创造条件想办法把全球最优秀的绿色金融人才引进来，留下来。

参考文献

[1] Jose Salazar. 1998. Environmental Finance: Linking Two World. Bratislava, Slovakia.

[2] 国务院发展研究中心“绿化中国金融体系”课题组：“发展中国绿色金融的逻辑与框架”，《金融论坛》2016 年第 2 期。

[3] 马骏：“论构建中国绿色金融体系”，《金融论坛》2015 年第 5 期。

[4] 刘志彪：“建设现代化经济体系：新时代经济建设的总纲领”，《山东大学学报（哲学社会科学版）》2018 年第 1 期。

[5] 杨平宇、刘昊：“构建绿色发展经济体系推进高质量发展”，《经济研究参考》2019 年第 10 期。

[6] 易纲：“完善全球金融治理促进世界经济增长”，《人民日报》2016 年 10 月 25 日。

第六篇

对外开放体系

新时代重要战略机遇期与进一步开放发展[①]

建设现代化经济体系离不开对外开放体系的建设。改革开放40年的伟大成就为今天我们构建现代化经济体系创造了条件，并成为现代化经济体系中对外开放体系建设的坚实基础。做好新时代重要战略机遇期与进一步开放发展这篇大文章，对于建设现代化经济体系具有十分重要的意义。

一、新时代：中国对外开放进入的新阶段

人均国民生产总值是衡量一个国家或地区经济社会发展总体水平和阶段性的指标，也是衡量对外开放发展阶段的一个重要指标。

从经济社会开放发展的角度考察，一般认为，人均国民生产总值在3000—5000美元以下的国家或地区，经济社会发展方面水平不高。这些国家或地区要实现开放发展，只能通过引进资金、引进技术、引进人才来实现，也就是说其发展模式只能是通过“引进来”为主的模式。当人均国民生产总值超过5000美元，说明这个国家或地区经济社会发展达到一定水平，开始脱离下游向中游水平贴近，开放发展模式发生变化，即在继续向发达国家或地区大量“引进来”的同时，开始出现少量向相对落后的国家或地区“走出去”，“引进来”和“走出去”这种交织交替的过程在人均国民生产总值处于5000—8000美元区域将一直延续进行。从下限人均5000美元时的“引进来”为主和少量的“走出去”，到上限人均8000美元时“引进来”和“走出去”并重，完成了从量变到质变的转变。当人均国民生产总值超过8000美元，说明这个国家或地区经济社会发展达到一定高度，可以“引进来”的东西越来越少，相反，可以“走出去”的东西越来越多，同样其开放发展模式也相应进入“走出去”大于“引进来”的阶段。当人均国民生产总值超过10000美元，说

① 本文作者黄端，福建省政府发展研究中心。

明这个国家或地区经济社会发展达到发达国家或地区水平，其开放发展模式也进入到以资本输出为主的阶段。当今发达国家大多处于这一方阵。

改革开放以来，中国从人均国民生产总值300美元左右起步，实现连续跨越，到2015年，超过8000美元，并且正向人均国民生产总值超过10000美元扎实迈进。这意味着中国对外开放进入新阶段拐点，与改革开放以来一直实行的“引进来”为主不同，已经进入“走出去”大于“引进来”的阶段。

从一般意义上讲，“走出去”可以是一个国家或地区、企业的自发的行为，主要是根据产业结构、技术水平、资源禀赋、区位优势和劳动力供给等诸要素通过市场机制进行配置。但是如果可以和本国企业的发展战略相呼应、相配套，那将产生巨大的联动效应。正是基于中国开放发展新阶段的时代要求，习近平总书记于2013年底适时提出了建设“丝绸之路经济带”和“21世纪海上丝绸之路的构想”（“一带一路”倡议）。这一构想的提出，不但为中国经济社会发展提供了广阔的空间，也成为中国首次以负责任大国对国际区域发展理念和战略提出的倡议。

（一）中国正在从出口导向为主模式转变为出口与进口并重均衡发展的新阶段

改革开放前，受制于当时的国际环境和我国经济社会发展的水平，我国货物贸易的进出口水平较低。1950年我国货物进出口额仅为11.3亿美元，1977年为148亿美元，28年年均增长不足10%。改革开放以来，随着对外开放政策的实施和外贸管理体制改革，对外贸易进入快车道。1978—2018年，我国货物进出口增长223倍，年均增速14.5%，高出同期全球货物贸易平均增速7.5个百分点。2001年我国加入世界贸易组织，对外贸易进入新阶段。货物进出口规模，2004年突破1万亿美元，2007年突破2万亿美元、2011年突破3万亿美元、2013年突破4万亿美元、2018年突破4.6万亿美元（以人民币计价首次突破30万亿元大关）。

出口与进口，原本都只是平衡经济的一种手段。但是从对外开放的阶段上看，在出口为主的阶段，往往是不发达或发展中国家经济的起步阶段，产品大多是原材料、劳动密集型产品、初级加工或来料加工的产品等。而达到进口为主或资本输出为主阶段的，大多是发达国家。即出口大国不一定是经济强国，而进口大国一般都是经济强国。中国在货物贸易规模不断扩大的同时，进口和出口的比重也发生很大变化，进口和出口逐渐趋向平衡。2009年成为全球货物贸易第一大出口国和第二大进口国。2018 年中国货物进出口总额 30.5 万亿元，其中出口 16.4 万亿元，增长 7.1%；进口 14.1 万亿元，增长 12.9%。货物进出口占全球份额为 11.8%，其中出口占 12.8%，进口占 10.8%。

（二）中国正在从“引进来”为主转变为“引进来”与“走出去”并重的新阶段

改革开放以来，随着对外开放政策的实施，我国引进和利用外资迈出了坚实的步伐。1983—1991 年，我国实际使用外资由 22.6 亿美元增长至 116 亿美元，主要以对外借款为主。期间外商直接投资从 9.2 亿美元增长至 43.7 亿美元。1991 年小平同志南巡之后，中国对外开放和利用外资进入快速发展轨道。1992—1997 年，我国实际使用外商直接投资由 110 亿美元增长至 453 亿美元，年均增速达 32.7%。2018 年，我国实际使用外商直接投资 1383 亿美元，规模为 1983 年的 151 倍，年均增长 15.4%。我国已连续两年成为全球第二大外资流入国，连续 27 年成为外资流入最多的发展中经济体。

在对外直接投资方面。20 世纪五六十年代，我国对外投资主要是带有国际援助性质的经济交流，没有资本的双向流动。改革开放后，对外投资规模一直比较小。1982—2001 年，我国累计实现对外直接投资 347 亿美元，年均投资额仅 17.3 亿美元。随着改革开放的深入推进，我国经济社会发展水平不断提高，可以“引进来”的东西逐步减少，可以“走出去”的东西逐步增加。2002 年党的十六大适时提出实施“走出去”战略，我国对外开放进入“引进来”和“走出去”并重阶段，对外投资步伐加快。2014 年我国对外直接投资 1231 亿美元，双向直接投资首次接近平衡。2002—2018 年，我国年均对外直接投资额 750 亿美元，为 1982—2001 年年均对外投资额的 43.3 倍，其中 2003—2016 年对外直接投资额连续 14 年保持增长。2017 年，我国境内投资者对外直接投资 1583 亿美元，规模为 2002 年的 58.6 倍，年均增长 31.2%。2018 年，我国对外直接投资较上年增长 4.2%。联合国贸发会议《世界投资报告》显示，我国对外直接投资存量由 2002 年的全球第 25 位跃升至 2018 年的第 3 位，流量由第 26 位跃升至第 2 位。从贸易大国到对外投资大国、从商品输出到资本输出，这是开放型经济转型升级的必由之路。

（三）中国正在从货物贸易为主转变为货物贸易和服务贸易比翼齐飞共同发展的新阶段

服务贸易是新经济新业态的重要载体，优先发展服务贸易是促进经济转型升级和高质量发展的重要举措。今天，服务贸易已经与货物贸易一起成为对外贸易的重要组成部分。

改革开放前，我国仅有少量的对外援建和入境旅游等服务贸易。改革开放以来，服务贸易发展进入快车道。1982—2018 年，服务进出口总额从 46. 9 亿美元提高到 7919 亿美元，年均增长 15. 3% 。其中，服务出口从 26. 7 亿美元提高到 2668 亿美元，年均增长 13. 6% ；服务进口从 20. 2 亿美元提高到 5250 亿美元，年均增长 16. 7% 。2018 年，我国服务进出口占货物和服务进出口总额的比重为 14. 6% ，较 2012 年提高 3. 5 个百分点，服务贸易成为对外贸易发展的重要引擎。据世界贸易组织统计，我国服务进出口居世界位次由 1982 年的第 34 位上升至 2014 年的第 2 位，并连续五年保持这一排名。1982—2018 年，我国服务进出口占世界的比重由 0. 6% 上升至 6. 9% ，其中出口占比由 0. 7% 上升至 4. 6% ，进口占比由 0. 4% 上升至 9. 4% 。

（四）中国正在从局部的、简单的、有限度的对外开放转变为向全方位多层次宽领域的对外开放的新阶段

改革开放以来，我国利用外资质量和水平逐步提高。

一是投资来源地持续扩大。改革开放之初，我国外商投资主要来源于港澳地区，20 世纪 90 年代扩展到亚洲国家，目前已遍及全球 200 多个国家和地区。2018 年，我国外商直接投资主要来源于亚洲、欧盟、北美及部分自由港地区，其中实际投入外资金额排名前三位的中国香港、新加坡和英属维尔京群岛，占比分别为 66. 6% 、3. 9% 和 3. 5% 。

二是涉及产业持续增加。我国利用外资从最初的制造业逐步扩展到信息、金融、批发零售、住宿餐饮等第三产业，目前第三产业已占据主导地位。2018 年，我国服务业新设立外商投资企业 53696 家，占比为 88. 7% ；实际使用外商直接投资 919 亿美元，占比为 68. 1% 。

三是区域布局更加合理。我国利用外资从东南沿海的经济特区逐步向沿边、沿江重要城市以及内陆地区推进。党的十八大以来，随着“一带一路”、长江经济带、京津冀、粤港澳大湾区建设的推进，国家相继在中西部布局了国家级新区，综合保税区，自贸试验区，建成了 100 多个国家级口岸，中西部地区内陆开放新高地建设日益加快，全方位开放格局日益显现。2018 年，东部地区实际使用外商直接投资 1154 亿美元，占比为 85. 5% ，中、西部地区实际使用外商直接投资金额，占比进一步提升，增速分别为 17. 9% 和 20. 4% 。

（五）中国正在从适应和融入世界贸易规则为主转变为积极参与并引领国际投资和贸易规则制定和修订的新阶段

改革开放以来，我国经历了认识适应世界贸易规则、融入应用世界贸易规则、到积极参与引领国际投资和贸易规则的制定和修订的转变。

新中国成立以来一直到改革开放初期，我国和世界各国积极发展经贸关系，这种双边或多边的关系大多按照国际惯例进行。但随着我国对外开放水平的提高，这种一对一的方式已经不能适应我国对外开放的需要。

以 2001 年我国加入世界贸易组织为标志，我国与新兴市场和发展中国家贸易持续较快增长，份额比重显著提升，我国进入融入应用世界贸易规则的新阶段。到 2018 年，我国贸易伙伴数量由 1978 年的 40 多个发展到 230 多个，对欧盟、美国、日本和中国香港之外的贸易伙伴进出口占比达 57.7%。2001—2018 年，我国对东盟货物进出口占总额的比重由 8.2% 提高到 12.7%，东盟已连续 8 年成为我国第三大贸易伙伴。

党的十八大以来，应经济全球化、贸易自由化的大趋势，我国积极参与并引领国际投资和贸易规则的制定和修订。一是积极参与世贸组织代表的多边贸易体制和自由贸易区代表的区域贸易安排活动，倡导和推动全球化发展。积极参与全球治理体系改革和建设，支持多边贸易体制，促进自由贸易区建设，既拓展了我国对外开放空间的需要，也体现了我国维护国际经济秩序的责任担当。二是提出“一带一路”倡议。“一带一路”是我国参与全球开放合作、改善全球经济治理体系、促进全球共同发展繁荣、推动构建人类命运共同体的中国方案。自 2013 年提出，已经得到越来越多国家的支持和响应。2018 年，我国与“一带一路”沿线国家货物贸易进出口额达 8.4 万亿元，占比达 27.4%。沿线国家对华直接投资 60.8 亿美元，中国对沿线国家直接投资 156 亿美元，占比为 13.0%。在沿线国家对外承包工程完成营业额 893 亿美元，占比为 52.8%。三是加快自贸区建设。商签自贸协定是各国推进贸易投资自由化、便利化，促进经济增长的重要工具。据世贸组织统计，截至 2018 年 10 月，全球实际生效的自贸协定或优惠贸易协定有 284 个，正在谈判过程中的有 385 个。推动与有关国家的自贸区建设，是我国扩大对外开放、建设开放型世界经济的重要内容。截至 2019 年 5 月，我国已与 25 个经济体达成了 17 个自贸协定，未来还将继续积极推进实施自由贸易区战略。

这是中国进入对外开放新阶段的国情，也是加快我国现代化建设的必然选择，符合当今时代的特征和世界发展的大势，是必须长期坚持的一项基本国策。正是基于中国进入对外开放新阶段的国情，尽管当前中美贸易战正在激烈交锋之中，但中国对外开放的大门一天都不可以关闭，相反，只能开得更大。

二、重要战略机遇期：中国国情与世情交织的产物

2002 年 11 月中国共产党第十六次代表大会报告，在分析新世纪国际、国内大势的基础上，做出 21 世纪头 20 年有一个战略机遇期的重大判断。从那时起，世情、国情不断变化，围绕着重要战略机遇期这一重大判断，对其内涵研究和理解都在不断深化认识中。具体为：

（一）重要战略机遇期第一阶段（2000—2012 年）

今天回过头来看，党的十六大对这一重要战略机遇期的判断，是中国共产党对国内外形势分析判断的结果，也得到世界的默认。因为根据当时中国经济总量和发展的水平，如果按照大国发展的常规速度测算，中国要达到世界第二大经济体的时间也应当在 2020 年前后。客观上讲，位居世界第三大经济体及其以后的国家，不管存不存在“修昔底德陷阱”，都或多或少的存在重要战略机遇期。改革开放以来，对于机遇或重要战略机遇期，中国的对策始终是“抢抓机遇、加快发展”。因此，对于这个难得的重要战略机遇期，中国采取了同样的对策。如果单纯从统计数据上看，中国在 2010 年达到世界第二大经济体。从总量稳定排位上看，中国在 2012 年达到世界第二大经济体。因此，这一时期对于重要战略机遇期是否还存在、还有没有，引发了一次大讨论。主要观点有两个：一个是结果决定论，认为中国已经成为世界第二大经济体，所以重要战略机遇期提前结束。另一个是时间决定论，认为 20 年时间未到，所以重要战略机遇期仍然存在。

（二）重要战略机遇期第二阶段（2012—2018 年）

2015 年党的十八届五中全会报告对重要战略机遇期给予了明确回答。认为尽管国际、国内环境发生了深刻复杂的变化，但我国发展重要战略机遇期的重大判断没有改变，我国发展仍处于可以大有作为的重要战略机遇期。虽然重要战略机遇期依然存在，但内涵已发生深刻变化。党的十六大做出重要战略机遇期这一重大判断以来，特别是国际金融危机发生以来，世情、国情不断变

化，我国发展战略机遇期的内涵也相应变化，正在由原来加快发展速度的机遇转变为加快经济发展方式转变的机遇，正在由原来规模快速扩张的机遇转变为提高发展质量和效益的机遇。

战略机遇期内涵已发生深刻变化有以下四个表现：一是国际金融危机破坏了世界经济增长动力，新的自主增长动力没有形成，世界经济增长对我国经济增长的带动力减弱，我们必须更多依靠内生动力实现发展。二是全球需求增长和贸易增长乏力，保护主义抬头，市场成为最稀缺的资源，我们必须更多依靠扩大内需带动经济增长。三是世界新一轮科技革命和产业变革蓄势待发，发达国家推进高起点"再工业化"，发展中国家加速工业化，我国要素成本快速提高，我们必须加快从要素驱动转向创新驱动。四是新的经贸规则制订处在激烈的利益折冲之中，我们必须积极参与全球经济治理，保护和扩大我国发展利益。

（三）重要战略机遇期第三阶段（2018 年至今）

随着 2018 年 3 月美国总统挑起中美贸易战以来，对于重要战略机遇期怎么看、怎么干的问题再次引起重视。2018 年 11 月中共中央政治局分析研究 2019 年经济工作会议时强调，要辩证看待国际环境和国内条件的变化，增强忧患意识，继续抓住并用好我国发展的重要战略机遇期，坚定信心，把握主动，坚定不移办好自己的事。要保持战略定力，注重稳扎稳打，加强协调配合，聚焦主要矛盾，把握好节奏和力度，努力实现最优政策组合和最大整体效果。具体来说：

一是要抓住。改革开放以来，中国在贯彻"抢抓机遇、加快发展"上一直有很好的表现，也做得很好。新的重要战略机遇期与过去一样，也是稍纵即逝，仍然必须"抢抓机遇、加快发展"。

二是要用好。新的重要战略机遇期的内涵与过去有很大的不同，用好新的重要战略机遇期必须对新内涵有深刻了解，才能抓得住、用得好、留得住。从 2018 年以来的国际环境和国内条件变化看，我国发展的重要战略机遇期的新内涵呈现以下几个方面：加快产业结构升级、优化经济结构调整带来的新机遇；关键核心技术突破、科技创新能力升级带来的新机遇；改革开放新突破、生产力新释放带来的新机遇；加快绿色发展、落实可持续发展带来的新机遇；因应世情国情变化、积极参与全球经济治理体系变革带来的新机遇。

三是要延展。现在离 21 世纪初头 20 年有战略机遇期的终点很近了，从目前世情国情的变化看，核心是21世纪初头20年来尽管出现个别发达国家逆历史潮流而动，对世界向公平发展的趋势不满意，但总的来说由于发展中国家群体力量继续增强，国际力量对比逐步趋向平衡，我国发展仍处于可以大有作为的重要战略机遇期的重要条件没有发生根本改变，完全具有延伸拓展的条件，即有可能长期保持。

三、进一步开放发展的对策建议

新时代和重要战略机遇期的黄金交叉，为中国在新的历史起点上再创辉煌创造了难得的发展机遇。为此，要从以下几个方面推进对外开放，实现现代化发展。

（一）从宽度上发力

围绕开放的领域，从准入前国民待遇和负面清单入手，从逐案审批向清单管理模式转变，实现包含商品、资本、技术、服务等全方位、多层次、宽领域的全面对外开放。

1. 扩大外资的市场准入范围，提高外资股权占比，给予外资充分透明的国民待遇地位。优化负面清单，全面开放包括金融、电信、分销、教育、医疗等服务业在内等领域，取消对外资的股权限制，降低进入门槛，实施竞争中性政策，扩大外资准入，并在供水、供电、供气等公共资源领域探索与外资合作的方式。在技术贸易方面，充分保护知识产权，鼓励外资技术输出，给予拥有先进技术的外资企业更加优惠的投资便利。在服务市场领域，要大力开放生产性服务业市场，提升服务产业的市场竞争程度，大幅提高我国服务产业技术效率水平。

2. 提升贸易便利化水平，加快形成全方位对外开放新监管体制。加快推进国际贸易“单一窗口”在关检合作、政务服务、支付结算、金融服务、跨境电商、企业资质、贸易许可、信息查询等方面的多项功能，实现“单一窗口”在地点、前台、数据、监管上的统一协调、有效运作、无缝对接，向国际高水平的贸易便利化看齐。完善口岸管理体制机制，进一步强化省级层面口岸大通关协调推进机制，充分发挥其在完善跨部门、跨区域信息共享、风险联合研判、执法联动响应和监管执法互助机制等口岸协调中的作用。

3. 不断提高服务水平，打造市场化、法制化、国际化营商环境。在不断提升常规营商环境的基础上，能够不断根据对外开放的新要求新变化，与时俱进地注重打造新的个性化的面向发达国家和发展中国家同步开放的全方位开放模式营商环境。

（1）深化商事制度集成化、智能化改革。在“三证合一、一照一码”之后，把涉企信息采集、记载公示、备案管理类证件整合到营业执照上，为在全国实行“N证合一”集成化改革创造条件。在重点环节推行“一表申报、一口受理、一照一码、一章审批、印章即刻”等服务模式，实施全程电子化登记，进一步方便企业。

（2）推进投资项目审批全流程改革。建立“五个一”（一张蓝图统筹项目实施、一个系统实施统一管理、一个窗口提供综合服务、一张表单整合申报材料、一套机制规范审批运行）工作机制，实现工程项目审批标准化、集成化。

（3）完善国际贸易“单一窗口”。联通国际贸易链条30多个业务部门，覆盖国际贸易主要环节、主要进出境商品和主要出入境运输工具，并向金融、退税、结付汇、信保服务等领域延伸，基本实现国际贸易主要业务在单一窗口“一站式”办理。

（二）从广度上发力

通过从引进来向引进来与走出去并重的转变，极大丰富了对外开放的形式和内涵，为实现对国际国内两个大局、两个市场、两种资源的统筹，打造内外资公平发展环境创造了条件。

1. 实现向全球价值链高端环节的攀升。新时代的对外开放应当是深度融入世界经济的全球化，充分利用国内和国际两个市场、两种资源，通过利用外资和对外直接投资，嵌入全球价值链的高端环节，完成从成本优势到产业优势的蜕变，构建以我为主的全球价值链，实现在全球价值链高端环节的提升。一是大力支持研发创新。注重对新技术、新检测方式的研发，对认定为国家级新型研发机构的外贸研发机构，加大财政资助力度，对纳入国家创新产品清单的外商投资企业产品，实行政府采购鼓励措施。二是重视发展工艺创新。加大对外贸非研发密集企业的扶持力度，建立优秀工匠奖励制度，鼓励企业以持续深耕、精益求精的“工匠精神”，持续对已有产品进行开发，不断完善技术、运营流程、系统化和全方面服务。三是打造外贸优化升级体系。强化外贸供给侧结构性改革，推进外贸与产业升级联动，着力扶持一批有实力、有发展特色的外贸企业成为各自行业中的冠军企业，打造更多产业集聚、特色鲜明、技术领先的外贸优化升级基地、外贸优化升级示范区和出口转型示范项目，形成示范引领、集聚发展、整体推进的外贸优化升级示范体系。

2. 实现“海丝”与“陆丝”双向有效对接。要让“一带一路”的作用充分发挥出来，实现“海丝”与“陆丝”双向有效对接，一是要全面增强联通功能。以“厦蓉欧”国际班列的开通为标志，已经实现了“一带一路”国内两个“核心区”之间的有效对接，同时也意味着“一带一路”在国内的有效对接。下一步要着力推进“一带一路”在国际上的有效对接。打造海上、陆上、空中、信息四位一体的国际大通道。二是构建“一带一路”经贸网络体系。坚持“走出中国发展中国”，在“一带一路”沿线重点城市和地区积极谋划、分步建设“一带一路”境外系列战略支点，推动各支点之间物流、贸易和资本连接，创建模式先进的全球精准合作示范基地，建成一批综合效益好、带动作用大、各方普遍受益的示范项目，建立根植中国、辐射全球的产业链体系，以点带面、连线成片，推动“一带一路”投资布局。三是建设“一带一路”国际合作示范区。充分利用“一带一路”沿线国家深化合作的机遇和中国的优势，以产业合作为重点，打造区域性国际合作新平台、新高地，促进中国与“一带一路”沿线国家的经贸合作。四是提升对外合作交流平台效应。办好“9·8”中国国际投资贸易投洽会（厦门）、中国进口商品博览会（上海）等，打造服务沿线国家（地区）投资贸易的国际化、专业化、便利化平台。

3. 推进自贸试验区创新成果的复制推广。坚持“引进来”和“走出去”并重，用好两个市场、两种资源，加强同世界各国和地区在港口、交通运输、产业园区、能源开发、境外投资服务平台等领域深度合作。加入世界贸易组织（WTO）后，我国与世界各国相互减让关税，商品市场已经达到较高的开放水平。下一步的难点在于要素市场的开放，在人员、资金、技术、信息的开放还需要一定的过程，需要通过自贸试验区的实验、探索，逐步提高对外开放水平。要坚持以制度创新为核心，加快建立与国际投资贸易通行规则相衔接的制度体系，在培育新业态、新动能、新平台、新制度上先行先试。适时推出自由贸易港区试点方案，紧密跟踪和研究自由贸易港区试点，对标国际标准，探索实施符合国际通行的金融、外汇、投资和出入境管理制度，实施更高水平的“一线放开”“二线安全高效管住”的监管制度。在完善风险防控监管机制的基础上，取消或最大限度地简化出入区货物一线贸易管制措施。除国家有特别规定外，对自由贸易港区内的进出口商品原则上实施事后监管，对进入区内的国际船舶和飞机全面实施国际通行的登记制度。在自由贸易港区试点取得成功后，推广复制到海关特殊监管区全域。

（三）从深度上发力

围绕体制机制的创新，通过从被动接受和适应国际标准，到主动对标国际标准、积极探索新的标准的转变，实现对外开放水平和影响力的提升。

1. 加快探索并争取具有国际竞争力的安排。加快税制改革步伐，在不导致税基侵蚀和利润转移的前提下，可以在区内探索建立鼓励境外股权投资和离岸业务发展的税收制度，强化服务企业走出去的功能。借鉴新加坡的全球贸易商计划（GTP），基于真实贸易和服务背景，对国际标准定义下的转口贸易和离岸贸易实行低税率。探索建立税收预先裁定制度，帮助企业避免不必要的税务成本，促进宏观税负回归最优水平。

2. 加快建立健全与深化改革相适应的法律服务体系。开展集中统一的综合执法。在深入实施相对集中行使行政处罚权的基础上，率先试点实施行政执法公示、执法全过程记录、重大执法决定法制审核三项制度，进一步规范行政执法行为，提升执法的权威性和公信力。构建多元化纠纷解决机制。成立法庭、检察室、人民调解委员会、国际商事仲裁法院、国际商事调解中心、综合法律服务中心等等，健全与国际接轨的多元化纠纷解决机制。

3. 创新知识产权保护机制。建立专利、商标、版权“三合一”的知识产权管理体制。建设知识产权保护展示中心，提供快速确权、授权、维权的“一站式”服务。成立民事、行政、刑事合一的知识产权巡回审判法庭，开辟知识产权案件审理的便捷通道。引进知识产权人才，加快形成知识产权服务业聚集区，初步形成涵盖知识产权创造、运用、保护、管理和服务全链条的知识产权保护体系。

4. 加强风险有效防控。针对放宽市场准入、扩大开放或机制创新可能带来的风险，制定全国风险防控清单，明确风险点和防控措施，提高风险防范精准度。实行告知承诺制。公布权利清单、审批清单、负面清单、事中事后监管措施“三清单一措施”，建立跨部门、跨领域、跨区域综合执法协作联动机制。建立国家企业信用信息公示系统。政府部门涉企信息、企业公示信息及近3年行政处罚信息和失信信息归集，成为部门间安全共享和联动监管的主平台。试行信用良好企业不举不查等信用分类监管制度。对信用良好企业除涉及举报投诉、案件线索、大数据监测发现问题外，两年内不对其实施“双随机”

抽查等检查。实施审批告知承诺公示、第三方信用评价公示、市场主体自我承诺公示的“信用三公示”，构建政府监管、行业自治、企业自律、社会共管共治的“四位一体”监管新格局。

参考文献

[1] 习近平：“携手共进，合力打造高质量世界经济”，《人民日报》2019年6月29日。

[2] 国家统计局：《关于国民经济和社会发展统计公报》，2012—2018年。

[3] 国家统计局贸经司：《对外经贸开启新征程全面开放构建新格局——新中国成立70周年经济社会发展成就系列报告》。

中国对外开放体系的均衡问题[①]

对外开放体系是现代化经济体系的七个子系统之一。在经济全球化新时代，现代化经济体系建设不可能在封闭条件下建成，必须建立与世界经济良性循环的机制。高水平的对外开放体系重要特征之一是开放的对象、行业、地区等均衡发展，这样才能为现代化经济体系其他子系统建设提供支持。

一、中国对外开放体系的形成与发展

改革开放以后，中国充分发挥要素禀赋和区位优势，制定一系列出口导向型政策措施，大力发展“两头在外”的加工贸易，积极融入跨国公司主导的全球价值链，取得了举世瞩目的成绩，2009 年超过德国成为第一大出口国，被喻为“世界工厂”，对外开放体系不断发展完善。通过梳理发现，改革开放 40 年间，中国对外开放体系的形成与发展大致可以划分为四个阶段：

（一）从改革开放到 20 世纪 90 年代末：稳步发展阶段

1978 年 12 月 22 日闭幕的“十一届三中全会”吹响了对外开放的号角，中国的进出口贸易从 100 亿美元开始缓慢增长，直到 20 世纪 90 年代末，基本处于稳步发展阶段（见图 1）。这段时期中国对外贸易的两个特点：一是非常稳健，即使遇到了东南金融危机的外部冲击，也没有出现负增长；二是贸易发展比较均衡，出口与进口基本同步增长，无论是顺差还是逆差，金额都比较小。进入 20 世纪 90 年代，随着经济特区、沿海开放城市等一批政策的实施，中国吸引外商直接投资开始出现显著增长，从 1990 年的 30 多亿美元增长到 1997 年 450 多亿美元，此后受到东南亚金融危机冲击，略有下降，但仍然超过 400 亿美元。大量外商直接投资的引进，不仅带来了资金，还带来了先进的

① 本章作者杜运苏，南京财经大学国际经贸学院。

技术、管理经验以及国际销售渠道，为中国对外贸易发展注入了巨大活力。因为这个时期的外商直接投资主要以从事“两头在外”的加工贸易为主，大大带动了进出口增长，也为后面中国对外开放体系形成打下了坚实的基础。

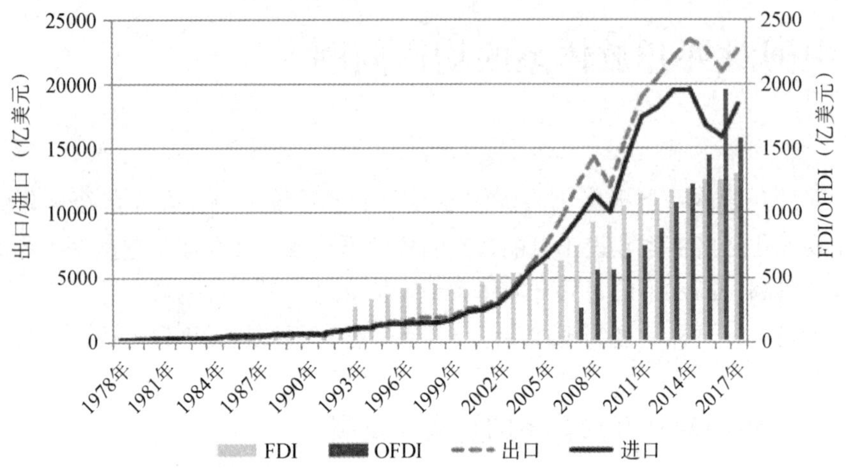

图1　1978—2017 年中国对外开放发展情况

资料来源：国家统计局 National Data（http：//data. stats. gov. cn/index. htm）。

（二）从加入 WTO 至 2008 年国际金融危机：快速发展阶段

从加入 WTO 开始，中国对外开放迎来了黄金时期，外贸经营权放开和国外市场准入扩大极大地促进了进出口增长。2002—2008 年中国进出口基本都保持了 20% 增速，其中 2004 年增速更是超过 35%，在世界贸易总额的比重快速提升。然而，2008 年美国次贷危机引发的国际金融危机导致世界需求断崖式下降，中国的进出口在 2009 年双双出现了大幅下降。不过，由于德国出口下降的幅度更大，中国出口在这一年实现了赶超，成为世界第一大出口国，此后进一步牢固确立了世界第一的地位。同样，这段时期在吸引外商直接投资方面也取得了很大突破，2008 年超过 900 亿美元，成为吸引外商直接投资最多的国家。由此可以看出，中国对外开放体系的形成和发展过程中，对外贸易与外商直接投资密不可分，两者相辅相成。另外，随着“走出去”战略的实施，中国对外直接投资开始起步，并保持了较快的增长，2008 年中国对世界直接投资净额超过 500 亿美元，进入全球前 20 名。中国对外开放体系在这段时期日益完善，不仅贸易发展很快，而且“走出去”与“引进来”开始齐头并进，在全球配置资源的能力大幅提升。

（三）从2008年国际金融危机后至十八届三中全会：危机恢复阶段

尽管2008年国际金融危机冲击很大，但在各国政府的共同努力下，世界经济迅速从危机中回升，2010年全球贸易快速复苏，中国进出口总量超过了危机前的水平。2011年继续保持了20%以上的高速增长，但好景不长，随着全球经济复苏放缓，2012年和2013年出口增长只有7%左右。这段时期中国对外贸易的呈现了新的特点：一是贸易不平衡有所扩大，2013年货物贸易顺差达到2590亿美元；二是一般贸易开始逐步取代加工贸易成为主要的贸易方式，外贸发展方式出现了转型。在此阶段，中国对外直接投资开始快速增长，在2013年超过1000亿美元，已经接近吸引的外商直接投资额。这段时期，无论是进出口，还是“引进来”和“走出去”，均从危机中恢复，并加快转型升级步伐，为高水平对外开放奠定了良好的基础。

（四）从十八届三中全会至今：高水平发展阶段

党的十八届三中全会提出“使市场在资源配置中起决定性作用和更好发挥政府作用”，尤其是十九大提出推动形成全面开放新格局，推进贸易强国建设，中国对外开放开始由高速增长向高水平发展转变[①]。一方面，从2012年开始出现了“逆全球化”趋势，无论是发达国家，还是发展中国家，都面临巨大的经济增长和就业压力，各种形式的贸易保护主义层出不穷，中美贸易摩擦日益加剧，国际环境出现了新的变化；另一方面，劳动力成本上升、环保约束增强等导致中国的比较优势发生了深刻变化，国内经济也开始由高速增长向高质量发展转变，需要通过供给侧结构改革加快推进经济结构调整和新旧动能转换。高水平对外开放既是中国经济发展的必然阶段，也是内外环境发展变化的客观要求[②]。从十八届三中全会以后开始，中国对外开放开始更加注重质量。在对外贸易方面，开始由“快进快出”的粗放式向创造更多国内附加值和攀升全球价值链的集约式转变；在资本流动方面，更加追求资本“引进来”和“走出去”之间的良性互动。

---

① 高培勇等：“高质量发展背景下的现代化经济体系建设：一个逻辑框架”，《经济研究》2019年第4期。

② 刘志彪：“形成全面开放新格局推动现代化经济体系建设”，《天津日报》2019年3月25日。

二、中国对外开放体系不均衡的主要体现

长期以来，中国对外开放一直采取非均衡策略，在有限财力下通过点的突破，形成增长极，带动周边发展，最终实现“以点带线、以线带面”。毫无疑问，非均衡策略在改革开放初期是非常正确的，创造了“中国奇迹”，但也导致了对外开放不均衡的问题，有可能严重制约现代化经济体系建设。就目前来看，中国对外开放体系不均衡主要体现以下五个方面：

（一）开放对象不均衡

改革开放初期，中国最缺资金、技术、管理经验等，而欧美日等发达国家不仅在这些方面具有显著优势，还具有广阔的市场需求，自然成为中国开放的主要对象。在相当长的一段时间，中国的外商直接投资主要来源经合组织（OECD）国家，出口目的地也主要集中在这些国家。在上一轮经济全球化过程中，大量的发达国家跨国公司到中国投资办厂，发展“两头在外”的加工贸易，形成了一个特点鲜明的分工格局：中国从欧美日韩等发达国家进口零部件，组装成成品后再出口发达国家，尤其是美国市场。以苹果公司产品为例，苹果负责软件开发和品牌运作，从欧美日韩等进口零部件，在富士康公司进行组装，然后向全世界供货。从实际来看，这个分工模式非常高效，最大化发挥了各国的比较优势和要素禀赋条件，极大促进了上下游企业之间的分工合作。然而，这个分工模式导致的一个重要问题是中国与美国之间形成了巨大的贸易不平衡，始终是中美摩擦的焦点之一，具有不可持续性。2018 年，中国对美国贸易顺差同比增长 17.2%，达到 3233.2 亿美元，为 2006 年以来的最高纪录①。在中美贸易摩擦不断加剧下，中国开放对象的不均衡不仅不可持续，而且还会制约现代化经济体系建设。

近年来，中国在实现开放对象均衡方面做出了很大努力，取得一些重要进展。自 2013 年习近平主席提出“一带一路”倡议后，以互通互联和贸易便利化为重要抓手，中国与沿线国家经贸来往日益密切，对外开放从过度依赖于发达国家向发达国家与发展中国家并重转变。2018 年中国与“一带一路”沿线

---

① 资料来源：中国海关总署统计快讯（http://www.customs.gov.cn/customs/302249/302274/302275/2166513/index.html）。

国家货物贸易进出口总额达到1.3万亿美元，同比增长16.3%，高于同期我国外贸增速3.7个百分点，占外贸总值的27.4%，其中，中国对沿线国家出口7047.3亿美元，同比增长10.9%；中国从沿线国家进口5630.7亿美元，同比大幅增长23.9%；同时，中国企业对沿线国家非金融类直接投资达到156.4亿美元，同比增长8.9%，占同期总额的13%。① 尽管从进出口贸易和对外投资来看，“一带一路”倡议提出以后，开放对象已经在逐步发生转变，但总体上来看，开放对象不平衡问题依然突出，需要进一步扩大对发展中国家开放。

（二）开放区域不均衡

东部沿海地区具有得天独厚的区位优势，而且经济基础比较好，成为国家早期开放的重点区域，经济特区、沿海开放城市、加工贸易优惠政策等都在沿海地区先行实践，并取得了巨大成功。改革开放以来，中国进出口排名前四位都是东部沿海省份和直辖市，广东省外贸占全国比重在1/4左右，江苏、上海、浙江三省（市）紧随其后，这四个省份和直辖市占全国外贸总额的半壁江山。2010年以后，随着东部沿海地区的劳动力、土地等要素成本上升，国家加大西部大开发战略和中部崛起战略的实施力度，引导东部沿海部分产业向中西部梯度转移，开放区域不平衡问题有所减弱，2018年四川省首次挤进全国进出口前十名。同样，中国吸引的外商直接投资也主要集中在东部沿海地区。近几年国家对外开放已经开始向中西部倾斜，结合“一带一路”建设，打通向西和向西南的开放通道，在郑州、重庆等省市设立自由贸易试验区，力争在新一轮对外开放过程中缩小区域开放不平衡性。然而，由于劳动力成本上升太快，环境保护约束增强，外资企业和本土企业向中西部梯度转移动机并不是很强，很多企业直接转移到越南、柬埔寨、印尼等周边国家和东南亚地区，再加上区位劣势、思想观念落后等制约，中西部地区对外开放的进程仍然有待加强，如何实现开放区域平衡依然是现代化经济体系建设需要解决好的主要问题之一。

（三）开放领域不平衡

中国对外开放不均衡的另一个重要体现是开放领域。长期以来，中国对外

---

① 资料来源：商务部网站（http：//www. mofcom. gov. cn/article/difang/201901/20190102830206. shtml）。

开放一直集中在制造业领域，而服务业开放进程相对较慢。制定和修改《外商直接投资产业指导目录》是中国调整行业开放领域的主要手段，将外商投资产业分为鼓励、限制和禁止。该指导目录从1995年首次颁布后，进行了多次修订。通过梳理发现，尽管近年来中国在不断扩大服务业市场准入，鼓励外资以商业存在形式进入更多服务行业，但从横向比较来看，禁止和限制行业依然有80%左右都集中在服务业，开放的不平衡性依然比较突出。除了行业准入不平衡，中国对外开放在产品市场和要素市场开放方面也存在不平衡。商品市场开放程度很高，除了极少涉及国家安全、环境保护、居民健康等产品被列为禁止或限制进出口，绝大多数产品都实现了自由进出口，而且中国货物贸易进口关税水平显著低于发展中国家均值，开放程度相对于经济发展水平已经很高。相对来说，要素市场开放程度较低，生产要素的流动受到的约束仍然较多，部分原因是要素跨国流动还存在较多障碍，部分原因是国内要素市场发展不完善。随着基于内需的新一轮全球化的启动，客观上要求扩大服务业开放和要素市场开放，虹吸更多的全球创新要素、资本等为贸易强国建设提供支撑。

（四）开放流向不均衡

高水平的对外开放应该保持商品、要素等流出和流进的基本平衡，实现全球配置资源，从国际分工中获取更多的利益。然而，中国对外开放在流向上始终存在较为严重的失衡现象，主要体现在两个方面：一是在商品流向上，出口显著高于进口。从改革开放初期开始，中国很长一段时间实行的是出口导向战略，大部分外向型经济政策倾斜于鼓励出口。从图1可以看出，1978—2017年期间出口基本都高于进口，而且2008年国际金融危机以后两者之差还出现扩大的趋势，亟须调整外向型经济政策，主动扩大进口，降低进口关税，尤其是与人民生活密切相关的产品关税，逐步实现进出口基本平衡。二是在资本流向上，“引进来”大部分年份高于“走出去”。从2014年开始，随着“走出去”战略和“一带一路”倡议的加快推进，资本流向上的不平衡有了明显改善，中国对外直接投资开始超过吸引外商直接投资，但在存量上，两者仍然存在较大差别，真正要实现资本流向上的平衡还需要继续鼓励有实力的企业“走出去”。高水平对外开放需要实现“引进来”和“走出去”平衡发展，两者具有较强的良性互动性。[①] 事实上，只有实现开放流向上基本均衡，才能真正利用好“两种资源、两个市场”服务于现代化经济体系建设。

（五）内外开放不均衡

中国对外开放不仅在开放对象、开放区域、开放领域、开放流向等存在不均衡，还存在内外开放不均衡性。尽管中国对外开放不平衡问题依然比较突出，但对外开放总体水平已经有了很大程度提高，外贸依存度、利用外资、“走出去”等指标位居世界前列。相对来说，对内开放更加不足，对企业和个人尤其对民营企业限制较多。习近平同志总结指出，中国民营企业在实践中客观存在着“市场的冰山、融资的高山、转型的火山”三座大山。地方和部门政府的政策针对民营企业的“卷帘门”“玻璃门”“弹簧门”等，以及针对个人选择的户籍、学籍等限制都是对内开放不足的主要表现。对内开放不足，影响对外开放的步伐和水平，如造就了国内市场外资与本土企业直接严重的不平等竞争态势，抑制了民营企业发展。这将影响民营企业走出去、走上去的能力；限制了国内市场需求的扩大，从而抑制了利用内需持续虹吸外国先进生产要素，尤其是科技人才、技术和可能性；压制了要素市场的发育成熟，以及要素市场深度开放的可能性。[②] 对外开放与对内开放相辅相成，两者均衡发展才能真正建立高水平对外开放体系。

三、中国对外开放体系均衡发展的对策建议

中国对外开放体系不均衡问题既与初期的非均衡开放策略有关，也与区位优势、经济基础等因素有关。在新形势下，开放对象、开放区域、开放领域、开放流向等不均衡问题已经成为现代化经济体系建设的重要障碍，需要在开创全面对外开放新格局过程中逐步实现均衡发展，在国内经济与世界经济之间形成良性循环。结合国内外环境，当前和今后一段时间可以从以下几个方面促进中国对外开放体系均衡发展：

---

① 黄凌云、刘冬冬、谢会强：“对外投资和引进外资的双向协调发展研究”，《中国工业经济》2018 年第 3 期。

② 刘志彪：“现代化经济体系建设中的重要瓶颈和政策重点”，《中国经济问题》2019 年第 2 期。

（一）扎实推进“一带一路”建设，提高对发展中国家开放

中国积极融入上一轮经济全球化，形成了主要面向发达国家的对外开放体系。在中美贸易摩擦不断升级以及中国与发达国家竞争加剧的新环境下，主要面向发达国家的对外开放体系面临巨大挑战和风险，亟须提高对发展中国家开放水平，形成面向发达国家与发展中国家并重的新开放格局。“一带一路”倡议的提出和实施为实现这一转变提供了千载难逢的机遇，通过五年的互通互联建设，中国与沿线国家的双边经贸关系已经有了一定程度的提升，但仍然还有较大的提升空间，可以围绕下列几个方面进一步推进“一带一路”建设：一是以建立双边自由贸易区作为重要抓手，提高贸易和投资的便利化水平。“一带一路”沿线国家经济发展水平、政治制度、意识形态、社会文化习俗等差异很大，目前不具备大规模整体推进建设的条件，只能采取“以点带面”的策略，重点发展双边经贸关系，以建立自由贸易区为重要抓手，提高双边贸易和投资的便利化水平。二是以境外工业园作为重要载体，降低投资沿线国家的成本和风险。“一带一路”沿线发展中国家的基础设施普遍较差，经济和政治风险较高，单个企业到沿线国家投资不仅面临运输成本和交易成本高昂，而且还面临一些政治风险。为了尽可能避免这些问题，可以复制中国在开发区建设方面的先进经验，大企业组团牵头在沿线国家建立境外工业园，“三通一平”后招引国内企业入驻。三是以论坛和文化交流作为主要途径，增进政治互信和文化互信。只有增进政治和文化互信，才能建立与沿线国家高层次的经贸合作关系。“一带一路”高峰合作论坛已经连续举办了两届，在增进互信方面发挥了很重要作用，在此基础上可以进一步丰富论坛的内容和形式。另外，可以进一步扩大招收沿线国家的优秀学生到中国留学，加强文化交流。

（二）加快落实新版外资负面清单，进一步扩大行业准入

随着《外商投资准入特别管理措施（负面清单）（2018 年版）》颁布实施，中国对外开放进入了一个新的阶段，第一、第二、第三产业市场准入全面放宽，尤其是服务业开放程度大大超出预期，对优质外资具有较大吸引力，引进外商直接投资将进入 2.0 时代，行业开放不均衡情况在未来一段时间将会有很大改善。改革开放初期，吸引外资主要靠劳动力成本低廉、环保宽松等，但经过 40 年发展，吸引外资的有利条件和约束因素已经发生了巨大变化，客观上要求从“粗放型”向“集约型”转变，更加注重软环境的吸引力。一是改

善营商环境。优质外资不仅对政府工作效率、法制环境、市场环境等提出更高要求，而且对知识产权保护也提出了更高的要求，后者应该作为我国改善营商环境的重中之重。二是引导外资更多投向中西部地区。随着新一轮西部大开发、中部崛起等战略实施，中西部地区吸引外商投资的潜力巨大，抓住新版外资负面清单的契机，各级政府进行积极引导，争取实现对外开放均衡发展和区域经济协调发展双重目标。三是围绕现代化经济体系建设目标，重点引进高端跨国服务企业，在实现行业开放均衡发展的同时，扩大技术溢出效应，为产业升级注入活力。

（三）支持中西部自贸试验区创新，打造对外开放新高地

中西部地区的对外开放一直落后于东部沿海地区，已经成为新时代高水平对外开放的短板。河南、湖北、重庆、四川、陕西五个自由贸易试验区的成功获批将加快中西部对外开放的步伐，未来可能成为对外开放的新高地。一是鼓励中西部自贸试验区建设与“一带一路”倡议结合，支持它们围绕“一带一路”建设进行大胆的改革创新，尤其要重视“向西”和“向西南”的开放，在更广领域、更大范围形成各具特色、各有侧重的试点格局，推动中西部全面深化改革扩大开放。二是依托中欧班列，建设跨境多式联运交通走廊，在自贸区试验区内设立中外合作物流园，创新海关监管模式，提高清关效率，推动降低中西部地区各类商品进出口境的流通成本。三是支持中西部自贸试验区与“一带一路”沿线国家的工业园区合作，建立边境经济合作区和跨境经济合作区，提高中西部地区开展贸易和投资的便利化水平。

（四）依托中国产业竞争优势，积极引导企业对外投资

尽管从“走出去”战略提出来以后，中国企业对外投资有了较大幅度增长，但在存量上依然与“引进来”存在较大差距，资本流向的均衡发展还需要合理引导。一是依托产业竞争优势，规范企业“走出去”。无论是日韩等周边国家企业对外投资的国际经验，还是本土企业“走出去”的国内经验，都表明只有依托产业竞争优势“走出去”才具有可持续性。改革开放 40 年，我国已经形成了一批具有国际竞争优势的产业和企业，鼓励这些企业利用自身的资本、管理等优势，加快“走出去”。二是做好东道国风险预警工作，尽量避免损失。“走出去”不同于出口业务，周期长，风险高，对东道国各方面条件要求比较高，一旦出现情况，损失较大，这就要求我国商务部门要做好风险预

警工作，防患于未然。三是鼓励企业抱团出海，提高抗风险能力。由于我国很多民营企业体量还不是很大，“单打独斗”对外投资的成功率比较低，要借鉴在“一带一路”沿线国家建立境外工业园，抱团“走出去”模式，提高抗风险能力。此外，要进一步扩大对外投资信用保险覆盖范围，为“走出去”保驾护航。

（五）主动降低关税扩大进口，逐步实现进出口平衡

进出口平衡是高水平对外开放的客观要求，这就要求改变“出口导向”的外贸外资政策，转变到出口与进口并重的中性政策上。一是主动扩大进口，改善国内生产要素供给。通过进口优质产品，不仅可以直接改善我国供给质量，还能倒逼本土企业降低成本、改进工艺、创新技术，提升产业竞争优势，有利于建立现代化产业体系。二是主动降低民生产品关税，提高人民生活水平。在实现进口药品零关税、婴幼儿用品低关税等的基础上进一步降低民生产品进口关税，改变我国进口产品中最终消费品占比较低的局面，切实发挥进口在改善人民生活水平方面的作用。三是进一步发挥进口博览会作用，搭建对外开放新平台。首届中国国际进口博览会的成功举办，意味着中国将走向以内需为主、以全球资源配置能力作为主要驱动力的全球化。要继续发挥进口博览会的引领作用，加快进口贸易制度改革步伐，释放进口在产业结构调整、消费结构升级、政策创新、优化营商环境等方面的作用。

（六）全面深化经济体制改革，加大对民营企业开放力度

民营企业是未来高水平对外开放的主力军，而当前对民营企业的开放明显不足，内外开放的不平衡问题依然比较突出，需要全面深化经济体制改革。一是在市场准入方面真正落实国民待遇原则。尽快打破长期以来针对民营企业市场准入方面的“隐形门”，尤其是新版外资负面清单开放或放宽市场准入的行业，要以更大程度向民营企业开放，培育和提升民企竞争力。二是产业政策向中性竞争政策转变。调整产业政策和补贴政策，实现对特定企业的倾斜性政策向竞争性产业政策转型，构建开放合作为主导，符合国际惯例的产业政策体系，增强民企发展后劲。三是进一步扩大横向放权。通过多年的“放管服”改革，我国的纵向简政放权已经取得了很大成就，但横向放权改革力度不够。在坚持中央政府的核心领导与地方政府的指导下，应该加快横向体系改革，将本来属于企业的权利从政府手中释放出来，加强企业的自治。

四、小结

对外开放体系能否实现均衡发展将会影响现代化经济体系建设的成败。本文首先回顾了中国对外开放体系的发展历程，然后从开放对象、开放领域、开放区域、开放流向、内外开放等五个方面分析了不均衡的具体表现，最后结合新版外资负面清单、“一带一路”倡议、自由贸易试验区等探讨了如何实现对外开放体系的均衡发展，实现国内经济与世界经济之间良性循环，助力现代化经济体系建设。

新时代形成全面开放新格局与建设现代化经济体系[①]

党的十九大报告描述了新时代形成全面开放新格局的范围、领域、层次，以及开放的方式、布局、质量等问题。全面开放新格局，是指一种立体式的全方位开放新格局，在内外关系上是“引进来”与“走出去”的结合，在空间上是沿海开放与内陆沿边开放的结合，在产业领域是制造开放与服务开放的结合，在国家选择上是向发达国家开放与向发展中国家开放的结合，在方式上是多边开放与区域开放的结合。[②]

在当今逆全球化浪潮兴起的条件下，中国如何全面把握和驾驭这种局面，关键取决于我们怎么把自己国家的事情做好。只有在过去开放发展的基础上，坚决按照党的十九大报告的要求形成全面开放的新格局，我们才能泰然地应对逆全球化浪潮的困境，才能在全面提高对外开放水平中推进新型工业化，才能推动我国的现代化经济体系建设。而这些又取决于国内进一步全面深化改革的推进，取决于对内开放的速度、广度和深度。在这个过程中，增长速度导向的产业政策转型为公平公正取向的竞争政策，确立竞争政策在经济政策体系中的基础地位，是至关重要的关键性改革措施。本文将较为系统地论证新时代形成全面开放新格局对建设现代化经济体系的战略意义、实践价值和实现路径等问题。

一、要辩证地认识全面开放与建设现代化经济体系的关系

建设现代化经济体系，是党中央从战略高度做出的新时代中国特色社会主义经济建设的总纲领。习近平同志多次指出，国家强，经济体系必须强。建设

---

① 本文作者刘志彪，南京大学长江产业经济研究院。

② 汪洋：“推动形成全面开放新格局”，《人民日报》2017 年 11 月 10 日。

现代化经济体系是我国增强国际竞争力的需要，也是我国发展战略从速度经济转向质量经济的迫切要求。

实践中有一些人认为，在当今经济全球化条件下，商品和服务、生产要素等都可以实现无国界的顺畅流动，每一个国家都可以在全球产业分工中按照自己的比较优势，准确地找到自己的定位，从而在全球自由贸易和投资中实现福利最大化。因此建设现代化经济体系的任务，似乎并没有那种紧迫和必要。也就是说，这种观点认为在经济全球化条件下，我们可以通过有效地利用国际分工来实现我们自己的利益，而没有必要过于强调独立自主地建设现代化经济体系。与此相反，另一种否定通过全面开放来建设现代经济体系的观点是：只有小国才需要建立更加开放的经济体系，而大国必须独立自主地建设自己的经济体系。中国经过 40 年的努力已经很开放了，如对外贸易依存度 2002 年突破 50%，2005 年已经高达 63%，2006 年更是达到 67% 的高点。2008 年世界金融危机后，这个比例虽然已经有了大幅度的降低，但是我国国民经济的对外依赖还是很重。因此现在的问题，不是要在形成全面开放的新格局方面继续做出什么新作为，而是要全面独立自主建设自己强大的经济体系。这两种看法都具有一定的代表性。

确实，像中国这样的发展中的大国经济体，与小国经济体相比较而言，根本的不同之处在于：小国经济体因缺乏足够的规模经济效应，其国民经济系统不可能实现相对的独立，而必须依赖和利用国际分工，只有这样才能充分实现自己的利益。中国作为发展的大国经济体，虽然也需要通过开放来深度融入世界经济分工，以此获取建设现代化经济体系的全球先进的生产要素，但是由于全球各国尤其是大国之间的政治经济的矛盾和冲突，以及全球竞争的排他性，我国经济发展所需要的核心的、关键的技术和知识是不可能依据于分工和市场换回来的，也是金钱买不到的。这在意识形态有分歧、有差异的国家之间更是如此。中美贸易摩擦以来的实践再次证明，国家的长治久安要求把关系到国家核心竞争能力的关键技术和诀窍掌握在自己手中，否则就会被人欺负和卡脖子。因此，那种认为可以依据于经济全球化分工，而没有必要建设自己独立的现代经济体系的观点是不符合中国国情的，也是错误的。

同时，我们也正确地认识到，大国经济体独立自主地建设现代化经济体系，与发展高水平开放型经济其实并不矛盾。因此否定通过全面开放来建设现代经济体系的观点也是极端错误的，是不可取的。对外开放体系是建设现代化经济体系的能量交换和补偿机制。只有不断地实现对外开放，才能吸收和交换系统所需的发展要素和增长能量，才能借助于别人的力量来发展自己，才能在全球竞争中定位自己的专业化分工，扮演好自己的角色，才能更好地实现现代经济体系的建设目标。中国改革的经验证明，中国经济越开放，国内发展水平越高，经济增长越持续、越平稳；中国经济不怕开放和竞争，怕的是封闭和闭关自守。建设现代化的开放型经济体系，就是要建设深度融入全球产业分工，在利用国外资源和要素与投资外国创造当地发展机会之间，形成高水平立体的双向循环和开放格局。

中国经济不断强大和增长的现实和潜在的内需，完全有可能支撑独立地建成现代化经济体系。改革开放使中国的综合国力得到了迅猛增长，一些主要的经济指标已经列入世界第一方阵，建设现代化经济体系具备了必要的社会经济基础条件。如今，我国发展已经进入了高质量发展阶段，社会基本矛盾发生了深刻的变化，人民群众对美好生活的追求强有力地拉动结构转型升级，五大新发展理念深入人心。全面深化改革成为社会的基本意愿和共识，进一步向社会主义市场经济转型将给中国带了新的发展动能。尤其要提到的是，随着中国在世界的崛起，强大的经济实力带来了越来越大的国内市场规模，由此支撑经济体系的质量变革、效率变革和动力变革。促进形成了强大的国内市场，将使供需在更高水平上良性循环，进一步提升国内产业分工程度和水平，推动我国经济高质量发展。这是一个非常重要的实现重大变革的临界性条件。因为，在国内巨大的内需支撑下，国际代工生产有可能转化为自主品牌生产，技术模仿发展有可能转化为自主创新发展，因而过去那种以投入要素驱动为主的发展方式，有可能会转型为创新驱动型的经济发展方式。全球高级的、先进的生产要素尤其是科技资源和人力资本，都可能被国内巨大的市场和众多的发展机会所吸引，流向国内创新条件具备、生活条件适宜的城市和城市群，从而有利于推动国家创新体系的建设，加快建成现代产业体系。

因此，利用我们庞大的内需独立地建成现代化经济体系，并不意味着不需要吸收外部要素，更不意味着闭关守国、关门发展，恰恰相反，它意味着更大范围、更深程度的对外开放。建设高水平开放型经济，反过来一定可以支持我们的现代化经济体系建设。这是非常重要的战略选择和极其重要的发展任务。

二、在形成全面开放新格局中建设现代产业体系

现代产业体系是建设现代化经济体系的物质基础。实践证明，建设现代产

业体系，必须基于过去我国加入全球价值链分工的现实，通过对外开放大力吸收全球先进生产要素，不断进行产业升级来实现。在过去的发展中，通过嵌入以发达国家主导的全球价值链，在全球产业分工格局中有效地定位自己的角色，中国已经发展成为体系完整、规模巨大的世界制造业第一大国，探索出了一条符合中国国情的工业化道路。

近些年来，虽然以出口导向为特征的经济全球化趋势受到逆全球化浪潮的阻碍，但是这对中国建设现代产业体系来说，却也是一个转换经济全球化发展模式、提升新型工业化发展水平的重要战略机遇。中国需要在形成全面开放的新格局中，依托于内需重构自主可控的全球价值链，奋力推进新一轮新型工业化进程。

一是要利用全球价值链重构和产业分工格局重塑的机遇，通过创新驱动，努力攀升制造业的技术链和价值链。近十年来，世界各国全球价值链重构现象十分显著，表现在以下两个方面：一方面，发达国家推行再工业化战略，把振兴制造业作为摆脱经济困境、占据新一轮竞争制高点的重要抓手；另一方面，随着发展成本的全面上升，中国过去生产要素廉价的优势在逐步消失，某些劳动密集型制造业在加快向低成本发展中国家转移。这些价值链重构现象的出现，也是中国参与全球产业分工格局重塑的重要机会和战略机遇。它们意味着，中国发展只有依靠技术进步、劳动者素质提高、管理水平提升等促进生产率上升的创新因素，才能够消化综合成本上升的副作用。这种倒逼预示着中国将全面进入创新驱动和结构调整的快车道，迫使一部分重要产业中的先进企业首先进行产业升级，逐渐占据产业技术链和价值链的中高端。

二是要利用外需转内需的战略机遇，通过激励有条件的制造企业自主可控的行为，建设自主技术或自主品牌驱动的全球价值链。过去在人均收入较低、内需较小的历史条件下，中国经济增长的动力很大一部分来自世界市场。但是也应该看到，中国在这种主要依靠外需的增长机制中，其实无法自然地发展出本国的自主创新技术和自主品牌。因为在这种发展轨道中，研发和设计都是别人做好的，我们只是进行比较简单的国际代工而已。未来依托内需推进新的经济全球化，就是要把利用别人的市场变为利用自己的市场来扩张经济，把出口商品为主变为输出资本带动商品销售为主。这是一个以我为主的、技术或市场驱动的全球价值链的建设过程。

三是要利用开放空间指向特征转变的机遇，通过长江经济带开发战略和“一带一路”倡议，建设支撑现代产业体系的资本和产能合作机制。过去我国对外开放的空间指向上的特征主要是向东开放，在这个过程中我们从西方国家获得了很大的增长动能，但是也助推了“西方消费、中国生产”这种不可持续的世界经济结构的失衡。“一带一路”倡议是中国站在全球视野中构建中国与世界关系的一种全新的空间开放观。跟过去的外向型经济发展以向东开放的指向特征不同，在“一带一路”倡议下，我们可以沿长江经济带，由东向西积极主动构建国内价值链和以我为主的全球价值链，鼓励中国企业把总部经济设在沿海和长三角地区，而把一部分加工制造环节转移长江中上游或“一带一路”国家。同时，我们可以通过构建全球价值链中由我国主导的微观治理机制，一方面与“一带一路”的南向国家之间建立广泛的资本和产能合作机制，消化一部分丰富的、有竞争力的产能；另一方面也可以鼓励国内企业抱团走出去，以市场化方式去国外建设开发区，或并购一些优质企业，以提高市场竞争力。①

四是要利用开放型经济模式转型的机遇，通过“虹吸”更先进的高级生产要素，走一条生产要素尤其是人力资源优势得到充分发挥的现代产业体系建设之路。过去的出口导向的外向型经济，核心内容是运用低成本优势引进西方的资金、技术和管理办法，针对外需进行产品的加工、制造、生产和装配。在这个过程中我们获取了各种发展红利，但是出现了一些比较明显的问题，如产业结构被跨国企业锁定在低端，附加值较低，资源消耗较多，环境污染较严重。如果转型为基于内需的经济全球化模式，那么吸引外资进行出口的重点，将演变为主要吸收先进技术和高级人才去拓展包括中国市场在内的全球市场。背靠我国经济规模和市场不断扩张的优势，通过世界级城市建设，形成制度化的“虹吸”全球先进的生产要素平台，从世界各国引进我们急需的资源和要素，为产业迈向中高端、发展创新经济服务。

五是要利用营造优良营商环境的机遇，通过创建和优化各种制度和政策平台，引导企业转向高质量建设现代产业体系。过去在出口导向的外向型经济发展中，需要通过建设各种经济技术开发区、科技园区、高新区等方式来局部地优化营商环境，利用优惠政策大力吸收外资。当前推进新型工业化，需要把吸收外资的重点，转变为吸收人力资本和先进科技，同时营造优良营商环境的任务，也从制定各种优惠政策，重点转向为科技人员提供先进的制度平台和硬件

① 刘志彪、吴福象：“‘一带一路’倡议下全球价值链的双重嵌入”，《中国社会科学》2018 年第 8 期。

载体。这相应地要求在宏观经济政策上，要把过去运用各种刺激政策推行出口导向的发展逻辑、政策理念和经济措施转换为以高质量发展评价为核心的新型工业化激励体系，如以过多的补贴出口为目的产业政策转换为趋于平等竞争、公平竞争为导向的工业政策等。

三、全面开放新格局：基础是形成全面对内开放新格局

纵观过去发展的历史，不难发现中国开放型经济在取得巨大成功的同时，也存在着这么几个非常明显的特点：一是对内开放与对外开放不对称，对外开放程度和速度都要大于或快于对内开放；二是出口导向与内需导向之间不对称，经济增长比较依赖于出口导向，但是对日益壮大的潜在内需利用不够；三是引进来与走出去不对称，以各类开发区形式吸收外部资源较多，但是对外投资较少，中国企业既没有大规模走出去，更没有走进去、走上去；四是商品市场开放与要素市场开放不对称，要素市场尤其是资本市场开放严重滞后；五是向东开放与向西南方向开放不对称，急需沿着“一带一路”进行以我为主的高水平开放。

上述所有这些对外开放中的不对称和不均衡问题，核心在于对内开放不足，对企业和个人尤其对民营企业限制较多。对内开放不足会严重影响和制约对外开放的步伐和水平，如造就了国内市场外资与本土企业直接严重的不平等竞争态势，抑制了民营企业发展。这将影响民营企业走出去、走上去的能力；限制了国内市场需求的扩大，从而抑制了利用内需持续“虹吸”外国先进生产要素，尤其是科技人才、技术和可能性；压制了要素市场的发育成熟，以及要素市场深度开放的可能性。习近平同志在论及民营经济发展时曾经指出，中国民营企业在实践中客观存在着“市场的冰山、融资的高山、转型的火山”这“三座大山”。[①] 地方和部门政府的政策针对民营企业的“卷帘门”“玻璃门”“弹簧门”“旋转门”等，以及针对个人选择的户籍、学籍等限制等，都是对内开放不足的主要表现。

对内开放不足说到底是对内改革不足、改革滞后于开放和发展的状况造成的。加快推进全面深化改革，重点是加快国内开放，尤其是有加快对民营企业

---

① 习近平：“在民营企业座谈会上的讲话”，《北京人大》2018 年第 11 期。

和个人的开放。[①] 针对这一要求的全面深化改革，就是应该淡化并逐步取消国企、民企、外企的所有制分类管理办法，取消企业的身份标识，逐步取消企业的行政级别，建设统一有序开放协调的竞争性市场体制。坚定不移地发展民营经济，就要努力给不同的竞争主体塑造进入条件、税收、公共服务、融资投资等中性的竞争环境。不断塑造强市场主体，拥有更多的决策权力，独立自主承担更多的决策责任，分享更多的利益。对内开放充分了，民营企业活跃了，个人选择度增加了，高水平对外开放的格局也自然形成了。这是建设现代化经济体系的重要组成部分。

中国过去在短缺经济的背景下，为追求快速的经济增长，往往利用行政计划手段“集中力量办大事”，把有限的资源集中到特定的重要部门和地区使用。在长期的转轨经济中，这种管理调节机制的内在特性，即试图通过政府主导的非均衡的投入，利用产业关联效应拉动经济高速增长的特点，受到了市场取向改革的巨大冲击，但是它并没有消失，而是改变了某些具体的形式。也就是说，在体制机制转轨的过程中，政府干预产业发展的手段，仍然是通过挑选输家或赢家的办法，找出需要重点扶持或者淘汰、抑制的产业，配合一系列政策工具和手段，如财政、税收、金融、进出口、技术、人才等政策，精准地施策，促进资源流向政策意愿的部门、地区和企业。因此这个时期的产业政策是用来创造非均衡发展的竞争优势的，它对于政策施加对象来说天生就是不平等的，使某些市场主体享有超越其他主体的政策优惠环境，甚至享有超国民待遇。[②] 所有制歧视、产业歧视和空间歧视等，就是实现政策的基本手段和工具。例如，为了鼓励某些重化工业部门的快速增长，可以采用包括制定低价、补贴在内的各种扭曲生产要素价格的方式，支持这些部门的国有企业迅速扩张；也可以为了扶持某些“战略部门”，故意阻隔某些部门的外来者竞争，让其长期获取高利润而限制进口，或者利用行政手段禁止民营企业和外资企业的自由进入。

赶超型产业政策在我国取得了巨大的成功。我们必须清醒地看到它适用的历史条件和适用的阶段性。非均衡发展的赶超型产业政策导向，也意味着对经济运行的重大扭曲，必然会带来重大的结构失衡，如实体经济内部结构失衡，实体经济与金融、与房地产之间的失衡，国内生产与国内消费之间的失衡等，

---

① 王芳洁：“企业家呼声：进一步解放思想，对内开放”，《中国企业家》2018 年第 24 期。

② 刘志彪：“反行政垄断和行政分割：统一市场建设的突破口和主体内容”，《财经智库》2016 年第 1 期。

表现为产能严重过剩、出口依赖太重、企业杠杠过高、实体企业盈利能力低等一系列问题和矛盾。在进入新时代高质量发展目标的驱动下，必须扭转这种低效的、可能引起重大风险和危机的发展格局，根据民众需求结构变化的趋势，实施相对均衡的发展策略，为此需要把产业政策为主转型为竞争政策为主。

四、由产业政策导向转向以竞争政策为基础的高水平开放

习近平主席在 2018 年博鳌亚洲论坛年会开幕式的主旨演讲中，提出中国扩大开放将采取四项重大举措，这些重大举措具体包括十条进一步开放的内容。表面上看，这似乎是对当前某些国家逆全球化措施的回应，实质是要适应中国发展阶段和任务的变化，在对外开放的过程中，把过去那种创造非对称优势的产业政策取向，转向以创造公平环境的竞争政策取向。

党的十九大报告指出了这种转向的基本措施是：凡是在中国境内注册的企业，在法律上要一视同仁，政策上要平等对待。这就是说，改革的目标是要引入竞争政策，让在中国境内注册的外资、国企、民企地位平等、政策统一。显然，这是中国在开放条件下促进高质量发展所做出的重大战略抉择，是“改革开放这场中国的第二次革命”中的重要组成部分。确立竞争政策在整个经济政策体系中的基础性地位，对高质量建设现代化经济体系有重要的促进意义。主要表现为：

第一，大幅度放宽市场准入限制，对企业而言增加了竞争性，对民众而言为其消费提供了更多的选择性。过去在我国许多产业处于幼稚阶段时，面对强大的外来竞争者，政府对市场准入进行一定的管制是有必要的。但随着中国崛起，很多产业已经进入成熟阶段，没有继续保护的逻辑性、必要性和合理性。只有加大开放和放松市场准入，才能让企业增强竞争能力，在竞争中强身健体，走向辉煌，否则就会增加其垄断性，损害消费者福利，阻碍社会进步。对消费者来说，大幅度放松市场准入限制，可以增加其选择的多样化和自由度，增加幸福感和获得感。目前，我国市场准入的改革状态有两个特点：一个特点是制造业对外开放比较彻底，绝大多数制造领域已经彻底放开，保留进入限制的领域很少，主要是汽车、船舶、飞机等为数不多的行业。这些行业下一步是大幅度放松市场准入限制的基础已经具备，大多数本土企业已经形成寡头垄断市场格局，能够经受开放的冲击，也需要通过开放吸收外部资源和技术。因此放松准入限制的具体措施，就可能是放宽这些行业对外资入股的比例限制。另

一个特点是服务业尤其是高端服务业开放严重不足，绝大多数高端服务业处于行政垄断之中，因而具有广阔的开放空间。正如习近平主席指出的，中国要在高端服务业的金融、旅游、建筑设计、医疗、电信、互联网等领域，特别是对金融业加快开放的步伐。国家从 2017 年开始，将放宽银行、证券、保险行业外资股的比例限制，并尽快将其中的重大措施落地。同时加快保险行业的开放进程，放松外资金融机构在设立、业务范围、金融市场合作等领域的限制。为了使对外开放与对内开放统一进行和对称化，强烈建议政府在开放高端服务业之前，尝试并推进对民营企业的准入开放。这样除了有利于形成统一竞争有序的开放市场外，也有利于民营企业提升产业竞争力，以防止对外开放的急促性使这些产业丧失来自本土企业的对抗能力。

第二，创造政策“洼地”的招商引资竞争，将演变为创造优良营商环境的高质量竞争。过去地方发展，主要依靠制定优惠政策，创造政策的“洼地”效应。洼地效应虽然有利于局部的资源流入，产生强大的虹吸效应，但是它的主要缺陷一是分割了统一市场，把整体市场搞成了“碎片化”市场，容易导致空间歧视；二是得到政策许可的区域与没有享受到这种政策的区域之间，人为地拉开了区域的发展条件，不仅造成人为的发展差距，而且会导致资源人为的、反常态的流动。党的十八届三中全会提出建设统一竞争开放有序的社会主义市场体系。现代化的市场体系是现代化经济体系的软件支撑体系，为此我们要坚决捍卫区域间发展权的公平，减少优惠政策在区域上的过多过滥格局，那种依赖创造政策“洼地”的招商引资竞争方式应该彻底转型，更多地创造统一市场形成的条件，更多地对接全球通用的经贸规则，如千方百计地提高政府运作的透明度，减少对个别企业的直接补贴；加强对企业产权的保护；运用竞争政策反对垄断，创造对企业一视同仁的运营和投资环境。

第三，保护知识产权将成为创新驱动发展的前提，从鼓励学习、模仿创新的发展，转向鼓励自主创新发展。中国早年经济的发展，尤其是沿海地区的发展，走的大多是学习、模仿创新的路子。从机制上说是学习借鉴别人的经验和管理方法，从技术上说是做“反求工程”。这种办法的优势是可以节省时间，可以避开研发投入不足和技能发展差距所导致的技术陷阱。这个时期因发展成本低，竞争优势明显，因此可以实现迅速的经济赶超。但是当经济发展进入了世界第一方阵，一方面可学习、可模仿的发展模式和技术轨道越来越少；另一方面竞争对手也会对这种模仿行为产生高度警惕和严重的抵制，因此这一发展方式是不可持续的，它仅仅是从闭关自守、自力更生走向开放创新的一个中间阶段。以创新驱动建设现代化经济体系，要求国家执行最严厉的产权保护制度，这是成为创新驱动国家的前提，也是竞争政策的最重要内容之一，它将给中国提升产业竞争力提供最大的激励。从日本、韩国等在“二战”后的发展经验表明，美国挥舞知识产权的大棒，限制后起国家反求美国的技术，似乎会滞后后起国家的发展，但事实却是在意料之外，它会“倒逼”这些后进国家重视知识产权和专利保护，从而激励企业全面进入自主创新的发展轨道。在这次中美贸易摩擦中，中国也一定会进一步完善知识产权机构的职能和相应的执法机制，提高企业违法的成本，逼迫企业走自主创新之路。

第四，从需求端促进形成强大国内市场，发挥本地市场效应，深化本国的全球分工和扩大进口规模，吸收全球先进生产要素为我所用。中国过去发展外向型经济主要是靠吸收外资扩大出口，尤其是21世纪初加入WTO以来，出口导向战略取得了巨大的成功，经济增长对国际市场的依赖逐步加重。2008年美国金融危机之后，以主要对美国进行出口的“经济全球化红利”已经透支，中美经济面临着再平衡。再平衡的方法除了美国要增加储蓄投资外，中国则必须收缩过剩产能、扩大消费。为此中国必须要努力促进形成强大国内市场，利用自己的市场而不是依赖别人的市场实现良性增长。强大的国内市场将进一步强化中国企业参与全球专业化分工的程度，由此形成更大的进出口规模。这是中国给自己，也是给世界主动创造的一种重要的战略机遇。如果中国可以像美国那样形成强大的国内市场，让自己的最终市场需求规模也能处于全球前列，那么必将塑造出人民币的强势国际地位，从而为世界创造巨大的商业机会，引导全球先进技术和人才向中国大幅度移动，利用全球的优质要素发展壮大自己。这些年随着国内收入分配格局的调整和扩大内需战略的深入，我国将会把巨大的潜在需求转化为强大的国内市场规模，大幅度地降低产品的关税税率，努力增加民众需求比较集中的特色产品进口，中国深度融入新一轮全球化的方式，将会转变为“基于内需的经济全球化发展模式”①。

总之，确立以竞争政策为基础的全面高水平开放战略，是中国给国内外企业创造公平竞争环境的重大举措，因而也是高质量地建设现代化经济体系的重要途径，是一场极其重要的市场取向的改革。以更大程度的思想解放形成全面

---

① 刘志彪：“基于内需的经济全球化：中国分享第二波全球化红利的战略选择”，《南京大学学报（哲学·人文科学·社会科学版）》2012年第2期。

开放新格局，是习近平新时代中国特色社会主义经济思想的重要组成部分。中国的实践充分证明，只有坚持高水平的对外开放，只有坚持市场取向的改革，中国特色社会主义事业才能兴旺发达，中华民族伟大复兴的宏伟目标才能实现。

以粤港澳大湾区推动现代经济体系建设[①]

粤港澳大湾区是指由广州、佛山、肇庆、深圳、东莞、惠州、珠海、中山、江门九市和香港、澳门两个特别行政区形成的珠江口湾区城市群。本文以世界其他著名的大湾区为对照，分析了粤港澳大湾区在建设现代经济体系中的优势与劣势，研究了粤港澳大湾区在建设现代经济体系的主要障碍，并从多个方面提出整合粤港澳大湾区的对策建议。

一、大湾区与现代经济体系理论综述

（一）大湾区

国家提出粤港澳大湾区的战略以来，有众多学者研究建设粤港澳大湾区的问题。湾区作为一种特定的地域单元存在于海岸带地区，通常包括一个或若干个海岸线向内陆凹陷的相连海湾、港湾以及与海湾或港湾接壤的陆域地区和临近岛屿共同组成的滨海区域（绿皮书，2016）。而湾区经济指的是以港口城市、滨海城市为依托，以湾区腹地为基础，发展形成的一种区域经济形态（张倪，2017）。粤港澳大湾区是一个湾区，又是一个城市群（Urban Cluster）。城市群是指集中于一定区域内规模不等、职能不同、彼此独立而又密切联系的若干城市和城镇的集合。此概念源于法国地理学家戈特曼（Gottmann J.，1957）提出的大都市带（Megalopolis）概念。戈特曼以美国东北部都市区连绵化现象为例，也概括了大都市带的相关特征。

（二）现代经济体系

粤港澳大湾区是世界级的湾区，具有建设现代经济体系的良好条件。刘志

---

① 本文作者林学军，暨南大学国际商学院；谭蓉娟，广东工业大学经济与贸易学院。

彪（2018）认为建设现代经济体系包括创新引领协同发展的产业体系、统一开放竞争有序的市场体系、体现效率和促进公平的收入分配体系、城乡联动的发展体系、绿色发展体系、全面开放体系、宏观调控体系。吴晓球（2018）也从五个方面对其进行了概括。综合来看，建设现代经济体系的实质就是在我国经济发展新常态的条件下，转变经济增长的方式，从我国求快、求多，转变到求稳、求好；从粗放式发展转变到集约式发展；从靠投资，靠外贸，转变到靠创新，靠内需增长；从消耗自然资源，转变到绿色发展；从区域不平衡增长转变到平衡增长；从重视效率，转变到公平与效率并重，形成一个均衡、绿色、持久、普惠、开放的发展新格局。

（三）大湾区与建设现代经济体系的关系

世界的大湾区、城市群是一个国家、地区经济的增长极。增长极（growth pole）这一概念最早是由法国经济学家弗朗索瓦·佩鲁（F. Perroux，1955）提出的。缪尔达尔（G1myradal）对“增长极”理论及其产生的回波效应和扩散效应进行了系统阐述。张胜磊（2018）认为增长极效应是扩散与回波效应的综合效应。粤港澳大湾区就是一个增长极，它可以吸收全国乃至全球的生产要素和创新要素，推动华南地区以及全国经济的发展，为国家建设现代经济体系提供一个典范。刘力等（2019）用重力模型测算粤港澳城市群空间相互作用力，结果显示广州市、深圳市、香港特别行政区位于核心层，扩散带动和接受辐射能力均较强，而佛山市、东莞市位于中间层，吸收能力明显大于对周边的带动能力。澳门特别行政区由于经济规模与人口规模均较小，位于外围层。在核心城市中，深圳市在 2005 年前吸收要明显高于对周边带动作用，但从 2010 年以后，深圳市对周边地区的带动作用明显加强，且超过吸收作用，其核心功能在粤港澳大湾区的作用不断增强。但是，香港对周边的扩散带动作用却是在不断减弱。

二、粤港澳大湾区建设现代经济体系的优势与劣势分析

2017 年 7 月 1 日，《深化粤港澳合作推进大湾区建设框架协议》在香港签署。中央对粤港澳大湾区的战略定位有五个：充满活力的世界级城市群、具有全球影响力的国际科技创新中心、“一带一路”建设的重要支撑、内地与港澳深度合作示范区、宜居宜业宜游的优质生活圈。协议明确指出，要通过粤港澳

大湾区基础设施的互联互通，进一步提升市场一体化水平，把大湾区打造成国际科技创新中心，以及具有现代产业体系，对外开放，宜居宜业宜游的世界一流湾区。中央对粤港澳大湾区的定位符合现代经济体系的要求。

2017 年，粤港澳大湾区占地 5.59 万平方千米，人口 6955 万人（其中内地 9 市常住人口 6150.54 万人、香港人口总数 739.17 万人、澳门人口 65.31 万人）。粤港澳大湾区地区生产总值（GDP）10.18 万亿元。截至 2017 年末，粤港澳大湾区形成通信电子信息产业、新能源汽车产业、无人机产业、机器人产业等高端产业集群，以及石油化工、服装鞋帽、玩具加工、食品饮料等中低端产业集群（粤港澳大湾区年鉴，2018）。粤港澳大湾区与其他世界级湾区经济增长指标的比较如表 1 所示。

表 1　　粤港澳大湾区与其他世界级湾区经济增长指标的比较

指标	计量单位	东京湾区	旧金山湾区	纽约湾区	粤港澳大湾区			
					大湾区	内地 9 市	香港	澳门
GDP	万亿美元	1.8	0.8	1.4	1.36	0.99	0.32	0.05
GDP 增速	%	3.61%	2.7%	3.51%	7.35%	7.9%	3.84%	9.7%
人均 GDP	美元	41068	99150	67567	20390	16854	43776	76923
地均 GDP	亿美元/km^2	0.49	0.45	0.65	0.24	0.18	2.9	16.7
第三产业占比	%	82.3	82.8	89.4	77.6	56.78	92.3	94.9
人口	万人	4383	760	2340	6955	6150.54	739.1	65.31
面积	万 km^2	3.68	1.8	2.15	5.59	5.4770	0.1107	0.0032
港口集装箱吞吐量	万 TEU	773	237	625	6647	4558	2076	12.98
机场旅客吞吐量	亿人次	1.17	0.76	1.3	1.86	1.32	0.52	0.03
全球金融中心指数排名		5	6	2	—	22（深圳）	4	—
全球创新指数排名		16	4	4	—	—	14	—
世界 100 强大学数量		2	3	2	4	0	4	0
世界 500 强企业总部数量		60	28	22	16	9	7	0

续表

指标	计量单位	东京湾区	旧金山湾区	纽约湾区	粤港澳大湾区			
					大湾区	内地9市	香港	澳门
区内代表产业		装备制造、钢铁、化工、物流	电子、互联网、生物	金融、航运、计算机	金融、航运、电子、互联网	汽车、电子信息、金融、物流	贸易及物流、金融、专业服务、旅游	批发及零售、博彩及博彩中介
发展定位		世界核心临港工业带	全球高新技术研发中心	世界金融核心中枢	全球创新发展高地	科技、产业创新中心和先进制造业、现代服务业基地	国际金融、航运、贸易三大中心	世界休闲旅游中心

资料来源：根据2018粤港澳大湾区年鉴，广东省人民政府参事室调研组（2018）、曹方（2019）、毛艳华等（2019）、张胜磊（2018）整理。

（一）粤港澳大湾区建设现代经济体系的优势

对比东京湾区、纽约湾区和旧金山湾区，粤港澳大湾区在建设现代经济体系有以下的优势。

1. 区位条件好。大湾区海岸线漫长、港口群优良，面向南中国海，拥有三个全球大港，分别为世界排名第三的深圳港、第五的香港港和第七的广州港，是东南亚乃至世界重要的交通枢纽，也是“丝绸之路经济带”和“21世纪海上丝绸之路”的交汇点（粤港澳大湾区研究报告之一，2017）。粤港澳城市九纵三横的高速公路网、珠三角城际轻轨正在建设完善，港珠澳大桥、深中通道全线贯通后珠江口东西两岸将实现快速连接，形成一小时生活圈，为建设全球航运中心、物流中心提供良好的条件。

2. 经济实力雄厚。2017年，大湾区区域GDP总量超过10万亿元人民币（合1.36万亿美元）（澳门统计暨普查局，2019），相当于全国经济总量的12.7%。从规模上看，粤港澳大湾区虽然不是世界湾区中排名第一的湾区，但是其2016年的经济增长率达到7.9%，发展势头良好。

3. 产业结构合理。大湾区内地9市的产业体系比较完备，有着雄厚的制造业基础，被誉为世界工厂（粤港澳大湾区研究报告之一，2017）。2017年，粤港澳大湾区内地 9 市第一产业产值 1181.53 亿元，占广东全省比重的 32.7%；第二产业产值 31542.82 亿元，占广东全省比重的 80.3%；第三产业产值 42985.80 亿元，占广东全省比重的 83.4%（粤港澳大湾区年鉴，2018）。从以上数据可以看出，大湾区内地 9 市在制造业和服务业方面都有十分雄厚的实力。港澳方面，香港的金融业、澳门的旅游服务业在全球都享有盛誉。

4. 创新实力雄厚。首先，粤港澳大湾区各市研发投入大。例如，2016 年深圳市的研发经费达 800 亿元，占 GDP 的 4.1%，全国城市中排名第三，广州市的研发经费约 451 亿元，研发经费占 GDP 比重为 2.3% 左右，研发投入在全国城市中排名第五。其次，创新人才济济。例如，广州市每十万人口高校平均在校生数突破万人，远远超出全国平均水平（许长青，2018）。另据广州统计年鉴（2017），2016 年广州市拥有专业技术人才 158.4 万人，科研机构 160 个，各类科研机构从业人员 25432 人，其中科研人员 18514 人。

5. 中国最开放的门户。一方面，大湾区拥有“一国两制”下的香港和澳门，两个特区经济与国际高度接轨；另一方面，大湾区还拥有深圳和珠海两个经济特区，以及广东自贸区的南沙、前海和横琴三个自贸区。这些都是中国对外开放的前沿。

（二）粤港澳大湾区建设现代经济体系的劣势

对标纽约湾区、旧金山湾区这些世界一流湾区，粤港澳大湾区有以下劣势：第一，大湾区处于“一个国家、两种制度、三种货币体系、四个关税区（含自贸区）”，存在区域分割的格局，无法形成统一的大市场，高效便捷的要素流动局面尚未形成。第二，产出规模的劣势。粤港澳大湾区的经济总量虽大，但人均产值低，地均产值也比其他几个大湾区低，单位 GDP 的能耗却比其他几个大湾区高。这说明粤港澳大湾区的劳动生产率有待提高。第三，创新的劣势。粤港澳大湾区虽然有许多高等学校，但是缺少世界百强的大学和研究机构，同时各学校间缺乏资源共享，分工协作，无法形成创新的合力，原始创新能力不足。第四，金融发展的劣势。深港在全球金融业排名靠前，但有待深度融合。第五，产业发展的劣势。粤港澳大湾区的内地企业面临产能过剩，产业升级的重大课题。而香港经济面临持续增长难，澳门经济存在产业结构单一等问题（李晓莉、申明浩，2017）。

三、针对大湾区存在的问题，推进现代经济体系建设的研究

现代经济体系要求高质量发展、稳定发展、绿色发展、均衡发展、改善民生，全方位开放，以下对照现代经济体系的要求，对粤港澳大湾区存在的问题进行分析研究。

（一）整合大湾区，形成统一高效的大市场

要促进大湾区经济稳定、高质量增长，统一的大市场是十分重要的，大市场可以促进资源的自由流动，发挥市场机制的作用，实现资源的优化配置。

当前，粤港澳大湾区存在四个关税区，关卡太多，不利于资源的自由流动。另外，粤港澳大湾区存在制度的差异、社会发展水平的差异、法律的差异、文化的差异。文化的差异很小，社会发展水平的差异也随着我国改革开放 40 年的发展大大缩小了。最大的差异是制度和法律上的差异，要面对“一国两制三法系”的复杂局面。建设粤港澳大湾区并不是要改变当前的现状，消除“两制”之间的差异，而是要用好“一国两制”，将粤港澳锻造成一个发展共同体。

如何将粤港澳大湾区打造成发展的共同体？丁伯根（Tinbergen，1954）认为，市场一体化可分为消极一体化和积极一体化，前者指通过消除歧视和管制制度推动经济贸易自由化的发展；后者指借助行政力量强力改变现状，建立新的自由化政策和制度。巴拉萨（Balassa& Bela，1962）则提出一体化既是一个过程也是一种状态。从过程的角度看，一体化就是动态地消除国家或地区之间的经济歧视和差别待遇；从状态的角度看，一体化就是国家或地区之间各种形式的经济歧视和差别待遇的消失。王春业等（2019）认为消除粤港澳大湾区的壁垒必须从立法开始。粤港澳大湾区的各级政府，应当在“一国两制”的基础上，研究如何突破在现行制度的约束下，促进生产要素自由流动的湾区共同法律、制度。张作文（2019）认为粤港澳大湾区建设首要解决的问题是促进区域内人员、货物、资金、信息便捷有序地流动。

综合来看，粤港澳大湾区政府可以成立三地联合工作委员会，解决目前法律和制度上的差异，制定一些适合大湾区法规和制度，促进人员、货物、资金、信息的交流。

（二）建设大湾区创新型城市，实施创新驱动战略

当前，大湾区面临劳动力成本上升，产业亟须升级，节能降耗，保护环境等问题，这些问题的解决都与创新有关。据智联招聘大数据分析（2019）粤港澳大湾区人均薪酬 9227 元（其中香港 23745 元、澳门 15118 元、深圳市 10121 元，广州市 8875 元）。劳动力成本上升，不能只看绝对值，而要看每单位的劳动力创造的 GDP 产值，如果劳动生产率足够高，则足以支撑高工资，因此提高劳动生产率是关键。要把大湾区的核心城市建设为创新城市，以创新解决大湾区面临的问题，带动大湾区经济持续发展。

当前，粤港澳大湾区拥有良好的创新资源。例如，大湾区高等教育机构总数多达 173 所，在校生规模超过 204 万人。拥有 QS 世界排名前 100 的高校 4 所，相比其他世界湾区，粤港澳大湾区的名校还比较多，这充分说明大湾区拥有极其丰富的人力资本和创新资源。但这 173 所高等教育机构主要集中在广州市和香港两地，且排名世界前 100 位的高等教育机构主要集中在香港。这就造成高等教育资源的不均衡。因此，应当利用香港优质的教育资源，加强高等学校间的交流，开展合作办学，师资共享、课程共享、学分互认等灵活的措施，以名校带动普通学校，提高粤港澳大湾区高校的办学质量，培养更多优秀人才，服务大湾区建设。另外，大湾区的高等学校也是创新的重要基地，一些重大的科技成果往往出自高等学校，因此，政府要加大教育投入，2016 年，大湾区城市的教育支出总费用超过 2169 亿元，规模庞大。其中香港、深圳市和广州市的教育经费投入最多。香港投入为 715 亿元人民币，深圳市次之，接近 415 亿元人民币，广州市第三，接近 322 亿元人民币。这些城市也是大湾区中创新能力最强的城市（谢爱磊，2019）。

除了增加教育的投入，政府还加大科技的投入。据国家统计局发布了《2017 年全国科技经费投入统计公报》显示，广东省是全国研发经费支出最多的省，达到 2343.6 亿元。教育的投入和科技的投入是粤港澳大湾区持续发展的保证。据 GII（全球创新指数报告）评估，2016 年深圳市——香港联合体的创新指数超越硅谷，居全球第二，2016 年深圳市、广州市分别拥有有效发明专利的拥有量为 95370、30305 件。广州市和深圳市正努力争创全球创新型城市。

（三）打造现代工业体系，发展先进制造业

粤港澳大湾区要努力建设现代工业体系，打造工业 4.0。一方面，大湾区

要努力发展先进制造业；另一方面要加快现有产业的升级。粤港澳大湾区的制造业大多属于传统制造业，这是大湾区人均收入、地均收入低的主要原因。粤港澳大湾区中例如广州市，95%制造产业属于传统制造产业，只有5%产业属于先进制造业，先进制造业所占比例较小。广州市的先进制造业主要有：智能装备与机器人产业、生物医药与健康医疗产业、无人机产业。因此，必须加速发展先进制造业，提高先进制造业在总体制造业中的比重。广州市产业结构和先进制造业产业的结构如图1和图2所示。在这个方面，深圳市走在大湾区的前列，据深圳统计年鉴（2017）显示，2016年深圳市产业结构中70.91%属于先进制造业，其增加值达到5428.39亿元，其中深圳市的通信产业设备研发能力及市场占有率居全球第二位，深圳市已经形成机器人产业、新型显示产业、3D打印产业、石墨烯产业、信息产业等若干百亿级、千亿级先进制造业产业集群。深圳市产业结构和先进制造业产业的结构如图3和图4所示。其他城市应当向深圳市看齐。

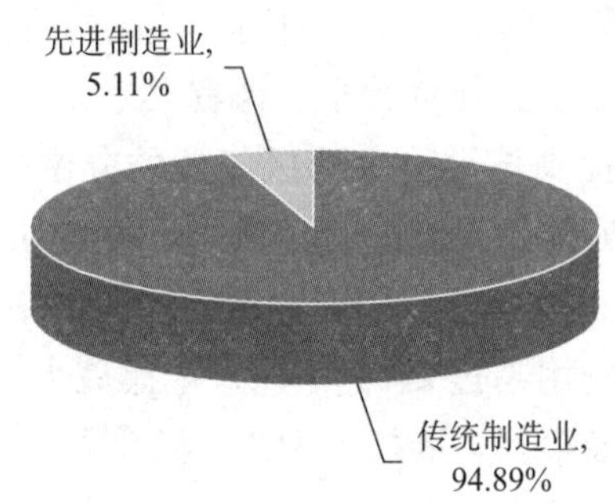

图1 2016年广州市产业结构图

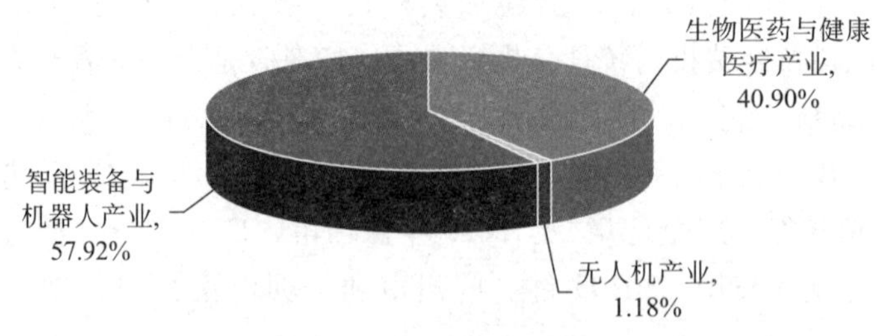

图2 2016年广州市先进制造业结构图

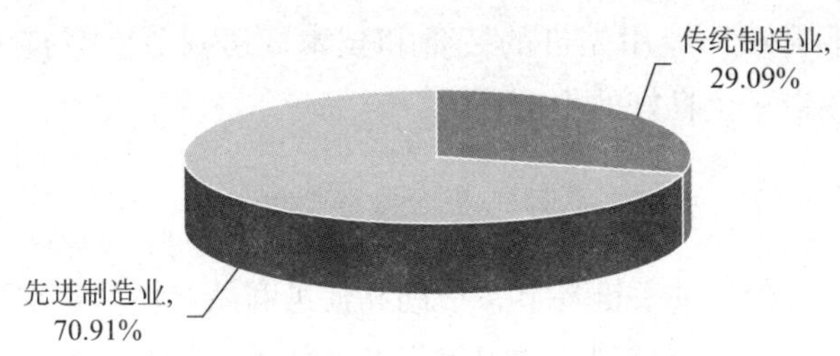

图 3 2016 年深圳市的产业结构图

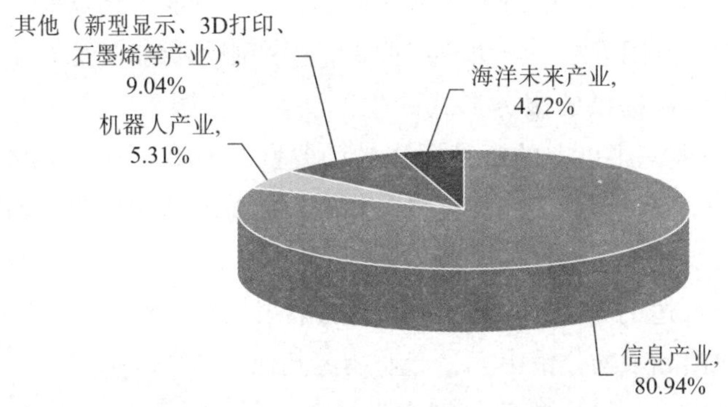

图 4 2016 年深圳市先进制造业结构图

粤港澳大湾区虽被誉为世界工厂，但是制造业的生产方式还是比较落后。学术界依次将制造业的生产方式分为机械化、电气化、信息化三个阶段。其中，前几次重大发明分别定义为工业 1.0、工业 2.0、工业 3.0，将信息技术与传统制造业相融合的工业重大变革称为“工业 4.0”。“工业 4.0”战略是以智能制造为主导的第四次工业革命，旨在通过充分利用信息通信技术和网络物理系统等手段，实现制造业向智能化转型，即产业数字化，数字产业化。当前大湾区各行业产业链上众多的制造企业普遍处于工业 1.0、工业 2.0 阶段，完全达到工业 3.0 制造企业的非常少。相关统计数据表明，广东省目前有 67.3% 的企业处于从工业 2.0 到工业 3.0 的过渡阶段，有 23.0% 的企业还处于从工业 1.0 到工业 2.0 的发展阶段，还有 9.4% 的企业处于工业 1.0 阶段，没有一家企业步入智能制造阶段（裴长洪，2014）。因此大湾区面临着非常紧迫的产业升级问题。如何进行产业升级，必须以创新为动力，加速企业生产装备的更新换代。政府要制定产业发展规划，以财政等手段支持企业以信息技术改造传统的制造业，做到智能生产，智能配送，智能服务，提高各产业的劳动生产率。

同时，通过产业升级，应用先进的装备和技术，达到节能减排，实行绿色生产，为大湾区创造一个良好的生态环境。

（四）发展现代服务业，不断完善产业结构

第三产业是价值链的关键环节，帮助和促进商品交换，实现商品价值。第三产业是价值链中资本密集型、知识密集型和技术密集型的产业，现代大都市的重要功能就是发展第三产业，为周边的地区经济发展提供服务。20 世纪 80 年代以来，发达国家已开始进入工业化后期，第三产业迅速发展，成为促进经济转型升级的关键因素之一。第三产业中，生产服务行业对工农业生产有直接的影响，为工农业提供的服务形式的生产要素。我国第三产业 16 个行业中，有 10 个服务行业一半以上的产品用作生产要素，如邮政业、金融业、交通运输及仓储业、住宿餐饮业、计算机服务和软件业等，这些行业是国民经济发展不可或缺的重要因素（李江帆，2013）。近年来，广东省大力发展生产服务体系，利用四通八达的航空网、海运网、公路铁路网，出台生产服务业发展规划，基本建成国际采购分销中心、产业物流基地、产业金融中心、商务会展中心、信息服务中心、科技服务与创意设计中心等六大类国家级生产服务功能区。但与其他世界大湾区相比，粤港澳大湾区在第三产业的发展还是相对滞后的，第三产业在国民经济中只占 77.6%（毛艳华，2019），其中内地 9 市的第三产业仅占 56.78%，还有许多发展的空间。

第三产业中，粤港澳大湾区应当大力发展金融服务业，这也是现代经济体系中的一个重要组成部分。目前，粤港澳大湾区中的香港、深圳市、广州市三地金融总量超过纽约、东京等任何一个全球金融中心，在发展金融服务业方面具有一定的优势，已经成为支撑粤港澳大湾区发展的核心产业之一。截至 2017 年末，粤港澳银行业总资产已超过 40 万亿元，其中广东省银行业总资产 22.72 万亿元，约占三地银行业总资产规模的一半。珠三角地区的香港银行网点总数达到 147 家，占珠三角地区外资银行总数的 64%。粤资银行在香港拥有营业网点 83 个。赴港上市的粤企有 196 家。香港有 20 家粤资持牌证券机构（蔡进兵，2018）。从上述数据来看，粤港澳三地的金融业已经有了较深入的融合发展。当前，影响大湾区金融融合的主要问题有三点：其一，内地为预防金融风险，对港澳金融机构的市场准入、持股比例、业务范围有较多的限制；其二，内地与港澳在金融机制存在差异，如内地与香港股票交易规则、保险理赔机制、手机移动支付标准皆有不同；其三，内地与港澳金融高端人才缺乏统一标准，人才也无法自由流动。因此，粤港澳三地政府要加强沟通，三地金融业要加强协调，打破障碍，加强整合，创建国际金融中心。

（五）绿色发展，建设美丽清洁的国际湾区

现代经济体系要求绿色发展，要把粤港澳大湾区建设成宜业、宜居、宜游的优质生活圈，就要有良好的生态环境。据有关统计，2010 年湾区林地面积约 28389 平方千米，主要分布于香港、广州市、惠州市、江门市和肇庆市。珠三角森林覆盖率达 51.5%，已建省级以上森林公园 49 处，风景名胜区 10 处，地质公园 3 处。香港自然保育用地面积 52 000 平方千米，包括 24 个郊野公园、22 个特别地区和法定规划图则上划定的自然保育地带（丁宇等，2019）。但对比世界其他湾区（如图 5 所示），粤港澳大湾区的主要问题是 PM2.5 浓度偏高，单位 GDP 的能耗及用水量也比较高，还存在地表水的黑臭水体，这是需要努力改进的问题。

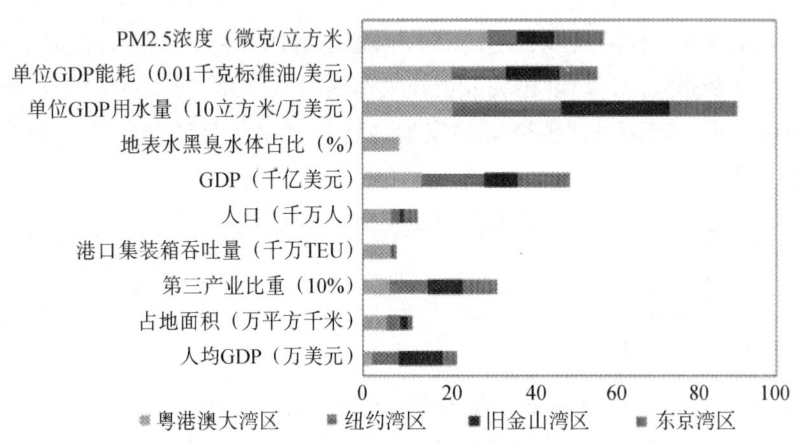

图 5 2016 年粤港澳大湾区与国际三大湾区环境保护基础对比（范丹、王明旭，2019）

生态环境是区域内重要的公共产品，需要粤港澳三地政府加强协商，实施统一的环境保护规划，实行统一的环境保护制度，扎实推进环保的措施，例如，进行垃圾分类处理，推广绿色生产，循环利用技术，鼓励使用绿色能源，加强企业排污排废气的管理等。通过长期不懈的努力，把粤港澳大湾区建设为绿色、宜居宜业宜游的美丽家园。

（六）改善民生，实现均衡发展

建设现代经济体系必须提高居民的生活水平。张作文（2019）认为大湾区建设的根本目标就是造福居民，为居民建设一个优质、幸福的生活区，让居民真正有获得感和幸福感。为此，粤港澳大湾区政府应以民生问题为切入点，造福整个大湾区人民，以此推动大湾区的融合发展。首先，湾区社会服务共享。即大湾区9市及两个特区要加强区内居民就业、社会保障、教育、文化、医疗、养老等公共服务相互衔接，加强制度化的探讨和磋商，争取使港澳居民在大湾区工作和生活享有与内地居民在教育、医疗、养老、住房、交通等民生方面的同等待遇。港澳地区也要对广东省9市前往港澳从事商务、教学、科研等人员提供更多方便。鼓励双方的人员交流。其次，湾区社会服务便捷化。允许港澳居民在粤港澳大湾区持用《港澳居民来往内地通行证》办理社会服务及商业服务的各种手续，如申办银行账户、公交卡、移动电话卡、注册支付宝、微信、医疗网上挂号，报名参加各类学校、公务员、事业单位人员招录考试等。广东省9市和港澳要相互承认在当地取得的金融、会计、保险、医疗、法律等执业专业资格，允许相关人员在大湾区内执业和发展。最后，加强湾区社会治理合作。建立大湾区社会治安治理合作机制，合作处理湾区内有关生产、生活的重大问题。例如，联合制定安全生产、重大事故、环境污染、卫生应急和灾害救助等方面的突发事件应急预案，互通信息，共同行动，共同保护大湾区平安和谐的环境。

（七）全方位开放，打造中国开放新高地

粤港澳大湾区是中国最开放的地区。特别是香港和澳门地区，实行的是自由港的制度，开放度更高。实践证明，经济越是开放，就越能吸引全球的人才、资金、技术、信息，就越能促进经济的发展。建设现代经济体系就必须是一个开放的体系，融入经济全球化的体系。

首先，粤港澳大湾区要利用香港和澳门的有利条件，深化改革开放。要利用南沙、前海、横琴三个自贸区，认真探索进一步开放的方式和方法，路径和措施，例如，利用负面清单降低外资准入的门槛，扩大市场开放，减少关税与非关税壁垒，促进商品、资金、人员、技术、信息的自由流动，广纳全球投资与人才，使粤港澳大湾区成为全球经济最有活力的地区。其次，要努力改善大湾区内的营商环境，例如，提高政府的办事效率，简化审批、登记的程序，建

立完善的法律法规，实行外资企业的国民待遇，减税降费，减轻企业经营负担等。最后，要把粤港澳大湾区建设成“一带一路”的重要节点，中国企业走向世界的桥头堡。要利用香港和澳门的有利地位，加强中国与世界的联系，支持中国企业到海外投资经营，扩大中国与全球的经济合作，开拓海外市场，形成中国合理的全球经济战略布局，促进中国经济稳定发展。

四、总结

新中国成立 70 年来，已经基本形成了独立自主的经济体系，但是在当今复杂的国际经济形势下，要保持中国经济持续、稳定、高质量地发展就必须建设现代经济体系，形成自主创新能力，强大的工业体系，合理的产业结构，均衡的经济布局，绿色可持续的经济模式以及稳定的金融系统。

粤港澳大湾区是中国经济最活跃的地区，建设好粤港澳大湾区，对中国建设现代经济体系有重大的意义。当前，粤港澳大湾区主要面临制度不统一，市场条块分割，无法形成统一的大市场，以及创新能力不足，产业急需升级，区域经济不均衡，环境治理任务重等问题。

要解决这些问题，就要按照建设现代经济体系的要求，其一，依照“一国两制”的基本制度，加强三地政府的沟通协调，进行制度创新，管理创新，破除阻碍生产要素和创新要素自由流动的障碍，充分发挥市场机制的作用，提高经济效益，努力把粤港澳大湾区建成发展共同体。其二，要提高大湾区的创新能力，形成广州—深圳—香港创新走廊，以创新驱动大湾区的经济发展。其三，要大力发展先进制造业，加速升级改造大湾区的产业，淘汰落后的产能，以信息技术打造工业 4.0，转变“中国制造”为“中国智造”，建设湾区强大的工业体系。其四，要大力发展第三产业。大湾区拥有发展国际金融中心的良好条件，大湾区需要从金融的政府管理、市场制度、技术标准等方面加强整合，争创国际金融中心。其五，要加强绿色环保的协作，以统一的标准，严格的管理建设世界美丽湾区。其六，要改善民生，均衡发展。便民、利民、惠民和民心相通是搞好大湾区融合发展的关键。其七，要扩大开放，继续当好改革开放的排头兵、试验田，为中国新时代的改革开放探索经验和模式，为“一带一路”的建设提供有力的支持。

搞好粤港澳大湾区现代经济体系的建设，必将有力地推动中国现代经济体系建设，为新常态下中国经济的持续稳定发展打下坚实的基础。

参考文献

[1] 刘志彪:“建设现代化经济体系:基本框架路径和方略”,《经济理论与经济管理》2018 年第 2 期。

[2] 绿皮书:“蓝绿交汇演绎什么样的生态逻辑?——关于我国重点湾区生态文明建设的报告”,《中国生态文明》2016 年第 2 期。

[3] 张倪:“粤港澳大湾区:“一国两制”框架下的大棋局”,《中国发展观察》2017 年第 22 期。

[4] Gottmann J, “Megalopolis or the Urbanization of Thenortheastern Seaboard”, Economic Geography, 1957, 33 (3): 189 - 200.

[5] 刘志彪:“把握现代化经济体系的内涵和重点”,《理论导报》2018 年第 7 期。

[6] 刘志彪:“建设现代化经济体系:基本框架关键问题与理论创新”,《南京大学学报(哲学·人文科学·社会科学)》2018 年第 3 期。

[7] 吴晓球:“现代经济体系的五大构成元素”,《经济理论与经济管理》2018 年第 1 期。

[8] Perroux, F., 1955, Note Sur La Notion de Pôle de Croissance, Dans Économie appliquée, nr. 8, 307 - 320.

[9] 张胜磊:“粤港澳大湾区发展路径和建设战略探讨:基于世界三大湾区的对比分析”,《中国发展》2018 年第 3 期。

[10] 刘力、许耿斌:“粤港澳大湾区城市群空间协同关系及边界增长潜力分析”,《城市观察》2019 年第 2 期。

[11] 粤港澳大湾区年鉴编委会:《2018 粤港澳大湾区年鉴》,方志出版社 2019 年 1 月版。

[12] 广东省人民政府参事室调研组:“关于建设粤港澳大湾区的几点建议——急国家所需,扬港澳所长,尽广东所能”,《粤港澳大湾区年鉴 2018》。

[13] 曹方:“打造‘多核’联动的粤港澳大湾区创新生态体系”,《中国工业和信息化》2019 年第 5 期。

[14] 毛艳华、杨思维:“粤港澳大湾区建设的理论基础与制度创新”,《中山大学学报》(社会科学版) 2019 年第 2 期。

[15] 王珺、袁俊:《粤港澳大湾区建设报告(2018)》,社会科学文献出

版社 2018 版。

[16] 许长青："广州建设国际创新枢纽的发展战略与路径选择思考：基于粤港澳大湾区高水平大学科技合作的视角"，《广东经济》2018 年第 1 期。

[17] 广州统计局、国家统计局广州调查队：《2017 广州统计年鉴》中国统计出版社 2017 年。

第七篇

经济体制

在市场取向改革中造就边界清晰的“双强”主体[①]

党的十八届三中全会报告指出，经济体制改革是全面深化改革的重点，核心问题是处理好政府与市场的关系，使市场在资源配置中起决定作用和更好地发挥政府作用。改革开放40年来，中国经济取得世界奇迹，就是沿着这个逻辑全面深化改革的结果，就是正确地处理政府与市场的关系的结果，就是使市场在资源配置中起决定作用的结果，也是更好地发挥政府作用的结果。一句话，中国经济的奇迹是市场取向改革的胜利。

一、正确处理政府与市场的关系是改革开放的宝贵经验

总结过去40年改革开放的成功经验和教训，必须指出的第一个重要问题是：如果说过去的改革开放中存在什么不足和问题的话，那一定与政府与市场关系的处理不够好有直接的关系，有的表现为市场取向的改革不足，有的则表现为市场取向的改革过度。前者如过去我们的改革，虽然多次涉及政府机构调整，但是始终是在政府机构内部进行剪裁撤并，没有真正向企业、市场、民间、个人和社会横向放权，没有解决一个发展中大国政府的职能定位和实际边界问题，这种市场化改革不足是政府经常越位、错位、不到位现象发生的直接原因。后者如某些主要应该由政府承担，不应该主要推向市场的领域和活动，如一些基础教育、基本居住、医疗卫生养老等的过度市场化，把包袱甩给社会和居民个人，这些都是导致进一步出现阶层分化、社会不公等现象的主要原因。

总结过去40年改革开放的成功经验和教训，必须指出的第二个重要问题是：当前中国经济中急需要攻坚克难的风险和问题，也是主要由市场取向的改革不足，或政府功能不到位引起的。前者如我们在商品市场化配置改革方面进

① 本文作者刘志彪，南京大学长江产业经济研究院。

步迅速，但是在关键的要素市场化配置的改革方面，却长期迟缓和推进不足，尤其是对资本市场发展的改革，长期实施严厉的行政管理和控制，这就直接影响和阻碍了产业结构的调整，影响了创新驱动体系的建立，影响了投资者利益和人民的财产性收入。后者如本应该充分发挥政府作用的市场监管、扶贫、生态环境保护等领域，因政府把精力和资源过多地投放于经济和市场领域，这种工作努力的错位和不到位，是如今全国都要集中力量打胜“三大攻坚战”的根本原因。

总结过去40年改革开放的成功经验和教训，必须指出的第三个重要问题是：新时代从高速度经济全面转向高质量发展阶段，我们可能会遇到一系列的障碍和困难，但是根子也一定会出在我们对政府与市场关系的处理方面。如过去40年中，中国的地方政府一直充当增长的主体，其准市场主体地位和“为增长而竞争”的机制，虽然是驱动中国经济运行和发展的巨大动力，但是这一竞争模式也带来了预算约束软化、增长质量较低、债务沉重、忽视民生等问题，其发展的风险已经充分暴露，发展的动能也在衰减。新时代我们能不能继续把地方政府界定为高质量发展阶段推动增长主体呢？这显然既涉及中央与地方的纵向治理关系的处理，更涉及如何发挥地方政府在市场中的作用问题。根据中国国情和改革开放40年来的经验教训，我们需要把地方政府“为增长而竞争”的机制，改造“为高质量而竞争”的机制。建设这种竞争模式和机制，是为了贯彻落实新发展理念、建设现代化经济体系的具体行动。在新一轮扩大地方政府自主权的背景下，矫正过去地方政府竞争的目标函数、为中国经济重塑新动力，是推进全面深化改革的一项极其重要的选择。为此要通过对统计体系、标准体系、绩效评价、政策体系等创新，以新发展理念修正地方政府竞争的目标函数及其构成。

二、新阶段市场和政府应充分发挥各自作用

实践真知、理论逻辑和历史视野的分析都告诉我们，作为发展中的大国经济体，政府与市场的关系的处理，总体上必须服从生产力的发展阶段：在收入较低的贫困阶段，经济体系处于赶超发展阶段，增长速度压倒一切，这时市场功能残缺，政府的作用可以大一些；在温饱进入小康阶段，小康型需求对应的大多是重化工业产品，具有较大的规模经济性，这时集聚资源的要求推动着政府实施有效的产业政策，引导企业在形成战略性的支柱和主导产业中发挥更大

的作用；在进入对发达国家的基本现代化的追赶中，因创新发展、民生福祉、生态环境等均衡发展的需要，纠正产业政策长期运行所造成的失衡放到十分重要的地位，这时需要市场在资源配置中发挥决定性作用，但是也需要政府在自己的职能范围内发挥更好的作用。可以预测的是，随着未来中国现代化强国目标的逐步实现，大功能政府的格局将逐步收缩，以人民为中心的权利在民、发展在民、成果在民的体制框架也将真正形成。

在现阶段，全面实现小康的目标即将完成，中国由速度经济追赶，开始进入了在发展质量上全面追赶西方工业化国家的阶段。在这个新时代，政府与市场的关系的选择和处理，市场和政府都弱的体制模式是最糟糕的，必然丢失国家现代化的重大机遇；同时市场弱、政府强的体制模式，不适应高质量发展的复杂要求，也是不可行的；而政府弱、市场强的体制模式，不利于实施经济与非经济领域的均衡战略，不利于纠正市场的缺陷，最终也不利于现代化发展。最理想的政府与市场之间的关系模式，应该是它们都能够在各自的领域中形成强势特征的运行机制，即市场在营利性的经济活动领域强，而政府则在非营利性的监管、社会、文化、民生、环境等领域强。这种双强的格局，在领域上是不能有交叉的，否则强势的政府必然会替代市场。具体来说就是：

“强政府”，不是指干预经济多、干预力度大、干预手段多的政府，而是坚守自己的公共调节职能，坚定不移地控制住自己不干预企业经营和投资的冲动的政府，是坚守政府理性边界，只做适合于自己在市场经济中的角色的政府。就政府行为动机来说，相对于干预经济，“控制住自己不干预”是更加困难的行为，是更强势的政府。通过取消和下放行政审批的内容，政府可以从繁杂的微观事务中退出，将更多的精力放在强化宏观管理上，为市场和社会提供优质的公共服务和外部经济性。

“强市场”，不是市场调节覆盖一切，也不是过度推进市场化，而是在不出现外部性的经济活动中，利用价格机制和供求规律作为资源配置的决定性机制。经济发展的主体力量在市场，企业和民众才是创造财富的主体。通过保护市场主体的合法权益和鼓励公平竞争，激发社会成员创造财富的积极性，增强经济发展的内在动力。在底线范围内放宽宏观经济指标的波动区间，充分调动经济体的自我修复能力，遵循经济基本规律，强化竞争机制和减少垄断领域，重点在金融领域大力推进价格体系改革，扩大市场调节范围。在投资规模较大的重点领域，例如基础设施建设、保障房建设等方面，多运用价格调节杠杆，放宽市场准入吸纳更多社会主体参与，政府退出部分市场空间，让社会提供服务，公平处理国有企业和民营企业在市场重点进退关系，预留市场盈利空间，鼓励创新商业模式。

三、新时代改革开放要处理好三方面关系

新时代的改革开放，在“强政府 + 强市场”的双强体制模式下，需要处理好一系列的关系问题。只有把这些关系处理好了，改革开放才能深入地进行下去。否则，就很容易出现停滞甚至倒退。下面列举三例，作为新时代要处理好的主要问题，谈谈“双强”主体如何在边界清晰的领域中发挥有效的调节作用。

效率与公平关系。经济发展到当前水平之后，如何处理好收入差距拉大的问题？在过去效率优先、兼顾公平的发展模式下，我国居民的发展差距逐步拉大，财富和收入分配的基尼系数达到了比较惊人的地步。在新时代的共享性发展理念下，可以通过“双强体制模式”来逐步纠偏。其中，提低限高的分配和再分配策略，需要强大的政府职能来支撑。提低，不仅仅是要适当增加低收入者的收入水平，更重要的是要完善和提升居民的社会福利水平。居民在公共设施上平均享有的福利，在医疗、教育、基本住宅、养老等方面的支出减少就等于增加了他们的收入，等于平均地提升了他们的富裕程度。限高，则需要在调高个人所得税起征点的基础上，堵住少数高收入者的漏税渠道，对其进行有效的再分配调节。另外一个就是要大力培育中等收入阶层。这除了要用国家税收制度调整外，关键是靠市场、靠民间、靠企业的功能的发挥。现在的个人所得税制度，其实已经演变为“工薪阶层税”，非常不利于中等收入阶层的培育。我们应该提倡、鼓励发展那些具有较强经济实力的企业进行内部分配改革，如鼓励员工持股、采取首席技工制度、鼓励技术作价入股等，鼓励这些企业为“中国中等收入阶层崛起”做贡献。

政府、社会、市场关系。如何厘清三者的边界，界定好各自的功能，是未来推进实质性改革的重要内容。传统改革的发力点是重建中央与地方的关系，实质上是中央向地方的纵向分权。在纵向改革取得突破性成就之后，都没有紧接着由纵向改革路径转向横向改革路径，没有实现从纵向分权逐步向横向放权过渡，没有使改革真正涉及政府与社会、市场、企业、公民个人的关系，没有逻辑地让后者担负起应尽的发展责任，因而这些受压抑的主体的活力不可能充分发挥，既缺少来自这些主体的发展动力支持，也使政府规模在改革中越做越

大。这是过去纵向改革中集权与分权问题无解的本质原因，也为我们破解这个难题指明了正确方向。发展权向社会、民间、市场、企业、个人不断下放，才能塑造出独立的有能力承担发展责任的主体，才能说全面深化改革取得了真正实质性的、突破性的成就。改革的这种道理并不深奥。过去在民间、市场、社会组织功能发育不足、功能残缺的条件下，中央集权体制难以放手实施这种实质性改革，无法让其承担资源配置和各种治理的功能，最后只能再次由政府承担起它自身不应该、不能够和不足以承担的各种社会经济职能。这是政府"越位、错位、不到位"现象难以克服的真正原因。因此，为了促使纵向改革尽快转向横向改革，基本对策是要改革政府职能和机构、放松市场和社会管制、培育替代政府配置资源功能的各种横向组织等。推进这些改革与推进国家治理体系和治理能力的现代化的改革总目标是一致的。

国内与国外的关系。中国未来的全球开放体系如何建设？这也需要我们正确地处理政府与市场的关系。总的原则是要把过去由政府创造非均衡竞争优势的政策取向，转向以创造公平竞争市场环境的政策取向。这是中国顺应新型经济全球化的时代潮流，在开放条件下建立大国间关系，促进高水平开放所做出的重大战略抉择。过去中国在短缺经济的背景下，为了实现快速经济增长，满足人民群众不断增长的物质文化生活需要，经常利用产业政策手段扭曲资源配置，把资源集中到特定的重要部门使用。如为了鼓励某些部门的快速出口增长，可以采用包括制定低价、补贴在内的各种扭曲生产要素价格的方式，支持这些部门的企业迅速扩张；也可以为了扶持某些"战略部门"成长，故意阻隔某些部门的外来者竞争，让其长期获取高利润而限制进口，或者利用行政手段禁止民营企业和外资企业的自由进入。因此产业政策是用来创造非均衡的竞争优势的，它对于政策施加对象来说，天生就是不平等的，不仅使国内不同所有制企业的政策环境不均等，也使国内外经济主体之间的政策环境不均等，还使同一经济主体在不同的区域处于不同的政策环境。所有制歧视、产业歧视和空间歧视等，是实现政策的基本手段和工具。过去的这种产业政策适应了我国作为发展中大国经济的总体特征，总体上看也是非常成功的。但是中国现在已经成为世界第二大经济体、第一大工业国、第一大货物贸易国、第一大外汇储备国。40 年来，中国人民生活从短缺走向充裕、从贫困走向小康，因此非均衡发展的赶超型产业政策，对于建设新型的国内与国外的关系来说可能不再适用，应该做出较大的调整。这种性质的产业政策会带来我国经济运行中的重大结构失衡，如产能严重过剩、出口依赖太重、企业杠杆过高、实体企业盈利能力低等一系列问题和矛盾。在新时代高质量发展目标的驱动下，过去那种相对封闭的以培育新兴产业、增加生产能力为导向的赶超型产业政策，急需转向以竞争政策为基础的高水平开放格局。这是中国坚定走市场取向改革道路的重要体现，是扩大对外开放、创造内外企业公平竞争环境的重大举措。第一，当前急需要由市场准入限制，逐步转向大幅度放宽市场准入管制，增加经济的竞争性，为民众提供更多的高质量的商品和服务，为消费者增加更多的选择性。第二，当前急需要由政府制定优惠政策吸引投资，逐步转向为企业投资创造更有吸引力的环境。第三，当前急需要由模仿创新发展，逐步转向以知识产权保护为重点的自主创新发展。第四，当前急需要从鼓励出口导向，逐步走向主动利用内需来扩大进口，吸收全球最先进的生产要素为我所用。改革开放 40 年来的实践充分证明，中国经济不怕放开，不怕竞争，但是怕封闭。

全面深化改革与结构性改革①

——健全现代化经济体系的资源配置机制

一、引言

加快完善社会主义市场经济体制，既关乎中国特色社会主义制度的成熟与定型，也关乎化解新时代社会主要矛盾并构建新的动力机制，是建设现代化经济体系的制度性命题，需要坚持全面深化改革与结构性改革辩证统一。相较于改革开放 1.0 版本，深化经济体制改革要以全面深化改革为动力，以结构性改革为主线，建构起内源性动能主导和高质量发展导向的资源配置格局。所谓内源性动能主导，包括“市场—政府”维度的市场内生动力主导，以及“内需—外需”维度的内需和自主创新主导，其基本逻辑是“内源主导，内外联动”。其中，市场与政府的关系是决定性的，内需与外需关系归根结底依附于市场与政府关系。因此，建设现代化经济体系必须坚持市场取向改革逻辑，聚焦政府与市场关系，通过深化改革破除体制阻力、优化体制助力、增强市场活力，建立健全高质量发展导向的资源配置动力机制和结构演进机制。党的十八大以来，中央做出引领体制机制改革的重大战略部署和理论创新，主要包括“四个全面”战略、“创新、协调、绿色、开放、共享”发展理念、“发挥市场配置资源的决定性地位，更好发挥政府作用”、高质量发展和建设现代化经济体系、“建构市场机制有效、微观主体有活力、宏观调控有度的社会主义市场经济体制”等。上述战略部署、理论创新所呼应的经济体制改革核心，是聚焦资源配置命题的市场主体权利义务、各级政府职权责任及其相互关系的系统优化，其突破口是基于市场主体权利义务的政府权责匹配。为此，深化经济体制改革需要“从市场机制建设着眼，从政府职能转型着手”，以政府效能改革

① 本文作者王修志，广西师范大学经济管理学院。

优化市场机制和宏观调控、激发微观主体活力，建构起政府与市场“两只手”高效协同的新机制，从而优化资源配置并推动高质量发展。

二、优化资源配置：中国经济发展的市场取向改革之道

（一）优化资源配置是发展社会生产力的主要途径

新中国成立70年尤其是改革开放40年，中国的改革发展逻辑，总体上是以优化资源配置为主线而建构起来的，其核心命题是改革资源配置中的政府与市场关系，主要是政府向市场让渡资源配置权利，从而激发微观主体发展活力并提升资源配置效率。历史地看，20世纪70年代的改革开放历史性决策，主要“取决于对‘文化大革命’的深刻反思”“对中国发展落后的深刻反思”“对国际形势的深刻反思”。其实质，是认知社会主义、建设社会主义的重大理论和政策命题，核心是以体制改革优化资源配置，提升要素生产率和社会生产力，夯实社会主义的物质基础。对此，邓小平曾明确指出：“社会主义的本质，是解放生产力，发展生产力，消灭剥削，消除两极分化，最终达到共同富裕。”[①] 循着这一思路，在马克思主义生产关系与生产力互动理论指导下，我们党在实践中摸索出一条以经济体制改革激发微观主体活力，从而解放和发展生产力的社会主义建设道路，即社会主义制度与市场这种资源配置机制相结合的中国特色社会主义市场经济之路。从这个意义讲，“过去40年改革的最大成就，是传统计划经济逐步转变成为一种新型但不完全的市场经济”。在政策操作层面，经济体制改革主要是资源配置机制变革，即从传统的行政指令配置资源，转变为以市场价格、供求、竞争机制引导资源配置。

（二）市场配置资源的地位及市场和政府关系的渐进演变

党的十一届三中全会以来，我国经济体制演进大致可分为两个阶段：一是从计划经济体制转型为市场经济体制，可称之为体制转轨阶段；二是进一步发展为有中国特色的成熟且先进的社会主义市场经济体制，可称之为体制升级阶段。其中，党的十五大提出“使市场在国家宏观调控下对资源配置起基础性

① 邓小平：《在武昌、深圳、珠海、上海等地的谈话要点》（1992年1月18日至1992年2月21日）。

作用”，党的十六大提出“在更大程度上发挥市场在资源配置中的基础性作用”，党的十七大提出“从制度上更好发挥市场在资源配置中的基础性作用”，党的十八大提出“更大程度更广范围发挥市场在资源配置中的基础性作用”。同期的理论研究也大体勾勒出以政府放权让利为基调的改革脉络，阐释了计划与市场、所有制与分配制度、产权制度、国企改革、宏观调控等诸多重大理论和政策命题，发展了中国特色社会主义市场经济的制度内涵。40 年间，市场从无到有，从小到大，经济长足发展，实现了“市场取向改革的胜利”。当然，从生产关系与生产力矛盾运动规律看，这将是一个持续不断完善的过程。

（三）优化资源配置有赖于技术创新与制度创新的交互作用

在经济总量扩张导向下，过去 40 年的经济体制改革，主要是从制度和技术两个维度为优化资源配置创造条件。就制度条件而言，主要是通过放权让利为内核的一系列改革，激发企业、居民家庭等微观主体和地方政府内生的资源配置动力，同时通过放开市场管制和价格改革，以市场供求关系和价格信号引导微观主体的资源配置决策。就技术条件而言，则主要是通过外贸和外商投资领域的一系列改革，成功地引入外资技术和外部市场，促成了劳动、土地等生产要素与先进技术、管理和市场的高效融合，优化了微观层面的资源配置方式，实现了以工业化、城市化、国际化为载体的资源配置效率提升。因此，改革的要义即在于以体制创新驱动技术创新，从而持续优化资源配置。

三、建设现代化经济体系：高质量发展的资源优化配置要求

（一）目标和问题导向下的改革发展路径考量

市场取向的经济体制改革和对外开放，从总量和结构两个维度极大地优化了资源配置，提升了资源配置效率和要素生产率，创造了过去 40 年的经济增长奇迹，中国特色社会主义也由此进入高质量发展阶段。在这个高速增长过程中，超过 90 万亿元人民币的经济总量和 9000 万人的科技人力资源总量，以及庞大的中产阶层和成长起来的一大批各类所有制性质的企业，为优化资源配置蓄积了巨大潜能。与此同时，“发展中不平衡、不协调、不可持续问题依然突出，科技创新能力不强，产业结构不合理，发展方式依然粗放，城乡区域发展差距和居民收入分配差距依然较大，社会矛盾明显增多，教育、就业、社会保

障、医疗、住房、生态环境、食品药品安全、安全生产、社会治安、执法司法等关系群众切身利益的问题较多……”在此背景下，高质量发展作为新的历史使命和发展特征，亟待理论研究和政策实践破题。金碚（2018）就认为：“将‘高质量’作为一个核心概念置于重大政策意涵表达之中，是对经济学的一个挑战。”

党的十九大报告指出，经济从高速增长向高质量发展转型，是当前和今后一段时期经济工作的使命所在，重点是转变发展方式、优化经济结构、转换增长动力，“建设现代化经济体系是跨越关口的迫切要求和我国发展的战略目标”。对此，习近平总书记在中央经济工作会议上指出：“现代化经济体系是由社会经济活动各个环节、各个层面、各个领域的相互关系和内在联系构成的一个有机整体。要建设创新引领、协同发展的产业体系；要建设统一开放、竞争有序的市场体系；要建设体现效率、促进公平的收入分配体系；要建设彰显优势、协调联动的城乡区域发展体系；要建设资源节约、环境友好的绿色发展体系；要建设多元平衡、安全高效的全面开放体系；要建设充分发挥市场作用、更好发挥政府作用的经济体制。”[①] 由此可见：一是建设现代化经济体系，必然涉及经济发展逻辑的系统优化，其中体制机制既是制度基础，也是经济体系建设的重要内容；二是建设现代化经济体系，实质是高质量发展导向下资源配置的系统优化。简言之，建设现代化经济体系，就是要系统性地优化资源配置，最终实现中国特色社会主义制度前提下的高质量发展。

（二）优化资源配置是现代化经济体系和高质量发展的内在要求

相较于总量扩张导向下传统经济体系外源性动能驱动的资源配置而言，优化资源配置的基本逻辑就在于实现内源动能驱动，即更多依靠市场内生动力和内需及自主技术创新。[②] 具体来说，面向现代化经济体系和高质量发展的资源配置，至少应体现以下“优化”特征：（1）资源配置目标和约束条件更加多元。高质量发展阶段，资源配置首先是经济命题，同时又是社会、生态、文化和政治命题。为此，需要以经济建设为中心，增强经济建设对社会建设、生态建设、文化建设、政治建设的牵引作用，同时又更注重社会、生态、文化和政

① 习近平：“中央政治局第三次集体学习讲话”，2018 年 1 月 30 日。

② 所谓外源性动能驱动，特指资源配置在总体上由外资技术、外部市场和政府之手主导。

治建设对经济建设的约束和支撑作用。总之，资源配置必须有助于“在更高的层次上有效地缓和和抑制‘效率和平等之间的冲突’”。（2）资源配置要更多聚焦实体经济和创新驱动。建设实体经济、科技创新、现代金融、人力资源协同发展的产业体系，是建设现代化经济体系的产业根基。其中，创新引领和实体经济是最为重要的两大战略支柱，是资源配置的战略方向。（3）资源配置要更强调对内对外开放的统筹融合，要“以内为基，内外联动”，形成内源动能驱动的新格局。为了实现高质量发展目标，必须要更好地统筹国际国内两个市场，两种资源，使优质资源在更广范围、更深程度有效融合。其中，释放大国潜在的内需优势，是优化资源配置动能的努力方向。（4）资源配置要更注重城乡、区域协调，强调要素在区域空间自由流动和配置。“协调”“共享”是高质量发展的两大特征，所谓资源配置优化，必须要更多兼顾城乡、区域的协调发展，共享发展成果。

四、全面深化改革：改革升级逻辑与创新资源配置动力机制

（一）现代化经济体系和高质量发展目标导向下的改革升级

建设现代化经济体系，推动高质量发展，取决于效率与公平兼顾的资源配置，优化资源配置则必须要坚持全面深化改革。党的十八大以来，为了适应发展的新形势、新任务，从根本上贯彻新发展理念并转变发展方式，中央做出“四个全面”的战略部署。就以优化资源配置为关键性中介变量的改革发展逻辑而言，十八大确立的全面深化改革战略，以及党的十八届三中全会通过的《关于全面深化改革若干重大问题的决定》，其要义就在于坚持全面深化改革，发展和完善中国特色社会主义市场经济体制，促成政府与市场“两只手”高效协同，优化资源配置的动力机制，充分发挥市场配置资源的效率优势和政府在资源配置中的宏观调控效能，最终实现完善和发展中国特色社会主义，推进国家治理体系和治理能力现代化的目标。从这个意义讲，“党的十八届三中全会也是划时代的，开启了全面深化改革、系统整体设计推进改革的新时代，开创了我国改革开放的全新局面”。①

高质量发展阶段，全面深化改革战略是高速增长阶段改革战略的系统升

① 见习近平总书记 2019 年 1 月 23 日在中央深改委第六次会议上的讲话。

级，改革的动力逻辑也相应发生变化。在坚持经济建设中心地位和中国特色社会主义市场经济改革方向的前提下，全面深化改革战略的系统升级主要表现在：（1）改革的重点——从经济领域转向以经济为主轴，经济、社会、文化、政治、生态“五位一体”的全方位改革；（2）政府与市场的关系——从让市场在资源配置中起基础性作用到其决定性作用；（3）改革的方法——从增量、双轨制、渐进式等改革形式，转向以存量改革为主和一体化的全面改革；（4）改革的特征——从摸着石头过河的自发、零散和独立性，转向强调顶层设计的系统性、整体性、协调性改革。显然，全面深化改革战略就是要化解经济长期高速增长阶段累积的多元矛盾，并从根本上统筹推进经济、社会、文化、政治、生态“五位一体”的社会主义建设，用“创新、协调、绿色、开放、共享”的理念建设现代化经济体系，并引领高质量发展。站在新的历史起点上的改革，既要夯实经济发展这个物质基础，凸显经济建设的中心地位，同时也要高度重视社会、文化、政治和生态发展对经济发展的约束及反馈作用。总之，全面深化改革是涉及社会主义现代化建设各领域的全面、系统、深入的体制改革，重点是经济体制改革，要发挥经济体制改革对其他领域体制改革的牵引作用，也要重视其他领域改革对经济体制改革的约束和支撑。相应地，从经济建设为中心的“五位一体”发展目标出发，优化资源配置的动力逻辑也出现新特征：一方面，要基于“发挥市场配置资源的决定性作用，更好发挥政府作用”这一重大理论创新深化经济体制改革，使市场之手与政府之手高效协同，以增强市场活力为重点优化资源配置的动力机制；另一方面，经济发展动能不足，反映了社会、生态、文化、政治等领域发展对经济发展的反向约束，要通过深化社会、文化、生态、政治等领域的体制改革，为经济体制改革提供动力，其要义是破除体制阻力、优化政府助力。

（二）全面深化改革应聚焦资源配置动力机制创新

全面深化改革要“发挥市场配置资源的决定性作用，更好发挥政府作用”，创新政府与市场协同优化资源配置的“三力合一”动力机制。[①] 如前所述，建设现代化经济体系并推动高质量发展，关键是要充分发挥市场配置资源的效率优势。在社会主义市场经济体制下，市场的效率优势不仅与市场体系的

① “三力合一”的资源配置动力机制是指增强市场活力、破除体制阻力、增强体制助力，目标是在激发内需的基础上实现创新驱动，优化资源配置，建设现代化经济体系并推动高质量发展。

发育程度相关，更与政府角色和作用密切相关。其实质是资源配置的市场主体权利与政府行政权力的相互关系。因此，要通过深化改革激发市场活力，增强政府助力，破除体制阻力，动力机制的着眼点在市场主体权利，着力点则首先在政府行政权力。相较于总量扩张阶段的动力机制而言，高质量发展的资源配置“三力合一”动力机制应有如下创新意涵：

其一，在发挥市场配置资源决定性作用和更好发挥政府作用的重大理论创新指导下，系统性优化市场无形之手与政府有形之手的合力逻辑。“使市场在资源配置中起决定性作用和更好发挥政府作用，两者是有机统一的，不是相互否定的，不能把两者割裂开来、对立起来”。市场配置资源的决定性地位，意味着政府必须从总量扩张导向的资源配置具体活动中退出来，同时也意味着政府必须更多关注市场秩序、市场机制的建设和维护，必须统筹多元发展目标，更高水平地从宏观层面引导资源配置。简单说，就是要实现“市场机制有效、微观主体有活力、宏观调控有度”。

其二，以完善产权（包括知识产权）制度、健全市场体系、提升市场准入、优化分配激励、促进要素流动、强化公平竞争等为基础，全方位加强市场建设，最大限度激发和释放基于市场权利的微观主体内生活力。[①] 显然，这是市场发展新阶段“放权让利”改革的升级版，是真正基于成熟市场的活力增进机制。其中，以制度创新推动资本市场、土地市场、产权市场、技术市场等要素市场体系培育，依托市场内生的优胜劣汰机制改善市场供给主体结构，将极大地激发市场活力。

其三，以市场化、法治化、国际化准则和标准，最大限度发挥政府在公共服务、制度供给领域的体制助力，最大限度抑制政府越位、错位所致的体制阻力。政府职能转型是全面深化改革的“先手棋”。其思路是自上而下淡化经济增长的指标约束，强化市场导向、区域空间视野和“创新、协调、绿色、开放、共享”理念下的公共服务和制度供给，从而弱化地方各级政府干预微观经济活动和资源配置的内在动力，强化与行政权力匹配的公共服务职责。这个转型，需要坚持法治原则，对标国际先进水平。

---

① 此处的市场权利，包括产权、市场参与权、经营决策权、公平竞争权、收益分配权等。

五、结构性改革：化解结构性矛盾与优化结构内生演进机制

（一）结构性改革是后危机时代广受关注的世界性命题

结构性改革的雏形，大致源于20世纪70年代国际货币基金组织和世界银行扶贫贷款和救助性项目中所附加的结构性调整项目。其基本宗旨是加快推动发展中国家走向华盛顿共识，主要措施包括构建自由市场制度、解除政府规制、推动私有化、实施财政紧缩和平衡预算、减少贸易壁垒等。2007年美国次贷危机之后，全球经济持续不振，结构性失衡矛盾凸显，各主要经济体和国际经济组织相继将结构性改革政策视为与财政政策、货币政策并列的宏观经济政策，旨在促进增长、增强信心、维护和增进复苏。2016年9月，在中国的倡议和各国携手推动下，20国集团首脑杭州峰会公报就结构性改革议程作了顶层设计，确定了结构性改革的9大优先领域和48条指导原则，并制定了衡量结构性改革进展的指标体系。这9大结构性改革优先领域包括：促进贸易和投资开放、推进劳动力市场改革及获取教育与技能、鼓励创新、改善基础设施、促进财政改革、促进竞争并改善商业环境、改善并强化金融体系、增强环境可持续性、促进包容性增长。总体看，这些改革措施体现了“以政府有形之手撬动市场无形之手”的结构演进动力逻辑，促进市场开放、推动技术创新、增强公共服务、改善宏观调控、优化市场机制是其逻辑要点。

（二）结构性改革须立足于化解深层次的结构性矛盾

针对新时代社会主要矛盾的变化，习近平同志对中国情境下的结构性改革作了系统阐述，并就结构性改革的实施路径作了战略部署。习近平同志曾多次强调，“当前和今后一段时期，经济发展中的矛盾和问题，供给和需求两侧都有，但矛盾的主要方面在供给侧；总量和结构矛盾都有，但主要矛盾在结构性矛盾，突出表现是供给结构不适应需求结构”。“为了从根本上解决经济的长远发展问题，必须坚定推动结构改革”。[①] 我们看到，自2015年结构性改革作为战略概念被首次提出，到后续改革进程和政策实践的不断深化，都集中体现了中国经济改革的问题导向特征。针对经济高速增长过程中累积的产能过剩、

① 见习近平同志2016年9月5日在20国集团领导人（杭州）峰会第一阶段会议上的发言。

杠杆过高、库存过多和微观主体负担过重，以及教育、医疗、养老等民生保障领域的短板和核心技术供给不足、高质量供给不足等弱项，结构性改革的政策实践大体已经历了三个阶段：2015 年强调“三去一降一补”——2017 年强调“破”“立”“降”——2018 年强调“巩固、增强、提升、畅通”新导向。

（三）结构性改革要着眼于优化资源配置的结构内生演进机制

经过近年来的持续发力，结构性改革已取得阶段性胜利，高质量发展导向和建设现代化经济体系目标的改革发展共识已在全社会广泛形成。进入新阶段，改革的战略重心应在于优化市场机制和宏观调控，进一步增强微观主体活力，即“市场机制有效、微观主体有活力、宏观调控有度”。其目标是通过市场机制与宏观调控的有效协同，建立健全创新驱动的资源配置结构演进机制，这种演进机制应该呈现典型的“内源驱动”特征。就“市场机制有效”而言，应秉持以体制机制创新驱动技术创新的创新发展逻辑，在提高市场准入、扩大市场开放前提下，以开放型市场的公平竞争机制为核心，健全各类要素尤其是土地、资本、技术等关键要素，以及各类商品的市场价格机制和供求机制。同时，还应着力克服市场的不完善性、确立市场竞争规则、创造适合创业创新的良好环境，加强和完善市场监管，真正实现市场机制有序、有效。就“宏观调控有度”而言，则大体包括宏观调控的力度、精度、效度，涉及细分调控类型、明确调控方向、注重调控实效等。此外，宏观调控应处理好市场与政府关系的“度”、长期和短期之间的“度”、内部和外部之间的“度”。就“微观主体有活力”而言，则重在强化创新驱动发展导向，完善产权（包括知识产权）保护制度，建立健全市场化、法治化、国际化的营商环境，通过制度性的“减税降费”有效降低企业和居民的发展成本，给予微观主体稳定的资源配置决策预期。

总之，结构性改革要统筹于全面深化改革战略。要秉持“发挥市场配置资源的决定性作用，更好发挥政府作用”的重大理论创新精神，“从广度和深度上推进市场化改革，减少政府对资源的直接配置，减少政府对微观经济活动的直接干预，加快建设统一开放、竞争有序的市场体系，建立公平开放透明的市场规则，把市场机制能有效调节的经济活动交给市场，把政府不该管的事交给市场，让市场在所有能够发挥作用的领域都充分发挥作用，推动资源配置实现效益最大化和效率最优化，让企业和个人有更多活力和更大空间去发展经济、创造财富”。同时，“要切实转变政府职能，深化行政体制改革，创新行政管理方式，健全宏观调控体系，加强市场活动监管，加强和优化公共服务，促进社会公平正义和社会稳定，促进共同富裕”。

六、重点领域改革：健全资源优化配置的关键性制度供给

（一）深化关键性要素市场改革，健全要素高效流动的制度供给

生产要素的市场化自由流动，是优化资源配置、提升资源配置效率从而提升社会生产力的前提。从我国社会主义市场经济的发展实践看，要素市场改革长期滞后于商品市场改革，成为市场化深化的瓶颈性约束，也是当前区域、产业维度结构性矛盾的根源，还加剧了权力寻租和国民财富分配的扭曲。其中，土地、资本、技术、人力资本等关键性生产要素的体制性约束尤其突出。为此，要以开放、竞争理念为指导，以扩大要素市场准入、规范要素市场秩序、明确要素各类权益等为制度基石，“破”“立”结合，破除阻碍要素市场开放和要素流动的各种制度障碍，建立公开、公正、公平、透明的要素流动机制。

（二）深化竞争力导向的国企改革，健全企业公平竞争的制度供给

一段时间以来，围绕国有企业和非公企业的市场地位、竞争关系，引发了一系列争论，给社会主义市场经济体制改革造成了一定的困扰，也影响到市场主体的发展预期。在这些争论和困扰的背后，应该反思长期以来业绩目标导向的国企改革逻辑之弊。正是由于以业绩指标为指挥棒，极易诱发政府尤其是国资管理部门的干预冲动，甚至不惜动用行政权力为国企创造事实上的垄断条件。显然，这是与社会主义市场经济体制改革的大逻辑相悖的。在达成业绩目标的同时，这些改革举措对市场竞争机制的破坏可能是更深远的。因此，从优化竞争的供给制度出发，国有企业改革需要强调过程逻辑而非指标逻辑，国有资产的保值增值必须建立在企业核心竞争力提升的基础之上。要从制度上明确国有企业的市场竞争主体角色，构建统筹市场竞争与宏观调控目标的国有企业竞争力指标体系，建立健全以核心竞争力评价为重点的国有企业评价制度，使国有企业成为国际国内市场竞争的平等参与者，成为执行优胜劣汰竞争规则的标杆。

（三）深化技术创新导向的财政金融改革，健全实体经济转型发展的制度供给

推动实体经济转型发展是建设现代化经济体系的产业基石。显然，实体经济高质量发展，不仅仅是技术创新命题，同时更是制度创新命题。已有的研究成果充分证明，金融业和房地产业的畸形发展，是导致实体经济走弱的重要原因，并进一步加剧资源配置扭曲。而现行财政体制，“即中央和地方政府之间安排财力的体制，是导致我们现实中经济社会几乎一切问题的根源”。要深化财政金融体制改革，从根本上矫正实体经济与金融、实体经济与房地产的扭曲格局，建设以实体经济为基础的良性运转、充满活力的经济体系。为此，要坚持技术创新导向，从财权事权关系、信贷调控机制、资本市场建设等方面优化财政金融领域的制度供给，使财政资源、金融资源更多服务于实体经济创新发展。

七、提升政府效能：促成政府与市场高效协同的关键之举

全面深化改革和结构性改革要落到实处，并推动社会主义市场经济体制升级，提升政府效能是“改革成功之钥”。政府效能建设既是一个操作建议命题，也是一个方法认知命题，而且方法论的认知可能比操作建议本身更重要。面对新问题、新情况，从推动政府与市场协同互动而言，改革开放初期的“放权让利”时至今日仍具有指导意义。这一朴素的改革指导思想之所以成功，主要就在于它契合了民众对发展权及发展利益的基本诉求。因此，政府改革应聚焦转型阶段资源配置的市场诉求和顶层目标要求，围绕职能转型、效能提升，拓展“放权让利”的改革指导意义。

（一）提升政府效能，要明确“政府之手”的内生改革逻辑，把握中国特色社会主义市场经济提质升级阶段的市场发展诉求

总体来看，中国特色社会主义市场经济已从外延式增长向内涵式增长转型，这里的外延与内涵，不仅仅是增长的技术性特征，更重要的是增长的体制机制特征。简而言之，主要表现为经济运行机制更富效率、更加公平。这种机制改进既有赖于市场意识的普及和市场自身的扬弃，也有赖于政府之手的推动，即政府对资源配置中行政权力的扬弃。就中国特色社会主义市场经济的演

进规律而言，数量发展目标的外延式增长，政府之手重在资源配置的直接干预，以突显快速高效的规模集聚效应；质量发展目标的内涵式增长则需要政府之手减少对资源配置的直接干预，重在为资源配置提供高水平的微观监管、公共服务和宏观调控，需要政府保障市场良序运转。从市场运行中内生的服务和制度需求看，需要更透明、健全的准入退出，更及时、有效的信息披露，更开放、公正的竞争环境，更高效、便捷的行政服务，更完善、充分的公共服务。从市场经济提质升级和社会转型发展诉求看，需要更严格的质量规范，更严格的惩罚制度，更先进的技术应用规范，更环保的生产经营规范，更高效的社会服务规范。需要强调的是，作为市场经济的一种创新模式，中国特色社会主义市场经济的体制优势还应该表现为更为公正有效的宏观调控，尤其是不同所有制经济成分之间基于公平竞争的利益协调机制，以及微观主体之间、微观主体发展与社会发展之间的利益协调机制。

（二）提升政府效能，要统筹“放权、让利”与“确权、明责”，聚焦资源配置调控中行政权力与市场权利的制度供给与改进

其基本逻辑，是从市场权利出发，规范、优化政府行政权力。政府既是资源配置的利益相关者，也是资源配置活动的调控者、监管者。作为利益当事人，需要深化“放权、让利”；作为监管、调控者，需要聚焦公共产品供给“确权、明责”。制度改进的核心，就是基于高质量发展的市场资源配置需求，健全“权、责、利”规范；制度改进的内容，主要是确权机制、放权机制、用权机制、监督机制、服务机制；制度改进的目标，在于权责明晰、放得彻底、让利到位、监管有效、问责有力。现阶段的重点，一是以公平竞争为原则，推动市场准入、国民待遇、反（行政）垄断、知识产权保护等制度的完善；二是以能源、土地等关键性资源要素供给为基础，健全能源、通信、教育、医疗、住房等民生刚需领域的供需调节机制；三是以信息体系建设为基础，健全市场价格信息披露及违规行为监测、发现机制；四是以信用体系为基础，资本市场、食品药品市场为典型，健全常态化的市场监管机制，以及对违规者的严厉惩罚及市场退出机制；五是激励约束并举，健全执法者的权、责、利关联机制。就制度改进的形式而言，一要及时推进市场法律法规和规章制度的废改立，特别是涉及技术标准、质量标准、市场准入和退出、执法规范等方面的法规；二要及时将党和政府的意见、政策等制度化，明确政策以制度为基准的原则，避免政策、法规、制度混淆甚至以政策替代法规、制度的现象，约

束行政权力并维护政策效力；三要将负面清单和正面清单相结合，市场行为的负面清单应该成为市场监管的正面清单；四要及时总结营商环境建设、“放管服”试点工作的实践经验并将其制度化。总之，既要挖掘制度内生演进的特征，也要加强外源性制度的学习借鉴。

（三）提升政府效能，要统筹“减事、减人、降负、增效”，推进有利于行政资源配置的组织建设与创新

组织创新是市场经济系统演进的内生特征，其目标指向在于市场运转更富效率、更加公平。改革开放以来，尽管已实施多轮行政管理体制改革，但困扰市场发展的行政机构结构性矛盾总体上仍未得到根本化解。机构臃肿、功能交叉、“官多兵少”等行政资源错配掣肘了行政效率提升，加重了资源配置的制度成本。行政组织结构的固化与异化并存，进一步加剧了改革面临的利益阻力。问题的症结主要在于行政权力在市场资源配置中的寻租，在于行政机构基于部门利益而非市场和公众利益为自己赋权。要秉持“放权、让利”“确权、明责”的制度改进逻辑，不仅将权力关进笼子，还要将权力置于阳光之下，坚持依法行政、依法追责原则，最大限度压缩权力寻租空间。在此基础上，坚持资源配置的效率导向，按供给侧结构性改革思路，去行政部门的“过剩产能”，基于市场发展中的微观监管、公共服务和宏观调控需求，推动行政职能部门“关停并转”。在行政组织创新命题上，应该大胆借鉴企业组织演进中的成功经验，比如行政层级扁平化等，优化职能和部门设置，实现“减事、减人、降负、增效”的综合目标。最根本的，则是构建起基于市场活力导向的行政机构组织内生演进机制。

此外，政府效能改革中的制度改进和组织创新要注意总结各地区、各部门在实践中的经验教训。特别是各级各类开发区、试验区、协作区、自贸区的实践，以及各地的商事制度改革、放管服改革、营商环境改革等实践。总之，政府效能建设应服务于、服从于国家治理体系和治理能力现代化这一改革目标，统筹于全面深化改革和结构性改革大局，真正凸显经济体制改革逻辑中的制度改进、组织创新意涵。要在改革中形成更加合理、高效的财权事权关系、激励约束关系，引导社会资源更高效率、更加公正合理配置。

参考文献

[1] 习近平：《论坚持全面深化改革》，中央文献出版社 2018 年版。

[2] 陈东琪:《通向新增长之路——供给侧结构性改革论纲》,人民出版社 2017 年版。

[3] 刘志彪、陈启斐:《市场取向改革的胜利:纪念中国改革开放 40 周年》,中国财政经济出版社 2018 年版。

[4] 金碚:“关于‘高质量发展’的经济学研究”,《中国工业经济》2018 年第 4 期。

[5] 刘志彪等:《全面深化改革与中国长三角地区的试验》,中国人民大学出版社 2015 年版。

[6] 周密、张伟静:“国外结构性改革研究的新进展及其启示”,《经济学动态》2018 年第 5 期。

[7] 方福前等:《供给侧结构性改革与中国经济发展》,中国经济出版社 2018 年版。

建设现代化经济体系的法治保障[①]

建设现代化经济体系，必须有赖于法治长久的重要保障。中国改革开放的历程，就是从计划经济不断向市场经济转变的过程，同时也是中国特色社会主义法治不断嬗变的过程，是深化依法治国在新发展当中的生动实践。社会主义法律体系的建设与完善，折射了市场经济从弱小到强大，从部分到全局的发展过程。党的十九大报告提出了新时代中国特色社会主义思想和十四项基本方略，其中第四和第六项方略为坚持新发展理念与坚持全面依法治国，为建设现代化经济体系的法治保障指明了方向。

一、法治与市场经济的发展

改革开放越是深入，越要强调法治。改革开放以来，特别是党的十八大以来，党和国家尤其重视法治建设。2014 年 10 月 23 日，中共十八届四中全会通过了《中共中央关于全面推进依法治国若干重大问题的决定》，提出的第一项重要任务就是完善以宪法为核心的中国特色社会主义法律体系，加强宪法实施。这是党中央第一次单独就社会主义法治建设召开会议。2017 年 10 月 18 日，习近平总书记在新时代中国特色社会主义思想和基本方略中提出了坚持新发展理念和坚持全面依法治国，首次深刻指出了全面依法治国是中国特色社会主义的本质要求和重要保障。同时还提出了贯彻新发展理念，建设现代化经济体系的宏大命题。[②] 结合党和国家机构改革，党中央于2018 年成立了中央全面依法治国委员会，习近平总书记亲自担任委员会主任。

法律是上层建筑，相对社会经济的发展有一定的滞后性。但是，法律的重要原则不会过时，立法可以具有适度的超前性。总的来说，社会主义法律体系

---

① 本文作者汤秀平，上海钧智律师事务所。

② 习近平：“决胜全面建成小康社会夺取新时代中国特色社会主义伟大胜利”，中国共产党第十九次全国代表大会上的报告，2017 年10 月18 日。

建设的过程与社会主义市场经济的演进过程是相辅相成、相向而行的。其中既有直接规范市场与交易主体的民商事法律修改完善，又有政府管理方式与社会发生深刻变化，行政涉外等其他法律的陆续制定。法律为改革开放和市场经济的发展提供了行动规范和外部保障，同时改革开放的制度成果和市场经济发展的巨大影响，又引发法律的修订——好的实践做法，“法律固定化”。例如，1993 年《中华人民共和国宪法》修订后，第十五条明确规定，国家实行社会主义市场经济。随着法律的逐步完善，至 2010 年，中国特色社会主义法律体系形成。① 根据全国人大及其常委会通过的部分重要基本法律，对应改革开放和社会主义市场经济建设历程如表 1 所示。

表 1　　部分法律通过时间表

序号	重要法律制定或修改	主要内容	时间	事件
1	《中外合资经营企业法》		1979 年	1978 年，十一届三中全会决定把全党的工作重心转移到经济建设上来
2	《经济合同法》		1981 年	
3	《宪法》		1982 年	
4	《涉外经济合同法》		1985 年	
5	《民法通则》		1986 年	
6	《外资企业法》		1986 年	
7	《技术合同法》		1987 年	
8	《宪法》	国家允许私营经济在法律规定的范围内存在和发展。私营经济是社会主义公有制经济的补充。国家保护私营经济的合法的权利和利益，对私营经济实行引导、监督和管理 土地的使用权可以依照法律的规定转让	1988 年	
9	《中外合作经营企业法》		1988 年	

① 吴邦国：第十一届全国人大四次会议上全国人大常委会工作报告，2011 年 3 月 10 日。

续表

序号	重要法律制定或修改	主要内容	时间	事件
10	《民事诉讼法》		1991 年	
11	《宪法》	我国正处于社会主义初级阶段。国家实行社会主义市场经济	1993 年	1992 年，邓小平“南方谈话”。江泽民同志提出建设社会主义市场经济
12	《宪法》	我国将长期处于社会主义初级阶段。依法治国。在法律规定范围内的个体经济、私营经济等非公有制经济，是社会主义市场经济的重要组成部分。国家对个体经济、私营经济实行引导、监督和管理	1999 年	江泽民同志提出依法治国
13	《合同法》		1999 年	
14	《宪法》	国家保护个体经济、私营经济等非公有制经济的合法的权利和利益。国家鼓励、支持和引导非公有制经济的发展，并对非公有制经济依法实行监督和管理	2004 年	
15	《民法总则》		2017 年	
16	《宪法》	健全社会主义法治	2018 年	习近平新时期中国特色社会主义思想形成
17	《外商投资法》①		2019 年	

与此相适应的是，法院的组织机构不断根据法律和社会经济形势的发展变

① 1999 年《中华人民共和国合同法》颁布施行后，《中华人民共和国经济合同法》《中华人民共和国涉外经济合同法》《中华人民共和国技术合同法》同时废止。2020 年《中华人民共和国外商投资法》施行后，《中华人民共和国中外合资经营企业法》《中华人民共和国外资企业法》《中华人民共和国中外合作经营企业法》同时废止。

化而做出调整，最高人民法院最主要组织机构增设如表 2 所示。

表 2　最高人民法院最主要组织机构增设列表

序号	组织机构变化	时间	事件
1	最高人民法院经济审判庭设立	1979 年	1979 年，《中外合资经营企业法》颁布
2	最高人民法院行政审判庭设立	1988 年	1989 年，《中华人民共和国行政诉讼法》颁布
3	最高人民法院知识审判庭（民事审判第三庭）成立	1996 年	1994 年，《最高人民法院关于进一步加强知识产权司法保护的通知》颁布
4	最高人民法院巡回法庭设立	2014 年	2014 年，中央全面深化改革领导小组第七次会议审议通过《最高人民法院设立巡回法庭试点方案》
5	最高人民法院环境资源审判庭成立	2014 年	“环境公益诉讼”和“环境公益诉讼主体”载入法律

总的来说，中国特色社会主义法治建设更加适应新时期经济建设和改革开放，从“有法可依”走向“良法善治”。

二、建设现代化经济体系的法治要求

现代化经济体系，是由社会经济活动各环节、各层面、各领域的相互关系和内在联系构成的一个有机整体。建设现代化经济体系必须深化供给侧结构性改革，加快建设创新型国家。实施乡村振兴和区域协调发展，应推动全面开放新格局，加快完善社会主义市场经济体制。社会主义法治在于基础性和保障性作用，保障和服务改革发展，营造和谐稳定的社会环境。①

（一）为供给侧结构性改革和建设创新型国家提供法律支撑

国家在立法上对先进制造业和绿色循环经济进行鼓励优待，用严格的法律制度来保护生态环境，建立有利社会发展的生态文明法律制度。中国经过几十年高速发展，经济建设已由高速增长阶段转入高质量发展阶段，但环境承载能力急剧下降，需要通过法律来加强对环境的保护。在立法上，1989 年，七届

① 习近平：“完善法治建设规划提高立法工作质量效率　为推进改革发展稳定工作营造良好法治环境”，中央全面依法治国委员会第二次会议上的讲话，2019 年 2 月 25 日。

全国人民代表大会常务委员会通过了《中华人民共和国环境保护法》。2008年，为提高资源利用效率，保护和改善环境，实现可持续发展，国家颁布了《中华人民共和国循环经济促进法》。2012年修订的《中华人民共和国民事诉讼法》增加"法律规定的机关和组织"可以提起环境公益诉讼，2014年修订的《中华人民共和国环境保护法》特别授权符合条件的社会组织可以提起环境公益诉讼。2015年，十二届全国人民代表大会常务委员会决定，授权最高人民检察院在生态环境和资源保护、国有资产保护、国有土地使用权出让、食品药品安全等领域开展提起公益诉讼试点。可见，法律强化了生产者环境保护的法律责任，大幅度提高了违法成本。

近年来，重大环境污染事件屡禁不绝，显示了绿色发展任重道远。2012年1月至2013年2月，江苏常隆化工有限公司等六家企业将生产过程中产生的危险废物废盐酸、废硫酸总计2.5万余吨，以每吨20—100元不等的价格，交给无危险废物处理资质的中江公司等4家企业偷排到江苏省泰兴市如泰运河、泰州市高港区古马干河中，导致水体严重污染。2014年，依据泰州市环保联合会提起的公益诉讼，泰州市中级人民法院副院长纪阿林担任审判长审理了此案。案件审判结果为六被告合计赔偿环境修复费用1.6亿元。江苏省高级人民法院维持了一审判决。最高人民法院认为，此案作为环境公益诉讼典型案件，对环境污染案件，尤其是水污染案件的处理具有一定的示范意义。

创新是引领发展的第一动力，是建设现代化经济体系的战略支持。为了鼓励创新，保护创新活力，我国建立了比较健全的知识产权保护法律体系。相关知识产权法律修改中提高了法定赔偿额，引入了惩罚性赔偿，发出了新时期知识产权保护不断加强的导向信号。1982年，五届全国人民代表大会常务委员会通过了《中华人民共和国商标法》；1984年，六届全国人民代表大会常务委员会通过了《中华人民共和国专利法》；1990年，七届全国人民代表大会常务委员会通过了《中华人民共和国著作权法》。2014年6月6日，习近平总书记主持召开中央全面深化改革领导小组第三次会议，审议通过《关于设立知识产权法院的方案》。2014年8月31日，十二届全国人大常委会第十次会议通过《关于在北京、上海、广州设立知识产权法院的决定》。2018年4月，习近平总书记在博鳌亚洲论坛年会上指出，加强知识产权保护是完善产权保护制度最重要的内容，也是提高中国经济竞争力最大的激励。2019年7月，中央全面深化改革委员会审议通过了《关于强化知识产权保护的意见》。

DOTA2案件是法律对中国知识产权保护的经典案例。DOTA2，中文名

“刀塔2”，是美国维尔福（Valve Software）公司开发的一款电子竞技类网络游戏。2014年，上海耀宇文化传媒有限公司（以下简称耀宇公司）与游戏运营商完美世界（北京）网络技术有限公司签订战略合作协议，共同运营2015年DOTA2亚洲邀请赛。耀宇公司通过协议约定获得该赛事在中国大陆地区的独家视频转播权。广州斗鱼网络科技有限公司（以下简称斗鱼公司）未经授权，以通过客户端旁观模式截取赛事画面、配以主播点评的方式实时直播涉案赛事。2015年，上海市浦东新区法院经审理后判决斗鱼公司赔偿耀宇公司各项损失110万元。斗鱼公司不服，提起上诉。2016年，上海知识产权法院做出终审判决，认定斗鱼公司违反了公平和诚实信用原则，损害了耀宇公司商业机会和竞争优势，构成不正当竞争，判决驳回上诉，维持原判。① 此案作为保护知识产权典型案例，在最高人民法院向十二届全国人民代表大会常务委员会的报告中提及。

（二）坚持和加强在乡村振兴上的法律权威地位

乡村振兴是建设现代化经济体系的重要方面，是新时代“三农”工作的总抓手，在当前国际贸易摩擦的大背景下，乡村振兴对扩大国内市场也有着重要意义。乡村振兴是一个庞大的系统工程，需要在振兴的体制机制上，在维护农民权益、农业支持保护、化解农村社会矛盾和基层组织治理上树立法律权威地位。1993年，八届全国人民代表大会常务委员会通过了《中华人民共和国农业法》。2002年，九届全国人大常委会通过了《中华人民共和国农村土地承包法》。上述法律从农村基层治理和农民最关心、最重要的土地关系进行了规范，保证了农村基层治理和组织关系有章可循，稳定了全国广大农民在土地流转中，留者安心农村，进城放心退路。另一个重要角度就是基层治理。乡村振兴，基层组织有效治理是根本。1998年，九届全国人大常委会通过了《中华人民共和国村民委员会组织法》，距现在已经21年了，需要一部新的法律政策来进行更新，目前国家正在密集进行农村集体经济组织立法的前期调研工作，相信新的乡村基层治理法规文件将对规范农村农民基层自治起着重要引导基础。

（三）为进一步扩大开放的新格局进行法律顶层设计

在对外开放新格局下，无论是“一带一路”建设，还是自由贸易实验区

① 周强：最高人民法院关于知识产权法院工作情况的报告，2017年8月29日。

试点，都需要法律全程覆盖。特别是在立法上和改革决策相衔接，法治有力促进进一步扩大开放。如在 2013 年，为加快政府职能转变，创新对外开放模式，进一步探索深化改革开放的经验，十二届全国人民代表大会常务委员会第四次会议决定：授权国务院在上海外高桥保税区、上海外高桥保税物流园区、洋山保税港区和上海浦东机场综合保税区基础上设立的中国（上海）自由贸易试验区内，对国家规定实施准入特别管理措施之外的外商投资，暂时调整《中华人民共和国外资企业法》《中华人民共和国中外合资经营企业法》和《中华人民共和国中外合作经营企业法》规定的有关行政审批。

2019 年，十三届全国人大常委会通过了《中华人民共和国外商投资法》。这是为了适应新时代构建开放型经济体制的需要，制定的一部统一的外商投资领域的基础性法律。将改革成果体现在外商投资法里，以法律的形式固定下来。具体的做法就是对外资准入项目分类，负面清单内的需要进行审批，负面清单之外的，享受和国内企业同样的待遇。更好地打造了公平竞争的法治化、市场化、国际化的营商环境。适应了推动形成全面开放新格局的需要，为深化市场化改革、推动进一步高水平开放提供了有力的法治保障。

（四）在完善社会主义市场经济体制上法治不可或缺

社会主义市场经济，本质上是信用经济、法治经济。使市场在资源配置中起决定作用和更好地发挥政府的作用，法治在保护产权、维护统一开放市场、保障交易和规范政府权力边界上都有着极其重要的作用。

1. 产权保护制度。产权制度是社会主义市场经济的基石，保护产权是坚持社会主义市场经济的必然要求。要依靠法治加大对国有、集体以及其他各类企业和私人财产平等保护力度。在这方面近年来，产权保护无论是在法规政策还是具体实践中都有了长足的进步。2016 年 11 月 4 日，中共中央、国务院印发《关于完善产权保护制度依法保护产权的意见》，对完善产权保护制度、推进产权保护法治化工作进行了全面部署。同时，最高人民法院颁布了《最高人民法院关于充分发挥审判职能作用切实加强产权司法保护的意见》。2018 年 5 月 31 日，最高人民法院对原物美集团负责人张文中诈骗、单位行贿、挪用资金再审一案公开宣判，撤销原审判决，改判张文中无罪。同时，改判同案原审被告人张伟春、同案原审被告单位物美集团无罪。[①] 最高人民法院指出，该

---

① 周强："最高人民法院工作报告"，2018 年 3 月 9 日。

案是人民法院落实党中央产权保护和企业家合法权益保护政策的一个“标杆”案件。

2. 维护统一开放市场，保护公平竞争，法治发挥着关键的作用。1993 年制定的《中华人民共和国反不正当竞争法》和 2007 年制定的《中华人民共和国反垄断》是促进社会主义市场经济健康发展，保护市场公平竞争的最后防线。尤其是反垄断法明确禁止行政机关滥用行政权力，排除、限制市场竞争，在推进国内统一市场建设、区域经济一体化发展上发挥着作用。2016 年，国务院发布了《国务院关于在市场体系建设中建立公平竞争审查制度的意见》。要求建立公平竞争审查制度，加快建设统一开放、竞争有序市场体系，确保政府相关行为符合公平竞争要求和相关法律法规。2018 年，根据十三届全国人大一次会议审议通过的国务院机构改革方案，国家发展和改革委员会、国家工商行政管理总局和商务部三部委下属的反垄断执法机构统一并入了以国家工商行政管理总局为基础新组建的国家市场监督管理总局。

中国证券业协会（以下简称“协会”）接受中国证券监督管理委员会（以下简称证监会）和国家民政部的业务指导和监督管理，是法律、法规授权的具有管理公共事务职能的组织。2002 年起，经证监会授权，协会开始组织证券从业人员资格考试。2016 年起，协会选择了网银在线（北京）科技有限公司运营的京东支付为唯一的报名支付方式。协会在《证券业从业人员资格考试公告》中规定：考试费为 61 元/科，通过网络在线京东支付平台缴费。这使得考生必须与“京东支付”之间形成资金支付结算服务关系，没有选择地注册成为“京东支付”的用户，填写个人资料并绑定银行卡，破坏了提供资金支付结算服务的经营者之间的公平竞争环境，从而损害了消费者和其他经营者的利益。该行为涉嫌违反《中华人民共和国反垄断法》第三十二条的规定：行政机关和法律、法规授权的具有管理公共事务职能的组织不得滥用行政权力，限定或者变相限定单位或者个人经营、购买、使用其指定的经营者提供的商品。国家发改委依据反垄断法对此进行了查处。协会于 2018 年 4 月 1 日后的整改措施包括采用第三方支付综合平台服务，综合平台包含支付宝、微信、银联等多种支付渠道，供考生选择。同时，在有条件的地区增加现场报名方式，供考生现场报名、缴费。

3. 保障交易、保护市场主体合法权益，改善投资和市场环境，营造稳定公平透明、可预期的营商环境，是建设现代化经济体系的必然要求，也是法律的应有之义。法治是最好的营商环境，法律平等保护各类市场主体产权和合法权益，引导市场主体诚信经营，坚守契约精神。市场主体在进行一切活动之前，必然会自觉不自觉地用法律来评价自己的行为。财产安全与交易安全都需要法治的保护，与此相关的行为，也需要在法治的范围内展开。只有打造出公平可预期的营商环境，市场经济才能步入良性发展轨道。2013—2017 年，全国法院结案标的额达 20 多万亿元，相当于 2017 年全国 GDP 总值的 25%。2018 年全国法院一审商事案件 1643.8 万件，其中审结买卖合同案件 410.6 万件。法律促进了公平交易，维护了各方市场主体的合法权益。法律在市场经济平稳有序运行中，起到了“定海神针”的作用，这是法律首要的秩序价值完美体现，法治已经深刻嵌入了经济。

4. 规范政府权力边界，法治起着独特的有力作用。

其一，政府需要依法行政。法律对政府行政行为总的原则是法定职责必须为，法无授权不可为。行政机关不得法外设定权力，没有法律法规依据不得做出减损公民、法人和其他组织合法权益或者增加其义务的决定。推行政府权力清单制度，坚决消除权力设租寻租空间。政府对市场的调控管理，应依照经济部门法的众多规定来进行。并且任何行政行为，还需遵循法定的适当程序。推进各级政府事权规范化、法律化，完善不同层级政府特别是中央和地方政府事权法律制度。

在实际的政府与市场主体关系上，政府居于强势的主导地位。建设现代化经济体系的过程，也可以看作是政府不断放权和改变管理方式的过程。政府既要遵守法律对于权力行使的规定，同时也需要将创新管理方式过程中行之有效的办法上升为法律。早在 2004 年 10 月 22 日的国务院常务会议就指出，更多地采取经济和法律手段，发挥市场机制作用，巩固宏观调控的成果。2010 年国务部发布的《国务院关于加强法治政府建设的意见》，提出加强制度建设，强化对行政权力运行的监督和制约，推进依法行政，建设法治政府。2019 年 10 月 8 日，国务院常务会议审议通过了《优化营商环境条例（草案）》。会议指出围绕市场主体需求，聚焦转变政府职能，将近年来“放管服”改革中行之有效的经验做法上升为法规。

市场有其固有缺陷，中国特色社会主义市场经济，要求一个强大的市场，要求政府充当的是有为政府。保持宏观经济稳定、推进可持续发展是政府的新时期任务，更好地发挥政府作用充分体现了社会主义制度的优越性。从自由资本主义时期亚当·斯密（Adam Smith）推崇的“守夜人政府”，到如今国家垄断资本主义深度介入经济，政府的经济管理服务职能也是越来越繁重。中国承袭计划经济数十年，政府更是具有“伸手”的传统。如何处理好政府与市场的关系，是建设现代化经济体系的核心问题。只有政府与市场的边界清晰，才能各自运行有序，正向发展。而规范政府和市场的边界，需要法律制度的硬性约束。

其二，法律对违法行政行为提供了外部救济渠道。权力机构具有扩张的天性。法治建设对于规范政府行为有着重要意义。加强对政府内部权力的制约，是强化对行政权力制约的重点。除了政府自身需要内部规范外，法律对于政府外部行为，尤其是涉及市场主体利益的行政行为起到了强有力的监督和救济作用。1989 年颁布的《中华人民共和国行政诉讼法》标志着将政府具体行政行为纳入了法制管理的轨道。2014 年，十二届全国人大常委会对该法进行了修订，将赖以做出具体行政行为的依据也纳入法律审查的范围。2018 年 7 月 17 日，北京市高级人民法院公开宣判，苏嘉鸿上诉中国证券监督管理委员会对其做出行政处罚和行政复议决定一案，以事实不清，程序违法终审判决撤销了行政处罚决定和行政复议决定。这是中国证券监督管理委员会第一起行政监管处罚败诉案件。特别是在其行政复议维持了原行政处罚的错误决定，自身不能纠错的情况下，法律救济渠道为行政相对人提供了最后的司法救济保障。以上可以看出，法治既对建设现代化经济体系起着根本性的保障作用，同时也在立法、司法、执法等层面具体地作用于建设现代化经济体系的方方面面。

三、法治长久保障作用

观察世界上的“软弱国家”，国家有效治理不足，难以管控社会矛盾，法治暗弱是共同的特点。中国创造出经济持续稳定发展、社会整体保持稳定的两大良好局面，中国是世界上最安全的国家之一。基于对 14.8 万名年龄在 15 岁以上的人士采访记录，美国盖洛普（Gallup）公司发布了《2018 全球法律与秩序报告》（2018 Global Law and Order report）。报告表明，中国的居民安全感在全球排名第 10。安全是发展的基础，安全依赖于法治。这些都反映了中国特色社会主义法治的优越性和正确性。

党的十八大以来，党中央对全面依法治国做出一系列重大决策，提出一系列全面依法治国新理念新思想新战略。习近平总书记指出，坚定不移走中国特

色社会主义法治道路，更好发挥法治固根本、稳预期、利长远的保障作用。①

法律不仅需要被尊重，还要被信仰。只要坚持中国特色社会主义法治道路，坚持建设中国特色社会主义法治体系，在建设现代化经济体系过程中，必定能够行稳致远。

参考文献

[1] 刘志彪："长三角区域高质量一体化发展的制度基石"，《学术前沿》2019 年 2 月（下）。

[2] 张守文："现代经济体制的构建及其法治保障"，《政法论丛》2019 年第 1 期。

[3] 塞缪尔·P. 亨廷顿：《变化社会中的政治秩序》，王冠华、刘为译，上海人民出版社 2008 年版。

[4] 秋石："论正确处理政府和市场关系"，《求是》2018 年第 2 期。

① 习近平："加强党对全国依法治国的集中统一领导，更好发挥法治固根本稳预期利长远的保障作用"，中央全面依法治国委员会第一次会议上的讲话，2018 年 8 月 24 日。